REVUE GÉNÉRALE ET COMPARÉE

DES

CONCOURS CLASSIQUES,

RECUEIL DES MEILLEURES COMPOSITIONS

DES ÉLÈVES

Des Colléges et des Établissements d'Instruction secondaire.

PAR M. P. POITEVIN,

ANCIEN PROFESSEUR AU COLLÉGE ROLLIN,

auteur du *Cours Théorique et Pratique*
de Langue française.

PREMIÈRE ANNÉE.
Ire PARTIE.

A PARIS,

AU BUREAU DE LA REVUE,
Rue Suger, 9, près la place Saint-André des Arts;

et chez... { FIRMIN DIDOT FRÈRES, libraires, rue Jacob, 56;
JACQUES LECOFFRE ET Cie, rue du Vieux-Colombier, 29;
DÉZOBRY ET MADELEINE, rue des Maçons Sorbonne, 1.

1846.

50641

REVUE GÉNÉRALE ET COMPARÉE
DES
CONCOURS CLASSIQUES.

PREMIÈRE ANNÉE.
Ire PARTIE.

PRIX DE L'ABONNEMENT :

Pour Paris. — Par an.............. 12 fr.
Pour la Province................ 15 fr.

REVUE GÉNÉRALE ET COMPARÉE

DES

CONCOURS CLASSIQUES,

RECUEIL DES MEILLEURES COMPOSITIONS

DES ÉLÈVES

Des Colléges et des Établissements d'Instruction secondaire.

PAR M. P. POITEVIN,

ANCIEN PROFESSEUR AU COLLÉGE ROLLIN,

auteur du *Cours Théorique et Pratique*
de Langue française.

PREMIÈRE ANNÉE.
Ire PARTIE.

A PARIS,

AU BUREAU DE LA REVUE,
Rue Suger, 9, près la place Saint-André des Arts ;

et chez... { FIRMIN DIDOT FRÈRES, libraires, rue Jacob, 56 ;
JACQUES LECOFFRE ET Cie, rue du Vieux-Colombier, 29 ;
DÉZOBRY ET MADELEINE, rue des Maçons Sorbonne, 1.

1846.

RATON DUMESNIL DE ROCHEMONT

COMPOSÉS CLASSIQUES

RECUEIL DES COMPOSITIONS FRANÇAISES

PAR LE Dr BOUCHUT

PARIS
LIBRAIRIE DE L. HACHETTE

1840.

PRÉFACE.

Un certain nombre de journaux publient, chaque année, le lendemain même de la distribution des prix du Concours général, quelques-unes des compositions auxquelles le premier et le second prix ont été adjugés. Si le moindre défaut de ces publications est d'être mal ordonnées et incomplètes, leur plus grand tort est de donner satisfaction à quelques amours-propres, au lieu de faire justice à tous. Plus tard, il est vrai, mais beaucoup plus tard, il paraît une brochure qui, en comblant les vides, donne enfin aux professeurs, aux élèves et au public, l'ensemble des compositions couronnées; mais comme ce recueil n'est livré à la publicité que quatre mois après l'événement qu'il proclame, il manque nécessairement d'à-propos, et il a perdu, pour tous, par le seul fait de sa tardive apparition, la plus grande partie de son intérêt.

S'il est essentiel au succès d'une publication de répondre à un besoin, son plus grand mérite est de satisfaire ce besoin au moment même où il est le plus vivement excité; c'est là une de ces vérités vulgaires sur lesquelles tout le monde est d'accord, et dont, par malheur, on néglige le plus souvent de faire l'application.

Nous ne commettrons pas une pareille faute.

Le premier numéro de notre REVUE apportera un remède efficace au mal dont nous avons parlé d'abord, sans tomber dans l'inconvénient que nous venons de signaler.

En donnant dès aujourd'hui le discours latin, le discours de M. le Ministre de l'instruction publique, et la plupart des compositions couronnées, depuis la philosophie jusqu'à la sixième, nous croyons répondre à l'empressement de ceux qu'intéresse le plus notre publication, et les trouver encore animés d'une vive et très-légitime curiosité.

Mais, hâtons-nous de le dire, si importante que soit cette première livraison, elle ne doit être considérée que comme un prospectus ou plutôt comme le spécimen de notre REVUE, car notre publication a été conçue dans une pensée beaucoup plus large, et le but qu'elle doit atteindre est infiniment plus élevé.

Nous ouvrons une tribune nouvelle où toute notre jeunesse studieuse aura le droit de monter, et d'où se feront entendre non-seulement les élèves de Paris, mais tous les élèves distingués que renferment les différentes académies du royaume, que ces élèves appartiennent d'ailleurs à des colléges, à des institutions, ou à des établissements de libre exercice.

Toute composition remarquable qui témoignera du mérite d'un élève et de la bonne direction donnée aux études par le professeur, sera admise dans notre journal; et nous ne doutons pas que, du rapprochement fréquent que nous ferons des compositions de Paris et de celles de province, il ne résulte un avantage immédiat qui profite à tous.

Ce qui a manqué jusqu'à ce jour à la plupart des professeurs et des régents des académies, et des grands établissements d'instruction publique, c'est un point de comparaison : les annales du Concours général les ont ordinairement fort mal renseignés sur le degré de force des différents colléges royaux de Paris; notre REVUE, en prenant chaque classe à son point de départ, et en suivant, de mois en mois, le mouvement ascendant des études, dans chacune des facultés, fera connaître à tous les professeurs la force réelle et progresssive des diverses classes de Paris; ils sauront ainsi, et successivement, quelle distance sépare leurs élèves des nôtres, et à force de zèle, de soins et d'efforts, ils parviendront bientôt à la rendre moins sensible, et plus tard, nous en sommes convaincu, ils arriveront à la faire entièrement disparaître.

On voit quel est le but de notre REVUE : elle n'est pas publiée au bénéfice exclusif des colléges de Paris, mais au profit de tous, et dans l'intérêt général des études, qui, dans un avenir très-prochain, doivent toutes arriver à la même hauteur et atteindre un même niveau.

Il faut assurément, et personne ne le niera, que nous soyons bien convaincu de l'importance et de l'utilité de cette *Revue classique*, et que nous ayons aussi une bien grande confiance dans l'esprit sérieux de la génération qui grandit à l'ombre de nos écoles, pour entreprendre une publication qui, dans sa variété même, doit rester constamment grave et sévère; il y a presque de l'audace, dans ce temps de littérature à images et quand déjà le roman n'ose plus se produire qu'à la faveur des illustrations, à tenter une entreprise comme la nôtre; mais, quoi qu'il en puisse advenir, nous avons la conscience de fonder une œuvre utile au développement des études classiques en France, et les honorables sympathies que nous avons excitées nous prouvent que nous ne nous sommes pas trompé, et que tôt ou tard le succès doit couronner nos efforts.

REVUE GÉNÉRALE ET COMPARÉE

DES

CONCOURS CLASSIQUES.

AOUT 1846.

CONCOURS GÉNÉRAL.

DISCOURS LATIN

PRONONCÉ PAR M. LÉON FEUGÈRES, PROFESSEUR AGRÉGÉ DE RHÉTORIQUE AU COLLÉGE ROYAL DE HENRI IV.

Cum sit usu quodam receptum, selectissimi auditores, ut incipienti apud vos dicere metus et pudor animi sibimet diffidentis significentur, supervacaneum id fore mihi forsan judicabitis, cujus ex habitu et ore vel uno satis appareat, quam parum, ex amplissimo suggestu concionem habiturus, mihi crediderim. Jam neque excusationis quidquam afferendum existimavi, quod in hoc cœtu ornatissimo et venustissimo, mihi ea lingua sit utendum quæ sororibus et matribus vestris minus intelligatur. Quippe non injuria placuit ut quotannis, cum juventus ista laurearum exspectatione trepida exsultaret, adventitius sermo, ex antiquitate remota in lucem hanc hodiernam revocatus, novissimo quodam hospitii jure, usurparetur: siquidem ille ipse est, cujus e visceribus nostra germinavit lingua gallica, quoque magistro ad fastigium perfecti eloquii, per gentes dominantis, evecta est, qui Baconi, Cartesio, Leibnitio, Neutonique communis exstitit et vernaculus, cui denique, adolescentes, in hac gaudii vestri concertatione, par est, vos e scholari militia modo digressuros, non sine pio et grato animi affectu valedicere.

Ac mihi quidem partes latini oratoris eo libentius apud vos obeundæ, selectissimi auditores, quod solemnis hanc mihi concionis materiem assumpsi, ut nullo magis quam nostro tempore arripiendam fortiter ac retinendam, intra gymnasiorum parietes, doctæ antiquitatis disciplinam demonstrem. Provinciam autem non parvi oneris, in hoc musarum omnium domicilio, me suscepturum, cum erigit notissimum illud, maxime aliis indulgere qui aliena minime venia indigent, tum etiam confirmat, coram te, reduce et optato, verba facere, summe præses, nobis omnibus, vel citra dignitatis tuæ reverentiam, observatissime et dilectissime.

Inter acerrimas de nostra educandæ juventutis ratione exortas quotidie contentiones, novarum rerum cupiditate inconsiderata sese nimium efferente, frequentissimus ille est multorum sermo, nostram semper in motu naturam esse, cuncta suos habere processus, sua incrementa; nunc vero, in illa cæterorum institutorum renovatione, tempus esse ut pueris etiam informandis insuetæ, quovis pacto, artes excogitentur. Inde nonnulli exstitere, qui altrices illas recentioris ævi romanas græcasque litteras; ut obsoletas pridem, et a publico disciplinarum, quas utiliores aiunt, progressu abhorrentes, et gymnasiis ablegare velint et exterminare: partim, credo, quia studiorum suorum sunt amantiores, partim, quia nostrorum aut plane expertes aut obliti, ut Romæ quondam isti homines novas tabulas efflagitabant, qui per veteres ære alieno tenebantur.

Quibus nostram hanc ætatem prædicantibus, et ut abdita quæque mirabili diligentia in lucem extraxerit jactantibus, assentiar valde et suffragabor. Conflatum nempe tot seculorum improbo labore scientiæ heredium magnifice auximus; ut si ille reviviscat sagacitate mentis prope divina celebratus Aristoteles, multa vel a quolibet vestrum obvio, adolescentes, facile edoceatur. Eo usque progressæ sunt quæ in naturæ perscrutatione disciplinæ versantur; hos mathematica tulerunt fructus, quos ne animo quidem prospicere et augurari poterat qui hanc vere fatidicam vocem emisit Seneca, latentium haud contemnendus investigator et pronuntiator: « Per successiones ista longas explicabuntur; veniet tempus quo posteri nostri tam aperta nos nescisse mirentur. » Quot enim sunt animalium genera, huic terrestri domicilio ante natum hominem destinata, quorum ex ossibus erutis novæ formæ, per vim ingenii restitutæ, sese nostris oculis exhibuerunt! Nec modo patefacta telluris penetralia, cujus in visceribus et annosum ævum et inscriptam ruderum figuris historiam inquireremus; sed cœlorum etiam tractus perlustrati: æther in fluitanti librantium sese globorum specula emensus; astrorum cursus et intervalla certis oculorum adminiculis tentata et circino descripta; prærepta soli rerum et corporum subita imitatio, per quam ora humana aut locorum facies, sine artificis solertia, referantur; ipsa siderei luminis subtilitas ita docto acumine discussa, ut vel cometæ, tamdiu vana ingenii et visus irritamenta, naturam suam cogantur vi quadam radiorum perspicue fateri. Num memorem spiritus igneos vaporis in multiplices hominum usus, per maria, per terras, æstuantes; naves perinde ac rhedas aligeras, præcipiti fumi undantis actas remigio, ita ut remotum sit nihil, nihil ab hominis societate segregatum, populique vulgo de longinquis et hostibus vicini fiant et amici, se læto festorum apparatu excipiant, vel utilia rerum venalium vel humanitatis longe pretiosiora commercia (quanquam hæc interdum non sine lacrymis) paciscantur? Addite quæ, intra clepsydram, vix nomine tenus possim attingere, tot varia machinarum opera, per quæ inertis materiæ obstacula evicimus, ita ut herilem ad nutum hominis, passim expromantur artium miracula, nihil autem grassantis in dies indaginis felicitati clausum sit et impervium. Inde scilicet, illa totius rerum naturæ historia vel potius scientia, quam describere apud veteres nonnulli vix tentavere, nuper parem sibi nacta interpretem, justum in corpus splendidum illud ac vere titulo Κόσμου insignitum coaluit, quasi et sui temporis studiis, quorum ipse pars magna fuit, et vitæ suæ coronam vellet illustrem ac seculis dignam imponere vir alti ingenii, in Germania ortus et educatus, nobis peculiari adoptionis jure adscriptus, omnium populorum atque ætatum gloriæ annumerandus.

Videtis, auditores, quam recentes illas laudes si non assequar ingenio, at certe quodam amplectar admirantis animi impetu; nec quisquam omnino negaverit, in communionem summi honoris cum litteris, cum philosophia hic jure venisse, tam præclare de nobis meritas, geometrarum artes: dummodo in hac cognitione non omnia nobis posita meminerimus, non vitæ humanæ vim omnem contineri. Maximis industriæ nostræ, vel supremi etiam numinis operibus, homo ipse major, aversos quandoque ab illa naturæ contemplatione oculos altius intendat; neque rerum circumstantium ita defigatur stupore, ut non animum hunc nostrum, per quem percipimus volumusque, mundi immenso corpori dignitate multo præstare existimet.

Nempe cum sit veritas, hujusce animi pabulum, una in æternum eademque, utpote dei effigies, sese per orbis universi conspectum, et vitæ usuram nobiscum communicantis, non tota certe apparet in eo magnitudinis externæ spectaculo, in iis arcanis disciplinarum, per quas nostri mundi compagem circino ac numeris metimur et sub potestatem nostram redigimus. Sed alter et in historia generis humani et in intimis omnium pectoribus fons veri reperitur, quem sibi litteræ, quem poesis, quem eloquentia vindicant, ex quo potissimum fluxit politarum gentium ætatumque civilitas. Neque profecto una, ut tu declarabas, Tulli, *res immutabilis et æterna numeri;* at in quoddam hujus æternitatis consortium veniunt præclarissima seculi cujusque litterarum monumenta: tua vox ipsius, qua rostra personuere, non unquam conticescet, nec tuum unquam fulmen eloquentiæ exstinguetur.

Quanto autem magis patrimonium illud disciplinarum per viros acerrimi ingenii et antea crevit et quotidie crescit, tanto magis optandum scientiæ quasi luxuriantis opulentia animos non obrui, imo per sanctissimas veritatis interpretes litteras erigi, concipere altiores spiritus, et in dies ditescere amplificarique alterum hunc thesaurum, quo moralis ut ita dicam doctrinæ summa includitur et quidam humanitatis continetur succus. Cum enim per artes illas reconditiores nostra in hunc modum natura exornata et tanquam dilatata fuerit, eæ tamen, quantæcumque sint, certis limitibus, materiæ scilicet, finiuntur. Abest ab iis vulgo sensus ille pulchri, ad bene vivendum dux præstantissimus. Solæ ad secretos mentis affectus litteræ penitus permeant; solæ habent in se normam qua ad egregia dirigamur.

Eo nimirum consilio nostri majores, cum per veteres, Græcos videlicet ac Romanos, clarissime vox humana sonuerit et maxima se exprompserit cogitandi inveniendique felicitas, utrorumque linguam a pueris pertinaci cura edisci, mox et opera ab adolescentibus assidua manu versari, combibique, prudentissime instituerunt, ut inde omnigena instructis eruditionis copia incorrupta constaret judicandi sanitas. Nunc autem politioris hujusce nostri cultus acerbissimi insectatores, vereor ne ibi melius esse credant, ubi bene esse desierit: qui mihi plane obliti videntur, cum disciplinis suis volunt litteras nostras prægravari, eam esse rerum conditionem, ut nulla omnino gens una tantum ingenii sui parte informata, vere magna exstiterit.

Næ illo cum populo male haberetur, apud quem naturæ tantum indagatores, *mensoresque numero carentis arenæ* florerent, nostris cæterum artibus promovendis sui deficerent idonei cultores. Quippe ubi obsoleta sorderent humanitatis studia, animis veterno et socordiæ quadam rubigine infectis, mox et ipsæ altiores disciplinæ, tanquam iniquiore imperio oppressæ quod affectaverant, ruerent ac pessumdarentur. Litterarum sedenim felici conspiratione plurimum vigebunt, cum per eas non recreati solum doctissimi viri, at quodam addito simul acumine et ornamento excitati, ad tenebras rerum inquirendas alacriores, ad secreta scientiæ plano et facili sermone expromenda paratiores accedant. Testis amicissimi consortii non unus inter nostros possit adhiberi, qui de abstrusissimis doctrinis, patria lingua, castigatissime et elegantissime aut dixit aut scripsit; verum ut adstantium pudori parcam, satis erunt in exemplum vocati, apud veteres, divus ille Plato; apud recentiores, Paschalius noster, quo nullus in excutienda natura fuit sagacior, in concinnanda oratione nullus exstitit peritior artifex; apud æquales, domesticum illud nostrum decus, capax Cuvierii ingenium, cui nulla deesse visa est vel intelligendi vel eloquendi facultas.

Litteras igitur summopere sibi adjutrices requirant disciplinæ, nedum earumdem fastigium in deminutionem sui accipiant. Imo, studiorum in hoc nostro curriculo, primas partes iis concedant sponte, quippe quæ firmiorem tantum ætatem decere videantur. Maturas adolescentium mentes sibi vindicent absolvendas, ut luxuriantes juvenili fervore compescant ac temperent, intentiusque et strictius verum sequi edoceant: cereos autem puerorum sensus ne sibi præripiant effingendos. Non enim inest in doctrinis reconditioribus id pabuli genus, quod æque ab omnibus possit percoqui; sed gravius infirmiori cuilibet cum respuatur, languescat sine cibo necesse est, mox tabescat effœtum corpus. Tunc merito verearis ne, studii severioris obscuritate deterrente animos, restinguatur ignis vividi ingenii, ne indolis egregia de se spondentis lætiores illæ spes succisæ intercipiantur. Inde nobiles affectus hebescere, ac mutilæ velut humanæ naturæ decora obscurari, cum ad calculos revocentur omnia, nec aliud fere adscribatur fidei, nisi quod per corpoream molem in intimum pectus influxerit. Oculi etiam caligare in summis aut infra cœlestia subsistere. Mox oppresso vel a teneris optimarum artium atque virtutum semine, suæ civitati, tanquam anni vere sublato, deesse videatur juventus.

Id contra insitum litteris ut cuilibet ætati et ingenio semper aliquatenus prosint, ut pueritiam lactent, adolescentiam efficacius alant, hominis denique maturitatem salubrius foveant ac confirment. Per illas expressa oculis animisque nostris obversatur et insidet summi boni species, quæ ad sui similitudinem, reluctantes primum, mox quodam lenocinio devinctos, format et effingit. Cum vero ætatis flexu sæpius indurescamus, annis eundo semper de nobis prædantibus aliquid, tanquam moræ sunt et impedimento; neque sinunt juveniles affectus florem, ut ita dicam, marcere, frangi divinos nativæ generositatis impetus, et illibatum corrumpi mentis ingenuæ candorem, in quo certa demum homini constat felicitas.

Hinc profecto in nostra gente, omni laude liberalium studiorum florentissima, quidam litteris, quas jure dicunt humaniores, obtigit principatus. Ita factum ut in clarissimo illo virorum præstantissimorum collegio, quod nobis invident cæteri populi, prima inter socias haberetur hæc vere nostra, judicii integri custos et magistra urbanioris cultus gallica academia, per quam patria, armis princeps, mundum et ingenii dominatu pervagata est; cujus et tanta, vel apud externos, continuatur fama ac propagatur auctoritas.

Jam vero, si veterem memoriam Galliæ nascentis et adolescentis, si, quas aiebat Baco *temporum et hominum vastitates*, repetamus, nullam adeo ætatem sua quadam apud nos litterarum gloria vacuam exstitisse deprehendetur; vel in iis tempestatibus ferreis, quibus ex eversi ruderibus mundi emergebat recentium seculorum ordo, suam fuisse laudem, suam potentiam iis qui bene aut scriberent aut eloquerentur. Mox resurgente Europa et in majora fata emicante, humano animo, compedibus ruptis, se efferente altius, quam feliciter musarum aureus ille ramus reviruit et pullulavit! quisque, certantibus studiis, novas vias prætentare, linguam expolire incomptam et rudem, ac plurima externæ sapientiæ subripere, quibus ditesceremus; rediviva rursus regnare Platonis, Tulliique ac Demosthenis ingenia. Quibus magistris, quos ediderit alumnos prisca parisiensis Universitas, quos honores pepererit patriæ satis constat. Nimirum alma nutrix eos sensus, eam sanitatem et vim animis infudit, per quæ maxima et auderent et possent. Sub hac mascula et vegeta crevere disciplina, qui nobilissimi principatus exstincto fulgore, postquam totus tumulo compositus fuit Ludovicus magnus, et esse obtentui desiit libertati oppressæ gloria, patriam avito jure dejectam, in honestiorem statum, herculeo labore restituerunt, certamque ac definitam reipublicæ formam, immortale quoddam heredium, nobis tradiderunt. Inde, mixtis rebus quas tamdiu dissociabiles habuerant, legitimum regnantis in cives sponte parentes imperium, dignitasque aucta et duci et subditis; inde in patriam vere communem collata æmulantium officia; omnibus æquo jure utentibus omnia virtute venalia proponi. Ad quod beneficium nobis et nepotibus asserendum ac conservandum, quantum litteræ, quantum studia antiquitatis avide hausta valuerint, apud vos, Universitatis proceres, dicere omittam, haud inscios sane, quorum non unus pro publica causa constantissime militavit.

Mihi autem, selectissimi auditores, hanc majorum, aliquando et æqualium nostrorum, memoriam recolenti, sacra potissimum obversatur viri imago, in tali discentium et docentium celebritate haud certe prætereundi : qui deerrantem et terrestri quodam pulvere sordidam philosophiam, in suas plane vias, nempe cœlestes, revexit; gallicam hanc Universitatem, plurimis tum quidem impetitam inimicis, reverentia sui ipse nominis tutam ab ingruenti præstitit periculo; qui sui muneris amplitudini, quantacumque fuerit, semper addidit aliquid amplius de se proprium; summus idem orator et parcus, cum vel gravitate silentii sæpe censeretur æqui et legum utique, veræ videlicet libertatis, acerrimus defensor; dignus omnino, quem suffragiorum ingeniti consensu sui cives ad capessendam rempublicam toties provocarent; rursus et in privatæ domus velut penetrali recessu, non minus quam in forensi luce, magnus; qui tanto otium cum dignitate adeptus, in litterarum sinu consenuit, quasi in eo hospitio, unde numini propior, ad cognatam sedem citius revolaret; sibique ad extremum constans, in hac nostri temporis morum mutabilitate, integerrimæ vitæ hunc unum finem, quo bene clauderetur, impositum voluit, fortissimam scilicet et sanctissimam mortem.

Tua nunquam, vir optime, mihi cui non semel familiaris congressus copiam fecisti, abscedat ex oculis, virtutis vere magistra, memoria! Jam et tua mens, cœlo recepta, desuper juventuti inspiret, quam paterna cura fovisti, hunc fervidum recti amorem, hos ad honestum impetus, qui nulla vel voluptatis vel malæ ambitionis mora retardentur.

Licet enim, hac ætate nostra, splendida vel privatæ vel publicæ beneficentiæ exempla eluceant, tamen nescio quid periculi nobis imminet, ex ipsa ad summum apicem evecta prosperitate. Hinc lautitia victus cupidissime appeti; multi prurigine sola habendi calescere, in hoc tantum audaces ut, per aleæ cujuscumque libidinem, subitas opes quærant, repente parta repente amissuri; deesse sæpius pectoribus pulcherrima naturæ nostræ hortamenta, patriæ amor et reverentia officii. Quæ gliscentis corruptelæ semina ne invalescant, acerrime capessenda ingeniorum et morum sancta illa educatrix disciplina, quam veteres præbent, sentiendi simul atque vivendi summi auctores: veteres intelligo, non e græca tantum romanaque antiquitate, sed ex Europa jam senescentis, Galliæ maxime, his ætatibus quæ sanissimos humanæ mentis fœtus extulere. His nempe ducibus enitendum ut, in viribus animi temperandis exercendisque, nobis illa præsit, quam noster Bossuetius vitæ magistram declaravit ratio, imo et orbis universi reginam. Neque vero timendum, ne strenuos vel maxima affectantium conatus minus adjuvet castigatissimis doctrina inclusa litterarum monumentis, siquidem verum est, quod prædicabat vir inter Britannos et eloquio et rerum tractatione efficacissimus « se a Græcis et Romanis omnia didicisse : » quæ præclara sententia ut ex persona loquentis mirum habet pondus, ita et excipientis, cum hic ipse fuerit ad splendidissima munera per ingenii famam paulo post evehendus juvenis, cujus eæ ipsæ ædes facundissimam vocem videntur meminisse, quemque in pristinis studiis, ut illos quondam e castris ad vomerem laureatum reversos imperatores, non sine multa laude conquiescentem votis et amore prosequimur.

Nec unum sane, ex ipso musarum sacrario ad gubernacula civitatis protractum, inclaruisse posteritas olim prædicabit, cum nobis adsit et pater et juventutis hortator, vir tum in litteris, tum in republica præcipuus. Iisdem artibus in hanc rei nostræ curam ascendisti et tu, summe præses, quem ex hac scholastica oriundum familia, postquam Galliæ periclitanti per libertatem et eloquentiam nomen primum commendaveris, ad nos, velut e nostris semper unum, rediisse lætamur : eo nunc animo, vere civili, munia omnium qui docemus amplificata, dignitate aucta; ea judicii vel æquitate vel indulgentia, in nos, laboris tui quos vocas adjutores, præmia industriæ, scio equidem, collata voluisti; magnum aliquid arbitratus et honore dignum, civibus suis, in qualicumque loco, prodesse; gloriosum maxime, huic Universitati præfici, quam ut olim filiam, ita matrem hodie regum et magistram rectius nominaveris, circum se litterarum ac doctrinarum censere antistites, quos et in adminiculum paratos habeas, et longinquis illis hospitibus, ut patriæ simul et Europæ decora, ostentes; nobis tamen non aliam ob causam prædicandus magis, ut ex meo vel potius omnium pectore loquar, quam quod illos modo respexisti, quos ignorabat antiquitas, nimis diu præsens ævum jacere patiebatur, pauperum magistros; quod homines bonos, citra famam, utilis operæ laude contentos sperare saltem jussisti meliora. Sine me igitur tot eorum grates præoccupare, brevi fore per te ominantem ut vitæ necessariis addant et quædam honestamenta, senectutique et liberis in futurum non nihil subsidii possint seponere.

Verum confirmato illo, quem tertium Universitatis majores nostri dixissent, ordine, humanitatisque beneficio vel in ultima perveniente pagorum receptacula, dum continuo ascensu societatis nostræ velut ima sensim efferuntur, ne summa deprimantur fastigia cavendum est. Vobis præcipue, adolescentes, danda opera, futuris olim in hoc patrio tanquam agmine antesignanis, ne qua fiat laudis ad hanc usque diem partæ deminutio, imo ut per vos accrescat gentilitia hereditas. In hanc viam vos certe vocant Gallicæ juventutis vere illi principes; auspice laborum sapientissimo rege, vel per aleam discriminum et sceleris amentiam nobis consecrato, hanc generosæ æmulationis legem quotidiano et illustri exemplo amplecti se comprobant, nullum non munus, nullum non honoris gradum plebeia, ut sic dixerim, industria consecuti, dum inter doctos docti nostra in palæstra esse voluerunt, in castris boni milites inter bonos, nihilque ex dignitate generis sibi arrogavere, nisi ut in pericula mari terraque, pro publica salute primi, regio quodam jure suo inferantur. Quin et vos communione aliqua studiorum, nonne ad strenua venturæ vitæ præludia hortari videtur, per hanc vestram disciplinam, sanctissimarum virtutum in gremio educatus puer, patriæ debitus fatis, nobis nec sine magna spe et lætitia memorandus, nec sine ingentis desiderii renovatione?

Cogitate vos in ea gente, in eo seculo natos, quæ magna capiunt exspectantque, ea instituta vos manere, quæ fortes sagacesque animos requirunt; nec campum unquam latiorem patuisse, in quem felix excurrere posset ingeniorum audacia. In ea vero conspiratione sub dignis ducibus ad præclara tendentium, nescio an quid magis intersit, quam interpretes illas publicæ rationis litteras suo muneri pares semper se præbere : pares autem dico futuras, si proxime ad incorruptam accedant veterum sanitatem, et ad recti normam assidue sese exigentes, artem præstantissimam in venalem sordidioris cujusdam opificii tractationem abire non sustineant. Ac propagando quidem nobilium studiorum honori mira incitamenta reservasse fortuna nostri temporis videtur. Dum enim Africa in tellure, provinciis nostris adscripta, romanæ magnitudinis vestigia, imo documenta, retractare nobis datur, et pristinam recenti nec impare laudem revocare ac cumulare, dum ea lege vincimus, ut duplici triumpho, de quo jam dubitare nefas, augescente imperio nostro, et humanitatis per nos promoveantur fines; ecce altera lux ex oriente nobis affulget, spes nova monstratur non lectione tantum et labore umbratili, sed hominum commercio et locorum contemplatione, veluti quotidianum cum venerabili antiquitate fœdus instaurandi. Non enim te navibus opibusque et militum fortitudine, Græcia resurgens, adjuvare ac tueri Galliæ memori satis fuerit visum, nisi familiaritate arctiori cultissimæ duæ gentes, altera priscorum, recentiorum temporum altera, copularentur. Egregium profecto consilium, nos et atticam quamdam eo revehere morum et artium elegantiam, unde primum in Europam invecta est; simul et eximiis adolescentibus nostris, ipso sanctorum ruderum aspectu, ingenium exstimulari et accendi, ut ex celeberrimi soli fecundo tanquam pulvere et miranda liquidissimi cœli amœnitate lætiores trahant animorum afflatus : nedum gallicum unquam ingenium temere divelli patiamur ab annoso sacræ antiquitatis trunco, in quem per immortales viros insitum, cum maxima utilitate et laude nostra, tot abhinc ætatibus, uberrima germinatione effloruit.

DISCOURS

DE M. LE COMTE DE SALVANDY,
Ministre de l'Instruction publique, grand maître de l'Université.

JEUNES ÉLÈVES,

Les succès des fils font la joie et l'orgueil des pères. Vos triomphes sont les triomphes de vos familles. Elles y trouvent la compensation de tous les chagrins, ou le couronnement de toutes les ambitions; car de tous les biens que la Providence peut nous dispenser, les espérances qui nous viennent de vous sont encore les plus réelles et les plus chères.

Enfants, l'Université vous le demande au nom de tous ces pères qui vous confièrent à sa sollicitude, au nom de tous ces cœurs maternels qui battent, plus que les vôtres, dans l'attente de ces couronnes. Prenez avec vous-mêmes l'engagement de ne pas démentir ce premier pas que vous faites publiquement dans la vie; de réaliser dans leur juste mesure les espérances de cette journée; de placer votre avenir tout entier sous l'égide du travail et de la science. Le travail et la science sont désormais les maîtres du monde. Soyez-leur fidèles : vous serez l'honneur de vos familles. Vous êtes l'espoir de l'État; vous en serez, dans toutes les professions, l'ornement et la force.

Vous avez rencontré, dans l'histoire, des exemples de ce qu'ont accompli plus tard ces résolutions viriles de la jeunesse. L'amour du bien, le sentiment du devoir, la pure joie de rendre heureux ceux qui vous aiment, ce sont là aussi des passions dignes de saisir l'âme et de l'enchaîner.

Vous saurez un jour que, dans l'état de nos lois et de nos mœurs, il faut de ces sentiments élevés et fermes, une ardeur persévérante à bien faire, une active émulation des générations qui se succèdent pour maintenir la famille.

Cette émulation légitime est nécessaire aussi pour maintenir l'État. Elle constitue cette puissance qu'on appelle l'esprit public, qui est le noble attribut des États libres, et qui fait leur grandeur.

L'Université aime à vous faire méditer sur ce monde qui vous attend, qui va saisir les aînés d'entre vous au seuil même de cette enceinte. Elle se fait honneur de vous élever pour être des citoyens du pays et du siècle où nous sommes. Elle vous munit de toutes les fortes et saines études, de toutes les hautes croyances qui disposent bien l'âme et l'esprit aux épreuves de la vie civile. De concert avec la religion, elle vous enseigne les devoirs privés. A l'aide de l'histoire, elle vous découvre les devoirs publics, et elle vous y prépare. Vous faire connaître les lois sous lesquelles vous devez vivre, c'est vous les faire aimer. C'est aussi vous rendre chère et sacrée, en proportion de ses épreuves, la maison royale qui en a reçu le dépôt des mains de la France.

Jeunes élèves, ces sentiments ne sont plus renfermés dans les anciennes limites de la France. Je viens de les voir éclater dans des écoles trop rares encore, mais souvent dignes des nôtres, sur ce rivage lointain où Charles-Quint allait se briser, près duquel saint Louis allait mourir.

C'est avec une émotion inexprimable que partout, dans ce vaste empire, je me suis vu accueilli, au sein de ces écoles, par des enfants de toutes les religions et de toutes les races, avec ce cri français qui, chez vous, personnifie toutes les idées de supériorité, de sagesse, de courage, particulières aux grands règnes, et qui là résument toutes les idées de puissance et de volonté invincible attachées au nom de la France.

Chers élèves, aimez-la bien, en attendant de la bien servir, cette France, notre famille à tous, qui accomplit dans la paix de si grandes choses; qui fait des conquêtes, quand il le faut, par les armes; qui en fait chaque jour, dans le monde des institutions et des idées, par ses exemples; qui en fait chez elle-même par les biens qu'elle répand, par les lumières qu'elle verse sur des classes longtemps déshéritées; qui en fait par sa probité, par sa sagesse, par son génie. Nous avons la confiance que jamais elle ne fut plus digne de l'amour de ses enfants. En s'exprimant ainsi, vos pères ne formeront qu'un vœu : c'est qu'un jour, quand votre temps sera venu, vous fassiez pour elle, pour sa prospérité et pour sa gloire, mieux que nous.

CLASSE DE PHILOSOPHIE.

I. DISSERTATION EN FRANÇAIS.

NOMINATIONS.

Premier prix, prix d'honneur : BERTHELOT, de Paris (Henri IV).
Deuxième prix : LISLE, de Xaintrailles (Lot-et-Garonne) (Louis-le-Grand).

Premier accessit : Vierne, de Lizieux (Stanislas).
2ᵉ — Cahen, de Paris (Charlemagne).
3ᵉ — Poyard, de Paris (Bourbon).
4ᵉ — Gelée, de Paris (Stanislas).
5ᵉ — Mastier, de Fontaine-Française (Côte-d'Or) (Louis-le-Grand).
6ᵉ — Lonchampt, de Paris (Saint-Louis).
7ᵉ — Challemel-Lacour (Saint-Louis).
8ᵉ — Aubé, de Paris (Henri IV).

Texte.

Réunir les preuves les plus solides sur lesquelles les plus grands philosophes ont établi l'existence de la divine Providence.

PREMIER PRIX.

(PRIX D'HONNEUR.)

BERTHELOT (MARCELLIN-PIERRE-EUGÈNE), né à Paris.

Collége royal de Henri IV.

Professeur : M. GIBON.

Institution de M. CROUZET.

Le dogme d'un Dieu, souverain ordonnateur et conservateur de l'univers, se retrouve plus ou moins clairement dans toutes les grandes religions : tous les peuples ont cru à une Providence protectrice et vengeresse. La démonstration de cette vérité s'est offerte sous deux faces principales, dont le germe se retrouve dans Platon, mais qui n'ont reçu qu'après lui une forme bien arrêtée. L'une de ces preuves, celle que Platon tenait de Socrate, et qu'il semble avoir développée de préférence, établissant l'existence de Dieu par celle de la Providence, démontre cette dernière par l'observation : c'est l'argument tiré des causes finales. Simple et accessible à tous les esprits, ce raisonnement a depuis été répété à l'envi par une foule d'écrivains et de philosophes. Mais, sans parler de Fénelon, qui nous le donne avec une abondance merveilleuse, nous ne trouvons guère que Dugald Stewart qui ait traité ce point d'une manière vraiment neuve et féconde, grâce aux faits qu'il a su emprunter à la science moderne. Depuis, celle-ci, dans ses progrès récents, tend à revenir par cette voie au Dieu que ses partisans avaient jusque-là trop souvent repoussé. Ce premier genre de preuves, comme nous le verrons, est fort insuffisant; mais il est des considérations plus élevées qui établissent ce dogme d'une manière invincible, et c'est à ce point de vue que s'est placé surtout Leibnitz, qui a développé la doctrine de l'optimisme et de la Providence avec un éclat incomparable. Tirant de la nature de Dieu ce dernier dogme, il a surmonté à force de génie les plus subtiles objections de Bayle, qui, dans les *doutes qu'il s'amusait à faire naître*, s'acharnait surtout après ce dogme sublime, auquel se rattachent intimement les plus importantes questions. Car si la Providence est impossible, Dieu, relégué au fond des cieux, sans action sur le monde, n'est plus qu'une inutile et froide abstraction. Comme nous l'avons dit, les preuves sur lesquelles on établit l'existence de la divine Providence sont de deux sortes. La première n'est autre que l'argument des causes finales, déjà énoncé par Platon dans son traité *des Lois*. Indiquons-le rapidement.

La croyance générale à la réalité et à la constance des lois de la nature est un fait certain; et l'observation justifie, étend, détermine par des faits spéciaux cette croyance intérieure, et montre l'enchaînement et l'harmonie de ces lois. Comme faits confirmatifs, l'on peut citer d'une part l'harmonie des conditions d'existence des êtres vivants entre eux et avec le monde, la série convergente que forment les types d'après lesquels ils semblent créés, la concordance et l'unité des lois astronomiques. C'est là ce que développe Dugald Stewart dans ses *Esquisses de philosophie morale*. D'autre part, sans décrire les harmonies de l'être humain avec le milieu dans lequel il se trouve, l'on peut remarquer la corrélation et l'unité des appareils organiques, la liaison et l'unité plus haute des facultés psychologiques de l'homme. Voilà les conditions au sein desquelles s'est placé Fénelon dans son *Traité de l'existence de Dieu*.

Pour tirer de ces faits leurs conséquences, remarquons qu'il y a là deux choses : 1° des lois ; 2° la série convergente qu'elles forment.

Les lois, modes constants de production des phénomènes, se rattachent, en vertu des concepts rationnels, à de certaines causes qui produisent toute une classe de faits. Or, les produits étant en harmonie, il doit en être de même des causes qui les engendrent. Enfin ces lois, ces types vivants réalisés par une loi commune, semblent former une série convergente vers l'unité : il en résulte, d'après une induction régulière, qu'elles ne sont que les dérivations successives et graduées d'une même cause, agissant selon des modes spéciaux, et subordonnés les uns aux autres. C'est la cause première qui seule peut produire et varier les causes secondes. Et cette cause première est intelligente en raison même de l'harmonie et de l'unité qui règne dans les effets, et qui ne pourrait être produite par un être sans intelligence, agissant au hasard. Ce même caractère des effets nous montre la sagesse souveraine de la cause qui les produit et les coordonne ; et la constance des lois démontre que l'Être créateur est en même temps conservateur. C'est ainsi que la preuve des causes finales nous permet de remonter de cause en cause jusqu'à la cause première et intelligente dont dérivent l'unité, l'ordre général, et qui seule peut le maintenir avec la sagesse souveraine en vertu de laquelle elle l'a établi. Ainsi nous nous élevons par cette route jusqu'à l'idée de la divine Providence.

Remarquons toutefois que ces faits ne peuvent : 1° établir avec certitude que la Providence soit réellement divine et infinie ; 2° que l'ordre établi soit le meilleur possible ; 3° cet argument est tiré de l'observation : mais celle-ci nous offre d'autre part des faits en contradiction apparente avec l'idée de la Providence ; or, d'après les seules données de l'observation, jamais nous ne pourrions expliquer ces objections, ni nous élever au delà de la probabilité. Mais ce genre de preuves ne manque pas de valeur comme confirmant la preuve directe que nous allons aborder.

Ce nouvel ordre de raisonnements, destinés à établir avec une entière certitude le dogme de la Providence, doit se tirer de la nature même de l'Être divin : ainsi l'on pourra affirmer, dès qu'on l'aura solidement établi, que nulle contradiction réelle n'existe à son encontre, fût-on même impuissant à répondre à toutes les objections, ce qui n'est pas. C'est en montrant la liaison du dogme de la divine Providence avec l'idée de Dieu, telle qu'elle existe comme croyance nécessaire, irrésistible, primordiale dans tous les esprits, que l'on peut arriver à ce résultat. Ce mode de raisonnement a surtout été développé avec force et avec éclat par Leibnitz. Toute sa *Théodicée* est consacrée à cette question : il la résout de la manière la plus solide, et il répond aux nombreuses objections que Bayle lui oppose. C'est en déduisant ce dogme de la nature divine, qu'il en tire l'optimisme : mais ses raisonnements étant souvent liés au système des monades et déduits *à priori*, nous modifierons l'analyse sommaire que nous allons en donner, pour les rendre indépendants de ce système, et pour suivre la méthode psychologique.

En même temps que notre esprit conçoit nécessairement l'Être parfait, il y rattache les attributs de la puissance, de l'intelligence et de la bonté souveraine. En effet, tout être réel est doué de force, et la force de l'Être infini ne peut être limitée par rien sans contradiction : elle est donc infinie. D'autre part, comment serait-il privé d'intelligence, de connaissance, quand l'homme, être borné, possède cet attribut dans la mesure de sa nature? L'homme serait en ce point plus parfait que l'Être parfait! ce qui est absurde. Dieu est donc intelligent, et toutes les facultés étant des puissances, le raisonnement que nous avons fait pour la force s'applique aussi à l'intelligence et aux autres facultés : son intelligence est donc infinie. Et de même, si l'homme n'est heureux qu'en vertu de sa sensibilité, comment supprimer en Dieu cet attribut qui seul peut constituer le souverain bonheur, et qui d'ailleurs est le lien nécessaire entre l'intelligence et l'activité, puisque ce n'est que par les mobiles tirés de la sensibilité que l'intelligence peut influer sur l'activité? Dieu possède donc un amour, une bonté sans limites; et comme il est le souverain bien, la beauté suprême, il s'aime lui-même d'un amour infini, et c'est là son bonheur. Or, de la liaison de ces trois idées résulte nécessairement l'idée de la sagesse, qui, tirant ses mobiles de l'amour, dirige la puissance selon les lois de l'intelligence. Mais le monde est créé; car il n'existe pas par soi-même, comme il serait aisé de le démontrer ; et l'idée de la possibilité d'une matière primitive indéterminée est contradictoire, ainsi qu'on le reconnaît généralement aujourd'hui. Dieu seul, pouvant concevoir le monde dans ses degrés infinis d'être, a pu le créer en vertu de sa puissance infinie. Mais comme nulle nécessité n'a pu influer sur sa volonté, celle-ci agissant librement selon le souverain bien qui est en lui-même et l'amour qui le porte à créer, et qui, s'attachant aux créatures en proportion du bien qui est en elles, doit tendre à les produire les meilleures possibles,

Dieu a dû produire un monde le plus parfait possible. D'ailleurs, il ne pouvait produire un monde parfait ; car alors la création eût été adéquate au Créateur, et il y aurait eu deux infinis, chose contradictoire. Remarquons que pour dire, Ce monde est le plus parfait possible, il faut ajouter : Dans l'ensemble de ses destinées ; car c'est surtout dans sa fin que Dieu l'envisage. Ce monde qu'il a créé, Dieu seul peut le conserver ; et, s'il ne le faisait pas, il manquerait de sagesse, laissant périr sans motif son œuvre, si elle était sagement constituée, ou l'ayant faite imparfaitement ; ou bien il manquerait de puissance pour la conserver, ce qui est également absurde à supposer. Dieu conserve donc, en vertu de sa sagesse, le monde qu'il a créé, c'est-à dire qu'il est Providence, et il le conserve en maintenant l'ordre qu'il y a établi ; ordre créé, par sa nature même, en vue d'une fin la meilleure possible. Cet ordre s'établit par des lois ; car Dieu agit toujours par les voies les plus simples, comme Malebranche l'a si bien démontré. Non-seulement il le conserve en maintenant d'une manière générale les lois qu'il a posées, mais encore il veille sur chaque être en particulier ; car dire qu'il s'occupe de l'ensemble en dédaignant les êtres individuels, c'est faire outrage à sa souveraine intelligence et à sa souveraine sagesse ; c'est l'assimiler aux souverains de cette terre, que la faiblesse humaine empêche de veiller sur tout ce qui se passe dans leurs États, de tout examiner, de tout voir par eux-mêmes ; de plus, c'est détruire sa justice et sa bonté. En effet, comme le dit Leibnitz, le monde, ensemble d'êtres concourant vers une fin commune, n'est pas semblable à une machine humaine, où chaque rouage n'a de valeur que comme partie de l'ensemble ; mais ici les parties sont des êtres spéciaux et distincts, qui ont aussi leur fin privée à remplir. Dieu doit aussi s'occuper de cette fin privée qu'il leur a donnée, sinon il manquerait de sagesse et de justice. Il y a plus : la fin totale et définitive résultant de l'accomplissement de chacune des fins partielles de tous les êtres, sacrifier celles-ci, ce serait nuire à la fin suprême ; et c'est par là que l'idée de loi s'harmonise avec celle de fin individuelle. En effet, les lois, destinées à la fin générale, puisque celle-ci résulte des fins partielles, doivent être appropriées à ces fins partielles, de façon, non-seulement à ne pas les heurter, mais même à les produire, et à les faire concourir en vue du but définitif. Certaines de ces fins partielles étant subordonnées à la liberté de l'être qui les accomplit, il faut concevoir que les lois se disposent de façon à laisser à la liberté tout son jeu, sans troubler l'ordre des choses; les actes libres étant d'ailleurs accomplis selon les lois naturelles, mais non en vertu de ces lois; ce qui dépouillerait ces actes de leur caractère propre, que la conscience nous atteste. Dans la conciliation de l'idée de loi avec celle de la liberté, il y a un mystère profond. Leibnitz, en voulant le sonder, a peut-être quelquefois incliné vers le parti contraire à la liberté. Mais, si l'on ne peut concilier ces deux choses, il faut remarquer qu'il serait impossible de prouver qu'il y a entre elles une contradiction. D'ailleurs l'idée de la liberté étant un fait de conscience, l'idée de loi dérivant de la nature de Dieu, telle que nous la concevons, et de l'étude des choses, il faut poser ces deux idées à côté l'une de l'autre, sans vouloir détruire l'une par l'autre, jusqu'à ce qu'un philosophe, plus heureux que ses prédécesseurs, les ait conciliées, si la chose est possible.

D'après ce que nous avons établi, la providence de Dieu est à la fois générale et spéciale, et c'est par le concours harmonieux des fins de tous les êtres que s'établit l'ordre universel.

Tant que l'on reste dans le domaine spéculatif, les vérités que nous avons montrées jusqu'ici apparaissent dans tout leur éclat; mais, dès qu'on l'abandonne, il s'élève de nombreuses objections empruntées à l'observation, et qu'il est quelquefois difficile de résoudre. Leibnitz lui-même ne l'a peut-être pas fait toujours avec succès. Toutefois, nous avons dit dès le début qu'une vérité une fois bien établie par les faits et le raisonnement, l'on ne pouvait raisonner de l'inconnu au connu pour affirmer que tel ou tel fait encore inexpliqué lui est contradictoire. Examiner ces objections et y répondre, ce qui peut se faire d'une manière générale et est assez difficile tant qu'on n'entre pas dans leurs innombrables détails, c'est aussi donner une sorte de confirmation indirecte au dogme de la divine Providence. Nous allons essayer d'établir ce nouveau genre de preuves.

Il y a du mal dans le monde, et beaucoup de mal: or ce mal est de diverse nature; on ne peut guère sans doute reprocher au Créateur l'imperfection de ses créatures, qui est un mal en général, car ce mal résulte de la création même; Dieu ne pouvait créer un second infini : le *mal métaphysique* ne peut donc lui être reproché. Mais il y a d'autres espèces de mal, il y a le *mal physique* et le *mal moral*. 1° *Mal moral*. Dieu a créé des êtres capables de faire le mal, de commettre des crimes, et par suite de s'opposer à l'accomplissement de ses desseins. Pourquoi l'a-t-il permis? Si c'est par impuissance, cela est contraire à sa nature; sinon, Dieu se rend complice des crimes qu'il n'empêche pas. Et si l'on dit qu'il les punit, cela ne sert de rien; car pourquoi s'est-il mis dans la nécessité de le faire? 2° *Mal physique.* Dieu a créé des êtres sensibles qui, par leur nature même, sont condamnés à la douleur : et cette douleur est loin d'être le signe du mal accompli par l'Être; l'on ne voit que trop souvent l'honnête homme dans le malheur et dans la souffrance, le criminel au sein du bonheur et des jouissances : cette différence n'est-elle pas une injustice? L'existence même d'êtres sensibles n'en est-elle pas une autre?

A ces objections l'on peut opposer ces réponses : Si l'on convient que le mal métaphysique ne peut être reproché à Dieu (et vouloir le lui reprocher, ce serait demander le pourquoi de la création), il faudra dire la même chose du mal moral, et même, d'une manière générale, du mal physique. La création d'êtres libres et d'êtres sensibles, et comme tels capables de crime ou de souffrance, était sans doute la condition nécessaire d'un plus grand bien. Et d'ailleurs l'on voit qu'à ces deux espèces de mal sont opposées deux espèces de bien : le bien moral accompli par les êtres libres; le bien sensible ou plaisir dont jouissent les êtres sensibles. Toute la question se reporte donc sur l'inégale répartition des biens et des maux sur cette terre; et, prise exclusivement à ce point de vue, il est peut-être difficile d'y répondre. Mais remarquons d'abord que la terre n'est pas seule dans l'univers : de ce que le mal y prévaudrait, ce ne serait pas une raison d'affirmer qu'il en est de même dans toute la création. L'objection ne vient donc que de notre ignorance de ce qui se passe dans le monde entier, et du plan général de la création. Elle est donc sans valeur. On peut encore contester qu'elle soit vraie, même appliquée à la terre. En effet, c'est un fait que la race humaine, seule collection d'êtres sur laquelle nous puissions faire ces raisonnements, se perfectionne avec les siècles, et qu'elle suit une marche ascendante vers le bien. La somme des biens, dans le genre humain, est donc plus grande que celle des maux, comme le prouve le résultat même. — Mais toutes ces réponses ne s'appliquent qu'à la fin générale des êtres; or cette inégale répartition du bonheur ne semble pas moins injuste par rapport à chaque être individuel; car il est aisé de prouver que le bonheur n'est pas lié au bien, et que dans la plupart des cas c'est le contraire qui se présente à nous. Et il ne suffit pas de dire que Dieu, en qui le bonheur est lié au bien, a dû transmettre cette loi aux créatures faites à son image, et que c'est l'homme qui, par l'abus de sa liberté, a vicié sa sensibilité et transmis cette corruption à ses descendants, en vertu de cette loi de solidarité héréditaire que l'on peut observer dans les faits physiques, et même souvent dans les faits moraux. En effet, ce raisonnement justifie l'inégale proportion du bonheur au bien, de la douleur au mal, dans l'homme même qui a vicié sa sensibilité, mais non dans ses descendants. Pour répondre à cette dernière objection, il ne reste qu'un moyen ; mais ce moyen nous le tirerons d'une croyance universelle, celle de l'immortalité de l'âme. Une autre vie doit rétablir l'équilibre troublé sur cette terre entre le bien et le bonheur ; une autre vie doit rétablir la sanction de la loi morale, sanction qui n'est pas suffisante sur cette terre ; dans une autre vie, les méchants punis, les bons récompensés rétabliront l'ordre moral troublé ici-bas, et justifieront également, les uns par leurs supplices, les autres par leurs récompenses, la Providence divine. A l'idée d'un Dieu conservateur il faut donc réunir l'idée d'un Dieu juge et rémunérateur, et alors la haute et profonde harmonie de l'idée du bien et de celle du bonheur, la justice et la beauté infinie du plan de l'univers, apparaîtront dans toute leur splendeur !

CLASSE DE PHILOSOPHIE.

II. DISSERTATION EN LATIN.

NOMINATIONS.

Premier prix : BLAIN DES CORMIERS, de Précy (Oise) (Henri IV).
Deuxième prix : CHASSANG, de Bourg-la-Reine (Seine) (Charlemagne).
Premier accessit : Pouget de S.-André, de Port-Louis (île Maurice) (S.-Louis).
2e   —   Boutan, d'Auch (Bourbon).
3e   —   Gelée (Stanislas).
4e   —   Oger, de Fenestrange (Meurthe) (Charlemagne).
5e   —   Plet, de Gaillon (Eure) (Charlemagne).
6e   —   Touzelin, d'Argenteuil (Seine-et-Oise) (Bourbon).
7e   —   Callen (Charlemagne).
8e   —   Pottier, d'Angers (Stanislas).

Texte.

In quo differant et quo inter se vinculo cohæreant justitia et caritas.

PREMIER PRIX.

BLAIN DES CORMIERS (Eugène-Vincent), né à Précy (Oise).

Collége royal de Henri IV.

Professeur : M. Gibon.

Institution de MM. Hallays-Dabot et Galeron.

Suus est homini finis : hunc omni virium contentione persequatur, hunc assequatur, suprema et sanctissima homini lex est imposita. Ad hunc autem, si solus sit, si solis suis viribus utatur, cum nec pervenire, nec etiam tendere queat, data est homini hominum societas, quæ non solum non impedimentum, sed adjumentum quoddam et auxilium afferat. Jam ergo homines duplici tanquam conditione cum hominibus sunt consociati, ut alii alios ab attingendo fine non avertant, et ad attingendum finem, quantum in se erit, adjuvent. Jam duo esse præcipua et tanquam sola hominum erga homines officia dici potest, duas summas virtutes, sine quibus nec hominum societas esse queat, nec suum homo ad finem tendere : justitiam scilicet et caritatem. Quæ quo discrimine differant, quo inter se vinculo cohæreant, cum quærendum sit, et quam certissimis finibus determinandum, primum quæ sit utriusque natura, quid utraque præcipiat quæremus, et inde in quo differant, erit manifestum : tum idem utrique esse fundamentum demonstrabitur, ut hinc, quo inter se nexu cohæreant, appareat.

Hæc est justitia, ne quis cui noceat. Hic justus est qui cæteri ne finem suum assequantur non impedit, qui media, ut ita dicam, via transversum se non objicit. Quanam autem conditione, quanam lege ne cæteri finem suum assequantur non impediam? Hac nempe, ut illi qui et corpori et animo vires et ornamenta addere conatur (quæ quidem duo sunt præcipua hominis erga se ipsum officia) impedimentum non afferas, ut alieno corpori animoque nocere abstineas. Et corpus quidem, id est illud ipsum in quo vivit, et per quod manifestatur animus, priorem hic locum obtinet, quod nulla potest esse, deficiente corpore, animi cura, nullus omnino cultus. A corpore ergo alieno, id est, ab aliena vita et a libertate, sine qua vita vitalis esse nullo modo possit, primum est abstinendum, tum et a rebus iis quæ ad bene beateque vivendum homines adjuvare solent, fortunas dico, dignitatesque, et omnia illa bona quæ terrestria vocantur.

Si vero nunc ad animum respexeris, cum hæc sint tria, ut ita dicam, animi munera, ut intelligat, ut sentiat, ut velit, triaque homini suum erga animum officia, ut, seu intelligat, seu sentiat, seu velit animus, intactam, quantum poterit, et sinceram animi libertatem tueatur, hoc tibi, si justus esse velis, inprimis cavendum est, ne auream illam libertatem quibusdam vinculis, aut exemplo aut consiliis impedias. Tum, si alieno aut corpori aut animo non nocueris, si de quolibet male meritus non sis, tum denique justus es; illa denique summa virtus est, quæ hac una latina voce tota colligi et exprimi potest : abstine, græca vero : ἀπέχου.

Hic quidem fere sit verus et sincerus justitiæ alumnum suum adhortantis sermo, hæc sint præcepta : Audiamus nunc caritatem : Non jam abstinendum, sed agendum. Alios ab attingendo fine non arcere jam non satis est : alii jam ad attingendum finem impellendi, adjuvandi, et hoc quidem, tum de corpore, tum de animo. Illinc si periclitanti auxilium, sitienti aquam, famelico panem præbeas, quid plura, si ad sustentandam vitam adjuves, hinc si viam illam qua tute et libere intelligat, sentiat, velit animus, monstres, si ab illa via declinantem et adhortatione et exemplo revoces, quid plura, si ad conservandam animi libertatem auxilium præstes, tum demum caritatis sanctissimus es observator. Jam ergo, dum præcipit justitia ut nec alieno corpori, nec animo alieno noceam, aut potius dum, ne noceam, vetat (vetat enim magis justitia quam imperat), caritas et alienum corpus et animum alienum adjuvem ad attingendum finem jubet. Vetat illa ne erga quemquam id faciam quod a quoquam erga me fieri nolim ; jubet hæc, seu male, seu bene de me sit meritus quisquam, de eodem me bene mereri. Ne male faciam, illa vetat, jubet hæc bene faciam. Si abstineo, justitia est ; si ago, caritas. Illa demum gentilis, hæc christiana ; humana hæc, illa divina virtus dici potest.

Non autem in illo tantum differunt caritas et justitia, quod hoc imperat caritas, illud præcipit justitia : istud etiam subest discrimen quod non idem observatam caritatem qui justitiam subsequatur animi affectus. Si quis enim alienum aut corpus aut animum adjuverit, huic tacito primum et peculiari quodam gaudio repletur animus ; tum mercedem et præmium se mereri, ipse sibi conscius est. Hoc autem quispiam mihi respondeat velim, num is qui nihil mali erga quemquam egit, qui a malo tantum abstinuit, eadem illa dulcissima lætitia perfundi possit ; num sit aliquis qui, quod hominem non occiderit, eodem gaudio exsultet, quo, si servaverit. Nemo est profecto. Hoc etiam mihi respondeatur, num is sit quispiam homo qui mercedem ob id se meritum esse arbitretur, quod vicino agro non potitus fuerit ? O felicem quidem eum, si quis est, cui tam parvi ematur, suavissimum illud conscientiæ gaudium ! O miserum rursus eumdem qui mercedem eam qua se dignum esse credit, diu et frustra quidem exspectet !

Verum si dici potest, qui tantum justitiæ legem observaverit, hunc vero conscientiæ gaudio non perfundi, non eodem jure dicetur, qui eamdem legem violaverit, hunc conscientiæ stimulis carere : ut enim nemo est qui, quod non occiderit hominem, se bene egisse arbitretur, nemo rursus erit qui, occiso homine, non acerbissimis conscientiæ cruciatibus dilaceretur, qui pœna dignus ipse sibi non videatur.

Et hoc quidem quasi primo jam nexu cohærere inter se incipiunt justitia et caritas ; quippe quæ uno jam et eodem e fonte oriantur, uno et eodem nitantur fundamento. Ut enim tibi, qui caritatem violaveris, ea est doloris causa, quod, dum hominem ad attingendum finem suum non adjuvisti, ad universum illum finem supremumque bonum, id est ad summum ordinem assequendum operam non contuleris, sic et ego, qui aliquid contra justitiam egerim, erga summum idem illud bonum et universum ordinem me peccavisse certo scio : hæc est mœroris, hæc sollicitudinis causa. Summum enim illud divinumque bonum, seu justitiam, seu caritatem violaverim, idem semper est, semper necessarium, semper absolutum : eadem semper humanis animis lex impendet, per quam alii alios et ab attingendo fine non arcere, et ad attingendum finem adjuvare jubemur. Præterquam quod autem justitia et caritas eodem fundamento, id est supremo divinoque bono, innituntur, subest aliud etiam, et arctissimum quidem utrique vinculum : nulla nempe, sine justitia, potest esse caritas. Qui enim, quæso, cæteros homines ad attingendum finem adjuvare queam, si eosdem ab eodem illo fine non esse avertendos ignorem ? Docet autem illud justitia, quippe quæ in hoc tota sit, ne quis cui noceat. Priusquam alienum et corpus et animum adjuves, disce ab alieno et corpore et animo esse abstinendum. Ea prima est, si bene facere velis, conditio, ut malum non facias : si caritatem observare velis, ut justitiam prius observes. Quanquam ergo idem justitiæ et caritati subesse fundamentum dici potest, sine justitia tamen nullum esse caritati locum, ex eodem fonte utramque, sed priorem justitiam, posteriorem oriri caritatem verum est. Nec satis : at cum semel orta fuit caritas, ubicumque est, hic aut fuerit, aut sit adhuc justitia necesse est. Hinc justitia non fida solum et sancta caritati comes, non soror solum, at major natu soror dici potest ; sed ita tamen ut, minori quidem, verum nobiliori sorore, id est caritate superbiat. Dum enim, sine justitia caritas esse nullo modo potest, est quidem sine caritate justitia : sed qualis sit videamus : est scilicet debile quoddam, et molle, et enervatum, ita ut esse nemo sentiat, nemo deprehendat : id enim solum sentitur et deprehenditur, quod re et actu manifestum est. Hoc autem justitiæ proprium esse vidimus, ut agere abstineat. Justitia ergo illa, sine qua caritas esse non potest, per se manca prorsus est et imperfecta : caritas vero, cum semel e justitia orta est, sibi ipsa sufficit : sed hic etiam novum est inter utramque vinculum, quod illa, quæ prior nascitur, esse reipsa sine posteriori non possit. Hæc vero, quæ sine priori oriri non potest, semel orta, per se ipsa permaneat, per se vivat.

CLASSE DE RHÉTORIQUE.

I. DISCOURS LATIN.

NOMINATIONS.

Premier prix (vétérans), *prix d'honneur* : LENIENT (CHARLES-FÉLIX), de Provins (Henri IV).
Premier prix (nouveaux) : ABOUT, de Dieuze (Meurthe) (Charlemagne).
Premier accessit (vétérans) : De la Coulonche, de Paris (Bourbon).
Deuxième prix (nouveaux) : BELOT, de Montoire (Loir-et-Cher) (Louis-le-Grand).
Troisième accessit (vétérans) : Vasseur, de Paris (Bourbon).
    4ᵉ   —   (vétérans) : Dhugues, de Bordeaux (Charlemagne).
Premier accessit (nouveaux) : Sarcey, de Dourdan (Seine-et-Oise) (Charlemagne).
    2ᵉ   —   (nouveaux) : Merlet, de Paris (Stanislas).
    3ᵉ   —   (nouveaux) : Langlé, de Paris (Bourbon).
    4ᵉ   —   (nouveaux) : Albert, de Thionville (Charlemagne).
    5ᵉ   —   (nouveaux) : Taine, de Vouziers (Ardennes) (Bourbon).
    6ᵉ   —   (nouveaux) : Tissot, de Paris (Louis-le-Grand).
    7ᵉ   —   (nouveaux) : Port, de Paris (Louis-le-Grand).
    8ᵉ   —   (nouveaux) : Weiss, de Bayonne (Louis-le-Grand).

Matière.

Fractis iterum atque iterum Saxonum opibus, Bavariaque in provinciam redacta, Carolus Magnus, postquam Avarorum fines populatus usque ad Arrabonem (Raab) pervenisset, commercia gentium recens domitarum inter se, simul et vasti imperii defensionem, locorum hortante natura, contra hostes procurare decrevit.

Igitur in Franciam Orientalem regressus, magna operarum multitudine inter Danubii et Mœni ripas congregata, qua Altmullus (Altmuhl) fluvius in priorem, et Radantia (Reibnitz) in posteriorem influens, qui ipse ad Rhenum tendit, parvum inter se spatium relinquunt, quid mente conceperit regni proceribus aperit circa se convocatis.

ORATIO.

Incipiet dicendo bella ex bellis nascentia non satis esse ad imperii laudem, imo et stabilitatem, nisi pax et cum pace quotquot ex ea efflorescunt bona commodaque bello tanquam finis proposita sint.

Nullo autem modo certius pacem asseri latiusque fructus ejus diffundi, quam si, occasione arrepta a natura ipsa data, viæ sternantur, præsertim navigabiles, quibus longinquæ regiones et populi magno intervallo dissiti communicare inter se possint, et, veteribus odiis depositis, utilitate partim, partim novarum rerum lenociniis, per societatem quasi fraternam, paulatim coalescant.

Decrevisse igitur se, ambobus magnis fluminibus quæ totam Europam ab Occidente, hinc ad Aquilonem, inde ad Orientem percurrunt, inter se conjunctis, gentes innumeras sibi jam subditas et tantopere dispares, quæ utriusque ripas accolunt, mutuo commercio rerum morumque consociare, et ad melioris vitæ cultum ita provocare.

Docebit quam exiguo intervallo, scilicet viginti ferme millium, discreta sint Altmullus et Radantia, inter quæ si fossa ducatur navium capax, Danubius et Rhenus, hic ad Germanicum mare, ille ad Pontum Euxinum aquas devolvens, vere conjungentur, ita ut Europa fere tota inter se et cum Asia continuo quasi vinculo hominum, mercium, artiumque connexa sit, et inde exoriatur novus rerum ordo formaque societatis humanæ politior.

Sin autem (quod Deus avertat) irritus ceciderit labor in præsens tot hominum, se jubente, congregatorum ad inchoandum opus, Francorum et ingenio et rege dignum, non irritum ideo fore operis consilium. Venturum tempus, quo, labentibus seculis, iisdem in locis, sed melioribus artibus, meliore successu, incœptum Caroli Magni redintegretur. Venturum tempus, quo, post longa bella, longas diversasque regum et populorum vices, pax tandem vera Europæ affulgeat, et, pace favente, non tantum fossæ a fluvio ad fluvium, a mari ad mare ductæ, sed nova prorsus inauditaque artificia, igne et aqua conspirantibus, homines mira quadam velocitate, spatio quasi absumpto, hominibus propinquent, misceant, et ex tot gentibus velut una gens, facie non una, nec diversa tamen, existat.

Et quidem, post mille et quinquaginta annos, dum fervet undique hoc novum opus, novæ undique sternuntur viæ, viribus naturæ ministrantibus antea incognitis, ecce antiquum illud magnumque Magni Caroli consilium ab uno ex ejus stirpis regibus ad eventum perductum est, Ludovico Bavariæ rege, qui *Fossam Carolinam* denuo instauravit, et, intra duodecim annos, a Danubio ad Rhenum per Altmulli necnon Radantiæ Mœnique alveum nuperrime deduxit.

PREMIER PRIX DES VÉTÉRANS.

(**PRIX D'HONNEUR.**)

LENIENT (Charles-Félix), né à Provins.

𝕮𝖔𝖑𝖑𝖊́𝖌𝖊 𝖗𝖔𝖞𝖆𝖑 𝖉𝖊 𝕳𝖊𝖓𝖗𝖎 iv.

Professeur : M. Didier.

Institution de M. Jubé.

Tricesimus jam exactus est annus, ex quo, fractis atque iterum fractis Saxonibus, Bavaria in provinciam redacta, et finibus Avarorum novissime usque ad Arrabonem devastatis, Germaniam frustra reluctantem, constantia nostra et bona hujus imperii fortuna in nostrum jus ac ditionem vindicare aggressi sumus. Nunc tandem ferocissimæ illæ gentes, quæ modo omni humanitati et societati infensæ, et vix Rheno cohibitæ, perpetuis assultibus Galliam lacessebant, nostri factæ sunt mancipii : tota illa regio quæ a Rheno ad Danubium patet, vi aperta est, vi subacta. Sed mihi tantam operum et laborum molem suscipienti non hoc certe consilium fuit, ut bella ex bellis serendo, gratuito aggererem populorum cædes ac ruinas, rem sane fruendam oculis et acceptam barbaro, sed ab humano et christiano rege abhorrentem.

Itaque, bello confecto, vix mei operis dimidium absolutum arbitratus, vos, mei regni proceres, in hanc concionem advocavi, ut, qui mihi nuper virtutem et manum vestram præstitistis, hodie consiliis, si quæ bona visa erunt, me pariter adjuvaretis, hoc maxime meditantem, quo modo Germania intus pacata, ab omni externo barbariæ impetu tuta fieri, et jam in nostrorum fatorum consortia accita cum cætero hujus regni corpore vere coalescere possit. Hanc quidem armis tenemus ; sed vis et terror infirma societatis vincula sunt ; ea vero tantum conditione stat concordia, dum modo communi omnium utilitate approbetur : nec ullam rem fere a me actam existimem, nisi huic imperio, in diuturnitatis spem condito, populorum studia applicare, fidem obligare, voluntatem conciliare, commoda sociare valeamus. Hic unus belli finis, hoc unum in futurum perpetuæ pacis monumentum !

Pacem vero confirmandi, et quæcunque ex illa efflorescunt bona amplius prolatandi, quis modus certior, quæ ratio aptior, quam si viæ in diversa loca deductæ tot longinquas regiones, tot populos inter se ignotos ignorantesque mutuis misceant commerciis, et ex aliis in alios transfundant mores, linguam, ingenia? Quid autem facilius in his locis ubi natura ipsa se præstat nostrorum consiliorum famulam et adjutricem, ubi duo magna et prævalida flumina transvehendis rebus hominibusque suum alveum ministrare videntur. Hoc certe nobis egregium, nec in ultimis laudum titulis fuerit, gentes, quæ ad hunc diem alienæ et infensæ præda et rapto vixerant, sub nostris auspiciis in societatem quasi fraternam, partim utilitate, partim novarum rerum lenociniis, convenisse; et, veteribus odiis depositis, jam nulla sibi nisi placida et incruenta certamina constituisse, ad id unum enitentes, ut alia aliam vel ingenii humanitate, vel morum comitate, vel divitiarum copia exsuperet. Quo quidem proposito, magnam operarum multitudinem inter Danubii et Mœni ripas congregavi, ut Rhenus et Danubius, qui totam Europam ab Occidente hinc ad aquilonem, hinc ad Orientem percurrunt, et Germaniam quasi suam ingenti obeunt amplexu, ex utraque ora conducto fossæ tenore, invicem conjungantur; ut hæ ipsæ gentes, quæ intra eos cardines in ipso Germaniæ habitant umbilico, patriorum fluminum usuram obtineant. Quis autem dubitat quin, ubi, sociatis undis, illa flumina convenerint, ipsi populi quamvis ad extrema longo intervallo dissiti, subito velut admotis utrinque littoribus, alii ad alios migraturi sint? Quid vero civilius ac liberalius erit quam si, communi gentium jure constituto, illæ migrationes non velut eæ quæ toties in Galliam, tanquam irrumpente procella, detonuere, vi, armis, spoliandi et trucidandi causa traducantur; sed in media pace habitæ, securæ et imbelles, et tantum merces invicem mutandi gratia, populos arctiori necessitudine permisceant. Nec jam periculum erit, ne illa gentium colluvies, quæ ex intimis harum regionum penetralibus assiduo irruebat, Europæ statum iterum labefactet, cum sibi quæque gens domicilium, sedes, agros proprios ac peculiares fecerit, ubi domestica otia et pacis emolumenta lucro apponere didicerit. Hæc mea sunt consilia, quæ, quantacunque vobis videantur, nolite vos ita singularia et inaudita arbitrari, ut omnem fidem exsuperent. Quod ad opus ipsum inchoandum, scilicet adjungenda flumina, pertinet, quid id est? Quo distant intervallo Altmullus et Radantia? Nempe viginti ferme millium. Hoc omne nonnullis annis perficietur. Quod ad operis fructum: idem quoque non tantum modo interiori Germaniæ, sed toti Europæ prope certissimus. Nam videte quo pertineat illa Danubii et Rheni societas : scilicet alter ad Germanicum mare, alter ad Euxinum Pontum aquas devolvit, ita ut, ambobus junctis, quasi vinculo continuo Asia ipsa Europæ tergo connexa hærere videatur. Ita vero hinc illinc translatis opibus, quas Oriens, quas Occidens parit, assiduo viatorum transitu et humanitatis contactu mox polita Germania ad mitiores cultus e barbariæ sordibus emerget. Undique stationes, portus totidem fient receptacula, unde artes bonæ in varias partes derivabuntur. Descendant ergo ex Oriente inter has regiones veteri adhuc annorum situ deformes, descendant Asiæ opibus onerata navigia? Descendant ebur, marmor, gazas his terris monstrantia; et mox barbaros ex silvarum et paludum latebris velut aucupio allectos advolare videbitis.

Jam Deo ipso adjuvante, sacri fidei christianæ ministri his feris et incultis hominibus humaniores spiritus intulere, nec defuere quidem qui hoc solum quasi nostrum suo sanguine sacraverunt: in hanc rudem Germaniam prima jacta sunt disciplinarum semina, quæ vegeta et adulta novis fatis maturas gentes paravere. Nunc tandem accedente pacis otio, artium elegantia, vobis metipsi fingite hanc terram nunc dumis horridam, subito discussa illa caligine, meliori cultu enitentem, hinc ex ferarum lustris, ex paludum luto splendidas urbes enascentes, alterum rerum ordinem, alteram humanæ societatis formam, alterum orbem mirantibus terris ostentatum!

Sin autem (quod utinam Deus prohibeat, sed omnia quæcumque agimus mille casibus obnoxia esse scio), si, inquam, hanc mihi laudem fortuna inviderit, ut mea consilia quem opto finem inveniant; si irritus in præsens ceciderit ille labor, quo Francorum et meum nomen æternæ famæ inserere, et apud posteros Germanorum amori commendare velim; mihi saltem in solatii partem veniet ea fides, quod spero non omne irritum fore consilium. Nam labentibus annis, forsitan aderit aliquis vel ex meo sanguine natus, qui in iisdem locis, melioribus artibus, meliori rerum successu, hoc a me inchoatum ad eventum producere ; et si quæ adhuc restant mei operis vestigia, ea denuo instaurata, tanquam hereditatis jure, aviti memor consilii, ad recentioris ætatis usus convertere non dedignatur.

O utinam mihi liceat hanc nubem, quæ futura meis oculis obducit, avertere! Utinam uno intuitu quæcunque miracula postera ætas inventura sit hodie amplectar! Nescio quis mihi præsagit animus, aliquando tempus fore cum, pacatis illis tempestatibus, quarum adhuc motu et strepitu jactamur, et quæ forsan nostros nepotes iterum diu excipient, post longa bella, post longas fatorum vices, jam sua cuique assignata sede, et descriptis limitibus, Europa ita uno populorum consensu librata erit, ut nulla pars ejus claudiat, ut animam in omnes partes permeantem et velut ad agendum concordes articulos habeat. Cum autem ita vera pax omnibus affulserit, quis nostri prævideat, quatenus progredi queat humani vis ingenii. Forsan iis temporibus, res maxime dissociabiles aquam et ignem posteri jubebunt in unum conspirare, ut illo fœdere novam itineris faciendi facultatem reperiant. Hoc ipsum quod nos maximis laboribus exstruimus, illis ludus et jocus esse videbitur; nec jam fossam a fluvio ad fluvium, a mari ad mare deducendam cogitabunt, sed vento citiora vehicula audaci nisu emittent, quibus per totam Europam, velut aperto campo, ex tot diversissimis gentibus velut una gens facie non una, nec diversa tamen, conveniet. O fortunati illi principes qui tunc ad regnorum gubernacula assidebunt! Fortunati illi quibus ad magna consilia perficienda, non deerunt opes, instrumenta, artifices! Fortunati qui pacis otia ad artium cultum, ad omnium concordiam, ad populorum felicitatem scient convertere!

PREMIER PRIX DES NOUVEAUX.

ABOUT (Édouard-Valentin), né à Dieuze (Meurthe).

Collége royal de Charlemagne.

Professeur : M. Berger.

Institution de M. Jauffret.

Vos, bellorum comites viri, vos divini consiliorum participes, vicistis indomitarum diu nationum alteri ignorantiam dicendo, alteri pugnando contumaciam Saxonicæ pertinaciæ robur seu flectere novistis, seu frangere valuistis : cum Dei leges, tum meas, Deo acceptas, coacti tandem hostes patiuntur; qua victoria Europam obtinemus pene universam. Ne tamen in hoc rerum fastigio quiescendum opinemini; satis forsan nomini vestro meoque fecimus, at certe officio parum. Nam quod ego ceteris gentibus leges dico, hoc ipsum legem imponit maximam consulendi terris mihi creditis. Quibus pace belloque, diversissimis artibus consulitur: bello vetera diruuntur mala; pace nova bona stabiliuntur. Nunc satis equidem bellorum gessimus, si utiliter gesta esse volumus: pacem ruinæ desiderant. Imperium armis parare licuit; armis exercere nefas. Si nihil ego victoriis, præterquam et laudem mihi et debita commilitonibus præmia, quæsissem, Deus prosperum iniquis armis negavisset eventum. Belli vero longum et plenum asperitatibus curriculum non invitus peragravi, ratus scilicet, certam eam tendere ad pacem et pacis bona, universis profutura, viam. In hoc ego pretiosi vestri sanguinis tantum impendi, in hoc tantum hostilis, sed non exosi sanguinis profudi, ut e populorum cladibus, plus quam velim cruentis, vera firmaque et diuturna gentium universarum felicitas effloresceret.

At magna res, arduum opus proponitur in unam pacem felicitatemque redigere animos populorum abhorrentium; dissociabilem morum diversitatem miscere. Quod magis optandum quam sperandum faterer, nisi Romanorum exemplum una atque imperium ad nos pervenisset. Potuit populus Romanus ex abhorrenti gentium hac ipsa diversitate unam rem publicam, unum imperium, armis colligere, pace firmare. Illa pacis non minor quam belli calliditas commercio societatem, viarum munitionibus commercium hominum fecit. Universo orbi una leges viasque suas imposuere: viæ sunt victoriarum monumenta, prope æterna. Vias Romanas in oculis ubique habemus, nec vanum nec præposterum præsentis utilitatis documentum. Nunc quoque longinquitatem urbium absumunt viæ, et ipsam fere tollunt diversitatem. Fiunt celerius per vias non modo rerum ad vitam pertinentium, sed et ad mores spectantium commercia: ditantur homines et docentur. Quid? odia illa inexpiabilia gentium nihil melius mitigat quam privata illa hospitii fœdera, et amicitiæ ex commercio natæ. Tempus denique venit, quo, si quid restat dissimile, nihil est abhorrentis: nemo enim fere odit quem bene novit, et populorum simultates sive ignorantia sive error plerumque incendit. Viarum vinculis Romani ceterum orbem non modo parentem sed et amantem sibi obstrinxerunt. Viis igitur, sed diversis et nimirum præstantibus in idem consilium utamur. Videte quanto illi sudore caduca et obnoxia firmaverint per silvas, per paludes, per juga montium itinera. Paratæ sunt nostræ voluntati, sunt munitæ ab ipso Deo viæ, quas nihil omnino, præter mare, terminat, quas nulla hominum manus violat; quæ urbes non sequuntur, sed ad se vocant; quæ ubicumque hominum societas aliqua existere potest, eo perducunt. Viventes illæ viæ viatorem portant, et benignam suam commoditatem volenti submittunt. Flumina sunt, quas offert Deus vias consiliis nostris divinioribus. Nos enim non modo humanas artes, ut olim Romani, sed cœlo demissam aliquam novitatem circumferimus : Deo, non nobis vincimus populos, neque imperium est nostrum, sed fraterna communes leges servantium societas.

Tendamus igitur quo jubet Deus per suppositas ab ipso Deo vias. Qui scilicet ideo armorum nostrorum celeritati affuit nuperrime, et Bavariam in manus tradidit, et Avaras virtuti vestræ dedit obnoxios, ut duo potissimum maximi Europæ fluvii consiliis nostris exsequendis paterent. Nunc duæ sunt viæ ab hujus regni sinu in immensam usque longinquitatem prolatæ; duo fluvii diversum in locum, non diversa utilitate decurrentes. Quorum utrique famulatur multiplex amnium minorum concursus : ad utrumque urbes consederunt, et commoditate præsenti permotæ et nescio an aliquo ignotæ utilitatis sensu ; quæ et multos jam inde fructus percipiunt, et plures exspectant. At, proh Deus! quantam videt uterque rerum diversitatem, quam possit in æquum tenorem sensim vertere, si, ut aquarum suarum munus, ita commercii nostri beneficium omnibus largiatur. Ille, quum intra longum annorum spatium feritatem suam vel a Romanis intactam servaverit, vix raras fracti imperii ruinas interluit : silvas sequitur, silvestresque alit Europæ hostes, duros egestate et cupiditate homines, perpetuam excidiis nostris materiem. Vidimus Asiam pene omnem ab illius ore ad fontem refluere, qua vastatione! quam insanabili! Ab illo fluvio tum demum securus mihi videbor, quum nostrum fecerimus, et artium nostrarum adjutorem. Alter contra, licet barbarus amnis, nonnulla retinet humanitatis vestigia : corruptæ autem humanitatis sunt non tam castrorum Romanorum reliquiæ quam urbium Romæ olim æmularum et docenda juventute clararum. Sed siqua remansit ibi Romanorum posteritas, vires animi mollitia et ignavia consenuere ; ruinæ sunt ut domorum ita virorum. Quanquam est utrique populo sua virtus. Alter natura, alter cultura valet : alteri vis est firma animorum, sed sævior ; mitis alteri, sed mollior. Multum uterque proficiat, si alter ab altero se sinat temperari, neque accessionem fugiat externæ virtutis ; si et doceatur barbaries, et humanitas viribus augeatur. Quod efficere nostrum est. Nos inter depravatæ humanitatis reliquias et obstinatum barbariæ situm medii, alteros alteris temperabimus; unam eamdemque gentem, una pace fruentem, una nostra mente viventem conciliabimus. At tum demum licebit utraque elementa in unum corpus cogere, quum ex duobus fluviis unum, et illum navibus nostris apertum continuaverimus.

Quare ego statui, fide vestra et societate, ut in ceteris, adjutus, rem tanti emolumenti quam primum ad finem perducere. Quis credat? hanc qualem videmus Europam, diversissimis ægrisque partibus vix adeo constantem, a florentissima illa quam animo concepi, unitate ac sanitate dividit viginti millium spatium, unius anni diuturnitas. Rhenum Danubio, humanitatem barbariæ, vinculo quodam nostri commercii jungamus. Et videte quantum ipsa rerum natura arrideat nostræ voluntati. Altmullum Danubius, Rhenus Radantiam videtur, manum velut aliquam, ad hoc fœdus protendere. Quod superest intervalli, id nostræ industriæ relictum. Aliquem ducamus navibus nostris ex Danubio in Rhenum transitum. Unus rei absolvendæ annus sufficit : vos majora sæpe et asperiora intra sextum mensem mihi peregistis. Jam hinc volo rem suscipi, non indoctam operarum multitudinem ab Aquitania huc arcessere, meum fuit; ducere ac regere, vestrum est. Neque vos pudeat illud consilium exsequi, quod inire non me puduit. Vos, commilitones, dum exercitum novi generis ad laborem urgetis, reprimitis asiaticarum nationum colluviem. Vos, a Deo mihi dati administri, fidem vestram ac mores propagatis. Universi, non modo laudem nominis nostri ultra terrarum fines in mare Germanicum Pontumque Euxinum transmittimus : quod a natura ab usu rerum, a Deo accepimus; id cum remotissimis vel Asiæ gentibus communicantes, humaniorum artium virtutumque societate diversos populos in unum coalescere cogimus, hoc profecto digni qui renovatæ alicujus Europæ conditores esse videamur.

Utinam his quoque inceptis faveat Deus ille, qui nonnullam numinis sui partem cum Carolo et Francorum gente communicatam voluit: non nobis consulimus. Sin autem perfecti tanti operis laudem nomini meo, huic ætati inviderit, saltem ne Europæ salubritatem invideat. Credite spei meæ, comites : non frustra descenderit in animum meum tale consilium. Adsit inevitabilis illa necessitas, quæ humana omnia terminat : in indignas manus veniat hoc imperium (quod Deus maxime averruncet!) pereat inchoatus labor et spes proxima perficiendi : modo ne in vanum abeat tam necessaria gentium omnium commoditas. Forsitan excidet e memoria hominum fama mei nominis : at nunquam obliviscetur Francia suum esse ad præsentem felicitatis usum ceteras gentes perducere, et impendere suum laborem vicinæ infirmitati. Ita firmius quam armorum imperium sibi vindicabit, si populos omnes, consiliis suis adjutos, animis erectos, in unam bene sentiendi et fortiter agendi societatem adducet. Hanc quam ego inauguro magnitudinem bella forsan et mutationes rerum morabuntur, nihil autem impediet. Sive hoc ipsum opus a me inceptum Francia perficiat, sive rerum naturam, exemplo dato, excutiens, vires alias et quærat et inveniat, suæ ceterorumque utilitati accommodatura. Tempus erit, ne dubitate, quum longinquitatem velocitate superans, diversas locis, nominibus, sermonibus, non autem animis gentes in unam velut arctiorem societatem domumque colliget; ut sit et Europa una gens, et Francia Europæ regina. Cujus voti nisi me manet in his terris viventem cumulatio, non prius manes mei quiescent quam acceperint.

Nunc igitur quiescant, Carole, et merita fruantur pace. Obdormiat ad Rheni tui littus umbra tandem voti compos. Non defuere, longo licet intervallo, qui hereditatem susciperent tuæ magnanimitatis. Multa progeniem retardaverunt bella; multæ rerum vices hanc tuam Europam mutavere. Interea nec tui periit, nec consilii tui memoria. Postquam extraordinarius orbis moderator, gladio tuo armatus, Europam bello ad pacem præparavit; rebus quietis vestigia voluntatis tuæ sequitur inquieta animorum industria. Non te sententia fefellit : gentium princeps Gallia, quæ in Franciæ nomen et magnitudinem sese induit, ad meliorem vitæ usum perducit populos mirantes. Gallia aquam ignemque et moderari et miscere didicit : aqua et igne armata, spatia omnia vincit, jungit distantia, longinqua longinquis admovet et sociat, unam ex omnibus gentibus nationem, unam facit commercio rempublicam. Animi tui divino consilio satisfactum. Quid ? illud ipsum quod manus tuæ tentaverant, non infectum omisit princeps Bavariæ, sanguis tuus, non iisdem opibus, eodem tamen ingenio; et universæ Europæ ornator, si non domitor.

CLASSE DE RHÉTORIQUE. 33

II. DISCOURS FRANÇAIS.

NOMINATIONS.

Premier prix (vétérans) : LENIENT (Henri IV).
Premier prix (nouveaux) : QUINOT, de Langres (Charlemagne).
Deuxième prix (nouveaux) : WEISS (Louis-le-Grand).

Deuxième accessit (vétérans) : Saigey, de Paris (Bourbon).
Premier accessit (nouveaux) : Tissot (Charlemagne).
Quatrième accessit (vétérans) : Andral, de Paris (Henri IV).
Deuxième accessit (nouveaux) : About (Charlemagne).
Sixième accessit (vétérans) : Vasseur, de Paris (Bourbon).
Troisième accessit (nouveaux) : Albert (Charlemagne).
  4e   — (nouveaux) : Port (Louis-le-Grand).
  5e   — (nouveaux) : Leroy, de Châtillon-sur-Seine (Bourbon).
  6e   — (nouveaux) : Lamm, de Metz (Louis-le-Grand).
  7e   — (nouveaux) : Taine (Bourbon).
  8e   — (nouveaux) : Dumas, de Paris (Charlemagne).

Matière.

COLBERT A LOUIS XIV.

L'essor donné en France aux sciences mathématiques et physiques par le génie de Descartes, de Fermat, de Pascal, ne s'était point ralenti après la mort de ces grands hommes ; et, à l'époque de la majorité de Louis XIV, les savants qui leur avaient succédé marchaient avec honneur sur leurs traces. Cependant, à cette époque, on n'avait fait en astronomie qu'un petit nombre de découvertes importantes ; la médecine était en retard ; l'histoire naturelle continuait à mêler à ses observations beaucoup de chimères ; l'alchimie, l'astrologie judiciaire, cette fille insensée d'une mère sage, comme disait Kepler, conservaient encore une partie de leur ancien crédit. En ce moment, l'Angleterre et l'Italie donnaient à la France de grands exemples. Le roi Charles II, de retour de l'exil, venait de fonder la Société royale de Londres, dont les premiers travaux jetaient un vif éclat. A Florence, une Académie d'expériences, fondée, vers 1655, par le cardinal Léopold de Médicis, se signalait aussi par d'utiles découvertes. Colbert, témoin de ces efforts, ne voulut pas que la France restât en arrière. Il proposa au roi de faire pour les sciences ce que le cardinal de Richelieu avait fait, trente-deux ans auparavant, pour les lettres. Ce projet fut présenté en 1666, et aussitôt agréé.

On suppose que Colbert expose dans le conseil du roi les motifs de la proposition.

Soutenir l'honneur de la nation dans une carrière glorieuse, où les peuples rivaux menacent de la dépasser ; seconder les recherches à la lumière desquelles s'évanouiront de vieilles erreurs, dont la coutume et le préjugé retardent encore la chute; agrandir et propager des connaissances dont la vertu n'est pas moindre pour élever les âmes et pour épurer les mœurs que pour éclairer les esprits; tirer des mêmes travaux, qui serviront à instruire la nation et l'esprit humain, des ressources nouvelles pour la richesse publique et pour le bien-être des particuliers; ouvrir à l'industrie, au commerce de la France, de plus larges voies par les applications des sciences physiques; faire servir au développement de sa puissance maritime et coloniale les découvertes des astronomes et des géographes; enfin, en mettant le génie français en état de conquérir dans le vaste et fécond domaine des sciences une place aussi grande que celle qui lui appartient déjà dans les lettres, dans la politique, dans l'art militaire; ajouter un glorieux titre de plus à tous ceux qui feront du règne de Louis XIV un des plus beaux, des plus admirés de l'histoire; telles étaient les vues qui s'offraient à Colbert, lorsqu'il formait le projet de donner à la France une Académie des sciences.

Il n'oubliera pas de dire que d'illustres savants étrangers, attirés par l'espoir des récompenses que leur promet la munificence de Louis, et plus encore par l'honneur de travailler sous les yeux du plus grand monarque du monde, sont prêts à quitter leur patrie pour venir associer leurs efforts à ceux des savants français.

On vit, en effet, le Hollandais Huyghens, l'Italien Cassini, le Danois Rœmer, prendre place aux premières séances de l'Académie nouvelle, à côté des Roberval, des Picard, des Mariotte.

PREMIER PRIX DES VÉTÉRANS.

LENIENT (Charles-Félix), né à Provins.

Collége royal de Henri IV.

Professeur : M. Riant.

Institution de M. Jubé.

COLBERT A LOUIS XIV.

Sire,

La confiance dont vous avez daigné m'honorer jusqu'ici, le zèle ardent que vous témoignez pour la grandeur et la prospérité de l'État, m'encouragent à vous soumettre un projet que je crois utile et glorieux : ce double titre le recommandera, j'espère, à l'attention d'un prince aussi capable d'accueillir que de trouver les grandes idées, et qui a le rare talent de les mettre en œuvre. A la suite des longues crises qui ont bouleversé le royaume, aujourd'hui que les trois ordres goûtent la paix et le bonheur à l'ombre d'un pouvoir qui s'est fait le protecteur et le représentant de tous les intérêts, le désir de se rendre utile, de seconder le prince dans les sages réformes qu'il entreprend pour assurer le bien-être de ses sujets, a porté des esprits sérieux vers les travaux scientifiques, vers ces études qui peuvent améliorer le sort des peuples, éclairer la foule, et répandre de nouvelles idées sur le commerce, l'industrie, l'agriculture.

Jusqu'ici la physique, la médecine, l'histoire naturelle, sont demeurées enveloppées de mille chimères ; l'alchimie, l'astrologie conservent encore leur ancien empire, fondé sur l'ignorance et la crédulité publique : cependant on creuse, on fouille, on pénètre les secrets de la nature. A côté de ces littérateurs dont la voix éloquente célèbre les merveilles de notre siècle, il est des savants modestes qui poursuivent en silence l'œuvre des Pascal et des Descartes, qui travaillent chaque jour à déraciner une erreur, à faire tomber un préjugé. Mais, Sire, un savant retiré dans son cabinet, un livre perdu dans la foule, suffisent-ils pour faire abandonner à des milliers d'hommes les superstitions que des siècles entiers ont consacrées ? Ces découvertes isolées, sans suite, sans retentissement, périssent oubliées, ou traitées d'erreurs : quel serait le moyen de les réunir, de les généraliser, d'en faire un corps uniforme qui se répandît en tous sens ; tel est, Sire, le projet que j'ai cru digne de vous être proposé, et qui ne peut s'opérer sans votre suffrage.

Il y a trente ans, vous le savez, la littérature française soutenait une lutte semblable à celle que les sciences ont entamée aujourd'hui : Malherbe avait tracé la route, mais des esprits tardifs et obstinés persistaient dans les errements du passé. La langue, si belle, si noble dans Corneille, était corrompue sans cesse par les misérables auteurs qui dépravaient le goût public. Richelieu établit un tribunal suprême dont les arrêts deviennent une loi pour toute la France ; il fonda l'Académie des lettres.

Appliquer le même système aux études scientifiques, constituer une assemblée qui, par l'autorité du savoir et de l'expérience, puisse imposer à la foi publique et juger en dernier ressort toutes les découvertes ; réunir les diverses opinions qui s'accordent ou se combattent, les mettre aux prises, et en faire jaillir la vérité, n'est-ce pas là une entreprise digne du siècle le plus éclairé qu'ait eu la France, digne du prince qui a fait de son trône le centre de toutes les lumières? A la vue des prodiges qu'accomplit chaque jour le génie de son roi, la France semble avoir acquis le droit d'être jalouse de toutes les gloires qui sont à d'autres qu'à elle. Les lettres, les armes, la politique, en ont fait la première des nations : peut-elle dans les sciences abdiquer ce rang? peut-elle renoncer au glorieux héritage des Fermat, des Descartes et des Pascal?

Sire, je dois vous l'avouer, je n'ai pu me défendre d'un sentiment de jalousie nationale en contemplant les progrès de deux autres peuples voisins. Voyez quel mouvement s'opère autour de nous : l'Italie, qui nous envoyait jadis ses alchimistes, ses astrologues, abandonne les vieilles erreurs dont elle fut si longtemps éprise; aux calculs d'une science vide et creuse, ont succédé de sérieuses découvertes; dix ans à peine sont écoulés depuis le jour où Léopold de Médicis réunit autour de lui une société de savants, et déjà l'Académie de Florence remplit l'Europe entière du fruit de ses travaux. L'Angleterre ne se contente plus du titre de puissance commerciale, elle veut devenir industrielle : à peine rétabli sur le trône de ses ancêtres, le roi Charles n'a-t-il pas fondé l'Académie royale de Londres? n'a-t-il pas confié aux savants le soin de calmer les dernières agitations de la guerre civile, de répandre parmi les peuples cette passion de l'étude, cet amour des découvertes, ce désir du progrès, qui occupent l'activité d'une nation, et qui deviennent le premier gage de la paix et de la prospérité publique? Mais, Sire, puis-je vous offrir comme modèles ceux qui n'ont d'autre ambition que de vous imiter? et, pour qui connaît votre générosité, votre sagesse, n'est-ce point assez que de vous dire : Là est le bonheur, l'avenir, la richesse et la grandeur de vos peuples?

L'homme s'élève par la contemplation des merveilles de la nature; il puise dans cette étude un profond sentiment d'admiration pour l'Auteur de toutes choses; il voit, dans l'organisation du monde, l'accord d'une volonté partout une, suprême, constante et protectrice; il apprend à respecter le roi, chef de l'État, comme il respecte Dieu, chef et médiateur de l'univers. Sire, vous savez quelle triste influence les superstitions italiennes exercèrent sur nos mœurs : durant un siècle, les philtres, les sortiléges ont troublé la cour et égaré l'esprit des peuples : c'est en ramenant l'homme à la vérité, c'est en lui ouvrant le livre de la nature, qu'on le rendra plus moral et plus religieux.

Ainsi, à une folle curiosité succédera le désir de s'instruire, de mettre en pratique les découvertes obtenues par l'étude et la raison. Les sciences, appliquées aux besoins de tous, perdront ce caractère bizarre qui les avait si longtemps restreintes dans le domaine d'une fantasmagorie ridicule. Honorées de votre appui, associées sous les auspices d'un prince qui sait récompenser le mérite chez le poëte comme chez le savant, chez l'artisan comme chez le soldat, elles se prêteront un mutuel secours; la chimie, la physique, l'histoire naturelle, fourniront à la médecine des ressources inconnues jusqu'alors; en même temps elles seconderont les vastes projets que vous avez conçus pour le développement commercial et industriel du royaume.

Sire, les lettres chanteront votre gloire, et livreront à la postérité le souvenir de vos grandes actions; mais les études pratiques, les découvertes utiles sont des monuments aussi fameux que les plus beaux poëmes; elles vivent et se perpétuent d'âge en âge, comme un patrimoine commun à tous les siècles. Déjà vous l'avez compris: vous avez déclaré que le commerce ne dérogeait pas à la noblesse; vous avez exempté vos peuples de six ans de tailles, pour leur permettre de tourner toutes leurs ressources vers l'industrie; vous avez relevé par vos largesses les colonies des Indes et du Canada. De nombreuses manufactures s'élèvent dans tout le royaume. Londres, Venise, Amsterdam, sont étonnées de se voir égalées, surpassées dans leurs produits. Quelle force nouvelle va trouver l'industrie française, fertilisée par les travaux de la science moderne! Quand la physique, la chimie, la mécanique, auront combiné leurs efforts, qui sait si l'homme n'arrivera pas à centupler ses forces? Quand il aura étudié, associé tant d'éléments divers, qui sait si leur accord n'amènera pas des résultats merveilleux? Quand l'astronomie aura rejeté les rêves de la superstition pour étudier le cours des astres; quand les géographes auront mesuré, divisé le monde, combien de routes ignorées, de contrées lointaines s'ouvriront aux navigateurs! Quel vaste champ à parcourir dans le fécond domaine des sciences! Là aussi il y a des victoires à gagner, des mondes entiers à découvrir; là aussi il se formera de grands hommes dignes du siècle qui les aura vus naître, et du roi qui les aura formés!

Quelle gloire pour vous, Sire, tandis que les poëtes, les orateurs célèbrent à l'envi votre nom, tandis que vos ambassadeurs portent vos volontés aux quatre coins de l'Europe, tandis que vos armées font trembler une nation jalouse de votre puissance, quelle gloire de marcher à la tête du siècle, d'être la vie, la pensée de tout un monde, le père des peuples, le protecteur des savants, et de léguer à la postérité, avec le souvenir de votre nom, des bienfaits destinés à le perpétuer éternellement !

Sire, telle est votre destinée : Dieu semble avoir tout préparé pour cette grande œuvre. Il a réuni à votre époque les génies les plus divers ; il a voulu que l'Europe entière vous envoyât ses poëtes, ses artistes, ses savants. Déjà vous avez noblement rempli ce patronage dont le ciel vous a investi : vos bienfaits sont allés trouver le mérite jusque chez vos rivaux et vos ennemis ; attirés par l'éclat de votre gloire, par le bruit de votre munificence, les Huyghens, les Rœmer, les Cassini, ces génies dont s'enorgueillissent la Hollande, le Danemark, l'Italie, sont prêts à quitter leur patrie pour venir se distinguer sous les yeux d'un prince capable de les apprécier, et dont les faveurs deviendront comme une consécration solennelle donnée à leur talent. La France aussi peut vous payer son tribut : les Picard, les Mariotte n'attendent qu'un mot de Votre Majesté pour se mettre à l'œuvre en commun, et travailler dignement à la gloire d'un siècle qui doit conserver à jamais le nom de Louis XIV.

PREMIER PRIX DES NOUVEAUX.

QUINOT (Edme-François-Nicolas), né à Langres.

Collége royal de Charlemagne.

Professeur, M. Caboche.

Institution de M. Jauffret.

COLBERT A LOUIS XIV.

Sire,

Au moment où Votre Majesté prend d'une main si ferme les rênes de l'État ; où, calmant tout à coup cette inquiétude de la France, domptant cette fougue rebelle qui trop longtemps sut se soustraire à l'autorité royale et en éviter le frein, elle mène son royaume à des destinées nouvelles et à une gloire jusqu'alors inconnue; au moment où, de toutes parts, des traités illustres et des alliances considérables placent la France à la tête des nations de l'Europe et établissent sa supériorité par les armes, tandis qu'à l'intérieur, au milieu de la prospérité publique, naît et s'accroît, à l'ombre de votre trône et éclairée de ses rayons, une jeune génération d'écrivains et de poëtes; fier d'être l'un des principaux instruments que daigne employer Votre Majesté à la perfection de ses grands projets, et voulant mériter un tel honneur, je soumettrai, Sire, à votre approbation et à vos lumières le projet d'un établissement qu'il serait peut-être à souhaiter que l'on fondât, et qui, je l'ose croire, loin d'être opposé aux vues de Votre Majesté, aiderait certainement l'essor qu'elle a voulu donner à l'activité de tous ses sujets. Considérant en effet combien, depuis quelques années, la France avait fait de progrès; voyant l'Espagne humilier son antique orgueil, et accepter enfin la France comme une sœur, même comme une sœur aînée; l'Allemagne s'abaisser, la Hollande craindre notre marine naissante, le roi Charles II être heureux de notre alliance; il m'a paru d'abord que Votre Majesté n'avait plus rien à désirer, et que tout au moins elle égalait les plus florissants royaumes. Mais, sachant que Votre Majesté entendait jouir d'une gloire complète et sans lacune, et gouverner un État qui, le plus possible, fût parfait de tout point, j'ai cru devoir m'empresser de vous signaler, Sire, l'endroit par où il m'a semblé que nous péchions, et appeler votre attention sur la seule chose qui ait peut-être été oubliée.

Sous le règne du feu roi votre père, de glorieuse mémoire, un grand ministre, qui n'eut peut-être d'autre défaut que d'être trop grand, aimant les lettres et sentant bien qu'elles ne sont pas moins utiles que les armes à la gloire d'un royaume, voulut doter la France de cette gloire qui lui manquait encore; et il ne crut pas y mieux parvenir qu'en fondant une académie, où le mérite, se perpétuant toujours, deviendrait immortel, afin que, l'honneur excitant l'émulation, tout poëte, tout écrivain tâchât, par de nobles efforts, de conquérir sa place dans ce temple sacré des Muses. Il y a trente-deux ans que le cardinal de Richelieu institua l'Académie française, et déjà nous en recueillons les fruits: la littérature de la France ne craint maintenant la comparaison avec aucune autre; la philosophie surtout a eu d'illustres interprètes, Descartes, Fermat,

Pascal. Et alors les sciences, dont la philosophie ne peut se passer, sont aussi venues à sa suite, mises en lumière par le génie de ces grands hommes : mais ils ont avancé principalement les mathématiques ; et, bien qu'ils ne soient pas morts sans laisser de dignes émules, des élèves, des successeurs, toutes les sciences n'ont suivi que de loin les progrès des lettres. Les esprits, mal appliqués à ce qu'il y a de plus beau, l'examen de la nature et la recherche des secrets qu'elle nous cache, les esprits se laissent encore emporter à mille rêveries et à mille chimères. La médecine décide sans connaissance de la vie des citoyens ; on cherche dans les astres, non pas leur cours naturel ni les phénomènes des révolutions célestes, mais l'histoire de l'avenir, que Dieu n'a rendue pénétrable à l'œil d'aucun mortel, et qu'il n'a pas certainement écrite dans ce livre, ouvert au monde entier. On admet l'existence d'animaux fabuleux, héritage d'erreurs qui nous vient de l'antiquité ; on cherche dans la fusion et la dissolution des métaux et des minéraux, non pas des secours pour les métiers ou les manufactures, non pas des forces inconnues, d'ingénieuses applications, mais la pierre philosophale et l'impossible fabrication de l'or. La magie et la sorcellerie touchent les plus incrédules de leurs dangereuses superstitions, et à peine les âmes les mieux trempées osent-elles regarder en face ces dangereux fantômes. Ce sont les découvertes des savants qui détruiront tous ces prestiges ; ce sont les savants qui dissiperont ces ténébreux nuages. Ces hommes laborieux et infatigables, saisissant d'un œil vigilant la nature qui trahit ses secrets, combinant les diverses forces qu'elle présente, peuvent seuls éclairer la médecine, ramener l'astrologie judiciaire, confondre l'alchimie. En Angleterre et en Italie, on eut l'heureuse idée de les aider en les réunissant ; on se rappela que les découvertes naissent des découvertes, que la science s'inspire de la science ; et ce que le cardinal de Richelieu avait fait le premier avec tant de bonheur pour la prospérité des lettres, le roi Charles II et le cardinal Léopold de Médicis le firent, avec plus de bonheur encore, pour le développement des sciences, en créant, l'un à Londres la Société royale, l'autre à Florence l'Académie d'expériences.

C'est d'un établissement pareil, Sire, que la France aurait besoin. Tandis que les savants français tentent d'associer leurs noms à ces noms célèbres que je citais tout à l'heure, que Votre Majesté leur montre qu'elle voit tous les généreux efforts que font ses sujets, et qu'elle les encourage. Isolés, leurs travaux s'engagent tous dans une même voie, où ils persistent et luttent sans aucun secours; réunis, ils s'excitent les uns les autres; ce que l'un découvre, l'autre le perfectionne; les études ne dépendent plus du hasard et du génie particulier de tel ou tel homme; elles sont réglées, organisées; elles ont enfin cette force, ce ressort que l'on sait être le plus puissant: je veux dire l'unité. En même temps, Votre Majesté montrera à l'Europe que c'est en vain que deux nations rivales ont cru nous surpasser. On verra bien que la France ne reconnaît de maîtres ni dans la paix, ni dans la guerre; qu'elle donne l'exemple aux autres peuples, mais qu'elle ne prend exemple de personne. Cette féconde carrière, où on l'avait un moment surprise et devancée, elle va la parcourir si vite, que bientôt elle aura repris la place que Votre Majesté veut partout lui conquérir, c'est-à-dire la première. Astronomes, géographes, physiciens, mathématiciens, vont réunir et relier leurs travaux. Leurs expériences feront bonne et prompte justice de ces préjugés et de ces vaines idées qui sont d'un autre siècle, et qui pourtant obscurcissent encore et déparent le nôtre. La religion s'épurera de tout mélange de crainte; et ces grossières croyances de sorcellerie et de magie qui offusquent chez le peuple, et rendent si confuse l'idée de Dieu, ne tiendront pas devant les progrès des connaissances exactes. La philosophie, s'appuyant sur une base certaine et un fondement solide, élèvera les âmes, et les rendra accessibles à des sentiments plus humains; tirera les mœurs du relâchement où elles sont tombées, et, se répandant rapidement, propageant ses doctrines et ses découvertes, donnera un nouvel aliment à la curiosité naturelle des hommes, et une occupation sérieuse aux plus épris des vains et futiles amusements de leur oisiveté. Et en même temps qu'elle s'instruira, la nation s'enrichira. Toutes les observations de cette société savante, elle les mettra à profit; ce seront des semences qui tomberont dans un terrain fertile, et y fructifieront. Les arts s'aideront de ces observations. Les vaisseaux, certains de leurs calculs, et se réglant plus sûrement d'après le cours mieux connu des astres, parcourront la vaste étendue des mers, comme si leur route y était tracée. Les produits que ces vaisseaux ramèneront de nos colonies seront de nouveaux sujets d'études, et tourneront à la richesse publique comme au bien-être des particuliers. L'agriculture et le labourage, que Sully appelait les deux mamelles de l'État, auront des machines plus perfectionnées, des moyens plus simples et plus avantageux. Ainsi la France aura contribué, plus que tout autre royaume, à la civilisation universelle, c'est-à-dire, à faire que partout l'homme ait le sceptre de la création, et devienne le roi de la nature, que Dieu lui a donnée à conquérir par la force et la vivacité de son intelligence.

Oui, Sire, ouvrez à la France ce vaste champ ; réunissez en un seul corps tant de savants français ; fondez, en un mot, cette Académie des sciences, qui deviendra, pour votre royaume, une pépinière de grands hommes. Vous verrez bientôt de toutes parts accourir les plus illustres savants étrangers, qui, séduits par l'éclat de votre renommée, aimeront mieux déserter leur patrie pour venir ici emprunter quelque éclat à votre gloire, et éprouver cette munificence tant vantée. Honorés des bienfaits de Louis, ils seront sûrs de transmettre leur nom à la postérité ; et en même temps ils seront heureux de trouver, dans cette Académie, des compagnons et des aides de leurs travaux et de leurs laborieuses recherches. Déjà l'Europe étonnée et émue regarde la France, se demandant si elle n'assiste pas à quelque enfantement d'un règne miraculeux. Sire, l'Europe ne se sera point trompée ! A voir ce que Votre Majesté a déjà accompli en si peu de temps ; à voir comme tout naît et tout s'anime, comme les fondations utiles se succèdent de jour en jour, on sent bien que des commencements aussi extraordinaires promettent dans l'avenir quelque chose de plus grand encore, et qu'un jeune prince si actif et si vigilant, toujours occupé de ce qui peut être utile ou glorieux pour son royaume, fera peut-être, de ce royaume, le plus grand qui soit sur la terre, mais à coup sûr en sera lui-même le plus grand roi.

DEUXIÈME PRIX DES NOUVEAUX.

WEISS (Jean-Jacques), né à Bayonne.

Collége royal de Louis-le-Grand.

Professeur : M. Lemaire.
Institution de M. Brion.

COLBERT A LOUIS XIV.

Sire,

Jamais la France n'a eu d'époque plus glorieuse que la vôtre ;

jamais elle n'a vu tant d'hommes illustres lui porter à la fois le tribut de leur génie et de leur gloire; jamais enfin elle n'a pu se dire, à plus juste titre, la reine des nations. Tandis que, du Rhin aux Alpes, vos généraux portent partout leur étendard victorieux, heureuse et forte à l'intérieur, la France, au bruit de la guerre, cultive les arts de la paix ; et, à chaque cri de triomphe qui retentit sur les champs de bataille, répondent, sur la scène française, les applaudissements dont le peuple ravi salue l'apparition d'un nouveau chef-d'œuvre, la naissance d'un nouveau poëte.

Au milieu de cet enthousiasme général pour tout ce qu'il y a de grand et de beau, des hommes commencent à s'élever, qui, cherchant sur des routes nouvelles une gloire inconnue encore à la nation, s'en vont, par de laborieux efforts, pénétrer les secrets de la nature, arracher d'une main hardie le voile dont elle s'enveloppe à nos yeux, et la dompter, en quelque sorte, tout entière, pour faire servir aux besoins de l'homme tout ce qu'elle renferme en elle de puissance et de vigueur. Ce sont là, Sire, les travaux sur lesquels je viens aujourd'hui appeler votre attention. Trop longtemps, soit négligence, soit dédain, le peuple a laissé dans l'oubli l'industrie et les sciences; trop longtemps il n'a témoigné qu'ingratitude pour les hommes modestes et dévoués qui, sans espoir de récompense, mais entraînés par l'ardeur de savoir, par le désir d'être utiles, ont consacré leur vie à de sévères et pénibles études. Heureux encore ces humbles bienfaiteurs de l'humanité, quand ils n'étaient qu'oubliés ! Mais que de fois, poursuivis par un préjugé barbare, ils ont été contraints de renier leur génie et la vérité qu'ils sentaient en eux ! Au moment où vous naissiez, Sire, où toute la France entourait votre berceau de ses chants d'allégresse, méconnu, persécuté, un vieillard expirait au fond des cachots de Bicêtre ; il expirait parmi les fous, lui, l'auteur d'une des plus étonnantes découvertes qu'ait pu faire le génie de l'homme; et sur le bord de la tombe, pour que le fruit de ses travaux ne fût pas tout entier perdu, il était réduit à vendre son invention et sa gloire à un Anglais. Et qu'avait-il découvert ? La force de la vapeur d'eau, cette force mystérieuse, qui promet un jour de si merveilleuses applications, et qu'aux yeux de l'Europe étonnée, l'Angleterre vient de révéler avec tant de fierté et d'orgueil.

Ah! souffrirons-nous toujours que nos voisins, triomphant de nos erreurs, grandis par notre insouciance, nous ravissent ainsi notre gloire? Voulons-nous demeurer en arrière sur les routes que la science ouvre de toutes parts aux peuples modernes? et témoignerons-nous toujours ce dédain funeste pour l'industrie et les sciences, par qui l'Angleterre voit s'augmenter de plus en plus sa puissance et ses richesses? C'est à vous, Sire, de secouer l'indifférence de la nation, et de lui inspirer l'amour des études scientifiques, qui seul lui manque aujourd'hui. Londres et Florence viennent de fonder, chacune dans leur sein, une société pour les savants: imitons l'exemple de nos voisins, mais pour les surpasser; ou plutôt, sans aller chercher auprès des étrangers un exemple que la France elle-même leur a donné, continuez, Sire, l'ouvrage commencé par Richelieu. En fondant l'Académie, il a donné l'essor au génie littéraire de la France: fondez une autre Académie pour donner l'essor à son génie scientifique, et que la nouvelle société serve tout ensemble à récompenser les savants et à propager leurs découvertes. Ainsi, protecteur des lettres comme Richelieu, vous saurez en même temps réparer les fautes de l'homme qui persécuta Salomon de Caus; et à ceux dont la jalousie voudrait attribuer la gloire tout entière de votre règne aux efforts de ce grand ministre, vous montrerez par là, d'une manière éclatante, que vous n'aviez pas besoin de Richelieu pour être Louis XIV.

Et quel objet, Sire, fut jamais plus digne de tous vos soins? En vain l'on prétend que les sciences rendent l'esprit plus étroit, le cœur plus sec. Quoi donc, l'esprit devient plus étroit lorsqu'il devine les lois du monde; le cœur se dessèche lorsqu'il examine en face toutes les magnificences de la nature? Ah! comme l'âme doit s'épurer, au contraire, dans ces études sublimes, quand elle quitte la terre pour aller interroger jusqu'aux astres, pour aller vivre dans ces régions célestes, où résident la beauté et la concorde éternelles! Comme elle doit s'élever, comme elle doit grandir en contemplant de près tous les prodiges de puissance, de bonté, d'amour, que la Divinité a déployés jusque dans la formation du plus petit insecte! Analyser ainsi la créature, n'est-ce pas renouveler en quelque sorte l'œuvre du Créateur? L'homme qui approfondit l'ordre éternel des choses, qui détermine avec certitude et le cours du soleil et les révolutions de la terre, pour qui enfin rien n'est secret dans l'univers, ne s'approche-t-il pas de Dieu même, ne le voit-il pas à chaque instant dans le grand tout, dont l'harmonie ne pourrait subsister sans une cause providentielle? Ne lui parle-t-il pas seul à seul? Oh! qu'il méprise alors toutes les passions, toutes les faiblesses des hommes! Et quand du monde extérieur il redescend en lui-même, quelle erreur, quel préjugé peut-il concevoir encore, lui dont l'âme se sanctifie et s'éclaire de plus en plus chaque jour dans cette adoration intelligente et libre de la Divinité?

Quelques rares génies seulement peuvent s'élever à ce haut point de science. Il est vrai, Sire; mais du moins tous les esprits peuvent profiter de leurs leçons; toute la nation peut mettre en usage les découvertes dues à leur expérience. Désormais le commerce est le besoin général de l'Europe, et quelque jour il deviendra comme la chaîne indestructible qui unira tous ses peuples. N'est-il pas temps que la France le comprenne, et que des milliers de bras, longtemps employés à des travaux ingrats, se tournent enfin vers l'industrie, et se mettent à exploiter cette mine féconde? Où trouver cependant un moyen plus efficace de faciliter le commerce, de créer des produits nouveaux, sinon dans les sciences physiques? N'est-ce point par elles, en effet, que depuis deux siècles les navigateurs sont parvenus à se diriger sur l'immensité des mers? N'est-ce point appuyé sur elles que Colomb a pressenti et trouvé l'Amérique? Oui, Sire, c'est la science dont l'œil ferme et sûr a vu au delà des mers un monde longtemps caché; c'est la science qui a complété l'univers. Eh! qui sait ce qu'elle doit accomplir encore? Ne peut-elle pas imaginer des voies nouvelles et rapprocher les nations, elle qui découvre des mondes? Tandis que la littérature polit les mœurs, ne peut-elle porter en tous lieux les bienfaits de la civilisation, comme déjà elle les a portés en Amérique, et rendre ainsi à la terre cette unité que l'ignorance seule et l'aveuglement des peuples lui ont fait perdre?

Elle le pourra, Sire, si nous jugeons de ce qu'elle peut faire par ce qu'elle a déjà fait. Gardons-nous donc de rester indifférents et inactifs parmi les grands mouvements qui se préparent. L'Angleterre, la Hollande sont déjà puissantes par leur commerce; déjà leur pavillon domine dans toute l'étendue de l'Océan, et, contre leurs flottes superbes, nous avons à peine à opposer quelques misérables vaisseaux. Il faut, Sire, que la science nous crée une marine; il faut que l'étendard de la France soit le premier sur la mer comme sur le continent : et si jamais les états généraux oubliaient tout ce qu'ils nous doivent, il faut que les Ruyter même soient contraints de reculer devant nous! Sire, un invincible instinct pousse les nations européennes, celles-ci vers l'Amérique, celles-là vers les féconds rivages de l'Asie; et bientôt, peut-être, ce ne sera plus seulement sur les champs de bataille de l'Allemagne et de l'Italie, mais dans ces pays lointains, que se décideront les destinées de l'Europe. Eh bien! la science encore peut servir au développement de notre système colonial; elle nous apprendra quelles contrées sont les plus fertiles, quel climat doit être le plus favorable aux établissements français. Ainsi, nous aurons partout des colonies florissantes; ainsi, protégée par nos escadres, enrichie de nos découvertes, la Nouvelle-France atteindra une prospérité rapide, et, malgré sa jalousie, l'Angleterre sera contrainte de la respecter, si elle ne veut qu'à notre tour nous n'allions détruire sa puissance dans les plus riches provinces de l'Amérique.

Voilà, Sire, quels grands résultats la France doit recueillir des études scientifiques. Vous l'avez élevée aux premiers honneurs de la guerre; vous lui avez donné une littérature dont les chefs-d'œuvre porteront notre langue aux deux bouts de l'Europe: donnez-lui encore la science, et ne souffrez pas que l'on puisse regretter en elle un seul titre de gloire; car la postérité, qui juge les grands règnes, est souvent moins frappée de leurs merveilles que de leurs défauts. Montrez donc, Sire, montrez pour la première fois sur le trône un prince dont le génie universel embrasse tout, dirige tout d'un seul coup d'œil; un prince qui, dans la bienveillance sans borne dont il entoure ses sujets, ne regarde comme étranger pour lui-même rien de ce qui intéresse leur bonheur. De quelle admiration sera frappée l'Europe, quand elle verra cette puissance, devant qui elle tremble, consacrée tout entière à des entreprises si nobles, si utiles, non-seulement pour la France, mais encore pour l'humanité! Bientôt les savants les plus illustres de toutes les nations, charmés de trouver enfin un protecteur digne d'eux, viendront lui offrir le secours de leurs talents et de leur expérience, et travailler sous lui à propager les lumières de la civilisation; fiers et heureux si, dans les annales de l'histoire, ils peuvent inscrire leur nom à côté du nom de Louis, et faire retomber sur leur tête un reflet de la gloire qui resplendira sur le grand siècle! Siècle glorieux en effet, siècle unique, où, pour se délasser de ses victoires, un Condé récite les vers d'un Corneille; où, dans les jardins dessinés par le Nostre, on vient, au bruit des concerts de Lulli, inaugurer les sculptures de Puget; où la renommée enfin, sachant à peine quel nom elle doit répéter avec le plus d'enthousiasme, distribue ses plus brillants éloges au monarque généreux qui a donné l'essor à toutes ces gloires diverses, et sur qui elles reviennent toutes se concentrer à la fois ! Grand prince, quelque changement qui s'opère dans les mœurs de la France, jamais elle n'oubliera avec quelle force de génie vous l'avez poussée dans la noble carrière qu'elle doit désormais parcourir sans obstacle : et si quelque jour, au milieu d'une paix générale, elle domine sur l'Europe, non par les armes, mais par l'intelligence ; si quelque jour, sous un roi protecteur éclairé, comme vous, de tout ce qu'il y a de grand et d'utile ici-bas, elle voit la science enfanter chez elle des miracles inouïs, elle tournera les yeux avec reconnaissance vers les siècles passés, et vous rapportera toute cette gloire que vous aurez préparée par votre sagesse et votre amour !

PREMIER ACCESSIT DES NOUVEAUX.

TISSOT (Charles-Joseph), né à Paris.

Collége royal de Charlemagne.

Professeur, M. Caboche.

Institution de M. Jauffret.

COLBERT A LOUIS XIV, 1666.

Sire ,

Il y a trente-deux ans, le ministre dont le génie a si bien accompli les nobles desseins de votre glorieux père, et tant fait pour la grandeur de ce royaume, fondait, avec l'Académie, le triomphe de notre littérature. Au moment où la France, en intervenant avec tant d'éclat sur les champs de bataille, se préparait à prendre le premier rang parmi les puissances de l'Europe, sa langue était déjà la première parmi les autres langues. Forte des lois qui lui étaient imposées, fière de plus d'un chef-d'œuvre, enrichie et ennoblie par les plus beaux talents, elle dominait partout, et semblait devancer, par ses victoires, les victoires de nos armes. Cette supériorité, Sire, la France n'a fait que l'affermir avec le temps, et, à plus juste titre que jamais, elle la revendique sous votre règne. Mais ce sceptre qu'elle tient avec tant de gloire, et qu'aucune autre nation ne lui oserait disputer, elle l'a perdu, ou plutôt elle ne l'a pas encore conquis dans une autre partie des connaissances humaines, moins étudiée jusqu'à ce jour, mais aussi importante peut-être ; je veux parler des sciences. Dans cette carrière, pourtant, nous pourrions encore réclamer l'honneur d'avoir fait les premiers pas. Un de vos prédécesseurs, le roi François 1er, de glorieuse mémoire, sut bien apprécier leur importance, et les prisa justement. En appelant les lettres dans son royaume, en leur donnant à jamais le droit de cité, il offrit à leurs sœurs une hospitalité aussi généreuse ; et l'on vit la médecine et les mathématiques fleurir, sous la même protection, à côté de la poésie et de l'étude des lettres anciennes. Mais on ne sut pas cultiver ces semences précieuses. On conserva avec un zèle religieux l'héritage de l'antiquité ; on ne pensa pas que nos descendants pouvaient en réclamer un autre, et nous demander compte de notre temps et de nos travaux. Les sciences restèrent dans l'ombre, honteuses et ignorées, tandis que, hors du royaume, elles brillaient de tout l'éclat que jetait notre littérature. De nos jours, elles se sont relevées avec deux génies puissants ; elles sont retombées après eux, et, plus que jamais, elles végètent, en attendant l'heure de leur restauration. Vainement deux nations voisines nous offrent de grands exemples : en Angleterre, le roi Charles II, à peine de retour de l'exil, vient de fonder une société illustre, dont les jeunes efforts ont déjà fait vieillir la science et l'ont renouvelée. L'Italie, qui proscrivait Galilée il y a un siècle, s'enorgueillit de l'Académie de Florence ; elle applaudit aux recherches infatigables de ses savants, et à la noble protection qui les seconde. La France seule reste immobile ; tandis que tout s'agite et avance autour d'elle, elle s'en tient aux vieilles traditions, et foule, sans les suivre, les traces de ceux qui l'ont déjà devancée de si loin.

Pourquoi se prive-t-elle ainsi de la moitié de sa gloire ? Qui l'empêche de la mériter tout entière et d'égaler ses voisines ? Avec plus d'ambition, elle n'a ni moins de génie, ni moins d'audace. Mais, pour se livrer à des études nouvelles, il lui a manqué jusqu'ici une faveur plus sensible, une protection plus marquée ; elle n'a pas voulu s'aventurer seule dans une voie où ne l'accompagnait point la bienveillance du souverain. C'est cette bienveillance, Sire, que je viens vous demander en son nom. Sûr qu'elle y répondra dignement, je soumets à Votre Majesté le projet d'une nouvelle fondation : je lui propose la création d'une Académie royale qui sera, pour les sciences et pour votre règne, ce que l'Académie française a été pour les lettres et pour le règne de votre glorieux père. Nul doute que, soutenues par vous, les sciences ne sortent de leur obscurité pour marcher hardiment au grand jour ; nul doute que, réunies en un même corps, sous vos auspices, nos savants ne rejoignent et ne dépassent bientôt leurs devanciers ; nul doute que l'Académie des sciences ne se montre avant peu digne de son aînée, et n'efface, en talents et en gloire, ses rivales de science et de travail.

La France n'aura plus la honte de se voir devancée dans une carrière digne de sa grandeur. L'accomplissement de notre projet, Sire, sauvera son honneur, mis en danger par ses deux voisines. Et quand son honneur n'exigerait pas de nouveaux efforts, dès qu'il s'agit de son bien-être, nous ne pouvons plus hésiter. Les sciences le lui donneront, mieux que n'ont pu faire, jusqu'ici, de louables mais inutiles efforts. A chacun de leurs pas, nous verrons s'évanouir quelqu'une de ces vieilles erreurs enfantées par la barbarie, nourries et fortifiées par l'ignorance, soutenues par la coutume et le préjugé; les folles rêveries, ces absurdes croyances dont on abusait la simplicité du peuple, tomberont pour jamais. L'astronomie chassera du ciel « cette fille insensée » qu'elle désavoue ; et la médecine, affranchie de la superstition, ne cherchera plus que dans la nature les secours qu'elle demandait vainement ailleurs. Tous les yeux s'ouvriront à l'éclat des lumières, et les sciences sortiront de ce demi-jour, de ces ténèbres douteuses où elles flottaient entre le vrai et le faux, pour courir d'un pas ferme à de continuelles découvertes.

Les mœurs gagneront au progrès des connaissances. Le peuple sera meilleur, parce qu'il sera plus instruit. L'ignorance et la barbarie disparaîtront, comme elles sont accourues l'une à la suite de l'autre. Les esprits s'élèveront avec ces nobles études, et, parvenus à cette hauteur, ne retomberont plus dans la fange où l'erreur s'agite avec le vice. Quel gage de prospérité dans ce calme et cette paix intérieure ! Ces travaux qui instruisent la nation et la rendent meilleure, appliqués au commerce, à l'industrie, aux arts, que de découvertes ne préparent-ils pas ! Que de voies nouvelles ouvertes aux relations des peuples entre eux ! Que de ressources inconnues offertes aux besoins des particuliers ! La richesse du pays croît avec le bonheur de ses habitants ; chaque membre de l'État profite des progrès des sciences, et l'État, des progrès de tous. Les découvertes se suivent, s'enchaînent, amènent d'autres découvertes. L'astronome descend du ciel, qu'il a mesuré, pour aider le géographe; leurs compas s'unissent pour embrasser le monde. On reconnaît, on explore les mers, et nos vaisseaux, guidés par la science qui les pousse d'une main, et leur ouvre les flots de l'autre, parcourent sans crainte des eaux sans dangers; la carte, devant eux, a sondé l'Océan, montré et désarmé l'écueil, signalé les côtes autrefois si redoutées. Partout la science donne la main au commerce : elle vole, sur les navires qu'elle a construits, aux rivages qu'elle a devinés, et chacun de ses progrès marque pour nous une conquête. Quel champ plus vaste offert à l'esprit si avide de nouveauté, à l'intelligence si vive et si hardie de notre nation ! Quelle immense carrière à parcourir ! Dans ce large et fécond domaine des sciences, nous avons une place à nous marquer; là, comme partout ailleurs, que ce soit la première : c'est la seule qui nous appartienne, la seule que nous puissions prendre. La France, qui marche à la tête des autres nations, et leur donne victorieusement sa civilisation et ses mœurs, ne peut se résoudre à les suivre en rien, et moins que jamais quand il s'agit de porter plus loin cette civilisation qu'elle leur impose. Ce n'est pas assez pour elle de dicter des lois à l'Europe, de lui commander par sa politique comme par ses armes : elle doit entrer la première dans cette voie nouvelle qui s'offre à son ambition et s'ouvrira à son génie.

Les peuples la regardent, et s'étonnent de l'attendre; ils n'osent marcher sans elle, et avancer dans une voie qu'elle ne leur trace pas : mieux que la France, ils savent le rang que la France doit tenir. Qu'elle ne tarde donc pas davantage ! Aussi bien, Sire, par une intelligence admirable de ses magnifiques destinées, vous lui avez déjà préparé les moyens de les accomplir. Dans tous ces États qui l'entourent et qui lui font cortége, combien de savants, séduits par les prix que leur propose votre royale munificence, et plus encore par l'honneur de travailler sous vos yeux, devant vous et presque avec vous, combien de savants sont prêts à quitter leur pays ! L'Italie, la Hollande et le Nord, auxquels nous avons donné Descartes, vont perdre pour nous leurs hommes les plus illustres. A votre premier ordre, Sire, nous les verrons accourir, et joindre leurs efforts aux efforts de nos savants, préférant ainsi être l'ornement de votre royaume que celui de leur patrie. Noble trahison, désertion glorieuse, et pour le pays qui s'enorgueillit d'enfanter de tels talents ; et pour le souverain qui sait les attirer à lui, et faire ses sujets des sujets de tous les rois de l'Europe ! La France, sans doute, était assez riche en génies pour n'avoir pas besoin d'en demander ailleurs ; mais elle est devenue la mère de tous les talents, elle les appelle tous, elle les reçoit tous dans son sein. La postérité redira avec enthousiasme, Sire, le magnifique accueil qu'a fait aux sciences le généreux protecteur des lettres et des arts ; et, chaque fois qu'elle comptera avec admiration les titres de gloire de votre règne, elle en trouvera de plus éclatants peut-être, mais point de plus solides et de plus grands.

III. VERS LATINS.

NOMINATIONS.

Premier prix (vétérans) : DHUGUES (Charlemagne).
Deuxième prix (vétérans) : DE LA COULONCHE (Bourbon).
Premier prix (nouveaux) : TAINE (Bourbon).

Deuxième accessit (nouveaux) : Delacroix, de Paris (Charlemagne).
Deuxième prix (nouveaux) : SARCEY (Charlemagne).
Quatrième accessit (vétérans) : Guibillon, de Villiers-le-Bel (Charlemagne).
Cinquième accessit (vétérans) : Ducos, de Paris (Louis-le-Grand).
Premier accessit (nouveaux) : de Perpigna, de Paris (Bourbon).
  2ᵉ   —   (nouveaux) : Babled, de Craone (Aisne) (Henri IV).
  3ᵉ   —   (nouveaux) : Pessonneaux, de Paris (Henri IV).
  4ᵉ   —   (nouveaux) : Reynald, de Pradières (Ariége) (Louis-le-Grand).
  5ᵉ   —   (nouveaux) : Debray, de Longueval (Somme) (Bourbon).
  6ᵉ   —   (nouveaux) : Merlet (Stanislas).
  7ᵉ   —   (nouveaux) : Tissot (Charlemagne).

Matière.

Christiani vatis carmen sancti Severini ædem intuentis (ineunte sexto sæculo).

In his littoribus, ubi mare Tyrrhenum Miseni promontorio obstrepit, exsurgit inter recentes vandalici belli ruinas celsa domus, qua plenius meliusque quam omnibus philosophorum libris docemur quæ sint rerum humanarum vices. In hanc olim Marius spolia primorum barbarorum congessit, quos arctoæ terræ miserunt Capitolio exitium minantes. Eadem postquam mors rudem dominum abstulit, Luculli magnificentia ornata regios conviviorum apparatus vidit, cantibusque personuit triumphalis heri delicias et gloriam celebrantibus. In hac denique, quum, dissoluta imperii romani compage, Odoacrum regem Italiæ salutarent Heruli, ultimus Cæsarum heres, quem non tanti esse ut moreretur victor existimavit, vitam ignobilem duxit Augustulus, pristinæ suæ sortis simul et locorum, tantam vim admonitionis habentium, incuriosus. Nunc vacuis ædibus christiana religio crucem imposuit, ossaque Norici sacerdotis Luculli villam tuentur, Baianosque sinus Horatianæ lyræ immemores.

PREMIER PRIX DES VÉTÉRANS.

DHUGUES (Gabriel-Gustave), né à Bordeaux.

Collége royal de Charlemagne.

Professeur, M. Berger.

Institution de M. Jauffret.

Salve, salve iterum, Miseni flebile littus,
Tyrrhenæ, salvete, undæ, sedesque dolentes
Æneadum primo signatæ funere, primis
Æneadum lacrymis! Te, tellus mœsta, decebat
Ultima Romanæ nuper suspiria gentis
Accipere, et tantæ vestigia ferre ruinæ,
Tellus vandalicos nunquam tacitura furores!
Omnia muta silent; vasta jamque omnia ripa
Procubuere : domus tanta de clade superstes
Una manet, domus hospitibus viduata, locorum
Magna quidem spatio, fatis et nomine major :
Nam documentum ingens saxis vivacibus hæret!
Cedite nunc, libri sapientum, cedite, chartæ :
Planius ac melius vobis, ea tecta fatentur
Quales sint rerumque vices fortunaque mundi!
Nobilis huc heros, quem civem Roma vicissim
Patria jactavit sævumque perhorruit hostem,
Qui nullam extimuit rabiem, nullosve furores,
Fortunæ adversis etiam immersabilis undis,
Huc Marius venit defessis otia rebus
Quæsitum, et sedes implevit maximus hospes!
Ipse hæc magnificis ornavit tecta tropæis,
Et laudem affixit muris, torvosque clientes
Jussit ad hæc passim consistere limina victor!

Hic primum Romæ tristi collisa duello
Barbaries, postquam Capitoli mobile saxum,
Pœni relliquias, ausa est invadere turmis
Incassum, hic, genibus minor, expallescere fasces
Atque aquilas didicit, tumidæ infortunia Romæ
Nondum præsumens animo, ultoresque futuros!
Fausta domus, tantæ vivis quæ conscia famæ
Quo nunc Cimbrorum turba, illustrisque recessit
Gloria? non semper coluit te nobilis hospes,
Et, domino exstincto, dominus non defuit alter!

    Sed quam dissimilis species! jamque arma facessunt,
Fama simul : Lucullus adest, unaque voluptas!
Floribus ornatur, ferro quæ sæva rigebat
Ante domus; phaleras atque ornamenta triumphi
Excipiunt tabulæ, pretiosaque vasa, supellex
Luxuriæ; populis ubi sæpe trementibus olim
Jura dedit Marius, nunc et Lucullus amicos
Et viles vocat ad consortia lauta sodales.
Qui quondam fastus Mithridatis victor et asper
Ense retundebat, Mithridatem fastibus æquat
Mollis, et accumbens mensis halantibus, ipse
Regifico luxu, vivente Catone, superbit!
Hic inter citharæ sonitus, et grata lyrarum
Murmura, dum captant allectas leniter aures
Carmina, et occiduum suadet jam gaudia lumen,
Hic, quoties hortus, quoties mare sensit amorem
Festinantis heri! sedes tum regia facta est!
Tum decuit, tum victor erat Lucullus! At ecce,
Postquam longa vices Romanis sæcla tulerunt,
Littus idem, atque domos novus attigit hospes easdem.

    Scilicet huc aquilæ, victrices orbis, ovantem
Demisere (nefas!), telo feriente, volatum!
Scilicet huc, sortis nimium superabilis ictu,
Romulus, egregii male dignus nominis heres,
Dum, fracta compage, gravi cum murmure terræ,
Immensum imperium rueret, caderetque superbum
Oppidum, et incassum divos rogitaret inanes,
Huc aufugit inops, Romæque suisque superstes,
Ut dejectorum toleraret tristia regum

Fata, daretque simul, gentis pro crimine, pœnas!
Proh dolor! hæc sedes Mariani plena triumphi,
Plena voluptatum, Lucullaniqué decoris,
Ignavo et misero reserat penetralia regi,
Donec contemptim tumido a victore relictam
Exspiret rex iste animam. Non movit inertem
Relligio veneranda loci, adspectusque domorum
In quibus exstiterat Marius : sine laude, ruinæ
Immemor ipse suæ, sic Cæsaris ultimus heres
Occidit, hic turpis condens opprobria vitæ.
   Quis nunc exstincto succedat Cæsare sedi?
Quis nunc desertis habitator in ædibus erret?
Occupet ille domum, qui, Cæsare fortior ipso,
Eripuit Romæ terram, Romamque tyrannis!
Ille Deus! Sed jam Deus ædes incolit ; inde
Prospicio veteri radiantia culmine signa,
Signa crucis! terram exanimis tenet ipse sacerdos
Noricus, et, cœlo dum mens pia prænitet, umbra
(Dulce quoque hospitium!) Luculli limina servat,
Baianosque sinus, Venusini carmine vatis
Desuetos dudum! Saltem hæc te gloria, sedes,
Nunquam destituet : Marii jam nomen hebescit,
Jam Lucullanas mordaci dente vetustas
Hausit opes; jam Roma potens, fortissima Roma
Occubuit; solusque Deus dominatur, et usque
Usque infinito princeps dominabitur ævo!

PREMIER PRIX DES NOUVEAUX.

TAINE (Hippolyte-Adolphe), né à Vouziers (Ardennes).

Collége royal de Bourbon.

Professeur, M. Durand.

Institution de M. Mathé.

Salve, antiqua domus, salvete illustribus olim
Tecta viris habitata, Dei nunc numine plena!
Quem sacra relligio docuit cognoscere verum

Lumen, et erectos ad cœlum tollere visus,
Devenio memores transacti temporis ædes.
Tu mihi quam vario versentur turbine fata,
Quo regat arbitrio divina potentia mundum
Ostendis, veneranda domus, complectere muris
Historiam veterem fugitivaque sæcula narras;
Et diversa doces Romanæ tempora gentis.
 O mare Tyrrhenum, o fama illustrata perenni
Littora, vidistis Marium, cum flore juventæ
Roma vigens, et continuis firmata triumphis
Barbarico ferme periit confecta tumultu.
Vos testes, Marii celebratæ nomine sedes,
Quantus in attonitos irruperit impete Cimbros,
Quantus et hostis opes perfregerit, utque revicto
Teutone, in hospitio vestræ requieverit ædis,
Mœnibus et vestris captiva affixerit arma.
Heu, nihil in rebus stabili fundamine niti!
Ipsum etiam Marium tanto de culmine lapsum
Abdidit antiquis Carthago eversa ruinis.
Tunc alter vacuas venit possessor in ædes:
Tum domus hæc Marii, fastus domus inscia, et in qua
Cimbrorum domitor cultu vivebat agresti,
Luculli ignoto didicit splendescere luxu,
Excepitque rudem cultum ingeniosa voluptas.
Illa domus quoties convivia regia vidit,
Cum streperent citharæ, cum mœnia pulsa sonarent
Laude viri, et partam celebrarent carmina famam,
Ut Mithridatis opes et fastum fregerit armis,
Patria dum bellis civilibus ægra jaceret,
Indocilemque Asiam, atque ignota subegerit arva.
Sæpe et quum terris inducere cœperat umbras,
Vesper, et aura levis spirabat amabile frigus,
Et florum suavi beneolentum halabat odore,
Cum Cicerone suo sinuosa hæc littora lustrans,
Qua mare inoffensum lævem lambebat arenam,
Ducere gaudebat doctis sermonibus horas.
 Sed quis in hanc sedem devenit tertius hospes?
Quam rerum dispar facies? Hic Cæsaris hæres!
Vix puer, et quem non letho demittere victor

Dignatur! Collapsa Romana potestas;
Nil Romæ superest, nisi magni nominis umbra.
Barbarus et capta victor dominatur in urbe.
Hic duxit puer obscuros ignobilis annos,
Amissum imperium, amissos oblitus honores;
Hospitibus tantis celebratas incolit ædes,
Nec curat quis sit Marius, quid gesserit armis;
Nec quanto steterit mavortia robore Roma,
Nec quam continuis gens nobilitata triumphis,
Contuderit populos, et debellaverit orbem.
Sic habet ignotum Romana potentia finem.
Haud suus ac magnus turbatis fluctibus armis
Qui, de monte ruens, spumoso vortice sævit
Regius, et vasto fervens illabitur æstu:
Decrescit sensim, bibulaque exspirat arena.

At nunc imposuit desertæ in culmine sedis
Religio divina crucem; nunc credita terræ
Ossa Severini, Luculli mœnia servant,
Baianosque sinus, et amœni littora portus,
Littore, quæ liquido numerosus Horatius olim
Personuit cantu, sed nunc oblita poetæ.
Illa domus surgit mediis intacta ruinis,
Una ab vandalico non contemerata furore.
Hæc, o religio, servasti numine tecta,
Sicut et, insolitis concussum motibus orbem
Firmando, imperii tentas fulcire ruinam!
Tu sola everso poteris succurrere sæclo.
Omnia præcipiti torquentur turbine casus,
Et gentes et regna cadunt, rapit omnia tempus.
Sola immortalis sæcla invidiosa fatigas;
Atque inconcussa stas immutabilis arce.

IV. VERSION LATINE.

NOMINATIONS.

Premier prix (nouveaux): DUMAS (Charlemagne).
Deuxième prix (nouveaux) : TAINE (Bourbon).

Premier accessit (vétérans) : Vasseur (Bourbon).
Premier accessit (nouveaux) : Merlet (Stanislas).
   2ᵉ   —   (nouveaux) : Lamm (Louis-le-Grand).
Quatrième accessit (vétérans) : Guibillon (Charlemagne).
Troisième accessit (nouveaux) : Vesque, de Triel (Seine-et-Oise) (Stanislas).
Sixième accessit (vétérans) : Ducos, de Paris (Louis-le-Grand).
Quatrième accessit (nouveaux) : Langlé (Bourbon).
   5ᵉ   —   (nouveaux) : Belot (Louis-le-Grand).
   6ᵉ   —   (nouveaux) : Tissot (Charlemagne).
   7ᵉ   —   (nouveaux) : Battier, de Paris (Bourbon).
   8ᵉ   —   (nouveaux) : Neff, de Paris (Bourbon).

Texte.

Narrat Cicero quo consilio philosophicos libros scripserit.

Quærenti mihi multumque et diu cogitanti, quanam re possem prodesse quam plurimis, ne quando intermitterem consulere reipublicæ, nulla major occurrebat, quam si optimarum artium vias traderem meis civibus, quod compluribus jam libris me arbitror consecutum. Multa enim jam sunt nobis media e philosophia sumpta atque tractata : ad reliqua alacri tendebamus animo, sic parati, ut, nisi quæ causa gravior obstitisset, nullum philosophiæ locum esse pateremur, qui non latinis litteris illustratus pateret. Quod enim munus reipublicæ afferre majus meliusve possumus, quam si docemus atque erudimus juventutem? His præsertim moribus atque temporibus, quibus ita prolapsa est, ut omnium opibus refrenanda ac coercenda sit. Nec vero id effici posse confido, quod ne postulandum quidem est, ut omnes adolescentes se ad hæc studia convertant. Pauci utinam! Quorum tamen in republica late patere poterit industria. Equidem ex his etiam fructum capio laboris mei, qui jam ætate provecti in nostris libris acquiescunt ; quorum studio legendi meum scribendi studium vehementius in dies incitatur; quos quidem plures quam rebar esse cognovi. Magnificum illud etiam romanisque hominibus gloriosum, ut græcis de philosophia litteris non egeant, quod assequar profecto, si instituta perfecero. Ac mihi quidem explicandæ philosophiæ causam attulit gravis casus civitatis, cum in armis civilibus nec tueri meo more rempublicam, nec nihil agere poteram, nec quid potius, quod quidem me dignum esset, agerem, reperiebam. Dabunt igitur mihi veniam mei cives, vel gratiam potius habebunt, quod, quum esset in unius potestate respublica, neque ego me abdidi, neque deserui, neque afflixi, neque ita gessi, quasi homini aut temporibus iratus, neque ita porro aut adulatus aut admiratus fortunam sum alterius, ut me meæ pœniteret. Id enim ipsum a Platone philosophiaque didiceram, naturales esse quasdam conversiones rerum publicarum, ut eæ tum a principibus tenerentur, tum a populis, aliquando a singulis. Quod cum accidisset nostræ reipublicæ, tum pristinis orbati muneribus, hæc studia renovare cœpimus, ut et animus molestiis hac potissimum re levaretur, et prodessemus civibus nostris, qua re cumque possemus. In libris enim sententiam dicebamus, concionabamur ; philosophiam nobis pro reipublicæ procuratione substitutam putabamus. Nunc, quoniam de republica consuli cœpti sumus, tribuenda est opera reipublicæ, vel omnis potius in ea cogitatio et cura ponenda, tantum huic studio relinquendum, quantum vacabit a publico officio et munere.

PREMIER PRIX DES NOUVEAUX.

DUMAS (Joseph-Charles), né à Paris.

Collége royal de Charlemagne.

Professeur, M. Caboche.

Institution de M. Favard.

Cicéron expose dans quel but il a composé ses traités philosophiques.

Après avoir bien longtemps réfléchi et cherché par quels moyens je me rendrai le plus utile, afin de ne pas cesser un instant de servir la république, je ne trouvai rien de mieux que d'ouvrir à mes concitoyens l'accès des plus belles connaissances, comme je crois y avoir réussi déjà dans plusieurs ouvrages ; car j'ai fait déjà, dans le champ de la philosophie, de nombreuses excursions ; j'aspirais à conquérir le reste, décidé, si un motif plus puissant ne m'en détournait, à ne laisser dans le domaine entier aucun point où la littérature latine n'eût porté ses pas. Quel service, en effet, plus grand et plus beau à rendre à l'État, que de former et d'instruire la jeunesse, au milieu de nos mœurs surtout, et de ces temps où elle est tombée, au point qu'il faut tout mettre en œuvre pour la contenir et lui donner un frein? Non que j'espère voir les jeunes gens (l'on ne doit même pas le demander) tourner tous leur esprit vers ces études. Qu'il y en ait seulement quelques-uns! c'en sera assez pour que la république ressente au loin leurs efforts. Pour moi, je suis récompensé de mon travail par ceux-là mêmes qui, plus avancés en âge, regardent comme un délassement la lecture de mes ouvrages ; leur désir de lire enflamme chaque jour davantage mon désir d'écrire, et, de ces hommes, j'en ai trouvé plus que je ne pensais. Et puis, quel triomphe, quelle gloire pour Rome de n'avoir nul besoin des philosophes grecs! Et cela sera, si je viens à bout de mes projets. Ce qui m'a déterminé à m'occuper de la philosophie, c'est le malheur des temps : au milieu des guerres civiles, je ne pouvais plus, comme auparavant, conduire les affaires publiques ; je ne pouvais non plus demeurer inactif, et je ne voyais rien de mieux à faire qui fût digne de moi. Ce sera donc un titre à l'indulgence, à la reconnaissance même de mes concitoyens, de ne m'être, dans le moment où l'État était au pouvoir d'un seul, ni caché, ni abandonné, ni laissé abattre, ni conduit en homme irrité contre un homme, ou aigri par les circonstances ; enfin, de n'avoir pas témoigné, par mes flatteries ou par mon admiration pour la fortune d'un autre, que j'étais mécontent de la mienne; car (Platon et la philosophie me l'ont appris) c'est la force de la nature qui amène des révolutions dans les États, et les donne à gouverner tantôt aux grands, tantôt aux peuples, quelquefois à un seul homme. Tel fut le sort de Rome ; et c'est privé de mes anciennes dignités que je suis revenu à mes études ; c'était le meilleur remède à mes ennuis, et je voulais aussi être utile à mes concitoyens par les moyens qui me restaient : dans mes écrits je pouvais encore donner mon avis, prendre la parole; la philosophie avait remplacé pour moi l'administration des affaires. Aujourd'hui la république demande de nouveau mes conseils : il faut répondre à son appel, ou plutôt il faut lui consacrer tous nos soins, toutes nos pensées ; nous donnerons à l'étude ce que nous laisseront les charges et les devoirs publics.

DEUXIÈME PRIX DES NOUVEAUX.

TAINE (Hippolyte-Adolphe), né à Vouziers (Ardennes).

Collége royal de Bourbon.

Professeur, M. Durand.

Institution de M. Mathé.

J'ai longtemps et sérieusement examiné, j'ai cherché le moyen d'être utile au plus grand nombre possible de mes concitoyens, afin de ne jamais cesser de servir la république, et je n'en ai pas trouvé de meilleur que de leur ouvrir la route de la sagesse. Ce but, je crois l'avoir atteint dans plusieurs ouvrages ; car j'ai déjà choisi dans la philosophie et traité un grand nombre de sujets ; et je me portais vers les autres avec ardeur, disposé, si je rencontrais quelque obstacle qui m'arrêtât, à ne laisser aucun endroit de la philosophie sans l'expliquer en latin et sans l'éclaircir. En effet, quel plus grand, quel plus beau service puis-je rendre à la république, que d'instruire et de former les jeunes gens, surtout dans un temps où les mœurs sont si corrompues, que chacun doit travailler de tout son pouvoir à contenir la jeunesse et à lui mettre un frein ? Ce n'est pas que je compte voir une chose qu'on n'oserait même demander, voir tous les jeunes gens se tourner vers les études ; plût aux dieux que j'en puisse gagner quelques-uns seulement à la philosophie ! Le zèle de ces quelques-uns pourrait encore être d'un grand service à l'État. Au reste, j'ai aussi pour récompense de mon travail le suffrage de ceux qui, déjà avancés en âge, se délassent dans la lecture de mes écrits, et qui, par leur goût pour mes ouvrages, excitent plus vivement tous les jours mon ardeur à composer. Je les trouve d'ailleurs plus nombreux que je n'avais espéré. Enfin, ce serait une gloire et un grand honneur pour les Romains que de n'avoir plus besoin des écrits philosophiques des Grecs ; et cette gloire je la leur donnerai sans doute, si je mets à fin ce que j'ai entrepris. Pour moi, ce qui m'a engagé à écrire sur la philosophie, c'est la triste situation de l'État : au milieu des guerres civiles, je ne pouvais plus défendre la république comme je l'avais toujours fait, ni rester inactif ; et je ne trouvais pas d'occupation préférable, qui du moins fût digne de moi. Aussi mes concitoyens me pardonneront, ou plutôt me sauront gré de n'avoir pas voulu, quand la république était au pouvoir d'un seul, me cacher, ni m'abandonner moi-même, ni me perdre par désespoir, ni me montrer irrité contre le vainqueur et le temps où nous étions, ni flatter ou admirer la fortune d'un autre, au point d'avoir à m'affliger de la mienne. C'est encore Platon et la philosophie qui m'avaient appris à regarder comme naturels certains changements qui, dans les États, donnent le gouvernement tantôt aux principaux citoyens, tantôt au peuple, quelquefois à un chef, auquel en succède un autre. Quand ce malheur fut arrivé à notre république, écarté de mes anciennes fonctions, je commençai à reprendre ces études, pour me consoler de mes chagrins et servir mes concitoyens autant que je le pouvais encore. En effet, ce sont mes écrits qui me tenaient lieu de mes discours au sénat et dans l'assemblée du peuple. Il me semblait que la philosophie remplaçait pour moi le soin de la république. Maintenant, puisqu'on commence à prendre mon avis sur les affaires publiques, je dois m'appliquer, ou plutôt je dois consacrer tous mes soins, toutes mes pensées, à cette nouvelle tâche, et ne donner de loisir à la philosophie que ceux que me laisseront les occupations et les fonctions publiques.

V. VERSION GRECQUE.

NOMINATIONS.

Premier prix (vétérans) : NEFF, de Paris (Bourbon).
Deuxième prix (vétérans) : DUVAUX, de Nancy (Charlemagne).
Premier prix (nouveaux) : CHARBONNEAU, de Clamecy (Rollin).
Deuxième prix (nouveaux) : VIGUIER, de Paris (Charlemagne).

Premier accessit (nouveaux) : Tissot (Charlemagne).
2ᵉ   —   (nouveaux) : Battier (Charlemagne).
3ᵉ   —   (nouveaux) : Gournot, de la Charité-sur-Loire (Bourbon).
Sixième accessit (vétérans) : Perraud, de Lyon (Saint-Louis).
Quatrième accessit (nouveaux) : Berthet, de Lisle-en-Bigault (Meuse) (Louis-le-Grand).
5ᵉ   —   (nouveaux) : Quinot (Charlemagne).
6ᵉ   —   (nouveaux) : Belot (Louis-le-Grand).
7ᵉ   —   (nouveaux) : Fourchy, de Paris (Rollin).
8ᵉ   —   (nouveaux) : About (Charlemagne).

Texte.

LE PRIVILÉGE DU GÉNIE DANS L'ÉTAT.

Εἴ τις ἔστιν ἐν πόλει εἷς τοσοῦτον διαφέρων κατ' ἀρετῆς ὑπερβολὴν, ἢ πλείους μὲν ἑνὸς, μὴ μέντοι δυνατοὶ πλήρωμα παρασχέσθαι πόλεως, ὥστε μὴ συμβλητὴν εἶναι τὴν τῶν ἄλλων ἀρετὴν πάντων, μηδὲ τὴν δύναμιν αὐτῶν τὴν πολιτικὴν πρὸς τὴν ἐκείνων, εἰ πλείους, εἰ δ' εἷς, τὴν ἐκείνου μόνον, οὐκέτι θετέον τούτους μέρος πόλεως· ἀδικήσονται γὰρ ἀξιούμενοι τῶν ἴσων, ἄνισοι τοσοῦτον κατ' ἀρετὴν ὄντες καὶ τὴν πολιτικὴν δύναμιν· ὥσπερ γὰρ θεὸν ἐν ἀνθρώποις εἰκὸς εἶναι τὸν τοιοῦτον. Ὅθεν δῆλον ὅτι καὶ τὴν νομοθεσίαν ἀναγκαῖον εἶναι περὶ τοὺς ἴσους καὶ τῷ γένει καὶ τῇ δυνάμει· κατὰ δὲ τῶν τοιούτων οὐκ ἔστι νόμος· αὐτοὶ γάρ εἰσι νόμος. Καὶ γὰρ γελοῖος ἂν εἴη νομοθετεῖν τις πειρώμενος κατ' αὐτῶν· λέγοιεν γὰρ ἂν ἴσως, ἅπερ Ἀντισθένης ἔφη τοὺς λέοντας, δημηγορούντων τῶν δασυπόδων καὶ τὸ ἴσον ἀξιούντων πάντας ἔχειν. Διὸ καὶ τίθενται τὸν ὀστρακισμὸν αἱ δημοκρατούμεναι πόλεις διὰ τὴν τοιαύτην αἰτίαν· αὗται γὰρ δὴ δοκοῦσι διώκειν τὴν ἰσότητα μάλιστα πάντων. Ἀλλ' ἐπὶ τῆς ἀρίστης πολιτείας ἔχει πολλὴν ἀπορίαν, οὐ κατὰ τῶν ἄλλων ἀγαθῶν τὴν ὑπεροχὴν, οἷον ἰσχύος καὶ πλούτου καὶ πολυφιλίας, ἀλλ' ἄν τις γένηται διαφέρων κατ' ἀρετὴν, τί χρὴ ποιεῖν ; οὐ γὰρ δὴ φαῖεν ἂν δεῖν ἐκβάλλειν καὶ μεθιστάναι τὸν τοιοῦτον, ἀλλὰ μὴν οὐδ' ἄρχειν τοῦ τοιούτου · παραπλήσιον γὰρ κἂν εἰ τοῦ Διὸς ἄρχειν ἀξιοῖεν μερίζοντες τὰς ἀρχάς. Λείπεται τοίνυν, ὅπερ ἔοικε πεφυκέναι, πείθεσθαι τῷ τοιούτῳ πάντας ἀσμένως, ὥστε βασιλῆας εἶναι τοὺς τοιούτους ἀϊδίους ἐν ταῖς πόλεσιν.

PREMIER PRIX DES VÉTÉRANS.

NEFF (Jules-Victor), né à Paris.

Collége royal de Bourbon.

Professeur, MM. Durand et Nisart.

Institution de M. Carré de Mailly.

LE PRIVILÉGE DU GÉNIE DANS L'ÉTAT.

S'il se trouve dans l'État un particulier, ou s'il y en a plusieurs, sans que toutefois ils suffisent pour former le corps d'une république, dont le génie soit tellement éminent que tous les citoyens ensemble ne puissent égaler le mérite et les talents politiques, soit de ces quelques hommes, soit de cet homme seul, il ne faut plus les compter comme faisant partie de l'État; car ce serait leur faire injure que de les égaler aux autres, quand ils sont véritablement sans égaux et pour le génie et pour les talents politiques : ces hommes supérieurs doivent être comme des dieux parmi les mortels. D'après ce principe, la législation ne peut évidemment regarder que ceux qui sont égaux par la naissance et par le talent; mais ce n'est pas pour les hommes de génie que les lois sont faites : ils sont eux-mêmes la loi. Il serait ridicule de prétendre les soumettre à une législation : car ils pourraient répondre alors ce qu'Antisthène fait dire aux lions, quand les lièvres haranguent le peuple animal, et soutiennent que tous doivent être égaux. C'est aussi pour cette raison que les États démocratiques appliquent l'ostracisme ; car ce sont ceux qu'on voit particulièrement chercher l'égalité. Mais dans les gouvernements aristocratiques, l'on se trouve dans un grand embarras lorsqu'il se rencontre un citoyen élevé au-dessus des autres, non par des avantages communs, comme la puissance, la richesse et le grand nombre de ses amis, mais par la supériorité de son génie. Que faire? On ne dira jamais qu'il faut éloigner un pareil homme, et l'envoyer en exil ; mais cependant on ne peut pas non plus commander à un pareil homme : ce serait à peu près comme si, dans un nouveau partage de l'empire du monde, on voulait rendre Jupiter sujet. Il ne reste donc plus à tous autre chose à faire que de se soumettre volontairement aux hommes de génie, de telle sorte qu'ils soient à tout jamais les chefs des États.

DEUXIÈME PRIX DES NOUVEAUX.

VIGUIER (Paul-Louis), né à Paris.

Collége royal de Charlemagne.

Professeur, M. Caboche.

Institution de M. Barbet-Massin.

LE PRIVILÉGE DU GÉNIE DANS L'ÉTAT.

Si dans un État il se trouve un homme, ou plusieurs hommes, mais en trop petit nombre pour en former la totalité, d'un mérite tellement supérieur, que le mérite, que l'action politique de tous les autres ensemble ne soit pas comparable à la leur, s'il y en a plusieurs, et, s'il n'y en a qu'un, à la sienne seule, il ne faut pas les considérer comme une partie de l'État ; car il y aurait de l'injustice à les traiter à l'égal des autres, sous le rapport du mérite et de l'action politique : un tel homme est comme un dieu parmi les mortels. Il est donc évident que les lois aussi ne doivent s'appliquer qu'à des hommes égaux et par leur nature et par leur influence ; mais, pour les hommes dont nous parlons, il n'y a pas de loi : car ils sont eux-mêmes la loi, et il serait ridicule de vouloir établir des lois pour eux ; on ne manquerait pas de dire ce que disent les lions dans la fable d'Antisthène, quand les lièvres, dans leur harangue, proposent de donner à tous une part égale. C'est pour cette raison que les villes où règne la démocratie ont établi l'ostracisme ; car ce qu'elles cherchent avant tout, c'est assurément l'égalité. Mais si l'on recherche la constitution la plus parfaite, on se trouve dans un grand embarras ; non quand il s'agit de la supériorité dans les autres biens, comme la force, la richesse, la multitude des amis, mais quand il se trouve un homme d'un mérite supérieur : on se demande ce qu'il faut faire dans un pareil cas ; car enfin, on ne viendra pas dire qu'on doit chasser et exiler un tel homme, ni qu'il faille le soumettre à l'autorité des autres : ce serait comme si, et partageant les pouvoirs, on voulait commander à Jupiter. Reste donc un parti, qui, aussi bien, semble le plus naturel : c'est que tous obéissent de plein gré à ces hommes supérieurs, qui seraient ainsi des rois perpétuels dans les États.

CLASSE DE SECONDE.

I. THÈME LATIN.

NOMINATIONS.

Premier prix: GAUCHER, de Mory (Seine-et-Marne) (Charlemagne).
Deuxième prix: LIBERT, de Joigny (Henri IV).

Premier accessit: Aquarone, de Gibraltar (Rollin).
2ᵉ — Dupré, de Cerisiers (Yonne) (Bourbon).
3ᵉ — D'Audigier, de Saint-Fortunat (Ardèche) (Stanislas).
4ᵉ — Leducq, d'Arras (Charlemagne).
5ᵉ — Lemarier, de Nantes (Louis-le-Grand).
6ᵉ — Guignabert, de Paris (Louis-le-Grand).
7ᵉ — Carré, de Versailles (Saint-Louis).
8ᵉ — Sœhnée, de Paris (Louis-le-Grand).

Texte.

Lorsque les hommes, et principalement ceux qui ont l'imagination vigoureuse, se considèrent par leur plus bel endroit, ils sont presque toujours très-satisfaits d'eux-mêmes, et leur satisfaction intérieure ne manque jamais de s'augmenter lorsqu'ils se comparent aux autres, qui n'ont pas tant de mouvement qu'eux. D'ailleurs, il y a tant de gens qui les admirent, et il y en a si peu qui leur résistent avec succès et avec applaudissement; enfin il se forme sur le visage de ceux qui les écoutent un air si sensible de soumission et de respect, et des traits si vifs d'admiration à chaque mot nouveau qu'ils profèrent, qu'ils s'admirent aussi eux-mêmes, et que leur imagination, qui leur grossit tous leurs avantages, les rend extrêmement contents de leur personne. Car si l'on ne peut voir un homme passionné sans recevoir l'impression de sa passion, et sans entrer en quelque manière dans ses sentiments, comment serait-il possible que ceux qui sont environnés d'un grand nombre d'adorateurs ne donnassent quelque entrée à une passion qui flatte si agréablement l'amour-propre?

Or, cette haute estime, que les personnes d'imagination forte et vive ont d'elles-mêmes et de leurs qualités, leur enfle le courage, et leur fait prendre l'air dominant et décisif. Ils n'écoutent les autres qu'avec mépris; ils ne leur répondent qu'en raillant; ils ne pensent que par rapport à eux, et, regardant comme une espèce de servitude l'attention de l'esprit, si nécessaire pour découvrir la vérité, ils sont entièrement indisciplinables. L'orgueil, l'ignorance et l'aveuglement vont toujours de compagnie. Les esprits forts, ou plutôt les esprits vains et superbes, ne veulent pas être disciples de la vérité; ils ne rentrent en eux-mêmes que pour se contempler et pour s'admirer. Ainsi celui qui résiste aux superbes luit au milieu de leurs ténèbres, sans que leurs ténèbres soient dissipées.

PREMIER PRIX.

GAUCHER (Maxime-Abel), né à Mory (Seine-et-Marne).

Collége royal de Charlemagne.

Professeur : M. Rigaud.
Institution de M. Barbet-Massin.

Quum homines, et inter eos illi præcipue quibus vegeta mens inest, sese qua parte maxime pollent intuentur, fere sibi admodum placent, et semper, ubi se cum aliis, quibus minor est alacritas ingenii, contulere, intimum illud de se gaudium augetur. Imo et tam multi sunt qui eos admirentur; tam rari, qui, si iisdem resistant, favorem et plausus obtineant, denique eos audientium in vultu tam manifesta species obsequii et venerationis exprimitur, et ita ad vivum se prodit admiratio ubi verbum emisere novum, ut se et ipsi admirentur, et sui, quum per vim mentis quidquid habent eximii majus ipsis appareat, fiant amantissimi. Quod si enim, qui virum in affectus vividos pronum viderit, ille necessario istius impetus nonnihil in se accipiet, et eorum quæ vir ille sentit quadam ex parte in consortium veniet, qui igitur fieri possit ut magna adulatorum qui circumdantur caterva, illi, studio, quidquid est tam jucunde permulcentur viri sui amantes, non aditum quemdam præbeant?

Se autem suasque virtutes cum tanti faciant mente fortes et acres viri, eorum inflatus animus, et imperatorius est oris habitus et decretorius. Cæteros nempe nunquam nisi contemptim audiunt; nec eis nisi per jocum respondent; quidquid cogitant ad se ipsos attinet; quasi quoddam servitium esse arbitrantur, si ad quidlibet animum attendant, quod quidem ad inveniendum verum tam necesse est; inde omnium legum sunt impatientes. Qui superbus, ille idem semper ignarus et cæcus est: forti igitur ingenio viri, vel potius vano et superbo, magistram veritatem recusant; et ad id solum, ut sese et contemplentur et admirentur, ad se ipsos redeunt. Itaque, qui superbis istis resistit viris, inter obscuros tenebris fulget, nec tamen istæ dispelluntur tenebræ.

DEUXIÈME PRIX.

LIBERT (Adam-Charles-Jules), né à Joigny (Yonne).

Collége royal de Henri IV.

Professeur, M. Theil.

Cum homines, et ii præcipue qui magna imaginandi vi pollent, sese, qua excellunt, intuentur, plerumque evenit ut ipsi sibi maxime placeant; eosque solemne prorsus est sibi intimo in pectore magis placere, ubi se cum aliis conferunt quibus est minor industria. Cæterum, tanta est admirantium multitudo, tam paucos vero videre est qui feliciter et cum laude illis repugnent; denique, dum loquuntur, audientium vultus ita ad obsequium ac verecundiam componuntur, et ore cujusque, quoties vocem aliquam porro emittunt, tam significanter eminet admiratio, ut sese ipsi quoque admirentur, et, dum egregia sua ingenii ludibrio in majus imaginantur, sibi omnino placeant. Cum enim hominem affectu quodam incensum videre non possimus, quin suum cum eo affectum communicemus, atque ejus sentiendi rationem quodam modo comprobemus qui fieri possit ut, quos magna undique turba cultu prosequitur, in eos non aliqua parte insinuet affectus, nostris animis, natura sui amantibus, jucundissimus.

Ut autem magnam acremque imaginandi vim sortiti homines de se ac de suis dotibus magnifice sentiunt, ita tumidos sumunt spiritus et dominantium ac decernentium more se gerunt. Scilicet assuescunt alios despicientes audire, illudentes respondere, omnibus de rebus sui tantum ratione habita cogitare; et cum animi intentionem, quæ ad veritatis indagationem maxime necessaria est, servitutem quamdam esse arbitrentur, omnis prorsus sunt disciplinæ impatientes. Superbiæ autem, ignorantiæque et animi cæcitatis quædam solet esse societas. Itaque fortia illa ingenia, vel potius vana superbaque ingenia virtutem magistram respuunt, nec in se recedunt, nisi ut sese ipsi contemplentur atque admirentur. Quo fit ut qui superbis illis repugnat, tenebris quibus involvuntur sane illustret, nec illæ tamen unquam discutiantur.

II. VERSION LATINE.

NOMINATIONS.

Premier prix : MAROT, de Couze (Dordogne) (Charlemagne).
Deuxième prix : POTREL, de Paris (Saint-Louis).

Premier accessit : Libert (Henri IV).
    2ᵉ   —   Aquarone (Rollin).
    3ᵉ   —   Aquirrevengoa, d'Elorrio (Espagne) (Rollin).
    4ᵉ   —   Du Mesgnil, de Marseille (Saint-Louis).
    5ᵉ   —   Levasseur, de Paris (Bourbon).
    6ᵉ   —   Milliard, de Paris (Henri IV).
    7ᵉ   —   Joly, de Châtillon (Henri IV).
    8ᵉ   —   Possoz, de Lille (Charlemagne).

Texte.

Angelus Politianus in Horatianam, Landini, magistri sui, editionem.

Vates Threicio blandior Orphæo,
Seu malis fidibus sistere lubricos
Amnes, seu tremulo ducere pollice
    Ipsis cum latebris feras;
Vates Æolii pectinis arbiter,
Qui princeps latiam sollicitas chelyn,
Nec segnis titulos addere noxiis
    Nigro carmine frontibus;
Quis te a barbarica compede vindicat?
Quis frontis nebulam dispulit, et situ
Deterso, levibus restituit choris
    Curata juvenem cute?
O quam nuper eras nubibus et malo
Obductus senio! Quam nitidos ades
Nunc vultus referens, docta fragrantibus
    Cinctus tempora floribus!
Talem purpureis reddere solibus
Lætum pube nova post gelidas nives
Serpentem positis exuviis solet
    Verni temperies poli.
Talem te choreis reddidit et lyræ
Landinus, veterum laudibus æmulus,
Qualis tu solitus Tibur ad uvidum
    Blandam tendere barbiton.
Nunc te deliciis, nunc decet et levi
Lascivire joco, nunc puerilibus
Insertum thiasis, aut fide garrula
    Inter ludere virgines.

PREMIER PRIX.

MAROT, né à Couze (Dordogne).

Collége royal de Charlemagne.

Professeur : M. RIGAUD.

Institution de M. FAVARD.

ANGÉLUS POLITIANUS, SUR L'ÉDITION D'HORACE DE SON PRÉCEP-
TEUR LANDINUS.

Toi dont les chants, plus doux que ceux des monts de Thrace,
Suspendent à ton gré les fleuves dans leur cours ;
Dont le luth frémissant attire sur sa trace
Les antres, les rochers, les lions et les ours ;

Toi qui tiens dans ta main la lyre éolienne,
Qui sur le luth romain tentes de nouveaux chants ;
Toi qui sais imprimer, sans que rien te retienne,
Un stigmate vengeur sur le front des méchants ;

Qui, de la barbarie écartant la barrière,
Éloigne de ton front un nuage odieux ?
Qui, des tombeaux enfin secouant la poussière,
Jeune et paré te rend à tes chœurs gracieux ?

Naguère encore, en proie à la triste vieillesse,
De ses rides, hélas ! il subissait l'affront !
Qu'il est beau maintenant ! quel éclat de jeunesse !
Quelle verte couronne orne son docte front !

Tel un serpent renaît à l'aurore plus pure,
Quand le zéphyr succède au souffle des autans,
Et, laissant sa dépouille, étale sa parure,
Qu'il doit aux doux rayons d'un soleil de printemps !

Landinus, dont la gloire à la tienne s'allie,
T'a rendu dans ce jour à ta lyre, à tes jeux,
Tel que te vit Tibur, quand sa rive embellie
Répétait les accords d'un luth mélodieux.

Les plaisirs maintenant, et la joie innocente!
Tantôt d'un chœur d'enfants partage les ébats,
Ou, tenant dans ta main ta lyre obéissante,
Viens d'un chœur virginal, viens diriger les pas!

DEUXIÈME PRIX.

POTREL (Eugène-Adolphe), né à Paris.

Collége royal de Saint-Louis.

Professeur, M. Croizet.

Institution de M. Hortus.

Poëte plus enchanteur que le Thrace Orphée, que tu te plaises à arrêter par tes accents la course rapide des fleuves, ou à entraîner, aux magiques accords de la lyre qui tremble sous tes doigts, les bêtes féroces et leurs tanières avec elles; poëte qui fus le roi de la lyre éolienne, qui le premier fis résonner la lyre latine, qui t'acharnas, dans tes vers flétrissants, à imprimer sur les fronts coupables le sceau de l'infamie; dis-moi qui t'a délivré des entraves de la barbarie, qui a su dissiper les nuages de ton front, te purifier des souillures qui te couvraient, et te rendre, brillant de pureté et de jeunesse, à tes chœurs gracieux? O quels nuages, quelle triste vieillesse couvraient naguère ton front! Mais maintenant quel éclat rayonne sur ton visage qui nous est rendu, et sur ton docte front que couronnent des fleurs odorantes! C'est ainsi que la douce influence du printemps rend à l'éclat du soleil le serpent qui, après les neiges glacées, change contre la beauté d'une jeunesse nouvelle la robe dont il se dépouille. Noblement jaloux des gloires de l'antiquité, Laudinus t'a rendu aux chœurs et à la lyre tel que tu fus jadis, lorsque, sous les moelleux ombrages de Tibur, tu te plaisais à accorder ta lyre harmonieuse. C'est maintenant qu'il te sied de folâtrer au sein des délices, au milieu des jeux badins; c'est maintenant qu'il te sied de te mêler aux danses des jeunes amis de Bacchus, ou de faire retentir au milieu des vierges les doux sons de ta lyre.

III. VERS LATINS.

NOMINATIONS.

Premier prix : LEMOINE, d'Asfeld (Ardennes) (Louis-le-Grand).
Deuxième prix : LEMARIER (Louis-le-Grand).

Premier accessit : Libert (Henri IV).
   2e   —   Potrel (Saint-Louis).
   3e   —   Saleta, de Perpignan (Louis-le-Grand).
   4e   —   Bertrand, de Nancy (Bourbon).
   5e   —   Gaucher (Charlemagne).
   6e   —   Leducq (Charlemagne).
   7e   —   Dupré (Bourbon).
   8e   —   Durand-Claye, de Paris (Louis-le-Grand).

Matière.

Improbat poeta, æqualis Horatii illos versus (in carmine tertio libri primi):

> Nequicquam deus abscidit
> Prudens Oceano dissociabili
> Terras, etc.

Quid tu, Flacce, genus humanum incusas? cur putas deos nobis invidere commercia terrarum? Valeant veteres inhumanæque fabulæ. Homines una eademque matre natos, non disjungere vult divinum numen, sed magis magisque conjungere. Unde enim, nisi ex ipso deo ille ingeniorum ardor qui quotidie nova gignit miracula? Neque ille mox aut extinguetur aut quiescet, sed majora proferet in dies. Veniet tempus, nisi me fallit mentis error, quum jam non timide navita leget oras, aut brevem viam faciet in alto, sed audebit in immensum infinitumque Oceanum penetrare et quærere ignotas terras : sed quis scit an illa ars navigandi, qua tu obstupescis, terminus sit positus humanæ audaciæ? Forsitan labentibus sæculis aliquid exorietur novum, inauditum, portento simile, mirabilius quam Argo, et veliferæ naves quod quale sit futurum, nos ne excogitare quidem possumus.

PREMIER PRIX.

LEMOINE (Charles-Pierre-Marie), né à Asfeld (Ardennes).

Collége royal de Louis-le-Grand.

Professeur, M. H. Lemaire.

Institution de Sainte-Barbe.

Desine vesanis homines vexare querelis,
Flacce, nec egregios incusa remigis ausus,

Qui fragilem rabidis commisit fluctibus alnum
Primus, et immenso pascentia gurgite monstra
Immotoque trucem non palluit ore procellam.
Quid marium marmor nulli violabile prorae,
Sacrilegasque rates dementi carmine jactas!
Quidve putas divos, inimicaque numina fati
Invidisse, maris posito discrimine, gentes
Gentibus, et terris commercia debita terrae!
Sit procul illa fides, ævi quam prima juventus,
Errorum genuit mediis immersa tenebris.
Mortales gremio, communis mater, eodem
Terra tulit, fratresque uno fovet ubere nutrix.
Et tamen hos medius, divini potentia metus
Invisique vetat vicisse obstacula ponti.
Hos jubet angustis, quos dat natura, teneri
Finibus, et fratres ignaros vivere fratrum!
Non ita, sed cunctos communi fœdere jungi,
Quin et stare jubet firmatum in sæcula fœdus!
Nonne, volente deo, mortales nobilis ardor
Urit, et immenso pectus flagrat artis amore,
Qui nova continuo gignit miracula partu?
Nil poterit tantum restinguere mentibus ignem,
Semper crescentem vis nulla quiescere coget.
Sed nostram sobolem venturaque sæcla fovebit,
Atque æterna sacræ crescent incendia flammæ!
Ni fallor, lustris veniet labentibus ætas
Quum jam non timidam secura ad littora puppem
Nauta reget, parvamque viam tentabit in alto;
Sed sibique et domitis confidere fluctibus ausus,
Ibit, et immensos molitus in æquore cursus,
Carbasa longinquis dabit imperterritus austris!
Sed claustra Oceani, duris defensa catenis
Rumpet, et afflanti ventorum turbine victor
Arripiet velis ignotæ littora terræ!
Artem, cæruleos qua nunc datur ire per agros
Suspicis? Ast non hic mortali terminus hæret!
Forsitan et, longos quando mare viderit annos,
Sese iterum nostra victum indignabitur arte;
Forsitan, ætatis decus immortale futuræ,

Finget inauditum mortalis dextera monstrum,
Et vada salsa novam cogentur ferre carinam.
Huic cedit Tiphys, cedit quoque nobilis Argo,
Quæ tulit heroas, magnum et memorabile pondus!
Cedent, artificis nomenque et gloria, naves,
Quæ tangunt celsas audaci vertice nubes,
Immensoque premunt subjectos corpore fluctus.
Non illa Æolios flatus in vela vocabit,
Aut venti petet auxilium ; non æquor arenis
Luminibus subito subducit cætera musa !
Et mihi venturi claudit penetralia fati !
Non celebrare datur nostræ hæc miracula voci.
Non sunt hanc tantam sublimi tollere laudem
Carmine Calliope : manet hæc vos cura, nepotes !

DEUXIÈME PRIX.

LEMARIER (Charles), né à Nantes.

Collége royal de Louis-le-Grand.

Professeur, M. H. Lemaire.

Institution de Sainte-Barbe.

Nequidquam prudens Deus abscidit æquore terras!
Quid genus humanum, quid nostros questibus ausus
Et musa incusas, o Flacce, polumque fatigas?
Cur venit in mentem, cœptis contraria nostris
Fata vetare Deum, ne, victis fluctibus, inter
Longinquas conjungat homo commercia terras?
Vana superstitio ! valeant mendacia vatum,
Quæ sanctus timor, atque ævi veneranda vetustas
Terrigenis fecere deos. Prognatus eodem
Omnis homo gremio est : omnes consortia fati
Jam natos sociant; voluere ita numina divûm ;
Usque volent. Fratres non arcent fratribus; uno
Conspirant etiam terrarum in fœdera nisu.
Et quisnam incensis nisi Numen mentibus addit
Illum, equidem sacris lapsum de fontibus, ignem?

Ardor hic unde novus, qui pectora plena fatigat
Clausus, et erumpit tanta in miracula rerum?
Hæc, fateare quidem; non hæc mortalia, dextro
Sed demissa Deo: Cœlesti semine vivax
Flamma infusa viris, nunquam restincta quiescet.
Sed crescens magis atque magis fulgebit, et alta,
Æthereo lapsu, natalia tendet ad astra.
Jam mihi venturi spectacula grandia pandunt :
Mox tempus, ni fallor, erit, quum navita puppi
Invectus timida non jam leget æquoris oras
Aut nimbos metuens et monstra natantia, in altum
Parvum curret iter; potietur at æquore toto
Victor, et ipse sibi rabidas servire jubebit
Ventorum pontique minas; tunc intima tutus
Regna procellarum penetrabit, et abdita dudum
Terra virique viris mirantibus ostendentur.
Sed num, quam tua mens artem stupet, illa laboris
Laudis et humanæ fatalis terminus hæret?
Ultra nil hominum defessa industria vincet?
Hæc sint magna licet, non vera audacia tantum
Crevit, ut incœpto teneat vestigia passu.
Forsitan et veniet lustris labentibus, orbis,
Attoniti ante oculos miri nova forma laboris,
Humanumque nihil retinens, hominique tremenda
Prodigium insuetum. Tunc portentosa minanti
Pondere, tot manibus constructa, deaque magistra,
Qua tantum nunc Graia tumet solertia, cedet
Argo; mentitis cedent volitantia pennis
Curricula : hoc vero portentum quale feratur
Scire nefas : sæclis sed gloria multa futuris
Hinc fluet, et nostros attollet in astra nepotes.

IV. VERSION GRECQUE.

NOMINATIONS.

Premier prix : CARRÉ, de Versailles (Saint-Louis).
Deuxième prix : MALVOISIN, de Paris (Charlemagne).
Premier accessit : Hugo Victor, de Paris (Charlemagne).
2ᵉ — Leducq (Charlemagne).
3ᵉ — Chéron, de Paris (Henri IV).
4ᵉ — Wissocq, de Boulogne-sur-Mer (Bourbon).
5ᵉ — Durand Claye (Louis-le-Grand).
6ᵉ — Gellé, de Paris (Saint-Louis).
7ᵉ — Dupré (Bourbon).
8ᵉ — Estienne, de Paris (Versailles).

Texte.

CONDUITE D'UN ÉVÊQUE CHRÉTIEN AU MILIEU D'UNE VILLE PAÏENNE.

Ἄλλος τις οὗτος τῆς ἐμῆς παιδεύσεως
Νόμος, σαφῶς τε καὶ καλῶς γεγραμμένος,
Μὴ μίαν ὁδὸν τῆς εὐσεβείας εἰδέναι,
Τὴν εὔκολόν τε καὶ κακὴν γλωσσαλγίαν,
Μηδ' ἐν βεβήλοις ὠσὶ καὶ Χριστοῦ ξένοις
Ῥίπτειν ἀφειδῶς τῶν λόγων τοὺς μυστικούς·
Ἀλλ' ἐντολαῖς μὲν ὡς μάλιστ' ἐνευσεβεῖν
Πτωχοτροφοῦντα, ξενοδοχοῦντα, ταῖς νόσοις
Ἀρκοῦντα, καρτεροῦντα καὶ ψαλμῳδίαις,
Εὐχαῖς, στεναγμοῖς, δάκρυσιν, χαμευνίαις,
Γαστρὸς πιεσμοῖς, ἀγχόναις αἰσθήσεων,
Θυμοῦ, γέλωτος, χειλέων εὐταξίᾳ,
Τὴν σάρκα κοιμίζοντα πνεύματος κράτει.
Πολλαὶ γὰρ εἰσὶν αἱ σωτηρίας ὁδοὶ,
Πᾶσαι φέρουσαι πρὸς θεοῦ κοινωνίαν,
Ἃς χρή σ' ὁδεύειν, οὐ μόνον τὴν ἐν λόγῳ.
Λόγος γὰρ ἀρκεῖ καὶ ψιλῆς τῆς πίστεως,
Μεθ' ἧς ἀτέχνως τὸ πλέον σώζει θεός·
Εἰ δ' εἰς σοφοὺς ἔπιπτεν ἡ πίστις μόνον,
Θεοῦ παρ' ἡμῖν οὐδὲν ἦν πενέστερον.
Ἀλλ' εἰ φιλόγλωσσός τις ἢ ζήλου πλέος,
Καὶ δεινὸν, εἴ σοι μὴ ῥυήσεται λόγος;
(Ἀνθρώπινον γὰρ εὔχομαι κἀνταῦθά σοι·)
Λάλει μὲν, ἐν φόβῳ δὲ, μηδὲ πᾶν τότε,
Μὴ πάντα, μηδ' ἐν πᾶσι, μηδὲ πανταχοῦ,
Ἀλλ' ἔστιν οἷς, ὅσον τε, καὶ ποῦ, καὶ ποτέ·
Καιρὸς δὲ παντὸς, ὡς ἀκούεις, πράγματος,
Μέτρον τ' ἄριστον, τῶν σοφῶν ἑνὸς λόγος.
Χωρὶς τὰ Μυσῶν καὶ Φρυγῶν ὁρίσματα·
Χωρὶς τὰ τῶν ἔξωθεν οἵ τ' ἐμοὶ λόγοι.
Τῶν μὲν γὰρ εἰσὶν εἰς ἐπίδειξιν οἱ λόγοι,
Ἐν μειρακίσκων συλλόγοις, καὶ πλάσμασιν,
Ἐν οἷς μέγ' οὐδὲν ἀτυχεῖν ἢ τυγχάνειν

Σκιᾶς, σκιᾶς γὰρ οὐδὲν ἀσθενέστερον.
Ἡμῖν δ᾽ (ἀληθεύειν γὰρ ἐστὶν ὁ σκόπος)
Οὕτως ἔχειν ἢ μὴ περιδεὲς τὸν λόγον.
Ὅθεν μάλιστα τοὺς λόγους φυλακτέον,
Τὰ μὲν λέγοντας, τῶν δ᾽ ἀκούοντας σοφῶς,
Ἔστι δ᾽ ὅτ᾽ ἐκχωροῦντας ἀμφοῖν ἐξ ἴσης,
Στάθμῃ δικαίᾳ, τῷ φόβῳ κεχρημένους·
Ἧττον γὰρ οὓς ἡ γλῶσσα κίνδυνον φέρει·
Ἧττον δ᾽ ἀκοῆς τὸ καὶ φυγεῖν ἐκ τοῦ μέσου.

PREMIER PRIX.

CARRÉ (Charles-Marie-Louis-Alain), né à Versailles.

Collége royal de Saint-Louis.

Professeur, M. Croizet.

CONDUITE D'UN ÉVÊQUE CHRÉTIEN AU MILIEU D'UNE VILLE PAÏENNE.

Voici d'autres lois conçues avec clarté et sagesse, que me prescrit ma doctrine : Il ne faut pas borner les moyens de sanctifier les âmes, à la fécondité d'un méprisable verbiage, ni jeter sans ménagement dans des oreilles profanes et étrangères à Jésus-Christ des discours mystiques : mais il faut, autant que possible, pratiquer les saints préceptes, en nourrissant les pauvres, en accueillant les voyageurs, en soignant les malades et en allégeant leurs souffrances par les chants sacrés, les prières, les lamentations, les larmes, les prosternations, les jeûnes, la mortification des sens, par notre soin à réprimer la gaieté, la faim, et à étouffer les cris de la chair par le pouvoir de l'esprit. Car bien des routes mènent au salut, et toutes font participer à la société de Dieu : il faut les suivre et ne pas se borner aux moyens qu'offre la parole. Car la parole de la foi, même sans ornements, suffit : et, avec la foi seule, plus d'un pécheur devient l'élu de Dieu. Au contraire si la foi était le privilége exclusif des habiles, la part de Dieu serait bien petite sur la terre. Mais êtes-vous éloquent ou plein de zèle? Le péché cède-t-il presque toujours à votre parole? (Ici je vous souhaite un mérite tout humain), parlez, mais avec circonspection; ne parlez ni toujours, ni de tout, ni à tous, ni partout. Considérez au contraire quel est votre auditoire, soumettez-vous à une certaine mesure, songez au lieu et aux circonstances. Car on vous l'a dit, et c'est le mot d'un juge : en toute chose, l'occasion est la meilleure règle. Des limites séparent la Mysie de la Phrygie : des limites séparent mes discours des pensées profanes. Nées pour l'ostentation ces pensées font la matière des discours de ces assemblées déclamatoires de la jeunesse, où le succès n'est pas plus important que la défaite. L'ombre ! il n'est rien de plus faible que l'ombre. Pour nous (car la vérité est notre but) un tel langage nous semble plus à craindre que le silence. C'est pourquoi il faut prendre garde avant tout à ces paroles : dire les unes, écouter sagement les autres, et parfois fuir également les unes et les autres, en prenant une règle parfaitement juste, la crainte. Car les oreilles et la langue sont moins dangereuses ; s'enfuir est encore moins dangereux que les écouter.

DEUXIÈME PRIX.

Collége royal de Charlemagne.

MALVOISIN (Édouard), né à Paris.

Professeur, M. Valton.

Institution de M. Favard.

Voici une autre règle de la doctrine que j'enseigne, règle bien claire et bien juste, c'est de ne pas regarder comme le seul chemin à la piété, cette inépuisable et pernicieuse démangeaison de parler, et de ne pas jeter sans ménagement des discours mystérieux dans les oreilles profanes et qui ne connaissent point le Christ. Mais, au contraire, cette règle veut que nous nous montrions aussi pieux observateurs qu'il nous est possible, des préceptes de la loi, et qu'à cet effet nous nourrissions les pauvres, que nous accueillions les étrangers, que nous assistions les malades, et que nous nous affermissions par le chant des louanges de Dieu, par la prière, par les gémissements et les larmes, en couchant sur la dure, en réprimant notre appétit, en réduisant nos sens en servitude, en réglant sagement l'ardeur de notre cœur, notre rire et nos paroles, et en apaisant notre chair par la force de notre esprit. Car il y a plusieurs voies de salut, qui tendent toutes à nous unir avec Dieu ; or il faut que tu passes par ces routes, et que tu ne te contentes pas de suivre celle qui consiste seulement dans les paroles. Car la parole de la foi même toute simple suffit, et c'est sans aucun doute avec cette foi toute simple que Dieu sauve la plupart des hommes.

S'il n'y avait que les hommes instruits qui fussent susceptibles d'avoir la foi, il n'y aurait rien ici-bas de plus pauvre que Dieu. Mais c'est que tu aimes à parler, ou tu es plein de zèle, et il te serait cruel, dis-tu, de ne point donner cours à tes paroles (car je te souhaite ici même un avantage humain)? Eh bien! alors, parle, mais avec circonspection; ne parle pas en tout temps, ne dis pas toutes sortes de choses, ni au milieu de toute sorte de monde, ni partout; mais ne parle qu'à certaines personnes, ne dis que ce qu'il faut dire, et ne le dis qu'en temps et lieu. Comme tu le vois, la mesure précise et le juste milieu en toute chose, c'est la parole d'un homme instruit. Bien différentes sont les thèses des Mysiens et des Phrygiens, bien différents sont les discours des païens et les miens. Les discours des païens sont pour la parade; ce sont des conférences de jeunes gens, où l'on déclame; et il est peu important d'y avoir le dessus ou le dessous; car il n'est rien, non rien de plus impuissant que l'ombre. Mais pour nous, dont le but est de dire la vérité, il est d'une importance qui a droit de nous inquiéter, que nous parlions dans tel sens ou dans tel autre. Aussi devons-nous être fort circonspects dans nos discours, et ne pas toujours parler; mais écouter aussi avec sagesse, et quelquefois même ne faire ni l'un ni l'autre, et nous servir alors d'une règle fort bonne, qui est une craintive réserve. Car on court moins de risque à écouter qu'à parler; et ce qui est plus sûr encore que d'écouter, c'est d'abandonner la partie.

V. THÈME GREC.

NOMINATIONS.

Premier prix : DE SALVANDY, de Paris (Henri IV).
Deuxième prix : SAUVAGE, de Cayenne (Guyane française) (Bourbon).
Premier accessit : Malvoisin, de Paris (Charlemagne).
2e — Dupré (Bourbon).
3e — Cicile, de Paris (Versailles).
4e — Joly, Châtillon (Seine) (Henri IV).
5e — Leroy, du Havre (Saint-Louis).
6e — Aquirrevengoa (Rollin).
7e — Duverdy, de Paris (Henri IV).
8e — Carré (Saint-Louis.)

Texte.

Prométhée, le célèbre fils de Japet, est, dans la fable, le symbole de l'esprit de l'homme élevé au plus haut degré de son énergie et de sa puissance. Cette légende qui, chez Hésiode, chez Eschyle, nous le fait voir comme une lutte réglée avec Jupiter, auteur et conservateur de l'ordre éternel du monde, qu'est-elle autre chose, dans le fond, que l'histoire des conquêtes de l'esprit sur la nature, et le combat sans cesse renaissant, où il triomphe et succombe tour à tour? Les dieux et les hommes, dit cette légende, débattaient entre eux leurs intérêts à Mélone, qui fut plus tard Sicyone, lorsque Prométhée, toujours prompt à secourir les hommes, essaya de donner le change à Jupiter en lui faisant prendre comme la meilleure, la moins bonne part d'une victime. Le dieu s'en aperçut, et, dans sa colère, retira aux hommes le feu; mais Prométhée le leur rendit par un nouvel artifice, et avec lui tous ses bienfaits, en le dérobant dans la tige creuse d'une férule. Alors le maître des dieux, pour se venger à la fois sur les mortels et sur leur protecteur, envoie Pandore à Épiméthée, dont l'imprudence accueille, dans cette séduisante Ève de la Grèce, tous les fléaux qui désolent l'humanité; et, quant à Prométhée, il le fait enchaîner à une colonne, où un aigle vient sans relâche lui dévorer le foie. C'est l'esprit qui se consume dans les liens indestructibles qui retiennent son essor; c'est l'emblème des peines, des regrets, des cuisants remords, qui lui font expier ses triomphes, et empoisonnent ses jouissances. Il ne faut rien moins qu'Hercule, le héros sauveur, le fils que Jupiter voulait glorifier, pour délivrer Prométhée dans la suite des temps, en brisant ses chaînes et en perçant l'oiseau fatal.

PREMIER PRIX.

DE SALVANDY (Paul) né à Essonnes (Seine-et-Oise).

Collége royal de Henri IV.

Professeur : M. Theil.

Προμηθεὺς, ὁ ἐνδοξώτατος Ἰαπετοῦ υἱός, ἐν τῷ μύθῳ σημαίνει τὸν τοῦ ἀνθρώπου νοῦν εἰς τὴν τῆς ἐνεργείας τε καὶ τῆς δυνάμεως κορυφὴν ἀφιγμένον. Οὗτος γὰρ ὁ μῦθος, καθ' ὃν ἐν τοῖς τοῦ Ἡσιόδου καὶ τοῦ Αἰσχύλου ποιήμασι φαίνεται πρὸς τὸν Δία, τὸν ποιήσαντα καὶ φυλάττοντα τὴν αἰωνίαν τοῦ κόσμου τάξιν, ὥσπερ συστηματικῶς ἀγωνιζόμενος, τί οὖν ἄλλο ὡς ἀληθῶς ἐστιν ἢ, ὧν ὁ νοῦς τῆς φύσεως ἐξήρπασεν, ἡ διήγησις καὶ ὁ ἀεὶ ἐπαναλαμβανόμενος ἀγὼν ἐν ᾧ τότε μὲν νικᾷ, τότε δὲ νικᾶται; Τῶν γὰρ θεῶν καὶ τῶν ἀνθρώπων, ὥς φησιν οὗτος ὁ μῦθος, περὶ τῶν ἑαυτοῖς συμφερόντων ἐν τῇ Μηλώνῃ ἀμφισβητούντων, ἣ ὕστερον Σικυὼν ὠνομάσθη, ὁ μὲν Προμηθεὺς περὶ τοῦ ἐπιβοηθεῖν ἀνθρώποις ἀεὶ σπεύδων, τὸν Δία παρακρούσασθαι ἐπείρασε, πείθων αὐτὸν τὸ κάκιστον θυσίας μέρος, ὡς τὸ βέλτιστον ὂν λαμβάνειν. Ὁ δὲ θεὸς ᾐσθημένος τοῦ δόλου, καὶ δεινῶς ὀργισθεὶς τὸ πῦρ τῶν ἀνθρώπων ἀφεῖλεν. Ἀλλ' ὁ Προμηθεὺς αὐτὸ ἐκείνοις διὰ νέας τινὸς τέχνης καὶ πάντα τὰ ἐν αὐτῷ ἀγαθὰ ἀπέδωκεν, ἐν τῷ κοίλῳ νάρθηκος καυλῷ ἐκκλέψας. Τότε γοῦν ὁ τῶν θεῶν δεσπότης, τοὺς θνητοὺς ἅμα καὶ τὸν αὐτῶν προστάτην τιμωρεῖσθαι βουλόμενος, τὴν μὲν Πανδώραν πρὸς τὸν Ἐπιμηθέα πέμπει, ὃς ἀβουλότατος ὤν, ταύτην τὴν θελκτήριον γυναῖκα ὑποδέχεται, ἢ τῇ Εὔῃ ὁμοία πάντα τὰ κακὰ τὰ τοὺς ἀνθρώπους ὑβρίζοντα εἰς τὴν Ἑλλάδα φέρει· τὸν δὲ Προμηθέα πρὸς στήλῃ δεθῆναι κελεύει εἰς ἣν ἐλθὼν συνεχῶς καταβιβρώσκει ἀετὸς τὸ ἧπαρ αὐτοῦ. Οὕτως ὁ νοῦς φθίνει ἀκαταλύτοις δεσμοῖς κατεχόμενος, οὐδ' ἀνίπτασθαι δυνάμενος· καὶ τοῦτο σημαίνει τὰς λύπας καὶ τοὺς πόθους καὶ τὰς ὀξείας συνειδήσεις, δι' ὧν δίκην τῶν νικῶν δίδωσι καὶ ὑφ' ὧν αἱ αὐτοῦ ἡδοναὶ διαφθείρονται. Οὐδεὶς δὲ ἄλλος ἢ ὁ Ἡρακλῆς, ὁ πάντας σώ- ζων ἥρως καὶ ὁ Διὸς υἱὸς ὃν ὁ πατὴρ ὡς μάλιστα δοξάζειν ἐβούλετο, τὸν Προμηθέα ἀπολύειν δύναται πολλοῦ χρόνου ἀπορρεύσαντος, τῶν τε δεσμῶν ῥηχθέντων, καὶ τοῦ εἱμαρμένου ὄρνιθος ἐκταμένου.

DEUXIÈME PRIX.

SAUVAGE (Jean-Baptiste-Henri-Lysis), né à Cayenne.

Collége royal de Bourbon.

Professeur, M. Chappuysi.
Institution de M. Regnault.

Προμηθεύς, ὁ τοῦ Ἰαπετοῦ εὐδοκιμώτατος, ἐν τῷ μύθῳ, τὸν ἀνθρώπι- νον νοῦν, εἰς τὴν ἀκροτάτην ἐνέργειαν καὶ δύναμιν ἀνηνεγμένον, συμβο- λικῶς ἀπεικάζει. Τοῦτο γὰρ τὸ μυθολογούμενον, ὃ, παρὰ Ἡσιόδῳ τε καὶ Αἰσχύλῳ, ἡμῖν αὐτὸν ἐπιδείκνυσιν, ὡς Διΐ, τῷ τὴν αἰώνιον τοῦ κόσμου εὐταξίαν καθεστηκότι καὶ διαφυλάσσοντι, τεταγμένως μαχόμενον, τί ἄλλο ὄντως ἐστίν, ἢ ἡ τοῦ νοῦ τὰ τῆς φύσεως ὑφ' ἑαυτῷ ποιουμένου ἱστορία, καὶ ὁ ἀεὶ ἀνανεούμενος ἀγὼν ἐν ᾧ νῦν μὲν ἐπικρατεῖ, νῦν δὲ νικᾶται; Οἱ μὲν θεοὶ καὶ οἱ ἄνθρωποι, κατὰ τοῦτο τὸ μυθολογούμενον, περὶ τῶν ἑαυ- τοῖς συμφερόντων, ἐν Μελῶνι, ἢ ὕστερον Σικυὼν ἐγένετο, πρὸς ἀλλήλους ἠμφισβητοῦν, ὅτε Προμηθεύς, τοῖς ἀνθρώποις ἐπιβοηθεῖν ἀεὶ πρόθυμος, τὸν Δία παρακρούεσθαι ἐπεχείρησε, λαβεῖν αὐτὸν ποιήσας, ὡς βελτίστην οὖσαν, τὴν θυσίας τινὸς χειρίστην μερίδα. Τούτου δ' ᾔσθετο ὁ θεός, καὶ ὀργισθείς, τὸ πῦρ τοῖς ἀνθρώποις ἀφεῖλεν. Ὁ δὲ Προμηθεύς, νέῳ τινὶ δόλῳ χρησάμενος, τοῦτο, καὶ ἅμα πάντα τὰ αὐτοῦ εὐεργετήματα, ἀπέδωκεν αὐτοῖς, ἐν τῷ κοίλῳ νάρθηκος στελέχει ἁρπάσας. Τότε μὲν ὁ τῶν θεῶν κύριος, ὡς τοὺς θνητοὺς ἅμα καὶ τὸν αὐτῶν προϊστάμενον τιμωρεῖσθαι, Πανδώραν πέμπει πρὸς Ἐπιμηθέα, ὃς, ταύτην τὴν χαριεστάτην τῆς Ἑλλάδος Ἥβην ἀβούλως ἀναδεχόμενος, πάντα τὰ τοὺς ἀνθρώπους ἐκπορθοῦντα κακὰ, μετ' αὐτῆς, ἀναδέχεται· τὸν δὲ Προμηθέα δεθῆναι κελεύει παρὰ στύλον, ὅπου ἀετός τις οὐδέποτ' ἀναπαύεται, τὸ ἧπαρ αὐτοῦ καταφαγόμενος. Οὗτός ἐστιν ὁ νοῦς ἐν τοῖς ἀκαταλύτοις δεσμοῖς, οἳ αὐτὸν ἀναπτερούμενον κατέχουσιν, ἐκτηκόμενος· οὗτος, ἡ ἔννοια ἐστὶ τῶν ἀλγῶν τε καὶ τῆς μετανοίας καὶ τῆς δριμείας συνειδήσεως, ἅπερ αὐτὸν, ἀνθ' ὧν ἐκράτησε, τιμωρεῖται, καὶ τὰς αὐτοῦ ἡδονὰς διαφθείρει. Τὸν Ἡρακλέα παρεῖναι δεῖ, τὸν σωτῆρα ἥρωα, τὸν υἱὸν ὃν ὁ Ζεὺς δοξάζειν ἐβούλετο, ὡς τὸν Προμηθέα ὕστερον ἐκλῦσαι, τῶν αὐτοῦ δεσμῶν συντριφθέντων, καὶ τῆς εἱμαρμένης ὄρνιθος κατακοντισθείσης.

CLASSE DE TROISIÈME.

I. THÈME LATIN.

NOMINATIONS.

Premier prix : CHALEIX, de Rochefort (Charlemagne).
Deuxième prix : GAUTIER, de Metz (Louis-le-Grand).
Premier accessit : Larnac, de Nîmes (Charlemagne).
2e — Fustel de Coulanges, de Paris (Charlemagne).
3e — Bellin, de Corvol-l'Orgueilleux (Nièvre) (Louis-le-Grand).
4e — Boiteau, de Paris (Charlemagne).
5e — Guillemot, de Paris (Charlemagne).
6e — Wahl, de Paris (Bourbon).
7e — Barrot, de Paris (Saint-Louis).
8e — Mathey, de Paris (Stanislas).

Texte.

Il y avait dans la constitution de l'oracle de Delphes quelque chose de fort remarquable, et qui contraste avec les idées qu'on se fait ordinairement des institutions libres de la Grèce. Le temple, duquel dépendait un vaste territoire consacré à Apollon; qui possédait des tribus entières d'esclaves; que desservait un sacerdoce nombreux et puissant; où affluaient de toutes parts les offrandes des villes et des rois, des grands et des petits; ce temple, qui était comme la capitale religieuse du monde hellénique, et d'où partaient sans cesse des oracles rendus au nom du Dieu, aussi respectés en Lydie, en Égypte, en Italie qu'en Grèce même et dans les pays divers habités par les Grecs; tout cela rappelle l'Orient, le moyen âge, et montre à quel point l'empire de la religion fut établi et jugé nécessaire chez tous les peuples anciens. Toutes les républiques de la Grèce, Sparte et Athènes à leur tête, avaient des théores, espèce d'ambassadeurs sacrés et de consultants officiels, auprès du temple d'Apollon Pythien; les particuliers, aussi bien que les États, s'adressaient incessamment au dieu prophète pour obtenir de lui, dans leurs doutes et leurs anxiétés, dans leurs espérances et dans leurs craintes, une de ces réponses où le roi de Delphes, comme s'exprime Héraclite dans un langage analogue à celui des oracles, « ne disait point, ne célait point, mais indiquait. » C'étaient, en effet, des indications, des directions vagues et générales, des appels aux lois de la nature, aux lois diverses, de mystérieux avertissements, qui provoquaient la réflexion, quelquefois le repentir, et qui aidèrent singulièrement à former la conscience soit privée soit publique des Grecs.

PREMIER PRIX.

CHALEIX (Jacques-Eugène), né à Rochefort (Charente-Inférieure).

Collége royal de Charlemagne.

Professeur, M. Girard.

Institution de M. Jauffret.

Erat in constitutione Delphici oraculi aliquid singulare prorsus, quod a communi de liberis Græcorum institutis opinione discrepat. Scilicet illa ædes quam penes territorium vastum erat Apollinique sacratum; quæ servorum tribus etiam universas tenebat imperio, et a multis potentibusque sacerdotibus frequentabatur, quo civitatum et regum, potentis cujusque aut tenuis dona confluebant, quæ imo nominis hellenici sacrum quasi caput erat, et unde proficiscebantur indesinenter oracula, Apollineo nomine edita, tantoque cultu apud Lydos, Ægyptiosque et Italos observata, quanto ipsa in Græcia, et diversis in regionibus quas Græci incolebant; illa omnia denique Orientis mediæque ætatis speciem referunt, aperiuntque quam firme constitutum religionis imperium, quamque necessarium fuerit existimatum, apud omnes antiquitatis populos. Nempe omnes Græciæ civitates, Spartaque et Athenæ imprimis, θεωροὺς habebant, sacros scilicet quasi legatos, consultoresque publice institutos, apud Pythii Apollinis templum. Ut civitates, ita et privati fatidicum ad numen indesinenter confugiebant, a quo, si de re anxii essent et incerti, si quid sperarent aut timerent, responsum aliquod acciperent, quo rex Delphicus, ut Heracliti verba usurpem ad sermonem oraculis proprium coacta, rem non dicere, nec celare, sed indicare solebat. Namque deus rem indicabat, incertum nec plane definitum iter significabat, humanas etiam appellabat leges, et divinas; imo arcano monitu animos ad cogitationem et interdum ad pœnitentiam propellebat, atque ita ad informandam Græcorum conscientiam, seu privatam, seu publicam, contulit.

DEUXIÈME PRIX.

GAUTIER (Joseph-Alexis), né à Metz.

Collége royal de Louis-le-Grand.

Professeur, M. Destainville.

Institution de Sainte-Barbe.

Offerebat oraculi delphici constitutio aliquid notatione dignissimum et maxime contrarium opinioni quam nobis fingere solemus de liberis Graeciae institutis; scilicet templum illud ad quod pertinebat vastum regionis spatium Apollini dicatum, quod complectebatur integras servorum tribus, in quo sacerdotii implebant vices plurimi potentissimque antistites, in quod confluebant undique dona urbium et regum, principum et infimorum, quod quasi caput erat religionum omnium apud Graecas gentes vigentium, assidue emittebat oracula nomine dei edita, tantoque honore celebrata in Lydia, Ægypto et Italia, quanto in ipsa Graecia et in variis quas Graeci incolebant regionibus; haec omnia nos ad memoriam Orientis mediaeque aetatis revocant atque docent quam valuerit, quam necessaria sit existimata apud veteres populos religionis dominatio. Nempe omnes Graeciae civitates, quibus praeerant Lacedaemon et Athenae eligebant θεωροὺς (ut tum loquebantur) id est sacros quasi legatos qui Pythium Apollinem publice consulebant. Ipsi etiam privati non secus ac civitates sine ulla intermissione fatidicum Deum percontabantur ut dubiis et anxiis, sperantibus et timentibus unum daret ex illis responsis quibus rex Delphicus (sicut ait Heraclitus) ipse non longe alieno a vatum sermone usus, neque dicebat, neque celabat, sed indicabat. Illud enim oraculum regebat homines indiciis tantum et incertis ad universosque pertinentibus praeceptis, ad naturales aut divinas leges vocabat, tectis admonebat vocibus, ita autem ad meditationem interdumque ad poenitentiam adducebat, plurimumque valuit ad informandam publicam et privatam Graecorum conscientiam.

I. VERSION LATINE.

NOMINATIONS.

Premier prix : BELLIN de Varzy (Nièvre) (Louis-le-Grand).
Deuxième prix : CROUSLÉ, de Paris (Charlemagne).
Premier accessit : Troussel, du Hâvre (Louis-le-Grand).
- 2e — Gautier (Louis-le-Grand).
- 3e — Larnac (Charlemagne).
- 4e — Combes, de Firminy (Loire) (Louis-le-Grand).
- 5e — Alaux, de Lavaur (Tarn) (Charlemagne).
- 6e — Meilhac, de Paris (Louis-le-Grand).
- 7e — Bouchard, de Paris (Bourbon).
- 8e — De Bibesko, de Buckarest (Valachie) (Henri IV).

Texte.

Canus Julius, vir imprimis magnus, cujus admirationi ne hoc quidem obstat quod nostro sæculo natus est, cum Caïo (Caligula) diu altercatus, postquam abeunti Phalaris ille dixit : « Ne forte inepta spe tibi blandiaris, duci te jussi. » — « Gratias, inquit, ago, optime princeps. » Quid senserit, dubito; multa enim occurrunt mihi. Contumeliosus esse voluit et ostendere quanta crudelitas esset in qua mors beneficium erat? an exprobravit illi quotidianam dementiam? Agebant enim gratias, et quorum liberi occisi, et quorum bona ablata erant. An tanquam libertatem libenter accepit? quidquid est, magno animo respondit. Dicet aliquis : potuit post hæc jubere illum Caïus vivere. Non timuit hoc Canus. Nota erat Caii in talibus imperiis fides. Credisne illum decem medios usque ad supplicium dies sine ulla sollicitudine exegisse? Verisimile non est, quæ vir ille dixerit, quæ fecerit, quam in tranquillo fuerit. Ludebat latrunculis, cum centurio, agmen periturorum trahens, illum quoque excitari jubet. Vocatus, numeravit calculos, et sodali suo, « Vide, inquit, ne post mortem meam mentiaris te vicisse. » Tum annuens centurioni : « Testis, inquit, eris, uno me antecedere. » Lusisse tu Canum illa tabula putas? illusit. Tristes erant amici, talem amissuri virum. « Quid mœsti, inquit, estis? vos quæritis, an immortales animæ sint; ego jam sciam. » Prosequebatur illum philosophus suus, nec jam procul erat tumulus, in quo Cæsari deo nostro fiebat quotidianum sacrum. « Quid, inquit, « Cane, nunc cogitas, aut quæ tibi mens est? » — « Observare, inquit « Canus, proposui illo velocissimo momento, an sensurus sit animus « exire se; » promisitque, si quid explorasset, circumiturum amicos et indicaturum quis esset animarum status. Ecce in media tempestate tranquillitas; ecce animus æternitate dignus, qui fatum suum in argumentum veri vocat, qui in ultimo illo gradu positus, exeuntem animam percontatur, nec usque ad mortem tantum, sed aliquid etiam ex ipsa morte discit. Nemo diutius philosophatus.

SÉNÈQUE. — *De Tranquillitate animi,* caput XIV.)

DEUXIÈME PRIX.

CROUSLÉ (François-Léon), né à Paris.

Collége royal de Charlemagne.

Professeur : M. Girard.

Institution de M. Favard.

Canus Julius, homme grand par-dessus tout, et qui n'a pas moins d'admirateurs, quoique né dans notre siècle, eut une longue querelle avec Caligula : au moment où il sortait, ce Phalaris lui dit : « Pour que tu ne te flattes pas d'une vaine espérance, j'ai donné ordre qu'on te conduisît au supplice... » — « Je vous rends grâces, répliqua-t-il, ô bon prince. » Quelle était sa pensée ? Plusieurs conjectures me viennent à l'esprit. Était-ce une insulte ? Voulait-il faire voir la cruauté d'un prince de qui l'on recevait la mort comme un bienfait ? Était-ce un reproche de ses fureurs de chaque jour ? car ceux dont il massacrait les enfants, ceux qu'il dépouillait de leurs biens, venaient lui rendre grâces. Recevait-il la mort volontiers comme sa délivrance ? Quoi qu'il en soit, c'était répondre en homme de cœur. Après une telle réponse, dira-t-on, Caligula pouvait bien le condamner à vivre. Canus ne le craignit point. On connaissait la franchise de Caligula dans des ordres de cette nature. Croiriez-vous que Canus passa sans inquiétude les dix jours qui s'écoulèrent jusqu'à son supplice ? Ce qu'il dit, ce qu'il fit, sa tranquillité passe le vraisemblable. Il jouait aux latroncules, lorsqu'un centurion, traînant une troupe d'hommes au supplice, vint le faire lever à son tour. A l'appel du centurion, il compta les pièces et dit à son adversaire : « N'allez point vous vanter après ma mort d'avoir gagné. » Il fit un signe de tête au centurion : « Vous serez témoin, lui dit-il, que j'ai un point d'avance... » Vous croyez que Canus jouait sur ce damier ? il se jouait de ses bourreaux. Ses amis étaient tristes de perdre un tel homme. « Pourquoi cette tristesse, dit-il ? Vous cherchez si l'âme est immortelle ; je vais le savoir. » Il était accompagné de son philosophe, et déjà ils n'étaient plus loin du tombeau où l'on offrait tous les jours des sacrifices à César notre dieu : « A quoi songes-tu maintenant, Canus ? lui demanda celui-ci ; que médites-tu ? » — « J'ai, répondit-il, dessein d'observer dans ce moment si rapide, si mon âme se sentira elle-même s'échapper; » et il promit que s'il découvrait quelque chose, il viendrait visiter ses amis et leur apprendre quel est l'état des âmes. Voilà le calme au milieu de la tempête; voilà une âme digne de l'immortalité: faire servir son destin à découvrir la vérité; sur ce dernier degré de la vie, interroger son âme pendant qu'elle s'échappe; s'instruire, non-seulement jusqu'à la mort, mais par la mort même. Jamais on ne fut plus longtemps philosophe.

III. VERS LATINS.

NOMINATIONS.

Premier prix : GAUTIER (Louis-le-Grand).
Deuxième prix: BELLIN (Louis-le-Grand).
Premier accessit : Bourcier Saint-Chaffray, de Paris (Saint-Louis).
2e — Charles, de Condé-sur-Escaut (Nord) (Charlemagne).
3e — Hubert, de Paris (Charlemagne).
4e — Bouchard, de Paris (Bourbon).
5e — Cartier, de Paris (Bourbon).
6e — Delfour, de Caillac (Louis-le-Grand).
7e — Lacoche, de Clermont-Ferrand (Charlemagne).
8e — Desgoffe, de Paris (Louis-le-Grand).

Texte.

LE TOMBEAU D'UN CHEF SAUVAGE.

In interiore silva, prope lacum perennis aquæ, lacus est religione sacer, in quem intrare nefas est morte expiandum. Ibi videre est cymbam immobilem; sedet ad proram ingens forma viri, fabricata ligno, cujus caput variis avium pennis cinctum est. Is, longa stola indutus, remo incumbit et lembum videtur impellere. Moventur vento pennæ in fronte positæ, ut dicas ipsam figuram moveri tanquam hominis viventis. Verum in ipsa prora infixa est imago exanimi capitis et vacui, cujus os hians videtur remigem irridere. Nempe ille, dum vivebat, dux fuit magni populi, qui, post pugnam cum hostibus commissam, cum cymbam victor ad littus admoveret, in ipsa rate occiderat, sagitta confixus. Hoc est quod voluit artifex illo simulacro effingere. Interea silent late loca; nihil auditur nisi murmur aquæ aut arborum : mœror pavorque mentem spectantis occupant.

PREMIER PRIX.

GAUTIER (Joseph-Alexis), né à Metz.

Collége royal de Louis-le-Grand.

Professeur, M. Destainville.

Institution de Sainte-Barbe.

Qua silva interior, densis incædua palmis
Surgit, et illimes stagni discriminat undas,
Est locus ingenti late formidine cinctus,
Relligione sacer, nulli penetrabilis Indo.
Si quis sacrilegus latebras violare silentes
Ausus inaccessi lustraverit avia luci,
Continuo sceleris pœnas expendit, et atros
Infelix placat perfuso sanguine manes.
  Illic cymba lacus ripis immobilis hæret;
Assidet ad proram, sanctæ quasi nauta paludis,
Ingens forma viri, ligno fabricata, caputque
Purpureum variis avium circumdata pennis.
Longa fluit vestis; species, simul horrida vultu
Versicolore nitet; remis incumbit anhelans
Ipse, levem tentans ad ripas pellere lembum.
Huic tenues pennæ ludunt in fronte, Favoni
Si flatus placidas clementior asperat undas;
Atque simul, pennis trepidantibus, ipse videtur
Sponte sua vultus, ligno vivente, moveri.
  Horret at in summa prora deformis imago.
Exanimum vacuumque caput, quod semper adhærens,
Semper hians, miseri nisus irridet inanes,
Scilicet ille fuit, quo tempore læta vigebat
Ætas, et valido florebat robore firma,
Dux magni populi quondam, fortesque catervas
Sæpius exsultans patrios deduxit in hostes.
  Agmina fulminea victor superata bipenni
Straverat, et cymba reduci jam littus amicum
Tangebat, tectumque casæ decorare tropæis
Assuetis properabat ovans, sed tela sinistra

Dum vibrat hostilesque comas securior, ecce
Incautum longe defixit missa sagitta ;
Concidit ad lembum ; risus moribundus ad ora
Audiit ; infrendens, collectis viribus, hastam
Arripit, et lætum connixus torquet in hostem.
Hic cadit ; at moriens morientem ridet in ipsa
Victorem patria, et fratres collabitur ultus ;
Hæc opifex voluit simulacro effingere tali.
Interea horrendæ cædis loca conscia, late
Muto horrore tacent ; infausta silentia rumpit
Nil nisi lenis aquæ murmur, ventusque gementum
Palmarum quatiens lugubri flamine frondes,
Et crepitus volucrum tenui stridore volantum.
Dira loci facies sacra formidine pectus
Et tristi mœrore premit, trepidusque viator
Ocius approperat lugentes linquere saltus.

DEUXIÈME PRIX.

BELLIN (Eugène), né à Varzy (Nièvre).

Collége royal de Louis-le-Grand.

Professeur, M. Destainville.

Institution de Sainte-Barbe.

Interior qua sylva patet, stagnumque perenni
Lucet aqua, et reddit viridantem in marmore scenam,
Est locus, obscura caligans nocte verenda,
Relligione sacer, mutoque horrore tremendus,
Quem subiisse nefas crudeli morte piandum.
Hic stantem videas immoto pondere cymbam ;
Assidet ad proram, ligno fabricata, valentis
Ingens forma viri, cui circum tempora surgunt
Diversæ volucrum pennæ, frontemque coronant.
Ex humeris olli longus dependet amictus
Ad plantasque fluit curvato corpore, remis
Incumbit, lembumque impellere nauta videtur.
At si forte levi spiravit flamine ventus,

En positæ nutant in summo vertice pennæ,
Ut, quasi viventis, credas ipsa ora moveri.
Exanimis verum et vacuæ cervicis imago
Grande inhiat, proræque ipsi defixa, videtur
Deridere virum, et nitentem ludere remis.
Scilicet ille suæ dum vixit, gloria gentis,
Nunc dolor, ad pugnas socios ac bella vocabat,
Hic nunquam frustra sese tulit obvius hosti,
Indomita virtute ferox, victorque redibat,
Sive cruenta gravi miscebat prælia clara,
Fortia seu valido vibrabat tela lacerto.
Sed mox præsidium patriæ crudelia fata
Invidere suum, et funesta morte tulerunt.
Quadam forte die cum, victis hostibus, ille
Tecto rediret ovans, præda spoliisque superbus,
Cymbaque jam ripam contingeret, ecce repente
Sæva sagitta venit dextra contorta latenti
Incautumque allapsa virum transfixit : at ipse
Occidit in lembo, et visam cum sanguine fudit.
Hunc opifex voluit simulacro effingere casum,
Nulli homines illuc flectunt vestigia ; late
Omnia muta silent desertaque ; nil nisi lymphæ
Auditur strepitus, frondisque inamabile murmur,
Et nocturnarum vox importuna volucrum.
Tetra loci species luctumque metumque videnti
Incutit et tristi conturbat pectora sensu.

IV. VERSION GRECQUE.

NOMINATIONS.

Premier prix : ALAUX (Charlemagne).
Deuxième prix : BELLIN (Louis-le-Grand).

Premier accessit : Chaleix (Charlemagne).
    2ᵉ   —   Perraud, de Bayonne (Saint-Louis).
    3ᵉ   —   De Bibesko (Henri IV).
    4ᵉ   —   Cartier (Bourbon).
    5ᵉ   —   Crouslé (Charlemagne).
    6ᵉ   —   Hubert (Charlemagne).
    7ᵉ   —   Bencker, de Montpellier (Louis-le-Grand).
    8ᵉ   —   Touzelin, d'Argenteuil (Seine-et-Oise) (Bourbon).

Texte.

(Extrait du journal d'un voyageur en Grèce.)

Ἐντεῦθεν ἡ εἰς τὸ Ἀθηναίων ἄστυ φέρουσα ὁδὸς ἡδεῖα, γεωργουμένη πᾶσα, ἔχουσά τε τῇ ὄψει φιλάνθρωπον. Ἡ δὲ πόλις ξηρὰ πᾶσα, οὐκ εὔυδρος, κακῶς ἐῤῥυμοτομημένη διὰ τὴν ἀρχαιότητα· αἱ μὲν πολλαὶ τῶν οἰκιῶν εὐτελεῖς, ὀλίγαι δὲ χρήσιμαι. Ἀπιστηθείη δ' ὑπὸ τῶν ξένων θεωρουμένη, εἰ αὕτη ἐστὶν ἡ προσαγορευομένη τῶν Ἀθηναίων πόλις· μετ' οὐ πολὺ δὲ πιστεύσειεν ἄν τις. Ἀθηνᾶς ἱερὸν πολυτελές, ἄξιον θέας, ὁ καλούμενος Παρθενών, ὑπερκείμενος τοῦ θεάτρου μεγάλην κατάπληξιν ποιεῖ τοῖς θεωροῦσιν. Ὀλύμπιον, ἡμιτελὲς μέν, κατάπληξιν δ' ἔχον τὴν τῆς οἰκοδομίας ὑπογραφήν, γενόμενον ἂν βέλτιστον, εἴπερ συνετελέσθη. Γυμνάσια τρία, ἑορταὶ παντοδαπαί, ψυχῆς ἀπάται καὶ ἀναπαύσεις, σχολαὶ πολλαί, θέαι συνεχεῖς. Καὶ ἕτερα δὲ ἡ πόλις ἡδέα ἔχει καὶ πολλά. Καὶ γὰρ αἱ σύνεγγυς αὐτῆς πόλεις προάστεια τῶν Ἀθηναίων εἰσίν. Τῶν δὲ ἐνοικούντων, οἱ μὲν αὐτόκι Ἀττικοί, περίεργοι ταῖς λαλιαῖς, ὕπουλοι, συκοφαντώδεις, παρατήρηται τῶν ξενικῶν βίων, διατρέχουσί δέ τινες ἐν τῇ πόλει σείοντες τοὺς παρεπιδημοῦντας κ' εὐπόρσυς τῶν ξένων, οὓς ὅταν ὁ δῆμος λάβῃ, σκληραῖς περιβάλλει ζημίαις· οἱ δὲ εἰλικρινεῖς Ἀθηναῖοι μεγαλόψυχοι, ἁπλοῖ τοὺς τρόπους, φιλίας γνήσιοι φύλακες, δριμεῖς τῶν τεχνῶν ἀκροαταί, διὰ τὸ συνεχεῖς. Τὸ καθόλου δὲ ὅσον αἱ λοιπαὶ πόλεις πρός τε ἡδονὴν καὶ βίου διόρθωσιν τῶν ἀγρῶν διαφέρουσιν, τοσοῦτον τῶν λοιπῶν πόλεων ἡ τῶν Ἀθηναίων παραλλάττει.

PREMIER PRIX.

ALAUX (ÉDOUARD-ISIDORE), né à Lavaur (Tarn).

Collége royal de Charlemagne.

Professeur, M. BÉTOLAUD.

Institution de M. BARBET-MASSIN.

La route qui conduit de là à la ville d'Athènes est agréable, cultivée dans toute son étendue, et a pour ainsi dire un aspect civilisé. Mais toute la ville est aride; l'eau n'y est pas abondante; les rues y sont mal distribuées, à cause de son antiquité; la plupart des maisons y sont mesquines ; il y en a peu de commodes. A la première vue, un étranger se demanderait si c'est là cette ville si célèbre des Athéniens; mais bientôt on n'aurait plus de doute. Le temple de Minerve, appelé le Parthénon, qui domine le théâtre, est magnifique, et mérite d'être vu ; il frappe d'admiration ceux qui l'examinent. Celui de Jupiter Olympien est inachevé; mais le plan sur lequel il est construit suffit pour frapper d'étonnement. Il serait très-beau s'il était terminé. La ville a trois gymnases, des fêtes de toute sorte, qui donnent à l'âme de la distraction et du repos ; des écoles nombreuses, et des spectacles continuels. Athènes offre encore mille autres agréments. Les villes qui l'avoisinent en sont les faubourgs. Parmi les habitants, les uns sont Attiques, toujours très-occupés à dire des futilités ; fourbes, calomniateurs, ils épient la conduite des étrangers ; il en est qui courent toute la ville pour tourmenter les riches étrangers qui y passent en voyage ; ceux-là, lorsque le peuple les saisit, sont punis d'une forte amende. Les vrais Athéniens ont au contraire une âme noble, des mœurs simples ; ils sont sincères et constants dans leurs affections ; ils comprennent vivement tous les arts, parce qu'ils les étudient continuellement. En un mot, autant les autres villes l'emportent sur la campagne pour le plaisir et l'amélioration de la vie, autant la ville d'Athènes surpasse les autres.

DEUXIÈME PRIX.

BELLIN (Eugène), né à Varzy (Nièvre).

Collége royal de Louis-le-Grand.

Professeur, M. Destainville.
Institution de Sainte-Barbe.

La route qui conduit de cet endroit à la ville d'Athènes est pleine d'agréments ; partout elle offre l'aspect d'une riante campagne, et elle a je ne sais quoi qui plaît aux yeux du voyageur. La ville entière est sèche et presque sans eau ; les rues en sont mal distribuées, à cause de son ancienneté ; les maisons y sont généralement de chétive apparence ; il y en a peu de commodes. A la première vue, l'étranger se demande si c'est bien là cette cité que l'on appelle Athènes : mais on ne tarde pas à s'en convaincre. On remarque le temple de Minerve, superbe édifice qui mérite d'être vu, et qu'on nomme Parthénon ; il domine le théâtre ; sa majesté frappe d'étonnement ceux qui le considèrent. Celui de Jupiter Olympien, n'est qu'à moitié fini ; toutefois on est frappé de cette ébauche du monument, qui serait magnifique s'il était entièrement achevé. On trouve à Athènes trois gymnases, des fêtes de toute sorte, des amusements et des délassements pour l'esprit, de nombreuses écoles, des spectacles continuels. La ville offre encore une foule d'autres agréments, car les cités les plus voisines lui servent de faubourgs. Parmi les habitants, les uns sont Attiques, affectés dans leur bavardage, dissimulés et laborieux : ils épient la conduite des étrangers, quelques-uns même parcourent la ville en intriguant auprès des riches étrangers qui arrivent ; si le peuple les surprend, il leur inflige de sévères punitions. Au contraire, les véritables Athéniens ont de la grandeur d'âme, de la franchise dans le caractère et de la constance dans l'amitié ; l'habitude en fait d'habiles connaisseurs dans les arts ; en un mot, autant les autres villes sont supérieures à sa campagne pour le plaisir et pour la réforme des mœurs, autant la ville d'Athènes l'emporte sur les autres.

V. THÈME GREC.

NOMINATIONS.

Premier prix : GUILLEMOT (Louis-le-Grand).
Deuxième prix : MENJAUD, de Paris (Rollin).

Premier accessit : Gautier (Louis-le-Grand).
2e — Falateuf, de Paris (Louis-le-Grand).
3e — Ferey, d'Essonne (Seine-et-Oise) (Louis-le-Grand).
4e — Sabatier, de Montpeyrous (Hérault) (Bourbon).
5e — Combes (Louis-le-Grand).
6e — Roseuzweig, de Paris (Charlemagne).
7e — Charles (Charlemagne).
8e — Du Colombier, de Paris (Bourbon).

Texte.

La loi, quand elle est seule, est une maîtresse dure et impérieuse. Aussi n'est-il pas étonnant que l'homme secoue le joug dès qu'il le peut impunément, et que, n'écoutant plus des leçons importunes, il se livre à ses penchants naturels, que la loi avait seulement réprimés, sans les changer ni les détruire.

Il n'en est pas ainsi de l'éducation ; c'est une maîtresse douce et insinuante, ennemie de la violence et de la contrainte, qui aime à n'agir que par voie de persuasion, qui s'applique à faire goûter ses instructions en parlant toujours raison et vérité, et qui ne tend qu'à rendre la vertu plus facile en la rendant plus aimable. Les leçons qui commencent presque avec la naissance de l'enfance croissent et se fortifient avec lui, jettent avec le temps de profondes racines, passent bientôt de la mémoire et de l'esprit dans le cœur, s'impriment de jour en jour dans ses mœurs par la pratique et l'habitude, deviennent en lui une seconde nature qui ne peut presque plus changer, et font auprès de lui, dans toute la suite de la vie, la fonction d'un législateur toujours présent, qui, dans chaque occasion, lui montre son devoir et le lui fait pratiquer.

PREMIER PRIX.

GUILLEMOT (CHARLES-JEAN-ADOLPHE), né à Paris.

Collége royal de Louis-le-Grand.

Professeur, M. DESTAINVILLE.

Ὁ νόμος μὲν ἐὰν μηδενὶ ἄλλῳ προσγένηται, σκληρός τίς ἐστι διδάσκαλος καὶ λίαν προστακτικός· διόπερ οὐ θαυμαστόν, εἰ οἱ ἄνθρωποι ζητοῦσι τούτου τοῦ ζυγοῦ ἀπαλλαγῆναι, ἐπειδὰν τάχιστα δύνωνται ἀτιμωρητί, καὶ, ὀχληροῖς παραγγέλμασιν οὐκέτι πειθόμενοι, ἑαυτοὺς ἐνδιδόασι ταῖς φυσικαῖς ὁρμαῖς, ἅσπερ ὁ νόμος οὔτε μετέβαλεν, οὔτε κατέλυσεν, ἀλλὰ μόνον ἐπέσχεν.

Οὐχ οὕτω δ᾽ ἔχει τὰ περὶ τὴν παιδείαν· αὕτη γάρ, πραεῖα ἐν τῷ διδάσκειν καὶ ἐπαγωγός, ἐπεὶ βίαν ἐχθραίνει καὶ ἀνάγκην χαίρει μόνον χρωμένη τῷ πείθειν, πειρᾶται δὲ χάριν ἀγαγεῖν τῇ αὑτῆς διδαχῇ, διὰ τοῦ ἀεὶ σπουδαιολογεῖν τε καὶ ἀληθεύειν, ἐφίεται δὲ μόνον τοῦ τὴν ἀρετὴν προχειροτέραν, ἐκ τοῦ προσφιλεστέραν, ἀποφῆναι. Τὰ δ᾽ αὐτῆς διδάγματα, σχεδὸν ἅμα γιγνομένῳ τῷ παιδὶ ἀρχόμενα, αὐξάνεταί τε καὶ ἐπιρρώννυται σὺν αὐτῷ, προβαίνοντος δὲ τοῦ χρόνου βαθείας ῥίζας βάλλει, ταχὺ δ᾽ ἐκ τῆς μνήμης καὶ τῆς διανοίας εἰς τὴν ψυχὴν μετέρχεται, καθ᾽ ἡμέραν δὲ τοῖς αὐτοῦ τρόποις μᾶλλον καὶ μᾶλλον ἐγχαράσσεται διὰ τῆς ἀσκήσεώς τε καὶ συνηθείας, γίγνεται δ᾽ ἐν αὐτῷ ὡς ἑτέρα τις φύσις, ἢ σχεδὸν οὐδεμίαν ἔτι μεταβολὴν πάσχειν δύναται, ὅλως δ᾽ ἀνὰ πάντα τὸν βίον, παρ᾽ αὐτῷ ἐπιτελεῖ τὰ ἔργα τὰ παρόντος ἀεὶ νομοθέτου, εἰς ἓν ἑκάστῳ καιρῷ αὐτὸν νουθετεῖ ὅ,τι ἂν δέῃ πράσσειν, καὶ πείθει τοῦτο ποιῆσαι.

—

DEUXIÈME PRIX.

MENJAUD (CHARLES), né à Paris.

Collége municipal de Rollin.

Professeur, M. BOISTEL.

Ὅτε μόνος ἐστὶ σκληρῶς καὶ δεσποτικῶς ἄρχει ὁ νόμος· διὸ καὶ οὐδὲν θαυμαστὸν εἰ τοῦτον τὸν ζυγὸν κατασείει ὁ ἄνθρωπος, ἐπειδὴ τάχιστα ἀτιμωρητὶ δύναται, εἰ δὲ ὀχληρᾶς οὐκέτι νουθεσίας ἀκροώμενος ἑαυτὸν ταῖς ἐμφύτοις ὁρμαῖς ἐνδίδωσιν ἃς μόνον κατεσχήκει ὁ νόμος αὐτὰς οὐ μεταβάλλων οὐδὲ καθαιρῶν. Τῆς δὲ παιδείας οὐχ οὕτως ἔχει· πραεῖα, καὶ ἐπαγωγὸς, τῇ βίᾳ καὶ τῇ ἀνάγκῃ ἐχθρὰ διδάσκαλός ἐστιν, ἢ μόνον τῇ πειθοῖ χρωμένη χαίρει, πολλὴν δὲ σπουδὴν ὥστε τὰς παρ' αὐτῆς διδαχὰς παρέχειν ἡδείας, εὔλογα καὶ ἀληθῆ ἀεὶ λέγουσα, ποιεῖται, μόνον πειρᾶται εὐχερεστέραν ἀσκεῖν τὴν ἀρετὴν ποιεῖν προσφιλεστέραν αὐτὴν ποιοῦσα. Τὰ αὐτῆς διδάγματα σχεδὸν ἐκ τῆς τοῦ παιδὸς γενέσεως ἀρχόμενα αὐτῷ συναυξάνεται καὶ ἰσχυροτέρα συγγίνεται, χρόνῳ βαθείας ῥίζας βάλλει ταχέως ἀπὸ τῆς μνήμης καὶ τοῦ νοῦ εἰς τὴν ψυχὴν μετέρχεται, καθ' ἡμέραν τοῖς αὐτοῦ τρόποις διὰ τὴν ἄσκησιν καὶ τὸ ἔθος ἐγχαράσσεται, ἑτέρα φύσις μεταβάλλειν οὐκέτι σχεδὸν δυναμένη γίνεται, καὶ παρ' αὐτῷ, ἐν παντὶ τῷ λοιπῷ βίῳ τὰ νομοθέτου ἀεὶ παρόντος ἔργα ἐπιτελεῖ ὃς ἐν ἑκάστῳ καιρῷ τὸ δέον αὐτῷ παραινεῖ καὶ αὐτὸν ἐργάζεσθαι αὐτὸ ποιεῖ.

CLASSE DE QUATRIÈME.

I. THÈME LATIN.

NOMINATIONS.

Premier prix : MOTEL, de Paris (Charlemagne).
Deuxième prix : RENOUX, de Paris (Louis-le-Grand).
Premier accessit : Lachelier, de Fontainebleau (Versailles).
    2e —   Minard, de Paris (Louis-le-Grand).
    3e —   Hillemand, de Mantes (Charlemagne).
    4e —   Chauvin, de Montoire (Loir-et-Cher) (Louis-le-Grand).
    5e —   Benoist, de Nangis (Seine-et-Marne) (Charlemagne).
    6e —   D'Héliand, de Paris (Louis-le-Grand).
    7e —   Vidal, de Toulouse (Henri IV).
    8e —   Choppin, de Paris (Louis-le-Grand).

Texte.

Avez-vous un génie vaste et propre aux grandes choses? la vie privée ne suffit-elle pas à votre âme, jeune ou dans l'âge viril? prenez part aux affaires publiques; c'est la vocation de la nature. Après Dieu, c'est à la patrie que nous devons le premier hommage de notre pieux dévouement. Quand vous vous serez offert à elle, persévérez; souffrez à son service jusqu'au dernier terme de la vie, jusqu'aux portes du tombeau, tant qu'elle le voudra. Si, ennuyée de vous, elle appelle d'autres favoris, allez en paix, retournez à vos enfants et à votre femme, avec une réputation inviolable, un nom sans tache, comblé d'honneurs, et, ce qui vaut mieux, soutenu par la conscience d'une honorable vie. Il est beau de vivre en repos dans sa maison, après avoir bien servi les intérêts publics; il est beau de voir un vieillard, autrefois chargé de grands emplois, conduisant désormais des travaux champêtres, tantôt disposant avec art les arbres de son verger, tantôt lisant ou écrivant des choses que lira la postérité. Mais le bien le plus désirable à nos derniers moments, c'est, après avoir parcouru la carrière de la vie, de quitter son corps, d'exhaler son âme au milieu des embrassements de son épouse et de ses enfants, et d'être enseveli dans la tombe de ses pères.

PREMIER PRIX.

MOTEL (Paul-Émile), né à Paris.

Collége royal de Charlemagne.

Professeur, M. Prieur.

Institution de M. Favard.

Si tibi contigerit ingenium vastum et ad magna idoneum, si privata vita tibi, aut adolescenti, aut viro, non sufficiat, ad rem publicam accede, ad quam te natura vocat. Secundum Deum, patriæ, primo quodam pio officio, nos devovere debemus. Quum illi tuam operam obtuleris, perge, et pro ea omnia mala tolera, usque ad extremum vitæ terminum, et ad mortis limen, quantum volet. Sin autem, tui pertæsa, alios vocet, quibus faveat, ne turbatus sis; ad liberos et ad conjugem redi, fama inviolata et nomine integro fretus, honoribus cumulatus, quoque optimum est, honestissimæ vitæ tibi conscius. Est illud quidem decorum, si quis in domo tranquillus vivat, postquam omnium commodis bene inserviit; si senex, summis quondam muneribus functus, in posterum agrestes ducat labores, modo pomarii arbores summa disponat arte, modoque legat aut scribat quæ a posteris legentur. Hoc autem bonum nobis, jamjam morituris, maxime exoptandum est, ut, vitæ curriculum emensi, corpus relinquamus, nostramque animam, inter amplexus conjugis et liberorum efflemus, tumuloque majorum inferamur.

II. VERSION LATINE.

NOMINATIONS.

Premier prix: CHOPPIN (Louis-le-Grand).
Deuxième prix: PRUD'HOMME, de Paris (Charlemagne).

Premier accessit: Benoist (Charlemagne).
2ᵉ — Saint-Laurent, d'Acy (Oise) (Bourbon).
3ᵉ — Chevrier, de Paris (Louis-le-Grand).
4ᵉ — D'Héliand (Louis-le-Grand).
5ᵉ — Carré, de Paris (Louis-le-Grand).
6ᵉ — Bailliard, de Paris (Henri IV).
7ᵉ — De Sainte-Marie, de Paris (Rollin).
8ᵉ — Lachelier (Versailles).

Texte.

MORT DE CACUS.

Mane erat : excussus somno Tirynthius heros
  De numero tauros sentit abesse duos.
Nulla videt taciti quærens vestigia furti :
  Traxerat aversos Cacus in antra ferox,
Cacus, Aventinæ timor atque infamia silvæ,
  Non leve finitimis hospitibusque malum.
Dira viro facies; vires pro corpore; corpus
  Grande : pater monstri Mulciber hujus erat.
Proque domo, longis spelunca recessibus ingens,
  Abdita, vix ipsis invenienda feris.
Ora super postes affixaque brachia pendent,
  Squalidaque humanis ossibus albet humus.
Servata male parte boum, Jove natus, abibas;
  Mugitum rauco furta dedere sono.
Accipio revocamen, ait; vocemque secutus,
  Impia per sylvas ultor ad antra venit.
Ille aditum fracti præstruxerat objice montis :
  Vix juga movissent quinque bis illud onus.
Nititur hic humeris, cœlum quoque sederat illis,
  Et vastum motu collabefactat onus.
Quod simul evulsum est, fragor æthera terruit ipsum,
  Ictaque subsedit pondere molis humus.
Prima movet Cacus collata prælia dextra,
  Remque ferox saxis stipitibusque gerit.
Queis ubi nil agitur, patrias male fortis ad artes
  Confugit, et flammas ore sonante vomit :
Quas quoties proflat, spirare Typhoea credas,
  Et rapidum Ætnæo fulgur ab igne jaci.
Occupat Alcides, adductaque clava trinodis
  Ter quater adversi sedit in ore viri.
Ille cadit, mixtosque vomit cum sanguine fumos;
  Et lato moriens pectore plangit humum.

OVIDE, *Fastes*, livre Ier.

DEUXIÈME PRIX.
PRUD'HOMME (Pierre-François), né à Paris.
Collége royal de Charlemagne.
Professeur, M. Viguier.
Institution de M. Cuny.

MORT DE CACUS.

Il faisait jour; le héros de Tirynthe s'éveille, et s'aperçoit que deux de ses taureaux manquent. Il cherche, et ne voit aucune trace de ce vol secret : le farouche Cacus les avait entraînés à reculons dans son antre; Cacus, la terreur et la honte de la forêt Aventine; Cacus, ce fléau redoutable aux peuples voisins et aux étrangers. Son visage est féroce; ses forces sont proportionnées à son corps; son corps est énorme : Vulcain est le père de ce monstre. Il a pour demeure les profondes retraites d'une vaste caverne, cachée, et que les bêtes farouches elles-mêmes pourraient à peine découvrir. Au-dessus de la porte pendent attachés des têtes et des membres, et cette terre affreuse est blanchie d'ossements humains. Après l'enlèvement de ces deux bœufs, fils de Jupiter, tu te retirais, lorsque ces mêmes bœufs poussent un rauque mugissement. J'entends l'appel, dit Hercule. Suivant le son de leur voix, il traverse la forêt, et arrive en vengeur à cet antre impie; Cacus en avait fermé l'entrée avec un quartier d'un énorme rocher : à peine dix attelages auraient mu cette masse. Hercule l'appuie sur ses épaules (ces épaules qui avaient aussi soutenu le ciel), et d'un mouvement il ébranle cet énorme poids : la masse tombe avec un fracas dont l'air lui-même est effrayé, et la terre s'affaisse sous le coup. Cacus commence par engager le combat de près; plein de fureur, il s'arme de rochers et d'arbres; mais, voyant ces armes impuissantes, il a lâchement recours aux ressources que lui fournit son père, et sa bouche vomit la flamme à grand bruit; toutes les fois qu'il jette cette flamme, on croirait voir respirer Typhoée, et le cratère embrasé de l'Etna lancer une foudre rapide. Alcide le saisit, et de sa massue à triple nœud frappe à coups redoublés la tête du brigand. Il tombe en vomissant le sang et la fumée, et va, en mourant, frapper avec bruit la terre de sa large poitrine.

III. VERSION GRECQUE.

NOMINATIONS.

Premier prix : CHEVRIER (Louis-le-Grand).
Deuxième prix : BAZIN, de Saulieu (Côte-d'Or) (Charlemagne).
Premier accessit : Cathelineau, de Paris (Bourbon).
2ᵉ — Mercier, de Paris (Stanislas).
3ᵉ — Carré (Louis-le-Grand).
4ᵉ — Laurent, de Paris (Stanislas).
5ᵉ — Lachelier (Versailles).
6ᵉ — De Benazé, de Paris (Bourbon).
7ᵉ — Dufaud, de Fourchambault (Nièvre) (Saint-Louis).
8ᵉ — Huard, de Paris (Bourbon).

Texte.

Πέφυκεν ἡ θάλασσα πείθειν ἅπαντας ἀεὶ τοῦ πλέονος ὀρέγεσθαι διὰ τὴν ἐν αὐτῇ ταχυεργίαν. Ὃ καὶ Ἀθηναίους, ὅτε ἐγένοντο ναυτικοί, μάλιστα ηὔξησέ τε καὶ καθεῖλεν. Ἔοικε γὰρ τὰ θαλάσσια τοῖς ἐμπορικοῖς κέρδεσιν, ἃ καὶ τὴν αὔξησιν ἔχει καὶ τὴν ἀπώλειαν ἀθρόαν. Ἴστε γοῦν αὐτοὺς ἐκείνους, ὧν ἐπεμνήσθην, ὅτι τὴν ἀρχὴν ἐπὶ τὴν Ἰόνιον ἐκτείνοντες ἐς Σικελίαν, οὐ πρὶν ἀπέστησαν τῆς πλεονεξίας, πρὶν τὴν ἀρχὴν ἅπασαν ἀφαιρεθῆναι, καὶ λιμένας καὶ ναῦς παραδοῦναι τοῖς πολεμίοις, καὶ φρουρὰν ἐνδέξασθαι τῇ πόλει, καὶ τὰ τείχη σφῶν αὐτοὶ τὰ μακρὰ καθελεῖν καὶ σχεδὸν ἠπειρῶται τότε κἀκεῖνοι γενέσθαι. Ὃ καὶ διέσωσεν ἐπὶ πλεῖστον αὐτούς. Εὐσταθέστερος γὰρ ὁ ἐν ἠπείρῳ βίος γεωργίᾳ καὶ ἠρεμίᾳ πρὸς πόνων. Καὶ σμικρότερα μὲν ἴσως τὰ κέρδη, βεβαιότερα δὲ καὶ ἀκινδυνότερα καθάπαξ τὰ τῆς γεωργίας τῶν ἐμπορικῶν. Ὅλως τέ μοι δοκεῖ πόλις ἡ μὲν ἐν τῇ θαλάσσῃ, ναῦς τις εἶναι μᾶλλον ἢ γῆ, πολὺν τὸν σάλον ἔχουσα πραγμάτων καὶ τὰς μεταβολάς· ἡ δὲ ἐν τῷ μεσογείῳ καρποῦσθαι τὸ ἀκίνδυνον ὡς ἐν γῇ. Διὰ τοῦτ' ἄρα καὶ τὰ πάλαι βασίλεια, ὡς ἐπίπαν, ἦν ἐν μέσῳ· καὶ ἀπὸ τοῦδε μέγιστα ἐγένετο τὰ Μήδων, καὶ Ἀσσυρίων, καὶ Περσῶν, καὶ ἑτέρων.

PREMIER PRIX.

CHEVRIER (Adolphe-Charles), né à Paris.
Collége royal de Louis-le-Grand.

Professeur, M. Sabret.

La mer, par la rapidité de ses résultats, persuade naturellement à tous les hommes d'ambitionner plus. Ce fut même là surtout ce qui accrut et ruina la puissance des Athéniens, lorsqu'ils s'occupèrent de marine. En effet, sur la mer, c'est comme dans le commerce, où souvent on fait fortune, et souvent on se ruine. Sachez donc que les Athéniens, dont je viens de parler, qui étendaient leur empire sur la mer Ionienne jusqu'à la Sicile, ne renoncèrent à leur ambition qu'après avoir perdu toute leur puissance, livré aux ennemis leurs ports et leurs vaisseaux, reçu une garnison dans leur ville, détruit eux-mêmes leurs longues murailles, et après s'être, eux aussi, presque entièrement réduits au continent. Ce qui fut même la principale cause de leur salut; car on vit plus tranquillement sur la terre ferme, au milieu des travaux de l'agriculture et du calme qu'on y trouve. L'on gagne peut-être moins : mais le gain de l'agriculture est à la fois plus sûr et exposé à moins de dangers que celui du commerçant. En un mot, un État maritime est, ce me semble, un vaisseau plutôt qu'une terre : ses affaires ont l'agitation et la mobilité des flots; tandis que l'État qui est situé au milieu des terres est loin de tout danger, comme on l'est sur la terre. C'est donc pour cette raison qu'autrefois les résidences des rois étaient pour la plupart placées au milieu des royaumes; et ce fut là la cause de la grandeur de ceux des Mèdes, des Assyriens, des Perses, et d'autres peuples.

DEUXIÈME PRIX.

BAZIN (Hugues), né à Saulieu (Côte-d'Or).

Collége royal de Charlemagne.

Professeur, M. Prieur.

Institution de M. Massin.

Toujours la mer excite naturellement tous les hommes à désirer davantage, à cause de la facilité d'exécution qu'elle présente. C'est ce qui contribua le plus à l'agrandissement et à la ruine des Athéniens lorsqu'ils se livrèrent à la navigation; car les avantages qu'offre la mer ressemblent à ceux du négoce, qui s'augmentent et qui tombent complétement. Vous le savez : ces Athéniens que je viens de citer étendirent leur domination sur la mer Ionienne jusqu'à la Sicile, et ils se désistèrent seulement de leurs prétentions ambitieuses lorsqu'ils eurent été dépouillés de toute leur domination, lorsqu'ils eurent cédé aux ennemis leurs ports et leurs vaisseaux, reçu dans la ville une garnison, détruit eux-mêmes leurs longues murailles; lorsqu'ils furent presque devenus alors des habitants du continent. C'est ce qui les sauva le plus qu'il était possible; car, dans le continent, la vie est rendue plus douce par l'agriculture, par la tranquillité dans les travaux. Les produits de l'agriculture sont peut-être moins considérables que ceux du négoce, mais ils sont plus solides et offrent tout à fait moins de dangers. En un mot, je trouve qu'une ville maritime est non pas une terre ferme, mais un vaisseau exposé à l'agitation, aux changements fréquents des affaires, tandis qu'une ville située dans l'intérieur des terres recueille des avantages exempts de dangers, parce qu'elle est sur la terre ferme. Aussi les anciens empires étaient-ils généralement au milieu des terres ; et c'est ce qui rendit si florissants les empires des Mèdes, des Assyriens et d'autres peuples.

IV. THÈME GREC.

NOMINATIONS.

Premier prix : BRESSON, de Nancy (Saint-Louis).
Deuxième prix : CHEVRIER (Louis-le-Grand).
Premier accessit : Babil, de Paris (Louis-le-Grand).
    2e — Hillemand (Charlemagne).
    3e — Minard (Louis-le-Grand).
    4e — Léfébure de Saint-Maur, de Paris (Henri IV).
    5e — Giraudeau, de Paris (Henri IV).
    6e — Pierrot-Deseilligny, de Paris (Louis-le-Grand).
    7e — Thiebaut, de Paris (Louis-le-Grand).
    8e — Saisset, de Paris (Saint-Louis).

Texte.

Les dieux d'Homère sont faits à l'image des hommes, mais embellie et élevée jusqu'à une sorte d'idéal. Toute la vie de ces dieux n'est que la vie des rois et des chefs de la Grèce ainsi rehaussée. L'Olympe, palais commun des douze grands dieux, offre, au dedans comme au dehors, l'aspect de la royale demeure d'Agamemnon ou de Ménélas. La journée des dieux, comme celle des héros, s'y partage entre le jeu et le chant, entre les exercices du corps, les banquets et les conseils. Leur vie, du reste, n'est pas aussi pénible, aussi chargée de soins que celle des mortels ; elle coule doucement, selon l'expression du poëte. Et puis elle ne doit pas finir, puisqu'ils sont des dieux immortels ; mais cette immortalité même a quelque chose de singulièrement humain ; elle a besoin d'être entretenue par une nourriture divine : pareille à la lumière d'une lampe, elle finirait par se consumer et par s'éteindre, si l'ambroisie ne venait sans cesse lui fournir un nouvel aliment.

PREMIER PRIX.

BRESSON (Léopold-Charles-Édouard), né à Nancy.

Collége royal de Saint-Louis.

Professeur, M. Bosselard.

Οἱ μὲν τοῦ Ὁμήρου θεοὶ εἰς τὴν τῶν ἀνθρώπων εἰκόνα πεποίηνται, ἀλλὰ κεκοσμημένην καὶ εἴς τι ὡς ἔπος εἰπεῖν φαντασιῶδες ἐπηρμένην. Ὁ δὲ ἐκείνων τῶν θεῶν βίος ὅλος ταῦτα μόνον πάσχει τῷ τῶν βασιλέων καὶ τῶν τῆς Ἑλλάδος ἡγεμόνων βίῳ οὕτως ἐπηυξημένῳ. Ὁ δὲ Ὄλυμπος, κοινὸν τῶν δώδεκα μεγάλων θεῶν βασίλειον, τοῦ βασιλείου ὄψιν τοῦ Ἀγαμέμνονος ἢ τοῦ Μενελάου, ἔνδον ὡς ἔξω, παρέχει. Τὰ δὲ τῶν θεῶν, ὥσπερ τῶν ἡρώων, ἡμερήσια, ἐκεῖ τῇ παιδιᾷ καὶ τῇ ᾠδῇ, τοῖς τοῦ σώματος γυμνασίοις, τοῖς συμποσίοις καὶ τῇ βουλῇ μερίζεται. Πλὴν ὁ αὐτῶν βίος οὐχ οὕτω χαλεπός, οὐχ οὕτω φροντίδων μεστός ἐστιν ὡς ὁ τῶν θνητῶν βίος· ἡδέως μὲν ἀπορρεῖ, ὡς εἶπεν ὁ ποιητής. Ἔπειτα δὲ ἀπέραντος εἶναι μέλλει, οἱ γὰρ θεοὶ ἀθάνατοί εἰσιν· ἡ δὲ ἀθανασία αὕτη παραδόξως ἀνθρώπειόν τι ἔχει· δεῖ γὰρ αὐτὴν τροφῇ τινι θείᾳ διασώζεσθαι· τῷ δὲ λαμπάδος φωτὶ ὁμοῖα, φθίνοι ἂν τέλος καὶ ἀπόλοιτο, εἰ μὴ ἡ ἀμβροσία αὐτῇ ἀεὶ καινὴν τροφὴν πορίζοι.

DEUXIÈME PRIX.

CHEVRIER (Adolphe-Charles), né à Paris.

Collége royal de Louis-le-Grand.

Professeur, M. Sarret.

Οἱ τοῦ Ὁμήρου θεοὶ πεποίηνται κατὰ τὴν τῶν ἀνθρώπων εἰκόνα, κεκοσμημένην δέ, καὶ εἰς φαντασιῶδές τι προηγμένην. Πᾶς γὰρ ὁ βίος τούτων τῶν θεῶν, οὐδὲν ἄλλο ἐστίν, ἢ ὁ τῶν βασιλέων καὶ ἡγεμόνων τῶν Ἑλλήνων βίος οὕτω κεκοσμημένος, καὶ ὁ Ὄλυμπος, κοινὸν δώδεκα τῶν μεγάλων θεῶν βασίλειον, ἔνδον καὶ ἐκτὸς ἔοικε τῷ Ἀγαμέμνονος ἢ Μενελάου βασιλείῳ. Τὴν δ' ἡμέραν οἱ θεοί, ὥσπερ οἱ ἥρωες, παιδιᾷ καὶ ᾠδῇ, τοῖς τε τοῦ σώματος γυμνασίοις, καὶ τοῖς συμποσίοις καὶ ταῖς βουλαῖς ἐκεῖ μερίζουσι, τἆλλα δέ, ὁ αὐτῶν βίος, οὐχ οὕτω βαρὺς καὶ ἐπίπονός ἐστιν, ὡς ὁ τῶν θνητῶν· ῥαδίως γάρ, ὡς λέγει ὁ ποιητής, ἀπορρεῖ· πρὸς δὲ τούτοις, οὐ τελευτᾶν μέλλει, ἐπεὶ οἱ θεοὶ ἀθάνατοί εἰσιν ἐκεῖνοι. Αὕτη δὲ ἐκείνη ἡ ἀθανασία, ἀνθρώπινον πάνυ τι ἔχει. Δεῖ γὰρ αὐτὴν θείᾳ τροφῇ διασώζεσθαι, ἐπεὶ αὕτη, ὥσπερ τὸ λαμπάδος φῶς, τελευταῖον ἂν φθίνοι καὶ κατασβεννύοιτο, εἰ μὴ καινὴν τροφὴν ἀδιαλείπτως αὐτῇ παρέχοι ἡ ἀμβροσία.

CLASSE DE CINQUIÈME.

1. THÈME LATIN.

NOMINATIONS.

Premier prix : FOURNIER, de Paris (Charlemagne).
Deuxième prix : ROCQUAIN DE COURTEMBLAY, de Vitteaux (Côte-d'Or) (Louis-le-Grand).

Premier accessit : Azur, de Paris (Charlemagne).
2e — Kieffer, de Paris (Louis-le-Grand).
3e — Picard, de Nancy (Charlemagne).
4e — Audibert, de Paris (Charlemagne).
5e — Moreau, de Paris (Charlemagne).
6e — Pigeonneau, de Paris (Henri IV).
7e — Guillemin, de Versailles (Versailles).
8e — Delavigne (Casimir-Albert), de Paris (Henri IV).

Texte.

Tyrtée, ce prétendu maître d'école boiteux, et peu sain d'esprit, que les Athéniens envoyèrent, dit-on, aux Spartiates près de succomber dans leur deuxième guerre contre Messène, fut tout autre que ce que l'on imagine d'ordinaire d'après le travestissement populaire, peut-être même intéressé, des anciennes traditions. Il fut, comme Solon, encore cent ans plus tard, selon le génie de ces temps antiques, tout à la fois un homme d'État et un poëte, pour qui des chants inspirés par le patriotisme, par la vertu guerrière portée jusqu'à l'enthousiasme, devinrent un puissant moyen d'exciter les mêmes sentiments dans les âmes, et de servir sa patrie d'adoption. Il chantait ses élégies, espèces de harangues, ou, si l'on veut, de sermons belliqueux et politiques, en faisant soutenir sa voix par les sons de la flûte, accompagnement obligé de ce genre de poésie. Et non-seulement il les chantait, mais il apprenait aux autres à les chanter ; il en fit une partie essentielle de l'éducation de la jeunesse à Sparte, et les Spartiates portèrent une loi d'après laquelle, dans toute la suite des temps, quand leurs guerriers étaient en campagne, ils devaient se réunir devant la tente du roi pour entendre les poésies de Tyrtée, et s'enflammer, en les écoutant, d'amour pour la patrie, d'ardeur pour le combat, de mépris pour la mort. La réunion avait lieu le soir, à la fin du repas; et quand le péan avait retenti en l'honneur des dieux, l'élégie était chantée tour à tour par les convives, qui disputaient le prix décerné par le polémarque : ce prix, tout à fait assorti à la simplicité des mœurs lacédémoniennes, était une part de viande choisie.

PREMIER PRIX.

FOURNIER (Jean-Alfred), né à Paris.

Collége royal de Charlemagne.

Professeur, M. Collin.

Institution de M. Jauffret.

Tyrtæus ludi magister falso habitus, claudus, mente haud integer, quem Athenienses per ridiculum Spartanis misisse dicuntur, secundo adversus Messenios bello jam prope succumbentibus, fuit longe alius atque vulgo habetur ex populari antiquarum traditionum fictione quæ haud scio an utilitate non sit ducta. Sicut et Solon centum annis postea, secundum priscæ hujus ætatis ingenium rempublicam idem et poeticam artem tractavit : qui quidem poeta, carminibus patriæ caritate excitatis atque bellica illa virtute usque ad divinam mentis incitationem erecta, præsentissima ratione usus est qua omnes animi iisdem sensibus afficerentur, et patriæ adoptivæ inservirent. Elegias suas, orationum aut, si velis, bellicosorum politicorumque sermonum genus, canebat, vocem suam tibiæ sonis sustinendo. Qui quidem poesis modus chordis sociandus erat; neque solum ipse elegias canebat, sed etiam alios illas canendi docebat : hanc artem juvenum Spartanorum præcipuam disciplinam fecit, spartanique lege jusserunt in omne temporum spatium bellatores suos, cum militarent, ante regis tabernaculum convenire ut Tyrtæi poemata audirent, et his auditis patriæ amore, ad pugnam ardore, mortis contemptu incenderentur. Vespere, sub finem prandii, sese congregabant, cum pæan resonuisset, deorum in honorem elegias vicissim canebant convivæ qui de præmio a belli duce decreto contendebant. Quod quidem præmium morum Spartanorum simplicitati omnino accommodatum delectæ carnis erat portio.

DEUXIÈME PRIX.

ROCQUAIN DE COURTEMBLAY (THÉODORE-FÉLIX), né à Vitteaux (Côte-d'Or).

Collége royal de Louis-le-Grand.

Professeur, M. CARTAULT.

Institution de MM. LESPINASSE et LAMBERT.

Tyrtæus, qui ludi magister dicitur, pede claudus, haud multum mentis integer, et quem Athenienses ad ludibrium misisse feruntur ad Lacedæmonios, cum ii in eo essent ut in secundo bello adversus Messenios caderent, longe alius fuit ac existimare solent, ex mutatione populari, forte etiam haud gratuita veterum traditionum. Fuit ut Solon adhuc post centum annos, pro antiquarum illarum ætatum ingenio, simul et reipublicæ administrator et poeta, cui cantus quos injecerant et amor in patriam, et bellica virtus usque ad maximam admirationem adducta, dederunt unde animis eosdem sensus injicere, et de adoptiva patria bene mereri posset. Elegos suos, scilicet quasdam conciones aut, si tibi videtur, politicas et bellicas orationes, cantabat, tibiæ sonis vocem socians; ad hunc enim vocis tibiæque concentum poetæ hujus generis astringebantur. Elegosque non modo cantabat ille, verum et cæteros de iis cantandis erudiebat. Hanc artem præcipue inter alias doceri Lacedæmonios juvenes jussit, Lacedæmoniique legem tulerunt ut semper, cum milites bellum gererent, ante tabernaculum regis convenirent, ut ibi Tyrtæi carmina audirent, et ea audita iis injicerent amorem in patriam, et ardorem ad pugnandum, et mortis contemptionem. Vespere, extremo convivio, conveniebant et, cum pæan diis personuisset, elegos cantabant singuli convivæ qui inter se de præmio contendebant, quod a Polemarcho decernebatur; hoc autem præmium, moribus Lacedæmoniorum simplicibus consentaneum, nihil aliud nisi pars electæ carnis erat.

II. VERSION LATINE.

NOMINATIONS.

Premier prix : GOUMY, de Paris (Charlemagne).
Deuxième prix : PERROT, de Villeneuve-Saint-Georges (Seine-et-Oise) (Charlemagne).

Premier accessit : Sengel, de Paris (Louis-le-Grand).
2e   —   Guizot, de Paris (Bourbon).
3e   —   Feray (Léon), de Paris (Louis-le-Grand).
4e   —   Azur (Charlemagne).
5e   —   Delavigne (Casimir-Albert) (Henri IV).
6e   —   Barbet-Massin, de Paris (Charlemagne).
7e   —   Picard (Charlemagne).
8e   —   Lefèvre, de Paris (Bourbon).

Texte.

Civis romanus patriæ suæ institutis patrocinatur.

Virtute gubernante rempublicam quid potest esse præclarius? Quum is qui imperat aliis, servit ipse nulli cupiditati? Quum quas ad res cives instituit et vocat, eas omnes complexus ipse, nec leges imponit populo, quibus ipse non pareat, sed suam vitam, ut legem, præfert suis civibus? Qui si unus satis omnia consequi posset, nihil opus esset pluribus; si universi videre optimum et in ea consentire possent, nemo delectos principes quæreret. Difficultas ineundi consilii rem a rege ad plures; error et temeritas populorum a multitudine ad paucos transtulit. Sic inter infirmitatem unius temeritatemque multorum medium optimates possederunt locum, quo nihil potest esse moderatius: quibus rem publicam tuentibus, beatissimos esse populos necesse est, vacuos omni cura et cogitatione, aliis permissa otio suo, quibus id tuendum est, neque committendum, ut sua commoda populus negligi a principibus putet. Nam æquabilitas quidem juris quam amplexantur liberi populi neque servari potest. Ipsi enim populi, quamvis soluti effrenatique sint, præcipue multis multa tribuunt, et est in ipsis magnus delectus hominum et dignitatum. Quum autem par habetur honos summis et infimis, qui sint in omni populo necesse est, ipsa æquitas fit iniquissima; quod in iis civitatibus, quæ ab optimis reguntur, accidere non potest.

PREMIER PRIX.

GOUMY (Édouard), né à Paris.

Collége royal de Charlemagne.

Professeur, M. Capelle.

Institution de M. Jauffret.

UN CITOYEN ROMAIN DÉFENDANT LE GOUVERNEMENT DE SA PATRIE.

Quand la vertu gouverne un État, que peut-il y avoir de plus beau? quand celui qui commande aux autres n'est esclave lui-même d'aucune passion? quand il possède toutes les vertus qu'il enseigne et propose à ses concitoyens? quand il ne donne pas de lois à son peuple sans y obéir, mais qu'il lui donne sa conduite à suivre comme une loi? Si cet homme pouvait à lui seul embrasser tout suffisamment, il n'y aurait aucun besoin de plusieurs chefs; si tout le monde à la fois pouvait distinguer ce qu'il y a de parfait, et s'accorder sur ce point, on ne demanderait pas à choisir des princes : c'est la difficulté de prendre une résolution qui a transmis du roi à plusieurs hommes le gouvernement des affaires ; c'est l'aveuglement, c'est la légèreté des peuples qui l'ont transmis de la multitude à quelques-uns. Ainsi, entre la faiblesse d'un seul et la légèreté de la multitude, les grands ont pris le milieu : et il ne peut y avoir rien de plus sage. Quand ce sont eux qui défendent l'État, les peuples doivent nécessairement jouir d'un bonheur parfait; ils sont libres de tout soin, de tout souci ; ils ont confié leur repos à d'autres hommes qui doivent le défendre, et prendre garde de faire penser à la multitude que les grands négligent ses intérêts; car l'égalité de droits qu'ont les peuples libres, il n'est pas non plus possible de la conserver : les peuples, en effet, quelque licencieuse que soit leur liberté, ont spécialement pour bien des gens beaucoup de déférence, et il y a chez eux une grande distinction entre les hommes comme entre les dignités. Mais quand il y a égalité de considération entre les grands et les petits, qui doivent nécessairement exister dans toute espèce d'État, l'égalité elle-même devient la plus grande des injustices : ce qui ne peut arriver dans les États gouvernés par l'aristocratie.

DEUXIÈME PRIX.

PERROT (Georges), né à Villeneuve-Saint-Georges (Seine-et-Oise).

Collége royal de Charlemagne.
Professeur, M. Collin.
Institution de M. Barbet-Massin.

UN CITOYEN ROMAIN JUSTIFIE LES INSTITUTIONS DE SA PATRIE.

Peut-il y avoir rien de plus beau que la vertu gouvernant l'État ? que de voir alors celui qui commande aux autres n'être lui-même l'esclave d'aucune passion ? que de le voir embrasser lui-même toutes les choses auxquelles il forme et engage le peuple, et ne pas imposer au peuple des lois auxquelles lui-même n'obéit pas, mais déployer aux yeux de ses concitoyens, comme loi, sa vie ? Si un tel homme pouvait suffire à saisir toutes choses à lui seul, on n'aurait aucun besoin du grand nombre ; si la masse pouvait discerner le meilleur parti et y rester d'accord, personne n'irait chercher de princes choisis entre tous. La difficulté de prendre une résolution fait passer la puissance des mains du roi dans celles du grand nombre ; l'erreur et l'irréflexion des peuples, des mains de la multitude dans celles d'un petit nombre d'hommes. C'est ainsi qu'entre la faiblesse d'un seul et l'irréflexion du grand nombre, l'aristocratie est venue à tenir le milieu, gouvernement le plus modéré qui puisse exister. Pendant qu'elle protége l'État, les peuples jouiront nécessairement d'un bonheur parfait, libres de tout souci et de toute pensée. Ils ont confié le soin de leur tranquillité à d'autres, qui doivent la défendre, et se garder de faire penser à la nation que ses chefs négligent ses intérêts ; car l'égalité de droits qu'embrassent les peuples libres ne peut subsister. En effet, les peuples eux-mêmes, quoique sans retenue et sans frein, accordent les grandes dignités surtout aux grands hommes et savent très-bien apprécier les personnes et le mérite. Mais lorsqu'on rend les mêmes honneurs aux hommes supérieurs et aux hommes insignifiants, classes qui doivent nécessairement exister dans le sein de tout peuple, l'égalité même devient de la plus grande injustice. C'est ce qui ne peut arriver dans les États gouvernés par les meilleurs citoyens.

III. VERSION GRECQUE.

NOMINATIONS.

Premier prix : PERROT (Charlemagne).
Deuxième prix : ABART, de Mantes (Bourbon).
Premier accessit : Guizot (Bourbon).
2ᵉ — Gerbidon, de Paris (Bourbon).
3ᵉ — Guillemot (Charles), de Paris (Louis-le-Grand).
4ᵉ — Cottreau, de Villeneuve-Saint-Georges (Seine-et-Oise) (Bourbon).
5ᵉ — Leven, de Urdingen (Bas-Rhin) (Henri IV).
6ᵉ — Lefèvre (Bourbon).
7ᵉ — Robert, de Paris (Saint-Louis).
8ᵉ — Mazure, de Paris (Saint-Louis).

Texte.
ΕΚΦΡΑΣΙΣ ΩΡΟΛΟΓΙΟΥ.

Χαλκοῖ τινες ἀετοὶ πρὸς ἕνα στοῖχον ἑστᾶσι ταῖς ὑποκειμέναις ὥραις ἴσον ἔχοντες ἀριθμόν. Στεφανηφοροῦσι δὲ πάντες, οὐ κορυφὴν ἐστεμμένοι, οὐδὲ νίκην δηλοῦντες ἰδίαν· ἄκροι δὲ ποδῶν ὄνυχες εἰς τοῦτον ἐλθόντες συνέχουσι τοὺς στεφάνους, καραδοκοῦντος ἑκάστου τὸν ὑπ' αὐτῶν Ἡρακλέα, πηνίκα τῶν ἐπικειμένων ἔξιοι θυρῶν, παραλλάξαντος αὐτοὺς τοῦ πρὸς τούτοις ἑστῶτος ἡλίου· βαδίζει γὰρ οὗτος μετρῶν τὴν ὥραν τῇ κινήσει· ὡς δὲ τούτων ἄρχων βασιλικὸν ἀνείληφε σχῆμα, λαιᾷ μὲν χειρὶ τὸν πόλον ἀνέχων, ἀνατάσει δὲ δεξιᾶς ἀφεῖναι κελεύων τὰς θύρας, ὥσπερ οἱ τοὺς ἵππους ἐξιέναι τῶν βαλβίδων κελεύοντες. Καραδοκῶν οὖν ἐφέστηκεν ἀετὸς ὁπότε τῶν ἐπικειμένων ὁ τοῦ Διὸς Ἡρακλῆς ἔξιοι θυρῶν ὥρας ἀγγέλλων· ὁ μὲν πρῶτος τὴν πρώτην, πρὸς δὲ τὸν ἀριθμὸν οἱ λοιποί. Δώδεκα μὲν γὰρ ὧραι, πᾶσαι δὲ εἰσίν. Ἡρακλῆς δὲ οὐκ ἀργός, μὰ Δία, καὶ πράττων οὐδέν, ἀλλὰ τέχνης ἀνάγκη συνδιήρηται τοῖς ἄθλοις διττὴν ἑξάδα πληρῶν. Πρῶτον οὖν ἀγώνισμα λέων καὶ ἡ Νεμέα χωρίον αὐτῷ, τὰ δὲ λοιπὰ ἑξῆς, ὡς παρὰ τοῖς ποιηταῖς. Ἐντεῦθεν ὧραι καὶ στέφανοι καὶ χαλκὸς παρὰ φύσιν ἐπτερωμένος. Τὰς οὖν χαλκᾶς ἀπωσαμένῳ θύρας καὶ σὺν ἄθλῳ φανέντι, ἐφέπεται μὲν ἄνωθεν ἀετός, πτέρυγάς τε ἁπλώσας καὶ πόσιν ἀμφοτέροις ἴσον ἴσῃ κεφαλῇ τὸν στέφανον ἐπιφέρων, εἶτα διαστήσας τὼ πόδε μετεωρίζεταί τε καὶ ὃν εἶχε τόπον λαγχάνει, ταῖς πλευραῖς ἐπιθεὶς τὰ πτερὰ καὶ συνάγων αὖθις ἐφ' ἑαυτόν. Πρός γε μὴν τοὺς στεφάνους προκύπτει μὲν Ἡρακλῆς ὡς ἂν ὁρῷτο πᾶσιν ὡς ἐν μέσῳ σταδίῳ, κᾆτα πρὸς ἰδίαν χώραν, οὗπερ ἐπόθει τυχών, ἐτράπετο.

PREMIER PRIX.

PERROT (Georges), né à Villeneuve-Saint-Georges (Seine-et-Oise).

Collége royal de Charlemagne.

Professeur : M. Collin.

Institution de M. Barbet-Massin.

DESCRIPTION D'UNE HORLOGE.

Des aigles d'airain sont rangés sur la même ligne que les heures placées au-dessous, et dont ils égalent le nombre. Ils portent des couronnes qui ne ceignent pas leur tête, et qui ne sont pas la marque d'un triomphe qui leur appartienne en propre : mais les serres qui terminent leurs pattes se réunissent pour tenir la couronne. Chacun de ces aigles semble attendre avec impatience que les portes fermées s'ouvrent pour laisser passage à Hercule, qui se tient au-dessous d'eux.

Le soleil, placé dans ce but, règle leurs variations. En effet, il parcourt le cadran en marquant l'heure par ses mouvements. Chargé de l'autorité royale dans cet empire, il tient de sa main gauche la sphère, et, en étendant la droite, il ordonne que les portes s'ouvrent, comme ceux qui commandent qu'on laisse les chevaux s'élancer loin des barrières. Lorsque le fils de Jupiter, Hercule, sort, pour annoncer l'heure, des portes qui le renfermaient, un aigle est au-dessus de sa tête, dans l'attente.

Aussitôt le premier aigle sonne le premier coup, et les autres suivant le nombre. Les douze heures sont toutes représentées. Mais, par Jupiter, Hercule ne reste pas oisif et inoccupé ; ces lois que l'art imposa à la machine, il les partage en exécutant ses douze travaux. C'est d'abord la forêt de Némée, théâtre de son combat avec le lion ; puis viennent par ordre les autres, tels qu'ils sont dans les poëtes. De là les heures, les couronnes et l'airain ailé, contre les lois de la nature.

Après qu'Hercule a repoussé les portes d'airain et s'est montré dans ses travaux, un aigle descend vers lui les ailes déployées, et de ses deux pattes vient déposer sur sa tête une couronne qui s'y adapte ; puis, écartant ses pieds, il s'élève, et vient reprendre la place qu'il occupait. Alors il recouvre ses flancs de ses ailes, qu'il replie sur lui-même ; Hercule s'incline en recevant les couronnes, comme si tout le monde le voyait au milieu du stade, et qu'ensuite il se tournât vers sa place particulière, dont il désirait jouir.

CLASSE DE SIXIÈME.

I. THÈME LATIN.

NOMINATIONS.

Premier prix : GARNIER, de Paris (Louis-le-Grand).
Deuxième prix : GAULTIER DE CLAUBRY, de Paris (Henri IV).
Premier accessit : Noël, de Paris (Bourbon).
 2ᵉ — Couvez, de Paris (Louis-le-Grand).
 3ᵉ — Roland, de Paris (Louis-le-Grand).
 4ᵉ — Géraud, de Paris (Charlemagne).
 5ᵉ — Papillon, de Paris (Charlemagne).
 6ᵉ — Marotte, de Paris (Charlemagne).
 7ᵉ — Guadet, de Paris (Saint-Louis).
 8ᵉ — De Tréverret, de Paris (Stanislas).

Texte.

Rien n'a tant de poids sur le cœur humain que la voix de l'amitié bien reconnue; car on sait qu'elle ne nous parle jamais que pour notre intérêt. On peut croire qu'un ami se trompe, mais non qu'il veuille nous tromper. Quelquefois on résiste à ses conseils, mais jamais on ne les méprise.

Il est des amitiés circonspectes qui, craignant de se compromettre, refusent des conseils dans les occasions difficiles, et dont la réserve augmente avec le péril des amis; mais une amitié vraie ne connaît point ces timides précautions. Les consolations indiscrètes ne font qu'aigrir les violentes afflictions. L'indifférence et la froideur trouvent aisément des paroles; mais la tristesse et le silence sont alors le vrai langage de l'amitié. La communication des cœurs imprime à la tristesse je ne sais quoi de doux et de touchant, et l'amitié a été spécialement donnée aux malheureux pour le soulagement de leurs maux et la consolation de leurs peines.

PREMIER PRIX.

GARNIER (ANTOINE-ERNEST), né à Paris.

Collége royal de Louis-le-Grand.

Nihil magis in humanum animum valet, quam spectatissimæ amicitiæ vox. Scimus enim nihil unquam eam nobis dicere quod ad nostram utilitatem non pertineat. Errare amicum existimare possumus, non autem eum in animo habere ut nos fallat. Aliquoties ejus consilia non sequimur, nunquam vero ea contemnimus.

Nonnullos videre est circumspectos amicos qui ne ipsi in discrimen veniant timentes, nos adversis rebus afflictos, consiliis suis juvare nolint, et qui eo minus benigni fiant, quo majus amicis imminet periculum. Sincerus vero amicus ita timide sibi præcavere omnino nescit. Non clementer admota solatia magnos dolores acerbiores faciunt; minime benevolo officiosoque amico verba non desunt; sed tunc sermone vero loquitur amicitia, tristitia scilicet et silentio. Ex animorum societate, nescio quid dulce et amabile accipit tristitia, et peculiari quodam jure, amicitia miseris contigit ut eorum calamitates levet doloresque consoletur.

DEUXIÈME PRIX.

GAULTIER DE CLAUBRY, né à Paris.

Collége royal de Henri IV.

Professeur, M. Vérien.

Nihil est tanto in hominis animum pondere quanto vox amicitiæ sane manifestæ : eam enim nunquam nobiscum, non emolumenti nostri gratia loqui, compertum est. Credere possumus errare amicum, non autem illi esse in animo nos in errorem inducere. Non nunquam ejus repelluntur consilia, nunquam autem contemnuntur.

Quædam sunt amicitiæ timidiores, quæ, cum timeant ne in quid periculi adeant, consilia in arduis casibus abnuant, et quæ eo restrictiores sint, quo majus est amicorum periculum; sed vera amicitia timidas istas cautiones non novit. Solatia ipsa inconsulta acerbos dolores exulcerant. Minus benevoli et rigidioris animi hominibus facile verba suppetunt; tristitia vero silentiumque tum vera oratio amicitiæ sunt. Ex animorum consuetudine dulce nescio quid et aptum ad commovendum tristitia accipit. Atque idcirco miseris præsertim amicitia contigit, ut eorum mala sublevaret angoresque consolaretur.

II. VERSION LATINE.

NOMINATIONS.

Premier prix : GINDRE DE MANCY, de Paris (Charlemagne).
Deuxième prix : POIRET, de Paris (Charlemagne).

Premier accessit : Gaultier de Claubry (Henri IV).
2e — Coste, de Châlons-sur-Saône) (Stanislas).
3e — Tiby, de Paris (Charlemagne).
4e — Couvez (Louis-le-Grand).
5e — Garnier (Louis-le-Grand).
6e — Szwarce, de Lochrist (Côtes-du-Nord) (Bourbon).
7e — Gaultier, de Bu (Eure-et-Loir) (Versailles).
8e — Paris, de Montmartre (Seine) (Bourbon).

Texte.

Non longe a Solis Corycos oppidum portu saloque incingitur, angusto tergore continenti adnexum. Supra specus est nomine Corycius, singulari ingenio et supra quam describi facile sit eximius.

Grandi namque hiatu patens, montem littori appositum, et decem stadiorum clivo satis arduum, ex summo statim vertice aperit. Tunc alte demissus et quantum demittitur amplior ; viret lucis pendentibus undique et solum se nemoroso laterum orbe complectitur, adeo mirificus ac pulcher, ut mentes accedentium statim primo aspectu consternat, ubi contemplati duravere non satiet.

Unus in eum descensus est, angustus, asper, quingentorum et mille passuum per amœnas umbras et opaca sylvæ quiddam agreste resonantis, rivis hinc atque illinc fluitantibus. Ubi ad ima perventum est, rursus specus alter aperitur ob alia dicendus. Terret ingredientes sonitu cymbalorum divinitus et magno fragore crepitantium. Deinde aliquandiu perspiciens, mox et, quo magis subitur, obscurior, ducit ausos penitus alteque quasi cuniculo admittit. Ibi ingens amnis ingenti fronte se extollens tantummodo se ostendit, et ubi magnum impetum brevi alveo traxit, iterum demersus absconditur. Intra, spatium est, majus quam ut progredi quispiam ausit, horribile et ideo incognitum. Totus autem augustus et vere sacer, habitarique a diis et dignus est creditus. Nihil non venerabile et quasi cum aliquo numine se ostentat.

DEUXIÈME PRIX.

POIRET, né à Paris.

𝕮𝖔𝖑𝖑𝖊́𝖌𝖊 𝖗𝖔𝖞𝖆𝖑 𝖉𝖊 𝕮𝖍𝖆𝖗𝖑𝖊𝖒𝖆𝖌𝖓𝖊.

Professeur, M. TALBERT.

Institution de M. BARBET-MASSIN.

Non loin de Soles est la ville de Corycus, entourée par un port et par la mer, et jointe au continent par une étroite langue de terre. Plus haut est une caverne appelée Corycienne, dans une position extraordinaire, et d'une beauté qui ne peut être facilement exprimée. En effet, comme elle a une grande ouverture, elle fend, du plus haut de son sommet, la montagne voisine du rivage, dont la pente, longue de dix stades, est assez escarpée. Alors elle est très-profonde, et sa grandeur augmente avec sa profondeur; elle est tapissée de bois qui y sont suspendus, et s'entoure tout entière du cercle boisé qui couvre ses flancs : elle est si admirable et si belle, qu'elle trouble tout de suite, au premier abord, l'esprit de ceux qui en approchent, et qu'elle ne peut plus les rassasier dès qu'ils l'ont contemplée quelque temps. On y descend par un seul chemin étroit, raboteux, long de quinze cents pas, à travers d'agréables ombrages et l'épaisseur du bois, qui fait entendre un son champêtre. D'un côté et de l'autre coulent des ruisseaux. Dès que l'on est arrivé au fond, on rencontre de nouveau une seconde caverne, qui mérite d'être nommée pour d'autres causes. Elle effraye ceux qui y entrent, par un bruit de cymbales qui rendent un son divin et éclatant. Puis elle est quelque temps éclairée; mais bientôt après, plus on avance, plus elle devient obscure; elle conduit jusqu'au bout ceux qui l'osent, et les introduit profondément, comme dans un souterrain. Là, un grand fleuve s'élève en présentant un large front, ne fait que se montrer, et après avoir roulé ses eaux avec une grande impétuosité dans un lit de peu d'étendue, il s'enfonce de nouveau, et disparaît. Dans l'intérieur est un espace trop horrible pour que l'on ose en approcher, et pour cette raison inconnu. Toute la caverne est auguste, vraiment divine, digne d'être habitée par les dieux ; et on croit qu'ils y habitent. Tout y est vénérable, tout s'y montre empreint comme de quelque grandeur divine.

TABLEAU DES NOMINATIONS.

Colléges.	Prix d'honneur.	1ers Prix.	2mes Prix.	1ers Accessits.	Accessits.
Charlemagne.	....	14	13	14	61
Louis-le-Grand.	1 (mathématiques),	9	12	4	63
Bourbon.	....	6	6	7	56
Henri IV.	1 (philosophie), 1 (Rhétorique)	5	2	5	35
Saint-Louis.	....	2	2	6	26
Stanislas.	....	1	....	2	17
Rollin.	....	2	2	2	8
Versailles.	....	1	2	1	10

RÉSUMÉ.

Charlemagne,   27 prix, 75 accessits ; total 102.
Louis-le-Grand, 22 prix, 67 accessits ; total 89.
Bourbon,   12 prix, 63 accessits ; total 75.
Henri IV,   9 prix, 40 accessits ; total 49.
Saint-Louis,   4 prix, 32 accessits ; total 36.
Stanislas,   1 prix, 19 accessits ; total 20.
Rollin,   4 prix, 10 accessits ; total 14.
Versailles,   3 prix, 11 accessits ; total 14.

Paris.—Typographie de Firmin Didot frères, rue Jacob, 56.

REVUE GÉNÉRALE ET COMPARÉE

DES

CONCOURS CLASSIQUES.

SEPTEMBRE 1846.

AVERTISSEMENT.

Cette REVUE, dont la première livraison n'est que la préface, entre aujourd'hui dans sa véritable voie : les devoirs que nous donnons sont des devoirs de tous les jours, des compositions qui ne diffèrent en rien des travaux ordinaires de la semaine. La force réelle des différentes classes peut donc dès à présent être jugée, non-seulement au moyen des copies des élèves, mais au moyen même des textes choisis et donnés par les professeurs.

Quelques personnes nous ont dit : « Votre publication sera-t-elle « toujours la reproduction sincère et fidèle des travaux des élèves ; « les copies vous arriveront-elles sans changements, sans correc- « tions ; nous donnerez-vous enfin les devoirs sous leur forme « primitive ? »

Nous pouvons affirmer qu'en général il en sera ainsi ; et ce numéro, dans lequel les yeux les plus clairvoyants cherche- raient vainement le passage ou la main du professeur, répondra sur ce point beaucoup mieux que nous ne le pourrions faire nous-même. Qu'on se rassure d'ailleurs, nous avons trop de confidents pour n'être pas forcé de nous faire une habitude et une invariable loi de la plus rigoureuse exactitude.

Pour rendre plus attrayante la lecture de notre REVUE, nous nous sommes décidé à publier, en tête de chaque numéro, un des meilleurs discours prononcés dans les distributions solennelles des prix, et à faire suivre la série des devoirs des différentes classes d'une *Partie Rétrospective* où nous reproduirons les compositions couronnées dans les précédents Concours Généraux.

En rapprochant ainsi le passé du présent, et en les mettant pour ainsi dire en face l'un de l'autre, nous prouverons à ceux qui seraient tentés de le nier, que les études ont suivi depuis vingt ans une marche constamment progressive, et que d'année en année elles s'améliorent et se fortifient sous la direction habile des maîtres auxquels est aujourd'hui confié l'enseignement public en France.

Ce second numéro aurait paru beaucoup plus tôt sans la prolongation des vacances : mais comme la plupart de nos abonnés de province étaient à Paris, et que presque tous nos abonnés de Paris étaient en province, nous avons dû en retarder la publication.

Notre troisième numéro paraîtra le 15 novembre, le quatrième à la fin du même mois, et tous les autres le 25 de chaque mois, ainsi que nous l'avons annoncé.

DISCOURS

PRONONCÉ

A LA DISTRIBUTION DES PRIX
DU COLLÉGE ROYAL DE CHARLEMAGNE,

LE 18 AOUT 1840,

PAR M. REGNIER,

ANCIEN PROFESSEUR DE RHÉTORIQUE,
aujourd'hui précepteur de S. A. R. Mgr LE COMTE DE PARIS.

Jeunes Élèves,

Jamais vous n'avez soutenu plus dignement que cette année le vieil honneur du collége Charlemagne (1). Jamais la victoire n'a été plus complète; jamais vous n'avez mieux payé les soins de vos maîtres, l'active sollicitude du digne chef de cette maison. Aujourd'hui, plus de lacunes, plus de regrets qui se mêlent à notre joie. Tous les rangs ont donné, non plus seulement avec courage, mais avec succès, et vous chercheriez en vain dans les annales du collége, dans les fastes même de l'Université, un triomphe aussi brillant. Non, jamais, plus qu'aujourd'hui, nous n'avons eu le droit d'être fiers de vous, car ces couronnes si bien gagnées ne récompensent pas seulement les qualités de l'esprit, les promesses et les espérances de talent que vous avez pu nous donner cette année. Pour réussir au collége, comme pour réussir dans le monde, le talent ne suffit pas : il faut aussi, il faut avant tout, cette suite, cette persévérance que nous appelons caractère; il faut du travail, des efforts, de la volonté. Oui, pour sortir vainqueur de la lutte, car aujourd'hui, aujourd'hui surtout, sans lutte point de succès, pour triompher des obstacles, pour prendre sa place et la garder, qu'on ait pour rivaux des enfants ou des hommes, la condition première, la vertu la plus efficace, c'est cette force d'âme, ce courage, cette volonté droite et ferme, qui entreprend, persévère et achève, qui, dans l'âme humaine, vivifie tout, et sans laquelle tout languit et meurt.

Rien n'est plus admirable que cet accord mystérieux qui unit entre elles les diverses parties de notre être, et tient dans une inviolable société toutes les puissances de notre nature. Il n'y a pas de faculté, soit physique, soit morale, qui n'exerce une action plus ou moins directe, plus ou moins efficace, sur tout ce que l'homme fait et pense.

---

(1) Le collége Charlemagne avait remporté, au Concours général, 27 prix, dont 11 premiers.

Mais l'alliance est surtout intime, le commerce étroit et familier, entre l'esprit qui contemple et connaît, et le cœur qui aime et qui hait, qui veut et ne veut pas, entre l'intelligence dont la fin est le vrai, et la volonté dont l'objet est le bien.

Les lois auxquelles l'esprit doit obéir, c'est la volonté qui en assure l'exécution : la raison façonne le joug, la volonté l'impose ; l'une nous montre la voie, l'autre nous y pousse. Sans la raison, la volonté est aveugle ; mais sans la volonté, la raison à son tour est impuissante, ses préceptes ne sont qu'une lettre morte. En vain, elle nous enseigne les notions éternelles du beau et du vrai. Dans notre mollesse, nous demeurons sourds à sa voix, heureux si cette voix ne se lasse pas enfin de parler sans être entendue, de commander toujours sans persuader jamais. Vous parler, Messieurs, de l'influence de la volonté sur le talent, du pouvoir suprême de cette faculté qui accueille et repousse, excite et arrête, ce n'est pas déprécier le talent, c'est l'ennoblir ; c'est vous dire un des secrets de sa force et de sa puissance ; c'est concilier avec la liberté humaine le souffle entraînant de l'inspiration, les mystérieux instincts auxquels si souvent obéit le génie ; c'est rendre l'homme plus légitime auteur des œuvres de l'esprit, des productions de l'intelligence : donner le sceptre à la volonté, c'est mettre en relief l'un des caractères les plus frappants, je dirais presque les plus augustes de notre âme, celui qui peut-être plus que tout autre nous révèle sa céleste origine ; c'est vous montrer, se renouvelant à chaque création de notre entendement, le miracle de la création divine, où la lumière ne jaillit et ne dissipe les ténèbres que lorsqu'a retenti la parole impérieuse et sublime : « Que la lumière soit ! »

Quand la volonté est réglée sagement, quand l'impulsion qu'elle communique, elle la reçoit elle-même de la raison, et non des caprices de l'esprit et des sens, voyez combien alors son empire est légitime, et combien il importe que son influence soit énergique et puissante.

L'homme applique son intelligence à quoi il lui plaît, il lui choisit son objet, son domaine. Dans l'autorité souveraine de la volonté, de cette vertu élective qui, tour à tour, défend et ordonne, nous pousse et nous retient, je ne trouve rien de plus salutaire que ce pouvoir de fixer à l'activité de l'esprit ses limites, de lui faire une vocation, de doubler sa force en la renfermant dans sa sphère véritable. Jeunes Élèves, vous voyez déjà qu'elles sont infinies, incommensurables, les régions qui s'ouvrent à la pensée humaine, combien il est facile de s'égarer et de se perdre dans cette immensité. Et pourtant vous sentez en vous-mêmes une avidité insatiable de tout voir, de tout connaître ; d'irrésistibles élans nous entraînent ; placés au bord de l'abîme, nos yeux y plongent, et l'abîme nous attire. N'obéissez pas à ces dangereux vertiges : vous avez en vous la force d'y résister. « L'esprit se promène, dit Fénelon, la volonté est ce qui ne doit jamais varier. » C'est à elle qu'il appartient de diriger les ailes de la pensée, comme elle dirige les pieds du corps. Sans ce pouvoir modérateur, aussi puissant pour résister que pour entraîner, que deviendrait l'homme abandonné à tous les hasards des impressions du dehors, ballotté sans cesse par mille impulsions diverses, par mille souffles contraires? Sa vigueur s'épuiserait en se divisant; sa pensée effleurerait toutes choses sans rien pénétrer. Ce ne serait plus ce trait sûr, infaillible, qui va droit au but, mais cette vapeur, cette fumée légère, qui, après s'être élevée en tourbillons rapides, se dissipe aussitôt et s'évanouit dans les airs.

La volonté impose son joug bienfaisant à toutes les puissances de notre esprit. Elle veille sur la mémoire, et n'abandonne pas au hasard le soin d'enrichir ce trésor de souvenirs et d'idées, et de tracer confusément dans notre cerveau de dangereuses images, propres à offusquer les saintes lumières de l'intelligence. Elle règle et contient les saillies de l'imagination ; elle l'empêche de se consumer elle-même par son propre feu; elle n'éteint pas ses ardeurs, mais elle ne les excite qu'après leur avoir fourni de purs aliments. Par cette vigilance, elle préserve de toute contagion, elle ferme à toute vapeur ténébreuse les régions supérieures de notre âme, ce sanctuaire où brille le flambeau de la raison ; elle empêche les clameurs du dehors d'étouffer cette voix qui nous révèle ce qui est bien, le souffle du mensonge, de ternir ce divin miroir où se réfléchissent les sublimes images de la beauté et de la vérité. Ne croyez pas que cette force qui arrête, règle et modère, ne puisse agir que dans l'intérêt de la vertu ; ne maudissez pas, au nom du talent, cet empire de la volonté. Fixer le but, et tracer le chemin, ce n'est pas ravir aux pieds leur vitesse, aux élans de la pensée leur vigueur impétueuse. Dépouiller l'arbre des plantes parasites, ce n'est pas lui dérober les sucs qui le nourrissent, ni tarir la séve qui le féconde, c'est la laisser, c'est la rendre tout entière à ses rameaux, à ses fleurs, à ses fruits. Dieu a-t-il donc ôté à la mer, et la profondeur de ses abîmes, et l'agitation et la voix puissante de ses ondes, lorsqu'il lui dit : « Tu iras jusque-là, et c'est là que tu briseras tes vagues mugissantes ? »

D'ailleurs la volonté ne tient pas seulement les rênes : c'est elle aussi qui fait sentir à notre esprit, qui retourne dans notre cœur ces aiguillons pénétrants, sans lesquels bientôt, quelle que soit notre ardeur au départ, nous languirions énervés, sans haleine. Vouloir, ce n'est pas seulement haïr et repousser, c'est aussi, c'est surtout aimer et désirer. L'amour de son œuvre, de sa pensée, ce besoin passionné d'accomplir la mission qu'on s'est faite, la tâche qu'on s'est imposée, voilà ce qui anime et soutient le talent. Interrogez ces grands artistes, ces illustres poëtes qui ont produit des œuvres immortelles : écoutez les confidences de leur génie. Combien de fois, épuisés par la chaleur du jour, par les obstacles qui naissaient sous leurs pas, doutant peut-être de leurs forces, de leur génie, combien de fois n'ont-ils pas senti leur ardeur prête à s'éteindre, à les trahir au milieu de leur course ! Et alors, détournant les yeux du terme qu'ils s'étaient fixé, désespérant d'eux-mêmes et renonçant à la gloire, ils se seraient faits les complices de l'envieuse médiocrité qui leur criait de s'arrêter, si une voix sortie du fond de leur âme, une voix plus convaincue, plus impérieuse, ne leur eût commandé de braver ces clameurs et de marcher toujours, si leur volonté ne fût venue en aide à leur intelligence. Oui, Messieurs, nous ne tenons pas assez compte aux hommes dont le génie n'a pas brillé par l'action, mais par la pensée, de l'énergie de leur vouloir, de leur persévérance opiniâtre, de l'héroïsme de leur résolution. Eux aussi, avant de se soumettre ces régions inaccessibles où ils nous entraînent à leur suite, eux aussi, ils ont livré bien des batailles, calmé bien des séditions. Il n'est point d'armée plus difficile à discipliner, point de peuple plus rebelle au joug que les forces tumultueuses de la pensée humaine, que les fiers instincts qui se disputent ces cœurs magnanimes. Pour réunir en un seul faisceau tous ces éléments divers, pour imprimer un seul et même élan à ces puissances qui se combattent, à ces passions qui s'agitent, se révoltent, pour accomplir avec ces auxiliaires indociles les sublimes conquêtes du génie, il faut de royales volontés, il faut une autorité non moins despotique que le sceptre des grands monarques ou le glaive des grands capitaines. L'empire n'est pas le même, mais, à quelque titre que règne le génie, son plus mâle attribut, c'est la volonté, ce ressort infatigable de l'activité de notre âme.

La volonté, Messieurs, c'est la suite, la persévérance, le travail ; c'est la patience qui achève et polit ; c'est ce souffle continu que nul effort n'épuise et qui anime les poitrines généreuses ; c'est cette attention constante, invariable, qui couve la pensée et la fait éclore, qui appelle sur un seul point tous les rayons de l'intelligence, et les tient concentrés dans un même foyer, jusqu'à ce que la flamme ait jailli. La volonté, c'est plus encore : c'est ce besoin, cette force irrésistible, qui donne au fils de Crésus la voix que la nature lui avait refusée ; c'est cet aimant mystérieux qui attire et provoque les sentiments, les images ; c'est bien souvent la seule muse du poëte : *Sua cuique Deus fit dira cupido*. Quand on étudie cette magique influence que la volonté exerce sur l'esprit aussi bien que sur le corps, quand on voit tous les trésors de l'âme s'ouvrir à sa voix, et l'eau vive s'élancer du rocher qu'elle a frappé, alors on comprend cet instinct tout-puissant qui fait dire à l'homme : « Je veux, donc je peux. »

Prenez donc courage, vous qui vous repentez aujourd'hui d'avoir contemplé la lutte, sans y prendre part. Prenez courage : ce qui vous a manqué jusqu'à ce jour, c'est moins peut-être la puissance que la volonté; c'est moins la force de parcourir la carrière, que celle de vaincre les premiers obstacles, de vous élancer hardiment. Faites les premiers pas, et vous sentirez s'élever dans votre cœur je ne sais quelle ardeur qui vous entraînera malgré vous, ou plutôt ce chemin qui vous paraît si escarpé se changera en une pente rapide, où vous ne pourrez plus vous arrêter, avant d'être arrivés au but et d'avoir saisi la couronne. Vous ne sauriez croire combien il y a de ressources dans l'intelligence la plus ordinaire, combien la faiblesse même devient puissante, lorsqu'elle sait s'employer tout entière, ne perdre aucun principe de force, dépenser sagement toute son activité. Essayez avec résolution : de généreux efforts ne sont jamais vains, et quand une fois on a réussi, alors on se fie à soi-même, alors naît l'espoir, la confiance; et la confiance, Messieurs, c'est ce point d'appui à l'aide duquel on remuerait la terre.

Je ne vous parlerai pas de l'influence de la volonté sur la conduite. Et pourtant je le pourrais faire sans sortir de mon sujet. Car enfin ce serait vous parler encore de l'action toute-puissante de la volonté sur l'intelligence, sur le talent. La connexion n'est-elle pas intime entre ce que l'homme fait et ce qu'il pense? L'ivresse des sens n'obscurcirait-elle pas les yeux de l'esprit? Les désordres et les remords de la vie ne troublent-ils pas les opérations de l'entendement? Et si parfois le vice n'étouffe pas le talent, si, par une abstraction incompréhensible, l'homme peut parfois dégager son intelligence des entraves que lui donne sa propre corruption, n'est-il pas vrai, du moins, qu'une partie de ses forces se consume dans cette lutte intestine, dans ces efforts qu'il est contraint de renouveler sans cesse pour se dépouiller d'une partie de son être? Mais cette pensée est trop grave, trop féconde; elle m'entraînerait beaucoup trop loin ; et, après tout ce que je vous ai dit, je n'ai plus besoin de m'appesantir sur cette influence indirecte, pour vous montrer combien la volonté a de prise sur le talent, combien, lorsqu'elle est droite et bien réglée, son empire peut être efficace et salutaire.

Au reste, notre volonté ne règne pas seulement sur notre propre intelligence : sa domination s'étend au delà de nous-mêmes, et notre esprit n'obéit à sa voix que pour entraîner avec plus d'autorité l'esprit et le cœur des autres. Il y a des hommes qui semblent nés pour le commandement et la persuasion ; leurs moindres désirs sont des ordres; tout ce qui les entoure devine, en quelque sorte, leurs intentions les plus cachées, et les exécute à l'instant. Ce que d'autres ne sauraient persuader par les plus longs discours, ils l'imposent par un seul regard. Oui, il suffit de les voir, pour se sentir maîtrisé, subjugué par eux. A leur voix, les passions s'enflamment ou s'éteignent; la sédition éclate ou s'apaise. Pour leur obéir, tout un peuple se lève; ils frappent du pied la terre, et il en sort des légions. D'où leur vient ce pouvoir? De quel sceau mystérieux est donc marqué leur front? Pourquoi leur accordons-nous sans murmure une obéissance que nous refusons parfois aux intelligences les plus élevées, aux vertus les plus pures? On leur obéit, Messieurs, parce qu'ils veulent et veulent fermement qu'on leur obéisse. On les croit, parce qu'ils veulent être crus. Ce qui fait leur autorité, c'est leur volonté, leur caractère. Je ne sais quel instinct nous avertit qu'il faut leur céder, qu'avec eux la lutte est impossible, que leur volonté est plus impérieuse, plus exigeante, plus invincible que la nôtre.

Comprenez-vous tout ce qu'il y a de fascinant et d'électrique dans ce despotisme du vouloir, tout ce qu'il peut ajouter de force à la parole humaine, surtout quand il accompagne les lumières et la bonne foi, ces conditions premières de la persuasion? Rien ne résiste à l'orateur, quand il est armé de ce levier puissant : alors point d'intelligence qu'il ne puisse convaincre, point de cœur qu'il ne remue à son gré : alors les chaînes d'or de l'éloquence étreignent les esprits des hommes par des liens que nul effort ne peut rompre. Une résolution bien inébranlable double les forces de la raison, excite les mouvements de la passion. Se laisser persuader, c'est accepter un guide, et qui voudrait d'un guide sans courage, sans vigueur? Oui, ceux-là seuls nous persuadent qui nous paraissent forts, et pour être fort à nos yeux, il faut vouloir fermement. Tous les hommes qui ont été puissants par la persuasion, qui ont subjugué les autres hommes, soit par l'action, soit par la parole, devaient une grande partie de leur influence à l'énergie de leur volonté.

N'était-ce pas là l'un des attributs, je dirais presque les plus divins, de cet élu de la gloire devant lequel l'Europe a tremblé si longtemps? Son inflexible volonté n'était-elle pas l'un des ressorts les plus merveilleux de son génie? Tout pliait devant son regard, parce qu'on y lisait ses invincibles désirs, et tous ses désirs étaient des lois : il voulait, cet homme, comme veut la nécessité ; je me trompe, longtemps nous avons fermé l'oreille au dernier, au plus cher de ses vœux. Mais, encore quelques semaines, et nous lui aurons obéi une dernière fois, encore quelques semaines, et le poëte ne dira plus :

Le pied d'un ennemi foule en paix ton cercueil.

Encore quelques semaines, et son ombre n'entendra plus *le bruit monotone d'une vague contre un écueil.* Autour de lui retentira de nouveau la grande voix de ce peuple qui, jadis, avec transport, au jour de ses triomphes, le saluait de ses acclamations.

Souvent, pour frapper le spectateur, pour exciter plus sûrement sa haine ou son amour, le poëte charge à dessein ses tableaux, grandit ses personnages, exagère leurs passions. De même, sur la scène du monde, apparaissent de temps en temps, pour jouer le premier rôle, des génies surhumains, des figures colossales, où sont mises en relief, dans de merveilleuses proportions, nos facultés diverses, les vertus et les vices de notre nature. Ces hommes extraordinaires, ces envoyés de Dieu, n'ont pas pour unique mission de venir trancher sur la terre ces nœuds, indissolubles pour toute autre main que la leur, qui, parfois, embarrassent et arrêtent les grandes destinées de l'humanité. Ce sont encore des exemples éclatants, offerts aux regards, non pas d'un homme, d'une cité, d'un peuple, de quelques héros, mais de tout le genre humain. Ce sont des phares lumineux qui montrent la route aux barques les plus frêles comme aux plus grands navires. Oui, leur vie, bien qu'elle soit inimitable, nous enseigne à tous par de sublimes leçons ce qu'il faut faire, ce qu'il faut éviter. Réduire les proportions, ce n'est pas effacer la ressemblance, et sur la toile la plus étroite, le pinceau peut tracer une image fidèle des traits d'un géant. Pour ne parler que du héros dont je viens de vous rappeler le souvenir, de la vertu que surtout je voulais vous faire admirer, appliquons à l'accomplissement de nos devoirs de tous les jours cette constance opiniâtre, cette infatigable volonté qu'il mettait à remplir sa grande vocation. Il marchait à pas de géant dans son immense carrière ; la nôtre est modeste et bornée, marchons-y à pas d'enfant, mais comme lui sans hésiter, sans regarder en arrière.

Je vous l'ai dit en commençant : que la sphère où l'on s'agite soit étroite, qu'elle soit infinie, la première condition du succès, c'est la volonté, c'est le courage. C'est là ce qui manque à la plupart des hommes, plutôt que l'intelligence et les facultés de l'esprit. On vous montre le but, l'arc est dans vos mains ; apprenez donc à le tendre, à décocher la flèche ; apprenez à employer vos forces, à secouer cette mollesse, cet engourdissement qui énerve, qui épuise bien plus que la fatigue et le plus dur travail. Pourquoi tant d'hommes se traînent-ils dans la vie avec cette langueur indifférente qui les rend inutiles aux autres, à charge à eux-mêmes ? C'est qu'ils ne veulent qu'à demi. Les velléités, les désirs sans efforts, voilà le principe de l'ennui, de ce sommeil qui, pour l'âme surtout, est frère de la mort. Laissez-moi vous redire sinon la pensée, du moins les paroles si simples et si vraies d'un illustre poëte, au nom duquel vous donnerez, dans quelques instants, des applaudissements pleins d'espérance, et qui ne seront pas les moins chers, les moins unanimes qu'il ait entendus :

> Amis, l'ennui nous tue, et le sage l'évite.

Oui, dans la vie, le sage par excellence, c'est celui qui sait échapper à cette impuissance de l'âme, à cette insouciance découragée qui nous livre sans défense à toutes les impressions du dehors, à tous nos caprices, à tous les caprices des autres. Le remède est dans vos mains : c'est le travail, ce sont les généreux efforts qui donnent à l'âme cette trempe vigoureuse qui la sauve de sa propre faiblesse et des séductions qui nous entourent. Dans l'intérêt du talent, comme dans l'intérêt de la vertu, apprenez à vouloir, et apprenez-le de bonne heure. Cette faculté, comme toutes les autres, se développe et se fortifie par l'exercice. A mesure que vous avancerez dans la vie, les difficultés s'accroîtront, les obstacles se multiplieront sans cesse. Mais ils n'auront rien qui vous étonne, si, dès votre enfance, vous vous êtes accoutumés à les vaincre, à les braver. Le fardeau sera plus lourd, mais plus vigoureux aussi sera le bras qui doit le soulever.

Prenez exemple sur ceux de vos condisciples qu'on va couronner, sur ces nombreux vainqueurs qui ont triomphé, non pas seulement de leurs rivaux, mais, ce qui était plus difficile, des souvenirs du passé. Dites-vous, comme eux : « Nous voulons réussir; » et comme eux vous réussirez; comme eux, du moins, vous vous habituerez à la lutte, aux efforts; vous apprendrez à connaître vos forces, vous aurez foi en vous-mêmes, et, quelle que soit la carrière qui s'ouvre devant vous, vous marcherez droit au but, et vous serez dignes d'y atteindre.

Première partie.

ACADÉMIE DE PARIS.

CLASSE DE PHILOSOPHIE.

Collége royal de Henri IV.
Professeur : M. Gibon.
I. DISSERTATION EN FRANÇAIS.

Texte.

DE L'AMOUR EN DIEU.

Dieu, l'acte pur, l'être dans toute sa plénitude, apercevant en soi le bien suprême, ne peut le voir sans l'aimer d'un amour éternel, sans s'absorber dans l'ineffable contemplation de ses propres perfections. Si l'homme, l'être imparfait et borné, est entraîné vers l'amour du bien et vers celui du beau, son image sensible; s'il aspire au bien infini, et, s'envolant au ciel sur les ailes de l'amour, essaye de contempler en Dieu ce bien suprême, sa fin et son bonheur, pourquoi dépouiller Dieu, l'être par excellence, de ce sublime attribut? Si l'amour ne donne pas à l'homme le bonheur suprême, c'est que cet amour est toujours ici-bas séparé de son objet, et ne s'aperçoit le plus souvent que voilé sous des formes sensibles qui le cachent à l'intelligence. Mais en Dieu, tout est parfait : son amour ne peut être séparé de son objet, et ne l'apercevoir qu'imparfaitement. Pour lui, le bien suprême, c'est lui-même : il s'aime et se possède à la fois, et trouve sa félicité dans ce désir infini de bonheur, dans cet amour ineffable du bien, désir, amour éternellement satisfaits. Oui, cet amour est nécessaire, car s'il ne l'était pas, Dieu ne jouirait pas de la félicité, cette fin suprême de tous les êtres. Il y tendrait en vain et serait impuissant! Et cet amour est éternel : car Dieu ne peut être un moment sans apercevoir, sans comprendre par son intelligence infinie, sans aimer le bien qui est en lui.

Quels sont les caractères de cet amour, et quel en est l'objet immédiat?

Êtres bornés, nous ne pouvons concevoir Dieu et ses attributs qu'au point de vue de notre intelligence; mais ici ce point de vue s'identifie avec les plus sublimes instincts de notre nature. Pour connaître les caractères et l'objet de l'amour divin, il faut rechercher quelles sont les lois en vertu desquelles notre sensibilité tend à la fin qui lui est assignée.

Pour l'homme, le bien est uni au bonheur, et ce bonheur, il le recherche dans la satisfaction des divers instincts de sa nature. Mais parmi ces instincts, il en est dont la voix secrète de sa conscience lui déclare la satisfaction contraire au bien auquel il aspire : ceux-là, il n'en jouit qu'avec remords, et le plaisir qu'il trouve dans leur satisfaction est toujours mêlé d'une grande amertume. Il en est d'autres qui lui procurent des jouissances plus pures : ceux-là sont les instincts qui l'élèvent vers le bien. Ils le poussent au développement de ses diverses facultés, et son plus grand bonheur est dans ce développement le plus complet possible, le plus conforme à la loi du bien qu'il porte dans son cœur.

Mais cette jouissance, bien qu'aucun remords ne vienne l'empoisonner, ne satisfait jamais qu'à demi l'âme humaine. Elle conçoit toujours un bien plus pur et plus sublime au delà de celui dont elle jouit aujourd'hui : toujours elle aspire à ce but insaisissable qui recule devant elle. En un mot, l'âme humaine aspire au bien infini et cherche à l'atteindre par son expansion la plus parfaite possible, sans jamais y parvenir, sans que jamais son amour puisse s'identifier avec son objet.

On doit donc concevoir l'amour divin comme aspirant aussi à l'infini. Mais cet infini, c'est Dieu même : c'est le beau, c'est le bien réalisés dans l'être des êtres. Cet amour jouit donc sans fin de son objet, et y trouve une éternelle satisfaction ; et il nous offre tous les caractères de la perfection divine : il est aussi pur que sublime, aussi juste que nécessaire, aussi libre qu'intelligent. Mais ici la liberté qui peut entraîner l'homme à se tromper dans l'objet de son amour, s'identifie en Dieu avec la nécessité morale. L'Être souverainement sage, puissant et intelligent ne peut errer dans le choix de cet objet : nulle ignorance, nulle passion, ne peut détourner du bien sa volonté.

Cependant, Dieu, par une réflexion sublime de cet amour, en vertu duquel il contemple tout bien, toute beauté, se reporte aussi vers les images parfaites du bien et du beau, qu'il a tracées dans ses créatures. Lui qui aime ses perfections, il ne peut ne pas aimer ces êtres en qui il en a imprimé quelques traits. Il s'y complaît à proportion du bien qu'il y trouve, et voit avec bonheur l'harmonie de cet univers qu'il a créé, et qui gravite, par une marche dont Dieu connaît et règle seul la souveraine sagesse, vers le bien infini. L'être intelligent, qui a quelque sentiment de cette harmonie et des perfections de l'Être divin, et qui essaye de se rapprocher librement de ce bien infini, attire surtout ses regards. Et la vue de ce spectacle, l'amour avec lequel Dieu contemple ses créatures, n'altèrent pas son immutabilité. Car il voit leur vérité sans sortir de lui-même, leur possibilité dans ses degrés infinis d'être, et leur réalité dans sa volonté qui les a seule déterminés à l'existence; et s'il les aime, c'est en vue des perfections qu'il a mises en elles, perfections images de celles qu'il contemple en lui-même.

Cette conception de l'amour que Dieu trouve dans la contemplation intime de ses perfections est l'une de celles que l'homme a saisies les premières. Les plus anciennes religions l'offrent à notre étude. L'Être incréé qui domine l'univers et les dieux inventés par ces religions, s'absorbe toujours dans sa propre intuition. C'est là qu'est la beauté et le sens profond de ce dogme chrétien de la Trinité, où la puissance et l'intelligence s'unissent avec l'amour divin qui leur est consubstantiel dans une incompréhensible unité.

BERTHELOT (Marcelin-Pierre-Eugène).—Institution de M. Crouzet.

II. DISSERTATION EN LATIN.

Collége royal de Saint-Louis.

Professeur: M. Mallet.

Texte.
De providentia divina.

Homo, quum in hanc terrenam sedem projectus velut explet, se tamen non in exilio solum ac rerum inopem deseri sentit. Numen est benignum idem et omnipotens quod hominis necessitatibus consulat; quod provideat ne, quum in rerum augustiis versetur, in desperationem sui decidat; quod denique veritatis vestigiis insistentem confirmet, in errorum ambages delapsum admoneat ac revocet. Hic ille scilicet est Deus, qui, mundi hujus non tam creator quam parens, omnibus hominibus summa caritate semper invigilet, ut eos per viam, difficilem, fateor, ac præruptam, sed necessariam, ad æternam felicitatem (qui finis eis propositus est) perducat.

Deo scilicet quædam quasi signa inesse videmus, quæ nos non sinant dubitare, quin ille semper rebus, quas creavit, consulat et supra eos manum extensam teneat. Nempe quum nos scrutandi viam ingressi sumus, quasdam nobis dotes insitas esse cognoscimus, quas statim intelligimus quamdam esse particulam, certe imaginem earum dotum, quæ summæ apud Deum atque infinitæ quasi resident. Apud nos quidem bonitatem quamdam, qua aliena felicitate gaudemus; sapientiam, qua res, quam optime possumus, regimus; justitiam denique reperimus, qua quod cuique suum est, reddimus ac tribuimus. Homo, quum finitus ac limitatus sit, has dotes non nisi finitas atque mancas habet; Deus vero, quem summam perfectionem esse confiteri necesse est, has, non jam finitas ac limitatas, sed plenas atque perfectas possidet. Apud eum ita resident, ut omnis bonitas, sapientia, justitia, ab eo velut e fonte derivetur.

Intrandum nunc est in rerum naturam, ut, quas nunc votis præsumimus, eas, rebus excussis, vere apud Deum esse pervideamus. Quin Deus bonus ac sapiens sit, dubitare quis possit, quum ob oculos grande et jucundum habeat hujus mundi spectaculum? In qua partes omnes mira harmonia convenire videmus, et ita sentimus, ut, quum aliquid coram nobis fiat, statim, velut dixit gallici eloquii princeps (Bossuet), quæramus quare id fiat. At si res non succinctim tangamus, sed introspiciamus, apparent nobis plurima signa, quæ vere manum referant e qua omnia profecta sunt. 1° Ne hominem unum consideremus, legibus, quæ rebus in universum præsunt, et hunc mundum regant, quam feliciter animantium natura convenit! 2° Et non his tantum legibus convenit, sed etiam tempestatum anni vicissitudinibus, cœli temperiei, locorum ingenio mere accommodata est. 3° Imo, genera animantium peregrina, tam certa fide itinera ineunt, resque iis tam bene cedunt, ut eos instinctu felicissimo divinitus animari confitearis necesse est. 4° Resque naturæ, locorum situs et arbores, gramina, fruges, apta cuique generi et idonea ita sunt, ut omnibus modo alimenta, modo etiam, si morbo laborent, remedia suppeditent. 5° Nihil autem tantam apud omnes simul admirationem et animi gratitudinem movere debet, quam quum videmus naturam rerum hominis indoli, ingenio, necessitatibus tam bene convenire, ut illi quasi pareat et dicto audiens sit, atque homo rerum omnium rex jure appelletur. Quo quidem signo plane ac perspicue apparet supremi numinis consilium, quod hominem, rem omnium creatarum perfectissimam, tam carum habuerit, ut omnia ad ejus usum creavisse videatur.

Non equidem ignoro quosdam ad id dementiæ venisse homines, raros felicissime, ut patrem confiteri noluerint, et, quasi ingrati liberi, injurias ei pro beneficiorum memoria retulerint, tanta superbia se extulerint, ut; non Deum huic rerum ordini præfuisse, sed hominem res in usus suos vertisse voluerint. Epicurus et Lucretius apud antiquos ; qui quidem in *Natura rerum* ita loquitur :

> Nil ideo natum est in nostro corpore ut uti
> Possimus ; sed quod natum est, id procreat usum.

His annumerem, apud recentiores, Spinozam qui, in *Ethica*, dicit naturam nullum finem sibi præfixum habere omnesque causas finales nihil esse nisi hominum figmenta.—Quod quanquam quidem tam insulsum absurdumque est ut aliquid vix contra eos dici mereantur, tamen aliquid cum sapientissimo illo Fenelon scriptore qui Deum esse perspicue demonstravit, respondebimus, ut nudis rerum argumentis manifesta asseratur divina providentia. — Nullum deum dicunt, inquit ille scriptor, rerum ordinationi præfuisse, omniumque mundi partium hanc convenientiam effecisse; hominem vero res æternas, et nescio quo casu ordinatas, industria sua et animi inventione in suos usus convertisse. — At si quis ædes quasdam bene compositas et feliciter exstructas ingrediatur, dicatne nullum artificem his ædibus ædificandis præfuisse ? Nemo est mehercule, qui, quum talia tamque insulsa audiret, risum tenere posset, eaque dicentem alienatum esse arbitraretur. Hic autem mundus, quem veteres philosophi optimo jure Κόσμον dixerunt, non ædibus quibusdam, sed regiæ admirabili, quæ omnia humana opera multum exsuperat, et undique summi vereque divini artificis signum proferat.— Quid illi insulsi homines in Dei locum sufficere voluerint prope pudet dicere. Quædam corpuscula motu æterno infinitis modis infinitas mundorum formas effecisse. — At enim huic formarum infinitati semper unam formam addi, unam detrahi licebit : quid illud infinitum quod minui, quod augeri potest ? Deinde hæc corpuscula æterna ausint ne dicere supremam perfectionem, habere, id est, per se existere ? Ea existere ponamus; quid ea moveri probat? Materiam in otio permanere optime intelligo : quo fit ut motus ei non necessario inhæreat, quum præsertim motus ejus varius admodum, modo lentior, modo velocior sit. Imo, si moveantur ea corpuscula, rectum esse eorum motum confitearis oportet; si recte moveantur, nunquam concurrent, nisi nunc etiam volueris me id tibi concedere, ut a recto paulum declinentur; quod clinamen vocas. At perspicuum est te tibi minime constantem permanere, et absurditates alias ex aliis, ut tuum stet propositum, proferre. — Iterum dicamus, ut ad rem redeamus, divinam bonitatem sapientiamque, quum in omnium animantium et hominum inprimis natura, tum etiam in rebus omnibus, e quibus hic mundus constat, perspicue apparere.

Illud ad bonitatem et sapientiam, hoc vero ad omnes dotes, in quibus consistit divina providentia, pertinet. Non simplex hominis natura est; quod ad corpoream naturam spectat, vidimus omnia ita a Deo effecta fuisse, ut quam optime et felicissime vitam degamus. Qua benignitate, qua sapientia, qua justitia, animos et effecerit et regat, si res paulo attentius perspexerimus, perspicuum erit. Deus noluit hominem solitarium et quasi extorrem vivere; si a vera patria, quod cœlum est, ad tempus remotus est, non omni tamen familia caret, quum fratres habeat qui in eadem vitæ conditione versantur. Quare Deus homini dedit ut cœtus faceret, et urbes ædificaret; dedit ut cogitata sermone proferret; et quadam animorum communione quam maximum perfectionis gradum assequerentur. Quo fit ut hodie homo non opibus propriis virtutibusque sibi ipsi ingeneratis tantum, sed etiam omnibus societatis humanæ commodis et utilitatibus frui possit, neque vitam quum variis periculis tum præsertim solitudinis fastidio obnoxiam degat?

Præterea homo, si omni lumine præter suum careret, non posset quin singulis prope diebus in errores tristissimos decideret, et naturæ suæ vitiis transversus ageretur. At nobis inest lux quædam, mutuata, fateor, atque aliena, sed perfectissima; qua face collustratus hominis animus a recta via nunquam declinat, si quando eam sequatur. Qua duce, homo, quum semel e pueris egressus est, quæ sint officia per vires sibi datas absolvenda cognoscit, quid bonum, quidve malum sit, optime semper et facillime discernit. Cupiditatibusque et naturæ vitiis assidue jactatus, ratione illa, ceu benigno sidere, quo tendere debeat et qua via, ostendente, homo non errat huc et illuc, sed certum finem habet, quæ virtus est et quam maxima, ut Plato loquitur, cum Deo similitudo. Quum ex iis omnibus, quæ creata sunt, nulla reperiantur, quæ, divino quodam signo, supremi auctoris manum non referant, quis diceret hominem unum esse qui hac divina derivatione careat? et quum homini divinum semen insit, qua sede, nisi mente? et apparet apud eum prorumpitque foras, qua via, nisi ratione?

Neque tantum modo quid faciendum fugiendumve sit, rationis face illuminatus, homo discernit, sed etiam quid inde secuturum sit, certissima fide providet. Quum aliquid coram nobis agitur, non possumus quin agentem, si quid boni effecerit, bene mereri; si quid mali, pœna dignum esse judicemus. Imo etiam, quisque nostrum sibi judex gravissimus est, quum, si quid bene fecerit, ipse sibi gratuletur; si quid mali, se pœnam meritum esse arbitretur. Eamque harmoniam, quam bonum inter et mercedem, malum et pœnam interesse sentimus, nonne in societate humana legibus plerumque confici videmus, quum improbus puniatur, probus vero remuneretur? Et si quis objiciat hanc convenientiam non plane confici, respondebimus Deum, quum societas non posset pœnas satis justè culpâ metiri, bonos satis grate ac magnifice remunerare, Deum, inquam, id sibi reservasse, ut hanc boni mercedisque, mali ac pœnarum convenientiam in altera vita perficeret atque absolveret.

Nunc autem, ut quidquid diximus paucis verbis colligamus, illæ sunt tres dotes e quibus providentia divina constat : bonitas scilicet, qua Deus, ut Plato dixit, divinas suas perfectiones extra se diffundere gaudet : sapientia, qua Deus rem quamque ita effecit, ut finem quam optimum consequeretur; justitia demum, qua summam, qua bonum cum mercede, malum cum pœna jungi sentimus, convenientiam partim his in terris partim in altera conficit atque vita absolvit.

Hoc illud numen est, quod semper et ubique præsens hunc mundum universum regit, neque quidquam fieri contra leges, quibus res voluit parere, nisi naturâ ipsâ rerum jubente, sinit. Illud est quod omne genus humanum, ceu virum unum, per rerum mutationes, per regnorum et urbium mutationes, ad meliora semper fata perducit. Numen denique est illud, de quo poeta loquitur quodque hujus mundi infinitatem implet :

...... Est quodcumque vides, et pontus et aer
Et cœlum, et virtus.

Verumtamen, quum omnia in universum regat, rem unamquamque non negligit. Non id est, quod non universis rebus et simul singulis consulere possit; neque ea est rerum omnium et mundi universi cura, ut humillimis inter ea, quæ creata sunt, officiat. Cur enim Deus unicuique creatarum rerum non invigilaret? De duobus alterum necesse est : cuique consulere vel nollet, quod summa perfectio summaque bonitas minimè patitur; vel non posset, quod fieri, quum Deus omnipotens sit, nullo pacto potest. Nonne alioquin aliquid suæ perfectionis Deo, simulque summam homini solationem detraheret, si quis Deum res in universum gerere vellet, singulas vero negligere?

Superest autem, ut hanc omnem quæstionem profligemus, videre quid ea valeant quæ contra divinam providentiam objecta sunt. — Multa scilicet dicunt contra legem moralem ab homine fieri, multaque quotidie peccari; hominem multis cupiditatibus, multis denique vitiis laborare; quid putandum est de Deo qui talia tamque turpia fieri patiatur; illa de malo quod animos pertinet; hæc vero, de malo quod spectat ad naturam; plurimos morbos esse, qui hominum corpora vexent, lacerent, stimulos admoveant, respirare non sinant; multas in rerum natura perturbationes quotidie fieri, quæ homines interficiant, quæ urbes vel flammis devorent, vel inundatas evertant, et multa quæ longum est enumerare. — Primùm, quod ad priorem objectorum partem spectat, ea paucis licet diluere. Hæc enim mala, quæ Deo crimini vertuntur, non a Deo profecta sunt, sed ab homine, qui libertatem suam in malos usus depravat. Homo liber a Deo creatus est ut mercede dignus esset; post rationem enim libertas est qua homo cætera animalia præstat; id tantum tamque cœleste bonum effecit ut homo non prorsus a Deo absimilis foret; simul autem effecit, ut, quum finitus homo sit, libertate non recte semper uti debuerit. Attamen, ut summus germanus philosophus dixit (Leibnitz), Deus, quum bonum quam maximum vellet, hominem liberum esse voluit; quia liber homo erat, in hoc mundo quem Deus quam optimum esse judicavit. Quamvis multa ex ea libertate peccata profectura esse Deus providerit, hominem liberum tamen creavit; quippe qui non, nisi liber, felicitatem *mereri* potuerit. Si quis autem objiciat Deum potuisse hominem ita liberum efficere ut nunquam peccaret, sibi ipse repugnat. Deus enim infinitus est, neque quisquam præter Deum potest esse infinitus. Homo autem si liber ita esset ut nunquam peccaret, infinitus et ipse Deus esset; oportuit igitur hominem limitatum et finitum esse; ita ut, animo finitus peccaret, corpore quoque finitus laboraret.

Transeamus ad posteriorem objectorum partem, quæ, si paulum attenderis, facile dilui refellique potest. Permulta primum in his quæ physica mala dicuntur, a pravo libertatis usu proficiscuntur; huic fonti jure referuntur morbi plerique, quibus laboramus, quique nunc contaminatæ hominum naturæ videntur inhærere.

Deindè multo rariora opinione sunt ea, quæ verè naturæ mala dici possunt; eæ sunt tantum flammarum eruptiones è montibus, et perturbationes quæ vel in aere, vel in mari, vel in fluminibus, et illæ quidem rarissime, fiunt. Animadvertendum autem est, res naturæ legibus generalibus parere, quæ non sine aliqua rara paucorum hominum incommoditate cuncta regere vix possint; deindè multa mala nocentiaque a nobis putari, quæ tamen veram utilitatem, sed occultam, habeant (quod quidem ita esse pene quotidianæ doctorum inventiones confirmant).

Pauca nunc addenda esse putamus, quæ in universa objecta congeri possunt : 1° Si summam attentiùs subducas, multò malis bona præstare facilè cognosces, malumque ubique contra suetum rerum ordinem fieri. Nullus enim homo est tam improbus, apud quem, si universa spectaveris, non mala bonis plus quam pensentur; neque ulla regio tam infelix, in qua utilitatibus incommoda multò superentur. Id ipsum facit ut multo magis mala quam bona animadvertamus; sicut, omnium dierum serenarum immemores, unam procellosam diem notamus et animadvertimus. — 2° Multæ virtutes sunt quæ, malo sublato apud hominem reperiri nullo pacto possent : quales patientia, constantia, fortitudo, misericordia, quæ decora naturæ humanæ sunt. — 3° Deniquè malum qui nobis contra divinam providentiam objiciunt, non vident illud supremo hominis fini esse accommodatissimum? Quis finis, quis est nisi felicitas? felicitatem vero dico per virtutem partam; felicitas enim homini nihil esse potest nisi merces. Nemini autem merces datur, nisi ei qui laborando eam meritus est. Quid autem virtus est, nisi labor? Quid labor, nisi quod dicitur? Grande quidem spectaculum est et vere Numine dignum vir probus, qui, quum in rerum angustiis versatur, constans sibi permanet, suique adversus assidua vitæ mala periculum facit; neque ulla via est qua possit propositum sibi finem assequi, nisi laborando.—Nihil est igitur quod adversus hanc divinam providentiam quæ cunctis rebus invigilat; quod si quid mali fieri videmus, id etiam, ut aiunt sanctus Augustinus et ille quem jam indicavimus germanus auctor, ideo fieri fatendum, ut majus bonum indè proficiscatur. Et nedum aliquid contra eam fingere conemur, philosophiæ grates agamus, qua homo ad hujus numinis providi benignique intellectum ac reverentiam evectus, altius de se ac præclarius sentit et cogitat.

CHALLEMEL-LACOUR (Paul-Amand). — *Institution de* M. HORTUS.

CLASSE DE RHÉTORIQUE.

I. DISCOURS FRANÇAIS.

Collége royal de Charlemagne.
Professeur : M. Caboche.

LE MARÉCHAL DE LUXEMBOURG A LOUIS XIV.

Matière.

Monsieur de Luxembourg avait assisté à la bataille de Rocroy, à la conquête de la Flandre, en qualité de lieutenant-général. En 1672, il avait commandé en chef dans la campagne de Hollande, et avait sauvé les restes de l'armée. Il avait pris part à la bataille de Senef, en 1675, et cette même année, il avait été fait maréchal de France.

Louvois était son ennemi, et, quand vint à éclater, en 1680, l'affaire des poisons, un des hommes du maréchal se trouvant compromis, les soupçons s'élevèrent jusqu'à lui. Il se rendit à la Bastille : un ordre vint de le mettre dans une de ces horribles chambres où l'on voyait à peine le ciel. « Songez, dit Sévigné, songez à la fortune brillante d'un tel homme, à l'honneur qu'il avait eu de commander les armées du roi, et représentez-vous ce que ce fut pour lui d'entendre fermer ces gros verrous. » Il écrivit à Louis XIV.

Il n'a pu supporter le poids de soupçons odieux : il s'est rendu à la Bastille, et à la rigueur qu'on a mise à l'enfermer, il voit qu'on le croit coupable.

Il est sous les verrous ; mais il est tranquille : il attend avec confiance l'issue des enquêtes et les arrêts de la justice.

A qui cependant l'a-t-on associé ? A des malheureuses aussi folles que criminelles. Qu'invoque-t-on pour l'accuser ? La mauvaise foi ou la sottise d'un de ses gens.

Il lui est pénible de se voir réduit à rappeler qu'il a bien servi le roi, qu'il pourrait encore le servir au besoin.

Il sait ce qui le persécute : c'est la haine d'un ministre, qui devrait pardonner à d'autres l'honneur d'un dévouement qu'à tort il s'arroge à lui seul.

Du reste, quoi que le roi décide, il ne sera pas moins fidèle que M. de Turenne, qui a aussi ressenti les rigueurs de M. de Louvois.

D'odieux soupçons pesaient sur moi ; on osait m'accuser tout haut d'avoir trempé dans cette horrible affaire des poisons, et on ne craignait pas de souiller mon nom en le mêlant aux noms de je ne sais quels infâmes et obscurs malfaiteurs. Je pouvais conjurer l'orage en m'éloignant, mais c'eût été trop contenter les auteurs mêmes de telles accusations. De perfides amis me persuadaient de m'enfuir ; innocent, j'avais trop de confiance dans la justice de Votre Majesté pour craindre mes ennemis : je suis resté ; je me suis rendu à la Bastille. Mais à la rigueur qu'on a déployée contre moi, je vois bien qu'on me croit coupable. J'attends qu'on le prouve.

Sire, le duc de Luxembourg, qui a eu l'honneur de commander les armées de Votre Majesté, est maintenant relégué dans un cachot étroit, où ne pénètrent ni l'air ni la lumière du ciel. La haine de ceux qui me poursuivent est bien implacable, ou la justice est bien rigoureuse et bien défiante ; cependant, il me semble qu'elle n'avait besoin ni de tant de verrous, ni de si hautes murailles pour garder un prisonnier qui était venu de lui-même se remettre entre ses mains. Cette longue et dure captivité a épuisé mes forces, altéré ma santé ; mais mon âme est toujours ferme et tranquille. J'attends avec confiance l'issue des enquêtes et les arrêts de la justice, persuadé qu'ils feront éclater mon innocence au grand jour, et ne laisseront à mes accusateurs que la honte de m'avoir compromis.

N'est-ce pas une honte, en effet, qu'on m'ait osé mêler dans cette affaire? A qui m'a-t-on associé? A des malheureuses aussi folles que criminelles, dont on ne sait si l'on doit plaindre l'étrange aveuglement ou détester les horribles excès. Votre Majesté cependant m'avait donné assez d'occasions de montrer que la fixité et la noblesse de mon caractère n'étaient pas au-dessous de ma naissance, pour me mettre à l'abri, je ne dis pas des accusations, mais même du moindre soupçon. N'importe ; on a voulu me trouver coupable, et on invoque pour m'accuser la mauvaise foi où la sottise d'un de mes gens. On aime mieux en croire un misérable qui a été gagné ou abusé, que se fier à la parole d'un maréchal de France. On se prévaut contre moi d'un pouvoir changé et falsifié en un pacte avec le diable ; je rougis de le dire pour mes juges, qui ont feint de croire à ce pacte, fait, dit-on, pour avoir le gouvernement d'une place ou d'une province.

Je pense, Sire, qu'il n'est pas besoin de me justifier auprès de vous de pareilles absurdités. Toutes mes actions parlent pour moi, et me justifient mieux que ne le feraient mes paroles. Je n'ai pas, pendant tant d'années, combattu les ennemis de Votre Majesté ; je n'ai pas eu l'honneur de contribuer sous vos ordres à la conquête de la Franche-Comté, de commander l'armée de Hollande, de vaincre à Senef avec le prince de Condé, pour descendre ensuite à de viles et criminelles intrigues. Il m'est pénible, Sire, d'être réduit à rappeler que j'ai bien servi Votre Majesté, et que je pourrais la servir encore; on me force à faire, pour la défense de mon honneur et de mon nom indignement outragés, ce que j'aurais rougi de faire pour obtenir une grâce, une faveur : les Montmorenci n'ont jamais joué auprès des rois le rôle de solliciteurs et de courtisans; ils ont l'habitude de ne réclamer, pour récompense des services qu'ils ont rendus, que l'honneur d'en pouvoir rendre encore.

Et c'est cet honneur, dont je suis jaloux, qui vient d'attirer sur ma tête les persécutions dont je suis l'objet. Si, au lieu de me dévouer au service de Votre Majesté, de me faire quelque réputation, j'étais resté confondu dans la foule des courtisans, sans autre titre que ma propre noblesse, on ne m'aurait pas tant inquiété; je n'aurais pas été persécuté par la haine d'un ministre qui devrait pardonner à d'autres l'honneur d'un dévouement qu'à tort il s'arroge à lui seul. Il devrait savoir cependant que, malgré tout son génie et toute son activité, il ne saurait suffire seul à exécuter les grands desseins de Votre Majesté, et que c'est mal lui témoigner son dévouement que de la vouloir priver de ses plus fidèles serviteurs. Mais peu importe cette haine, je l'ai bravée pour vous servir, et la braverais encore. Voilà, Sire, mon plus grand crime: c'est, je le répète, d'avoir servi Votre Majesté. Je reconnais la main qui a voulu me perdre; je ne suis pas le premier sur qui elle s'appesantit, et pour les mêmes causes.

Monsieur de Turenne aussi a ressenti ses rigueurs, et cependant il n'en a pas moins été fidèle à Votre Majesté, qu'il servait encore au moment où la mort l'a frappé. Il a vaincu, malgré les Allemands et malgré monsieur de Louvois. Sire, je m'en remets tout entier à votre sagesse et à votre justice; quoi que vous décidiez, persuadé que la raison seule et la justice guident vos décisions, je n'en serai pas moins fidèle que monsieur de Turenne.

DEHENNE. — *Institution de* M. PETIT.

II. HISTOIRE.

Collége royal de Saint-Louis.
Professeur : M. SEDILLOT.

Matière.

Exposez rapidement les résultats politiques, religieux et littéraires du règne de François Ier.

Le règne de François Ier est, sous tous les rapports, un des plus importants de l'histoire de France. Fécond en événements, fécond en révolutions, fécond en guerres, il n'est pas pour cela moins rempli par le mouvement littéraire, par la prodigieuse activité des esprits, par cette ardeur que jetait dans les âmes la renaissance des lettres, et surtout la grande réforme de Luther et de Calvin.

Glorieux par des victoires, glorieux même par plus d'une belle défaite, il nous présente une lutte continuelle, souvent malheureuse, mais utile par ses résultats.

Ce sera pour nous une tâche intéressante, mais difficile, que de suivre François Ier dans les succès et les fautes de sa politique, dans sa conduite avec les protestants, dans sa protection éclairée et généreuse pour les sciences, les lettres et les arts. Les résultats politiques se présentent tout d'abord à notre vue, et par leur importance ordinaire pour l'avenir, la grandeur et la considération d'un État, et ici par l'importance qu'ils acquièrent dans un moment où l'Europe était menacée d'un asservissement général, où la France se voyait enlever l'influence qu'elle avait à exercer dans l'Europe.

Les résultats de la réforme religieuse, qui eurent sur l'avenir une influence plus considérable peut-être encore que les résultats politiques, seront examinés en second lieu, et nous y trouverons les germes des plus grands changements.

Enfin, si nous plaçons en dernier lieu les résultats littéraires, ce n'est point à cause de leur peu d'importance ; mais leur intérêt ne peut être que secondaire en face de résultats aussi importants que l'équilibre européen et la réforme religieuse.

On ne peut se dissimuler que souvent François Ier n'ait suivi une politique fausse et mesquine ; mais on doit avouer que la politique générale de tout son règne, l'idée qu'il poursuivit avec tant d'opiniâtreté et de courage, l'abaissement de Charles-Quint et de sa puissance était la vraie politique que la France dut suivre, celle que plus tard devait imiter Henri IV, celle que Richelieu devait suivre avec de si grands résultats. François Ier avait reçu de Louis XII un royaume épuisé par des guerres continuelles, aussi inutiles que mal dirigées, signalées par de beaux, mais stériles triomphes, et compromises par de grandes fautes.

L'inutilité des guerres d'Italie, l'épuisement qu'elles causaient à la France, et le peu de résultats qu'elles apportaient, auraient dû désabuser François Ier de ces brillantes passes d'armes. Il n'en fut pas ainsi : comme les rois ses prédécesseurs, il porta sans cesse ses regards sur l'Italie, et comme eux convoita cette belle contrée, si souvent soumise, si brillamment conquise, mais toujours si vite perdue.

Ce fut là aussi qu'il dirigea ses coups, et de brillants triomphes illustrèrent ses armes et lui donnèrent même le Milanais.

Cette conquête l'enivra, et, durant tout son règne, sa plus grande faute fut d'attaquer son rival dans cette contrée où Charles n'avait que des intérêts secondaires. C'est là qu'on remarque ce qu'il y a d'égoïste et d'inconsidéré dans la politique de François Ier. Il suit l'exemple de ses prédécesseurs, et attaque l'Italie, qui sourit à son ambition plus que les Pays-Bas et l'Allemagne. Il sentit à la fin de son règne cette faute intéressée ; il porta ses armes contre les Pays-Bas, mais il était trop tard ; et là même encore il divisa trop ses forces, et les obstacles ordinaires de ses succès, c'est-à-dire le manque d'union dans les opérations militaires, le mauvais choix des chefs, l'ineptie des généraux, les intrigues de cour et les fautes du roi, l'arrêtèrent aussi, comme en Italie.

Quelle était donc la politique que devait suivre François Ier ? quelle fut celle qu'il suivit avec les différents souverains de l'Europe ? François Ier devait rechercher partout des alliances contre son puissant ennemi, exciter dans les États soumis à Charles des mécontentements et des troubles, favoriser les protestants d'Allemagne, s'unir à l'Angleterre, au Portugal, aux petits États d'Italie, aux Pays-Bas. Cette politique, il la suivit souvent ; souvent aussi il s'en éloigna par ses fautes. Ainsi il sentit la nécessité de l'alliance avec l'Angleterre, s'allia à Henri VIII, voulut le fêter et lui faire honneur : c'était bien jusque-là ; mais il l'étourdit de ses profusions, de l'ostentation de son luxe et de ses qualités chevaleresques, enfin blessa profondément celui qu'il devait gagner à sa cause. Son rival, plus prudent et plus habile, gagna Henri par des prévenances, et Wolsey, le ministre tout-puissant, par des flatteries et des largesses.

Plus tard, on vit de quelle utilité devait être l'alliance anglaise contre Charles-Quint ; mais les défaites étaient essuyées, et les secours souvent insuffisants de Henri ne purent en prévenir de nouvelles. Avec les princes allemands, François suivit une politique plus décidée et plus constante en leur fournissant de l'argent et des secours, en s'alliant avec la ligue de Smalkalden ; mais il ne sut pas se les attacher continuellement, et plus d'une fois s'aliéna leurs secours par ses rigueurs contre les protestants de France.

En Italie, François Ier, au commencement de son règne, en abolissant la Pragmatique, se concilia le pape, et par ses relations s'unit avec les princes d'Italie. Plus tard il suivit, lorsque son rival fut maître de la Péninsule, la même politique sage et utile ; ses promesses et la crainte de Charles-Quint, ses relations avec le pape, servirent à le relever de l'abaissement où il était tombé après la bataille de Pavie ; mais la puissance de l'empereur était trop enracinée dans ce pays pour que son influence pût y être facilement diminuée. Au commencement de son règne, François s'était pourtant concilié le pape par l'abolition de la Pragmatique et la conclusion du concordat : c'était sage de se faire dans le souverain pontife un allié contre l'Autriche. La paix perpétuelle avec les Suisses était aussi une sage mesure, et réparait la faute que Louis XII avait commise en s'aliénant ces grossiers mais courageux montagnards.

Ce qui surtout était habile, c'était l'alliance de la France avec la Turquie : alliance que rendaient si importante la grandeur du redoutable Soliman et les forces de son puissant empire. Aussi cette alliance servit-elle souvent François Ier par les diversions que Soliman opérait en Hongrie, et par les ravages que sa flotte poussa jusqu'en Italie. Mais au milieu de ce petit nombre d'heureuses et utiles alliances, combien de fautes ! outre le mécontentement de Henri VIII et de Wolsey, outre les rigueurs impolitiques contre les réformés, François Ier ne sut pas profiter de la jeunesse de Charles-Quint et des troubles causés en Espagne par les cortès ; et après s'être emparé de quelques places de la Navarre, il ne sut pas les conserver, et se vit repousser au delà des Pyrénées ; plus tard, il irrite, persécute et force à l'exil le connétable de Bourbon, qui se vengea par tant de victoires ; et au moment où il pouvait facilement obtenir de Charles-Quint de nombreuses concessions par la guerre ou par de sérieuses et habiles négociations, il trahit la confiance des Gantois, trompe l'attente des mécontents d'Allemagne, et livre passage, au milieu de ses États, à son rusé et perfide rival. Enfin bien souvent, comme ses choix de généraux, sa politique est mesquine, due à des intrigues de cour, livrée aux caprices des femmes et des favoris, indigne d'un grand roi et d'un grand royaume.

Malgré toutes ces incertitudes, toutes ces fautes, toutes ces inconséquences, les résultats politiques du règne de François Ier n'en sont pas moins considérables.

Pendant vingt-cinq ans la France a lutté de toutes ses forces contre une influence pernicieuse, contre une puissance qui menaçait d'élever sur les ruines de l'Europe une monarchie universelle. Elle s'est relevée par le traité de Cognac de l'humiliation de Pavie ; elle a intéressé le pape, les Italiens, les Anglais, les Allemands, dans sa cause, et s'est prémunie contre l'ambition de Charles V. Grâce à cette lutte, et bien que François n'ait pas été victorieux, les princes protestants ont pu obtenir des concessions, et, malgré la victoire de Mülhberg, ils se sentent plus forts, sachant qu'ils ont près d'eux un défenseur. L'Italie, dégoûtée de la domination espagnole, le pape, les princes italiens, fatigués de l'oppression, voient dans la France leur recours ; les mécontents des Pays-Bas tournent les regards vers elle ; en un mot, elle a grandi dans l'opinion de l'Europe et dans la confiance de ses alliés ; on l'a vue soutenir seule une lutte formidable, défendre avec courage et opiniâtreté l'équilibre européen, l'établir par ses sacrifices, et les nations opprimées ont mis en elle leur espoir. Ainsi, bien que les guerres de la rivalité de Charles et de François aient coûté à la France des millions et des armées, bien que le royaume ait été abattu par des défaites, épuisé par de longs revers, dévasté, envahi même et forcé à des traités honteux, il a en peu de temps réparé ses forces épuisées, et François Ier laisse ses États raffermis par la paix, par une sage économie et une administration sévère, à un fils héritier de ses projets et de sa haine pour la maison d'Autriche.

A l'intérieur, il faut aussi remarquer d'importants résultats opérés par le règne de François Ier.

La monarchie despotique, mais tempérée par l'opinion publique, de Louis XI, est devenue avec François Ier absolue, et la volonté du prince règle seule désormais le gouvernement, la paix et la guerre. Les états généraux, si nombreux sous Louis XI, Charles VIII et Louis XII, ont été mis de côté par François Ier, et remplacés par des lits de justice, des assemblées de notables, assemblées plus dévouées, plus faciles à gagner, et où la voix du peuple ne pouvait se faire entendre. Les parlements ont été réduits au silence et forcés d'enregistrer sans résistance tous les édits du roi. Leurs représentations n'obtiennent pour toute réponse que ces mots : « Tel est notre bon plaisir. » De cette manière, les impôts se sont augmentés pour les besoins de la guerre et les plaisirs de la cour; la volonté seule du roi les a imposés partout, et partout les officiers royaux les ont levés sans obstacle. A son gré, François vend les charges judiciaires, aliène le domaine, crée des rentes sur l'hôtel de ville, confisque les biens des réformés. Rien ne dérange plus l'exécution des volontés royales, plus de seigneurs indépendants, plus de turbulents vassaux, plus de guerres civiles, plus de dangers pour le pouvoir royal : il est sûrement et solidement assis ; si bien établi enfin, que les guerres désastreuses des fils de Henri II, les fureurs de la Ligue ne pourront le renverser, et qu'il suffira seulement que Henri IV le ressaisisse pour le rétablir solidement. La législation sous ce règne est réformée; l'édit de Villers-Coterets remplace le latin des tribunaux par le français, force de constater les naissances, et réforme les procédures. Enfin, le commerce est protégé, l'industrie fait des progrès, une flotte est créée, et de hardis navigateurs vont en Amérique chercher des établissements, commencer notre puissance coloniale.

Pendant que François Ier combattait Charles-Quint et voulait abaisser la domination espagnole, s'introduisait en France la réforme de Luther et de Calvin, et la liberté de conscience était réclamée. Ce n'était pas le roi très-chrétien, le monarque absolu qui réduisait tout au silence sous son autorité, qui pouvait laisser s'établir la réforme, et accorder la liberté de conscience. Aussi, malgré son caractère enclin à la douceur, et sa répugnance à sévir, François Ier alluma les bûchers dans son royaume; de nombreuses exécutions eurent lieu ; on brûla et poursuivit les sectaires, les huguenots; et on leur fit expier dans les supplices leur liberté d'examen.

Enfin, à la fin du règne de François Ier, un horrible massacre sembla présager les horreurs des guerres de religion, et les Vaudois égorgés furent le prélude de la Saint-Barthélemy. Malgré toutes ces persécutions, et peut-être même à cause d'elles, la réforme se répandit en France, elle eut de nombreux sectateurs parmi la noblesse de province, les poëtes (Marot), les savants, les parlements même, où dans le règne suivant elle comportera des martyrs. Ainsi, les rigueurs de François Ier n'ont rien obtenu, et, toujours plus forte et plus répandue, la réforme finira par renverser les fils de Henri II. Outre les progrès de la réforme qui comptent au premier rang parmi les résultats religieux du règne de François Ier, il faut rappeler ici, comme d'une grande importance religieuse et politique, l'abolition de la Pragmatique et la publication du concordat que François Ier conclut avec le pape pour se procurer son alliance et son influence en Italie, ce qui, en apportant des modifications à la Pragmatique, donne aux rois de France la nomination aux évêchés et autres siéges vacants. Cette ordonnance célèbre ne fut enregistrée par le parlement qu'après de longues doléances, et sur des lettres consécutives de jussion; encore l'enregistrement en fut-il en quelque sorte déclaré forcé, par ces mots : « Sur l'expresse volonté du roi, plusieurs fois répétée, » qu'on ajouta à l'enregistrement.

Ainsi, sous le règne de François Ier, ces deux résultats sont les plus importants ence qui touche à la religion : d'abord, la réforme, qui s'introduit et se répand en France; et l'abolition de la Pragmatique, que suivirent toujours les regrets des peuples.

Le mouvement littéraire qui se fit sentir dans tout le règne de François Ier, eut d'heureux et d'importants résultats.

Les guerres d'Italie avaient apporté en France les germes de ce grand mouvement. Les Français, encore ignorants et presque dépourvus de littérature nationale, puisèrent en Italie le goût de la poésie, et revinrent en France non moins émerveillés des beautés littéraires de l'Italie que des merveilles des arts.

Une grande activité s'empara alors de la partie savante de la nation; de nombreux poëtes s'élevèrent, et leurs œuvres, brillantes de jeunesse et de naïveté, semblèrent remplir toute la France de l'amour de la poésie. Les Ronsard, du Bellay, Baillif, Marot, Dupérier, Dorat, les poëtes de la Pléiade rivalisèrent d'ardeur; mais, s'inspirant trop à cette source grecque et romaine que leur avait indiquée Joachim du Bellay, ils faillirent, à sa naissance, étouffer la poésie française, et en faire une pâle et froide copie de l'antiquité. Mais la poésie seule ne suivit pas ce mouvement heureux. Les sciences furent cultivées avec plus d'ardeur, leur chaos se débrouilla de plus en plus. Le collége de France fut fondé, et ses chaires remplies par de savants et éloquents professeurs ; une foule attentive se pressa devant ces maîtres de l'art, et répandit partout, avec ses connaissances, le goût de l'instruction. La philosophie, le roman, les mathématiques, la grammaire, les langues eurent de nombreux représentants, et entourèrent de gloire le trône d'un prince qui lui-même était poëte et protégeait si généreusement les talents.

Tout ce que cette littérature avait d'exubérant, de contraire au génie français, de funeste pour les progrès de la langue, devait être plus tard à peu près retranché par de sévères réformateurs, qui, tout en donnant l'exemple, firent faire de grands progrès à la poésie française.

Les arts ne furent pas moins honorés que les lettres, et laissés dans un état satisfaisant par François Ier. Des peintres distingués, entre autres Léonard de Vinci ; des sculpteurs, Benvenuto Cellini ; des architectes, des graveurs, furent appelés d'Italie par le monarque, et retenus en France par une hospitalité splendide. Grâce à eux, grâce à leurs leçons, les Français se formèrent aux goûts des beaux-arts, et s'y rendirent bientôt habiles. François sut donner à ces artistes les moyens d'exercer leurs talents, et des monuments glorieux perpétuèrent la gloire de son nom et les talents de ses protégés.

1515—1547.

On le voit, nous avions raison de dire que le règne de François Ier était fécond sous tous les rapports.

La France a pris parmi les nations un haut rang politique, une influence croissante, un beau et noble rôle.

Elle a vu la réforme apporter dans son sein la liberté de conscience, révéler le besoin et la nécessité de l'examen, jeter dans les cœurs des pensées de troubles, de sang, de désordre, mais aussi des germes féconds de liberté, qui devaient plus tard porter des fruits si importants.

Enfin, elle a vu commencer sa plus belle gloire, celle qui ceindra toujours son front d'une triple auréole et d'une couronne immortelle, la gloire des lettres, la gloire des sciences et la gloire des arts.

BAILLARD (AMABLE-LOUIS). — Externe.

CLASSE DE SECONDE.

I. VERS LATINS.

Collége royal de Charlemagne.
Professeur : M. RIGAUD.

Matière.

SOLON.

Quum non semel nec sine magno detrimento pulsi essent ab Eubæa insula Athenienses, decretum est capitale futurum esse, si quis rursus illuc inferenda arma censeret. Quod quidem cives et gloriæ et patriæ vere amantes ægre tulerunt. Olim ergo, congregata in foro populi frequentia, incedit ardentibus oculis, sparsaque coma et sordido admodum habitu, juvenis adhuc nullam ob aliam causam notus, nisi quod, licet nobili ortus loco, otio et luxu et dissolutis moribus ætatem degerat. Cui splendidum tamen ingenium : nempe vates erat, et propterea populo dilectus. Ille igitur in suggestum conscendit dementem se ore et habitu mentitus, et ex improviso mixtum asperis salibus et sano judicio et dementia mirum inchoat carmen. Ultra quam excogitari potest ignaviam et superbiam Atheniensibus exprobrat, verbis quidem fortissimos, ubi vero ad rem veniendum, turpissimos eos ostendit. Denique, sub sermonis finem, Eubæam, Eubæam, metuendum nomen, toto clamat in foro, et ad arma Athenienses vocat. Audiere Solonem cives et sapienti illi dementiæ obsecuti sunt, et capta rursus Eubæa jam sub atticæ Minervæ patrocinium redacta est.

  Attica mobilibus plateam gens fluctibus implet,
  Et diversa novis de rebus verba loquuntur.
  Namque urbis decreta ferunt capitale futurum
  Si quis in Eubæam vertendum censeat arma
  Rursus, et infandum promat de pectore nomen.
  Sæpius Euboicis depulsi scilicet oris
  Cecropidæ, caram per inania prælia vitam
  Fundere jam renuunt, et fractis viribus, armis
  Non faciles prædas et tarda tropæa relinquunt.
  Garrula confuso dum turba immurmurat ore,

Ecce per attonitam, passu titubante, catervam
Incedit juvenis : flammis arrecta coruscant
Lumina, et ardenti toto furor æstuat ore;
Mirantur laceras vestes sparsosque capillos
Squalentemque habitum : tali dementia cultu
Eminet, atque omnes sibi pulchrum adstare Solonem
Attoniti dubitant. Nam blanda per otia molles
Atque voluptates, fastum moresque solutos
Nobilis ille, prius juveniliter egerat annum :
Semper comptus erat, semper vestitus et ostro,
Splendentique habitu in populum prodire solebat.
Et tamen ingenio solers florebat acuto,
Nam musas coluit doctas et Apollinis ædes;
Sæpius et populo, depicto insignis amictu,
Dulci grata lyra deduxit carmina vates.
At nunc præcipitat demens, et sordidus horret.
Obstupuere viri, lateque silentia servant,
Quid velit insanus juvenis, quid mente volutet
Ignari, atque simul cupidi ventura morantur.
Ille autem sese dementem fingit et ore
Insolitoque habitu; suggestum ascendit et altis
Vocibus elatus, promit mirabile carmen :
« Doctiloqui cives, linguis animisque favete,
« Dulcia et insolito deducam carmina plectro;
« Miro namque meus flatu me raptat Apollo.
« Ferte rosas, pueri, choreas agitate, puellæ,
« Fronde coronentur! festivos spargite flores,
« Ite ad festa citi, lætis accumbite mensis.
« Feminea ignavi cithara nunc carmen inerme
« Concelebrant : justum, Pallas, depone furorem.
« Fama erat indomitum generosa habitare sub arce
« Gradivum : pepulere Deum Risusque Jocique,
« Et regina Venus comptis dominatur Athenis.
« Infelix, epulis qui nunc accumbere vestris
« Indignus videor! Tamen heu! victoribus olim,
« Dum fortuna fuit, vates adstare solebam,
« Et domitas gentes, solitos laudare triumphos;
« Nunc venerem, ludos nunc, atque imbelle tropæum
« Degener ignaro celebrare in carmine cogor!

« Salve, vaniloquum, salve, mutabile vulgus!
« Mobile semper eris, semperque oblita, labores
« Attica gens claros ingrata mente rependet.
« Atque ego de patriis unquam bene, clarus Athenis
« Si meream, manet exilium mihi debita merces,
« Ingratoque meis populo depulsus ab aris,
« Ut multi, cogar, miser exul, in orbe vagari.
« Eia! age. Quid dubitas? ventosi currite cives,
« Huc! illuc! Quis cecropiam perducere gentem
« More suo cupit? In plateam conscendat et alta
« Voce, diu permulta viris insanaque clamet,
« Atque omnes subito, qui sit vir cunque, sequentur.
« Vivite felices inter convivia et aurum ;
« Nunc abeo : dudum turpes umbratilis annos
« Abscondi ; tandem generoso sanguine cretum
« Cernere me liceat. Placido mihi patrius hæret
« Affixus foculo gladius desuetaque parma ;
« Hanc rapiam : impavidus vadam per bella, per hostes,
« Atque meum ulciscar patrem vestrosque parentes,
« Bellorum quoniam vitare pericula vultis
« Ignavi. Reliquus torporis corde virili
« Nempe pudor restat, vestrumque inglorius ævum
« Vivere jam nequeo. Formosam Palladis urbem!
« Mollitiæ domus, heu! forma tumefacta superbis,
« Et vitrei speciem Piræi in marmore lymphæ
« Miraris studiosa tuam ; zephyrumque vereris
« Vel tenuem, quo blanda tibi turbetur imago!
« Eia! tua emineat solis constantia ludis.
« Confiteor : facile est bellum cantare, movere
« Haud facile. Ignavo, precor, expergiscere somno.
« Cernite!... Quid video! Cives... ô dulcis imago!
« Eubœam! Eubœam! Quid! magnas insula Athenas
« Terruit? Orba furit Pallas camposque reposcit
« Indignata suos... Iras jam pone, serena
« Demissam nimium frontem, nam reddita tandem
« Ridet terra tibi. Flammas, ferrumque, ratesque
« En rapite, o cives! Jubet omnes currere diva.
« Eubœam! Eubœam! duce Pallade, læta petamus
« Arva, piet felix veteres victoria clades. »

Talia depromens fulgentia lumina torquet,
Ora madent sudore, manus ad littora tendit,
Et rabidus, gestu sublimi effertur. At omnis
Audiit insanum sapienti mente Solonem
Turba, virique dolo simul ignovere sagaci,
Perque novas pugnas Actææ Eubœa Minervæ
Dulce patrocinium rursus devicta recepit.

MAURY (Jules). — *Institution de* M. Verdot.

II. VERSION GRECQUE.

Collége royal de Saint-Louis.

Professeur : M. Croizet.

Οὐδεὶς φιλοπότης ἐστὶν ἄνθρωπος κακός·
Ὁ γὰρ διαμάτωρ Βρόμιος οὐ χαίρει συνὼν
Ἀνδράσι πονηροῖς οὐδ' ἀπαιδεύτῳ βίῳ,

φησὶν Ἄλεξις. Ὅτι δὲ οἶνος καὶ φιλολόγους πάντας ποιεῖ τοὺς πλεῖον πίνοντας αὐτόν, φησὶν ὁ ποιήσας τὸ εἰς Κρατῖνον ἐπίγραμμα, οὕτω λέγων·

« Οἶνός τοι χαρίεντι πέλει μέγας ἵππος ἀοιδῷ·
Ὕδωρ δὲ πίνων χρηστὸν οὐδὲν ἂν τέκοις.
Ταῦτ' ἔλεγεν, Διόνυσε, καὶ ἔπνεεν οὐχ ἑνὸς ἀσκοῦ
Κρατῖνος, ἀλλὰ παντὸς ὠδοδὼς πίθου.
Τοιγάρτοι στεφάνοις δόμος ἔβρυεν, εἶχε δὲ κιττῷ
Μέτωπον, οἷα καὶ σύ, κεκροκωμένον.

Ἐκ τροφῆς ξηρᾶς οὔτ' ἂν σκώμματα γένοιτο, οὔτ' αὐτοσχέδια ποιήματα· ἀλλὰ μὴν οὐδὲ κόμπος οὐδὲ ψυχῆς ἀλαζονεία. Καλῶς οὖν ἐν τῷ· «Πῆ ἔβαν εὐχωλαὶ ἅς ἐν Λήμνῳ ἠγοράσασθε, Ἔσθοντες κρέα πολλά;» ἐπεσημήνατο Ἀρίσταρχος περιγράφειν τὸν στίχον, ὃς ἀπὸ κρεωφαγίας αὐχεῖν ποιεῖ τοὺς Ἕλληνας· οὐ γὰρ ἀπὸ πάσης πληρώσεως τὸ καυχᾶσθαι καὶ σκώπτειν καὶ γελοιάζειν, ἀπὸ δὲ τῆς ἀλλοιούσης τὴν γνώμην καὶ πρὸς τὸ ψευδὲς τρεπούσης, ἣ γίνεται κατὰ τὴν μέθην.

Athénée, *Deipnosophistæ*, II, 8.

I.

« Il n'est point de buveur qui soit méchant homme; car Bacchus, le dieu issu de deux mères, ne se plaît pas dans la société des méchants, non plus que dans celle des ignorants. »

Voilà ce que dit Alexis; mais l'auteur d'une petite poésie sur

Cratinus, renchérit encore, et fait entendre, dans ces vers, que le vin rend érudits tous ceux qui le boivent en abondance :

« Le vin est pour le poëte inspiré le coursier ailé d'Apollon ; qui ne boit que de l'eau n'enfantera jamais rien de bien ; voilà ce que Cratinus disait, ô Bacchus, et quand il respirait, ce n'était pas une seule outre de vin, mais un tonneau entier qu'exhalait son haleine. Aussi les couronnes fleurissaient-elles de toutes parts dans sa maison ; aussi son front, comme le tien, ô Bacchus, était-il ceint des feuilles jaunes du lierre ! »

Un festin que le vin n'arroserait pas, ne produirait ni bons mots, ni poésies improvisées ; mais il ne produirait pas non plus de fanfaronnades, ni de vaine jactance. Aussi dans ces vers : « Où sont les cris de triomphe que vous poussiez sur la place de Lemnos après vous être gorgés de viandes, » Aristarque a-t-il eu raison de biffer le vers qui nous représente les Grecs comme gonflés d'orgueil par l'excès des viandes. Car toute façon de se remplir l'estomac n'engendre pas la jactance, l'insolence et la raillerie. Ce qui donne lieu à ces excès, c'est l'abus des matières qui dénature l'âme, qui la tourne vers le mensonge ; et cet abus a lieu dans l'ivresse.

POTREL (Eugène-Adolphe). — *Institution de* M. Hortus.

II.

Il n'est pas de méchant parmi les buveurs : car Bacchus, l'auguste fils de deux mères, ne se plaît pas dans la société des hommes mauvais et d'une vie grossière. Voilà ce que nous dit Alexis. Et l'auteur de l'épigramme à Cratinus nous apprend que le vin rend grands parleurs tous ceux qui s'en abreuvent largement ; écoutons ses paroles : « Oui, le vin est un rapide Pégase pour le poëte enjoué ; quant au buveur d'eau, il ne saurait rien faire de bon. » Voilà, Bacchus, ce que disait Cratinus, dont l'haleine n'exhalait pas l'odeur d'une simple outre, mais d'un tonneau tout entier. Or, sa maison était pleine de couronnes ; et, comme le tien, son front était ceint de lierre et son visage peint de safran.

Un repas que n'arrose pas le vin ne saurait engendrer ni la plaisanterie ni l'improvisation, non plus que l'emphase et la jactance de l'âme. C'est donc avec raison que, dans ces vers : « Que sont devenus ces cris fanfarons que vous poussiez à Lemnos, gorgés de viandes ? » Aristarque a voulu supprimer le vers qui représente les Grecs comme gais et vantards, après un repas exclusivement composé de viandes. Car tous les genres de plénitude n'inspirent pas la gaieté, la jovialité, l'enjouement; mais seulement celle qui égare l'âme et qui porte au mensonge ; or, celle-là provient de l'ivresse.

CARRÉ (Chasles).—Interne.

Collége royal de Charlemagne.

Professeur : M. Valton.

Φέρε δὴ, λάβωμεν τῷ ὄντι καθαρόν τινα συγγραφέα καὶ ἀνέγκλητον. Ἆρ' οὐκ ἄξιον ἔτι διαπορῆσαι περὶ αὐτοῦ τούτου καθολικῶς, πότερόν ποτε κρεῖττον ἐν ποιήμασι καὶ λόγοις μέγεθος ἐν ἐνίοις διημαρτημένοις, ἢ τὸ σύμμετρον μὲν ἐν τοῖς κατορθώμασιν, ὑγιὲς δὲ πάντῃ καὶ ἀδιάπτωτον; Καὶ ἔτι νὴ Δία, πότερόν ποτε αἱ πλείους ἀρεταὶ τὸ πρωτεῖον ἐν λόγοις, ἢ αἱ μείζους, δικαίως ἂν φέροιντο; Ἐγὼ δ' οἶδα μὲν, ὡς αἱ ὑπερμεγέθεις φύσεις ἥκιστα καθαραί· (τὸ γὰρ ἐν παντὶ ἀκριβὲς κίνδυνος σμικρότητος, ἐν δὲ τοῖς μεγέθεσιν, ὥσπερ ἐν τοῖς ἄγαν πλούτοις, εἶναί τι χρὴ καὶ παρολιγωρούμενον·) μήποτε δὲ τοῦτο καὶ ἀναγκαῖον ᾖ, τὸ τὰς μὲν ταπεινὰς καὶ μέσας φύσεις, διὰ τὸ μηδαμῇ παρακινδυνεύειν μηδὲ ἐφίεσθαι τῶν ἄκρων, ἀναμαρτήτους ὡς ἐπὶ τὸ πολὺ καὶ ἀσφαλεστέρας διαμένειν, τὰ δὲ μεγάλα ἐπισφαλῆ δι' αὐτὸ γίγνεσθαι.

Longin, XXXIII.

Allons, prenons un écrivain qui soit réellement pur et sans tache. N'est-il pas juste de discuter cette question en général, si, dans les ouvrages en vers ou en prose, la grandeur avec quelques fautes est préférable à la médiocrité qui se conformerait exactement aux règles et serait d'une pureté irréprochable ? Et cette autre question curieuse : si, dans un ouvrage, les qualités les plus nombreuses méritent de l'emporter sur les plus grandes. Pour moi, je sais que les génies transcendants sont les moins purs (car être en tout d'une exactitude scrupuleuse, c'est risquer d'être bas et rampant, mais dans le sublime, comme dans les richesses excessives, il faut même qu'il y ait quelque chose de négligé), et je vois d'un autre côté que ce n'est pas une nécessité que les génies étroits et médiocres, parce qu'ils ne se hasardent jamais et ne cherchent jamais à atteindre au plus haut point, restent toujours irréprochables et sûrs d'eux-mêmes, et que les grands génies soient, à cause de leur grandeur même, exposés au péril.

III. THÈME GREC.

Collège royal de Saint-Louis.
Professeur : M. Croizet.

Platon a donné à Ésope une place très-honorable dans sa République ; il souhaite que les enfants sucent ses fables avec le lait ; car on ne saurait s'accoutumer de trop bonne heure à la sagesse et à la vertu. Plutôt que d'être réduits à corriger nos habitudes, il faut travailler à les rendre bonnes, pendant qu'elles sont encore indifférentes au bien ou au mal ; or, quelle méthode y peut contribuer plus utilement que ces fables ? Dites à un enfant que Crassus, allant contre les Parthes, s'engagea dans leur pays, sans considérer comment il en sortirait; que cela le fit périr, lui et son armée, quelque effort qu'il fît pour se retirer. Dites au même enfant que le renard et le bouc descendirent au fond d'un puits pour y éteindre leur soif ; que le renard en sortit, s'étant servi des épaules et des cornes de son camarade comme d'une échelle ; qu'au contraire le bouc y demeura pour n'avoir pas eu autant de prévoyance ; que par conséquent il faut considérer en toutes choses la fin. Je demande lequel de ces deux exemples fera le plus d'impression sur cet enfant.   (La Fontaine, *Préf. aux fables.*)

I.

Ὁ Πλάτων, ἐν τῇ ἑαυτοῦ Πόλει, τάξιν τῷ Αἰσώπῳ ἔδωκε σεμνοτάτην, τοὺς παῖδας σὺν τῷ γάλακτι τοὺς αὐτοῦ μύθους μυζᾶν ἐπιθυμῶν. οὐ γὰρ δύναιτο ἄν τις ἄγαν ταχέως πρὸς τὴν σοφίαν καὶ πρὸς τὴν ἀρετὴν ἐθίζεσθαι. Μᾶλλον μὲν γὰρ ἢ τὰς συνηθείας ἐπανορθοῦν ἀναγκάζεσθαι, ἡμᾶς δεῖ σπουδάζειν αὐτὰς ἀγαθὰς ποιεῖν, ἕως πρὸς τὸ ἀγαθὸν καὶ πρὸς τὸ κακὸν ἀδιαφόρως ἔτι ἔχουσι. Πρὸς δὲ τοῦτο τί χρησιμωτέρως ἢ ἐκεῖνοι οἱ μῦθοι συμβάλλεσθαι δύναται; Οἷον, λέγε μὲν παιδί τινι ὅτι ὁ Κράσσος, ἐπὶ τοὺς Πάρθους στρατεύων, εἰς τὴν αὐτῶν χώραν προῆλθεν, οὐ σκεπτόμενος πῶς ἐξ αὐτῆς ἐξελεύσεται, καὶ ὅτι διὰ τοῦτο αὐτὸς ἅμα καὶ ὁ στρατὸς ἀπώλετο, καίπερ ἀναχωρεῖν πειρησάμενος· λέγε δὲ καὶ τῷ αὐτῷ παιδί, ὅτι μὲν ἡ ἀλώπηξ καὶ ὁ τράγος εἰς φρέαρ τι κατέβησαν ὥστε ἐν αὐτῷ τὴν δίψαν σβεννύναι, καὶ ἡ ἀλώπηξ τοῖς ὤμοις καὶ τοῖς τοῦ συνοδοιπόρου κέρασι χρησαμένη, ὥσπερ κλίμακί τινι ἐξῆλθεν, ὅτι δὲ τοὐναντίον ὁ τράγος ἔμεινεν, οὐ τοσαύτῃ χρησάμενος προνοίᾳ, καὶ ὅτι διὰ ταῦτα ἐν ἅπασι σκέπτεσθαι δεῖ τὸ τέλος. Νῦν δὲ ἀποκρίνου πότερον παράδειγμα τὸν παῖδα μᾶλλον κινήσει.

CARRÉ (Charles). — Interne.

II.

Ὁ μὲν Πλάτων τὸν Αἴσωπον ἐντιμοτάτως ἔθηκεν ἐν τῇ ἑαυτοῦ πολιτείᾳ· εὔχεται γὰρ τοὺς παῖδας μύζειν τοὺς αὐτοῦ μύθους μετὰ τοῦ γάλακτος· οἱ γὰρ ἄνθρωποι οὐκ ἂν δύναιντο ἄγαν πρωῒ ἐθίζεσθαι πρὸς τὴν σοφίαν καὶ πρὸς τὴν ἀρετήν. Μᾶλλον δὲ ἢ συστέλλεσθαι εἰς τὸ ἐπανορθοῦν τὰς ἡμῶν συνηθείας, δεῖ σπουδάζειν αὐτὰς ἀγαθὰς ποιεῖν ἕως ἔτι πρὸς τὸ ἀγαθὸν ἢ πρὸς τὸ κακὸν ἀδιαφοροῦσι· τίς δὲ μέθοδος εἰς τοῦτο χρησιμωτέρως ἢ οὗτοι οἱ μῦθοι συμφέρειν δύναται; Παιδί τινι λέγετε ὅτι ὁ Κράσσος, εἰς τοὺς Πάρθους ἐλθὼν, διὰ τῆς αὐτῶν χώρας προήλασεν, οὐ σκεψάμενος ὅπως ἂν ἐξέρχοιτο· ὅτι τούτου ἕνεκα ἀπώλετο αὐτὸς μὲν καὶ ἡ στρατιά, ᾧτινι τρόπῳ ἀναχωρῆσαι ἐπειράσατο. Καὶ τῷ αὐτῷ παιδὶ λέγετε ὅτι ἡ ἀλώπηξ καὶ ὁ τράγος εἰς φρέατος βυθὸν κατῆλθον ὥστε τὴν δίψαν κατασβέσαι· ὅτι μὲν ἡ ἀλώπηξ ἐκεῖθεν ἐξῆλθε χρησαμένη τοῖς ὤμοις καὶ τοῖς κέρασι τοῦ ἑταίρου ὡς κλίμακι· ὅτι δὲ ὁ τράγος ἐκεῖ ἔμεινε διὰ τὸ μὴ γενέσθαι αὐτὸν οὕτω προνοητικόν· ὅτι δεῖ οὖν κατὰ πάντα τὸ τέλος σκέπτεσθαι. Ἐρωτῶ δὲ πότερον τούτων τῶν παραδειγμάτων μᾶλλον τοῦτον τὸν παῖδα κινήσει.

MANUEL (André-Albert). — Interne.

CLASSE DE TROISIÈME.

IV. VERS LATINS.

Collége royal de Henri IV.
Professeur : M. Brunet.

Matière.

In mortem Jacobi Delillii.

Sequanicæ musæ, lugubres tollite cantus !
Ver redit, atque novis decorat jam floribus arva ;
At vatis, cecinit læti qui tempora veris,
Musa silet stygias Orci taciturna per umbras ;
Jusserunt nam fata illum succumbere morti
Qui flavas cecinit segetes, Cererisque benigna
Munera, Virgilii qui magna exempla secutus
Exæquare suo potuit sermone magistrum.
Fleverunt illum agricolæ, flevêre poetæ ;
Mœsta diu amissum ploravit Gallia vatem ;
Ipsaque divini gemuit lyra flebile Phœbi,
Et responderunt Heliconis flebile colles.
O gratæ cautus lugubres tollite musæ!
Flete etiam, gaudete novos adducere flores
In vatis tumulum, et tumulo super addite carmen :
« Hic ego qui jaceo, Gallorum gloria gentis,
« Pascua, rura, duces cecini, vatisque secutus
« Exempla illustris, potui æquiparare magistrum. »
Sed quid flere juvat ? Nam sunt felicia fata
Vatibus. Ille abiit fama præclarus et ævo ;
Dum tuba Miltonis jucunda sonabit ad aures,
Grandia Virgilii dum carmina Gallus amabit,
Desinet ille hominum nunquam volitare per ora.
Eia agite, o Divæ, funebri absistite cantu !
Contra nunc lætas ad sidera tollite voces.
Umbra per Elysios errat jam prospera campos,

Ut cæcus vates Miltonis cantibus aures
Delectat. Jucunda manent hic præmia vatem
Eximium; magnæ hæc laudis monumenta; modesto
Carmine, non tumidus tales poscebat honores;
Non simulacra ejus decorabunt vana sepulcrum :
Non faustis fient solemnes manibus aræ;
Non pulchri lapides, non splendida marmora surgent;
Verum grata sui semper resonare poetæ
Rura docebuntur dilectum et nobile nomen.
Angulus at si quis formoso ridet in horto,
Frondens laurus ubi crescat, myrtique virescant,
Hic domus, hic templum; posita, inter nomina magna,
Virgilium, siculumque senem, celebremque poetam,
Quem dives fovisse sinu Germania gaudet,
Virgilii nostri sublimis surget imago.
Mane salutabunt illam cum murmure grato
Alituum pennata cohors; rus si quis amabit
Auricomum, variis ornabit floribus illam
Effigiem et natis attendens, talia dicet :
« Noster amicus erat. » Sic tanti fama poetæ
Ibit ad extremos semper veneranda nepotes...
Salve, musa silens, qua suavior altera nunquam!
Vos o supremum ciueres salvete sacrati!
Umbraque jucundi salve carissima vatis!

    BIBESKO (Nicolas). — *Institution de* M. Galéron.

CLASSE DE CINQUIÈME.

I. THÈME LATIN.

Collége royal de Henri IV.
Professeur : M. Labrousse.

Les Grecs, en s'occupant de donner à leurs enfants une instruction littéraire, se gardaient bien toutefois de négliger tout ce qui peut contribuer au développement du corps. Ils savaient qu'un corps plus robuste exerce mieux les ordres d'un esprit mâle et sain; ils ne voulaient pas que leurs enfants, en se contentant de se distinguer dans la littérature et les beaux-arts, fussent réduits, par la faiblesse physique, à ne pouvoir supporter des travaux pénibles, ou bien à se comporter lâchement à la guerre, et dans toutes les circonstances qui demandent du courage. Ils apportaient donc autant de sollicitude à fortifier le corps qu'à développer l'esprit. Telle était l'éducation des anciens, éducation basée sur deux principes, qui produisait à la fois des hommes illustres et de grands citoyens. Puis, lorsque l'enfant sortait des écoles, il apprenait à observer les lois, à les prendre pour guides dans toutes les actions de sa vie, à ne rien faire par caprice et à l'aventure. Les soins que l'on prenait alors pour inspirer la vertu étant tels que nous venons de le dire, faut-il s'étonner qu'Athènes ait occupé un si beau rang parmi les peuples de l'antiquité?

Græci quum in hoc animum intenderunt ut litteras pueros docerent, non tamen committebant ut ea omnia omitterent quæ ad augendum corpus valent. Quum illos non fugeret, robustius corpus, sani virilisque animi mandata diligentius exsequi, nolebant pueros satis habentes si in litteris eminerent, ad id imbecillitate corporis adduci ut arduis laboribus ferendis impares essent, atque in bello, et in omnibus eis rebus, in quibus animo opus est ignavos sese præstarent. Non minorem igitur curam ad firmandum corpus conferebant quam ad augendum animum. Ea erat apud veteres educatio; quæquidem duobus præceptis freta præclaros simul viros et magnos cives gignebat. Puer deinde schola egressus leges observare, easque duces in omnibus vitæ factis sequi, neque aliquid temere et libidine agere docebatur. Quum ea ætate, ea cura quam supra diximus ad injiciendam pueris virtutem adhiberetur, mirumne esse debet Athenas tam præclarum locum inter veteres populos tenuisse?

PIGEONNEAU (Henri-Émile-Augustin). *Institution de* M. GALERON.

II. VERSION LATINE.

Collége royal de Charlemagne.

Professeur: M. COLIN.

I.

Raro eminentes viri non magnis adjutoribus ad gubernandum fortunam suam usi sunt; ut duo Scipiones duobus Læliis, quos per omnia æquaverunt sibi; ut divus Augustus Marco Agrippa, et maxime ab eo, Statilio Tauro : quibus novitas familiæ haud obstitit quominus ad multiplices consulatus triumphosque, et complura eveherentur sacerdotia. Sub his exemplis Tiberius Cæsar Sejanum Ælium, principe equestris ordinis patre natum, materno vero genere clarissimas veteresque et insignes honoribus complexum familias, habentem consulares fratres, consobrinos, avunculum ipsum vero laboris ac fidei capacissimum, sufficiente etiam vigori animi compage corporis, singularem principalium onerum adjutorem in omnia habuit atque habet : virum severitatis lætissimæ hilaritatis priscæ; actu otiosis simillimum, nihil sibi vindicantem, atque assequentem omnia, semperque infra aliorum æstimationes se metientem, vultu vitaque tranquillum, animo exsomnem. (VELLEIUS PATERCULUS, cap. CXXVII.)

Rarement les grands hommes ont négligé de prendre des confidents qui leur fussent d'un puissant secours pour diriger leurs affaires. Les deux Scipions, par exemple, se lièrent avec les deux Lélius, dont ils firent leurs égaux en toute chose; de même le divin Auguste employa Marcus Agrippa, et après lui principalement Statilius Taurus. Leur naissance obscure ne les empêcha pas d'être élevés très-souvent au consulat, de recevoir les honneurs du triomphe et de parvenir à beaucoup de sacerdoces. L'empereur Tibère a fait de même. C'est Ælius Séjan, né d'un père qui était le premier de l'ordre des chevaliers, descendant par sa mère des familles les plus célèbres, les plus anciennes, honorées des plus grandes dignités, ayant pour frères, pour cousins, pour oncle, des personnages consulaires, lui-même digne de confiance et doué d'une patience à toute épreuve, d'une complexion qui suffit à sa force d'âme, c'est lui que Tibère a choisi, et qui lui aide encore à supporter le fardeau de la couronne. C'est un homme d'une sévérité enjouée, d'une gaieté sévère, qui tout en agissant paraît semblable aux oisifs ; il ne s'attribue rien, vient à bout de tout, et s'estime toujours moins qu'il ne l'est des autres ; son visage est calme ; sa vie tranquille ; son esprit est toujours vigilant.

Même collége.

Professeur: M.

II.

Litterarum duo genera. Aliæ enim rerum, aliæ verborum sunt signa. Constat quidem picturas prima in arte scribendi fuisse experimenta. Imitationem enim homini ita ingenuit natura, ut omnes ætates, omnesque gentes quasdam cognoverint et coluerint rationes, naturam pingendo exprimendi resque sensibiles effingendi. Ne igitur asserere dubitemus nullam unquam exstitisse tam feram gentem, quæ immortalitati memoriam et hominum et factorum commendare non tentasset. Quantum autem profecerit hominum et mens, et ingenium, qualis nunc est, testatur ars scribendi. Quæ adeo non in ruditantum effigiere natus, ut contra jam nullum in tam fugitivum et tenue cogitatum, quod exprimere, et quasi corpore induere, et ætatibus regionibusque remotissimis tradere non possit. In eadem, per commercium quod inter omnes instituit, vere versatur vis humanæ mentis.

Les caractères écrits sont de deux sortes : les uns sont les signes des choses, les autres sont les signes des mots. Il est certain que les peintures furent les premiers essais dans l'art d'écrire. L'imitation est si naturelle à l'homme, que tous les temps et toutes les nations ont connu et pratiqué quelques méthodes pour copier la nature et représenter les objets sensibles. Ne craignons donc pas d'affirmer qu'il n'y a pas eu de peuplades assez sauvages pour n'avoir pas essayé de perpétuer le souvenir des hommes et des faits. Mais combien l'écriture, telle qu'elle est de nos jours n'atteste-t-elle pas de progrès dans la pensée et dans le génie des hommes.

Bien loin d'être renfermés dans une image grossière, l'écriture ne connaît plus d'idée si fugitive et si délicate qu'elle ne puisse retracer, en quelque sorte revêtir d'un corps, et transmettre aux âges et aux lieux les plus reculés. L'écriture, par le commerce qu'elle établit entre tous, fait véritablement la force de notre intelligence.

III.

Victor terra marique Constantius semper Augustus fratri meo Sapori regi salutem plurimam dico. Sospitati quidem tuæ gratulor, ut futurus, si velis, amicus; cupiditatem vero indeflexam semper fusiusque vagantem vehementer insimulo. Mesopotamiam poscis ut tuam, perindeque Armeniam, et suades integro corpori adimere membra quædam, ut salus ejus deinceps locetur in solido; quod refutandum est potius, quam ulla consensione firmandum. Accipe igitur veritatem, non obtectam præstigiis, sed perspicuam nullisque minis inanibus perterrendam. Non refutamus pacem nec repellimus, adsit modo cum decore et honestate, nihil pudori nostro præreptura vel majestati. Est enim absonum et indecens, quum gestarum rerum ordine explicatæ sint aures, quas invidiæ nobis multipliciter incluserunt, quum, deletis tyrannis, totus orbis Romanus nobis obtemperat, ea prodere, quæ contracti in Orientales angustias diu servavimus illibata. Cessent autem quæso formidines, quæ nobis intentantur ex more, quum ambigi nequeat, non inertia nos, sed modestia, pugnas interdum excepisse potius quam intulisse, et nostra, quoties lacessimus, fortissimo benevolentiæ spiritu defensare, id experiendo legendoque scientes, in præliis quibusdam raro rem titubasse romanam, in summa vero bellorum nunquam ad deteriora prolapsam. (Amm. Marcell., XVII, V, 10.)

Constance, vainqueur sur terre et sur mer, toujours Auguste, présente ses salutations au roi Sapor, son frère. Je te félicite de l'heureux état de ta santé, en homme qui, si tu le veux, deviendra ton ami; mais, quant aux écarts de ton incorrigible ambition, je ne saurais trop te les reprocher.

Tu revendiques la Mésopotamie comme ta possession, l'Arménie de même, et tu voudrais que je retranchasse quelques membres à un corps entier et complet, afin que désormais son salut fût assuré. C'est une proposition qu'il faut détruire en la repoussant, et non confirmer en l'acceptant. Reçois donc la vérité, pure de tout artifice, la vérité dans toute sa clarté, et telle que de vaines menaces ne pourront jamais l'effrayer. Nous ne refusons pas la paix, nous ne la repoussons pas, pourvu qu'elle s'offre à nous glorieuse et honorable, et qu'elle ne doive faire tort en rien à notre honneur et à notre dignité. En effet, lorsque la longue suite de nos exploits a ouvert les oreilles que mille jalousies nous avaient fermées, lorsque les tyrans sont détruits, et que le monde romain obéit à nos lois, il serait malséant et peu honorable de livrer des possessions que, resserrés dans les étroites limites de l'Orient, nous avons longtemps conservées intactes. Pour ces menaces qu'on nous jette selon l'habitude pour nous effrayer, faites-y trêve, de grâce, car on ne saurait plus douter que ce n'est pas par lâcheté, mais par modération, que nous avons quelquefois accueilli les attaques, plutôt que d'attaquer nous-mêmes, et que, toutes les fois qu'on nous cherche querelle, nous défendons nos possessions par un esprit de clémence tout-puissant. L'expérience et l'histoire ne nous ont-elles pas appris que, si dans quelques rares combats la fortune de Rome a chancelé, jamais le résultat général des guerres n'a amené pour elle une déchéance complète.

Même collége.
Professeur: M. TALBERG.

IV.

Antoninus pius fuit statura elevata decorus. Sed quum longus et senex esset, incurvareturque, tiliaceis tabulis in pectore positis fulciebatur, ut rectus incederet. Senex etiam, antequam salutatores venirent, panem siccum ad sustentandas vires comedit. Fuit voce rauca et sonora cum jucunditate. A senatu divus appellatus est, cunctis certatim adnitentibus, quum ejus pietatem, ingenium, sanctimoniam laudarent. Decreti etiam sunt omnes honores qui ante optimis principibus delati sunt. Meruit et flaminem et circenses, templum et sodales Antonianos; solusque omnium prope principum prorsus sine civili et hostili sanguine, quantum ad seipsum pertinet, vixit; seditiones ubicumque factas non crudelitate sed modestia et gravitate compressit; ut qui rite comparetur Numæ, cujus felicitatem, cærimoniam obtinuit.

Antonin le Pieux était imposant par sa haute taille. Mais lorsque à cette grandeur se fut jointe la vieillesse qui courba son corps, il se liait autour de lui des planches de tilleul, afin de pouvoir marcher en se tenant droit. Même dans un âge avancé, avant que ses courtisans entrassent, il ne mangeait que du pain sec pour soutenir ses forces. Il avait la voix *retentissante* et agréablement sonore. Il reçut du sénat le surnom de Divin, que tous s'efforçaient à l'envi de lui faire obtenir; car ils louaient sa vertu, son esprit, sa probité. On lui décerna même tous les honneurs qui, jusque-là, avaient été accordés aux meilleurs princes. On établit en son honneur un flamine, des jeux, un temple et des esclaves d'Antonin. Seul de presque tous les princes, il vécut, autant que possible, sans répandre le sang ni des Romains, ni des ennemis. En effet, de quelque côté que s'élevassent les séditions, il les comprima, non par sa cruauté, mais par sa modération et sa réserve. C'est avec raison qu'on le compare à Numa; comme lui, il fut heureux et on lui éleva des autels.

V.

Falsa est querela paucissimis discipulis vim percipiendi quæ tradantur, a natura esse concessam, pluresque vero laborem et tempora tarditate ingenii perdere; nam contra plures reperias ad discendum promptos. Quippe id est homini naturale: ut, sicut aves ad volatum, equi ad cursum gignuntur, ad sævitiam feræ gignuntur, ita nobis propria est mentis solertia: unde origo animi cœlestis esse videtur. Hebetes vero et indociles non magis secundum naturam homines eduntur, quam prodigiosa corpora et monstris insignia; sed hi pauci admodum. Est argumentum quod sæpe in pueris elucet spes quæ ætate emoritur: inde manifestum est non naturam defuisse sed curam. Præstat tamen ingenio alius alium: concedo, sed ut plus efficiat aut minus; nemo autem reperitur qui studio nihil consecutus sit.

On se plaint à tort qu'un très-petit nombre d'élèves aient reçu de la nature la faculté d'apprendre ce qu'on leur enseigne, et que la plupart perdent leur peine et leur temps à cause de leur peu d'intelligence. Au contraire, on en trouve plus qui ont de la facilité à apprendre. En effet, cette faculté est naturelle à l'homme, et, de même que l'oiseau est né pour voler, le cheval pour courir, les bêtes pour déchirer, ainsi l'intelligence est naturelle à notre esprit.

C'est cette intelligence qui en fait paraître divine l'origine. Mais les esprits stupides, et qui ne sont pas susceptibles d'instruction, ne sont pas plus conformes à la nature de l'homme que ces corps énormes et rendus célèbres par des prodiges. De ces esprits, il y en a peu.

La preuve de ce que j'avance est que souvent les enfants donnent des espérances qui s'éloignent avec l'âge, et c'est par là qu'on voit que ce ne sont pas les dispositions naturelles, mais bien le soin de les cultiver qui a manqué. Cependant l'esprit de l'un est supérieur à celui de l'autre, je l'admets; mais pour faire plus ou moins de progrès, car on ne voit personne à qui l'étude n'ait aucunement profité.

CLASSE DE SIXIÈME.

I. VERSION LATINE.

Collége royal de Charlemagne.

Nuper me cujusdam amici languor admonuit, optimos esse nos, dum infirmi sumus. Quem enim infirmum avaritia aut ambitio sollicitat? Non appetit honores, opes negligit, et quantulumcunque, ut relicturus, satis habet. Tunc deos, tunc hominem esse se miminit. Invidet nemini, neminem miratur, neminem despicit ac ne sermonibus quidem malignis aut attendit aut alitur. Balnea imaginatur et fontes. Hæc summa curarum, summa votorum : mollemque in posterum et pinguem, si contingat evadere, hoc est innoxiam beatamque destinat vitam. Possum ergo quod pluribus verbis, pluribus etiam voluminibus philosophi docere conantur, ipse breviter tibi mihique præcipere ut tales esse tam perseveremus, quales nos futuros esse profitemur infirmi.

La maladie d'un de mes amis vient de m'apprendre que, lorsque nous sommes malades, c'est alors que nous sommes les meilleurs; car, quel malade est tourmenté par l'avarice et l'ambition? Il n'aspire pas aux honneurs, il néglige sa fortune, et devant tout laisser, il se contente de si peu que ce soit. Tantôt il pense aux dieux, tantôt il se souvient qu'il est homme. Il ne porte envie à personne, il n'admire personne, il ne méprise personne, et il n'écoute pas même les médisances ou ne s'en entretient pas. Il se représente des bains et des fontaines ; c'est là que tendent tous ses désirs, tous ses vœux, et il se propose pour la suite une vie molle et voluptueuse, ou plutôt honnête et heureuse, s'il a le bonheur de guérir. Je puis donc, ce que les philosophes s'efforcent d'enseigner en beaucoup de paroles et même en beaucoup de volumes, le prescrire moi-même à toi et à moi, de persister à rester, pendant notre santé, tels que nous nous disons devoir être, lorsque nous sommes malades.

CLASSE DE SEPTIÈME.

I. THÈME LATIN.

Collége royal de Charlemagne.

On partage l'ignorance du vulgaire, en croyant que la fortune dispense tous les biens. Les anciens se figuraient aussi qu'elle avait le pouvoir d'empêcher les hommes de réussir dans leurs entreprises, et qu'il leur importait de se la rendre favorable en lui adressant des prières. Insensés, qui craignaient que cette divinité aveugle ne nuisît à leurs projets ou même ne les favorisât pas. Virgile lui-même n'a-t-il pas dit que la fortune est toute-puissante? Un autre poëte ne l'a-t-il pas appelée *regina dearum*. Il vous importe à tous, mes enfants, de vous rappeler que la fortune et le hasard sont de vains mots. Demandez-vous, en effet, si la fortune est réellement une divinité, pourquoi elle permet qu'il se fasse tant d'injustices, pourquoi elle nous trompe chaque jour. Est-ce là l'image de la providence? Je doute que vous le pensiez. Dites donc tout haut que vous croyez en la puissance de Dieu seul, et ne craignez pas d'en être blâmés.

Vulgi ignorantiæ participes sunt qui omnes divitias fortuna dispensari credunt. Veteres quoque putabant illam posse impedire ne sua hominibus suscepta prospere cederent et sua referre ut eam precibus sibi propitiarent. O insanos illos qui temerent ne illud cœcum numen ipsorum consiliis noceret neve etiam ipsis non faveret! Nonne Virgilius ipse fortunam esse omnipotentem dixit? Nonne alius poeta illarum dearum reginam appellavit. Vestra omnium refert optimi adolescentes, ut recordemini fortunam et sortem falsa esse verba. Etenim vobiscum reputate, si fortuna reipsa numen sit, cur permittat ut tantæ injuriæ fiant, cur singulis diebus nos decipiat. Nunc ea est divinæ providentiæ imago? Dubito num illud putetis. Clara igitur voce dicite vos Dei unius potentiæ credere; neve timeatis ne de illa re vituperemini.

II. VERSION LATINE.

Même collége.

Ovinius Camillus ex antiqua familia senatoria homo delicatissimus imperium affectabat. Quod cum Alexandro Severo esset renuntiatum, ad palatium arcessito gratias egit imperator quod reipublicæ curam suscipere vellet. Mox ad senatum cum eo processit ac cum dignitatis consortem coram omnibus appellavit. Non multo post iter facturus, voluit Ovinium profectionis comitem esse. Quum vero ipse per montium ardua pedibus iret, eum ad eumdem laborem invitavit. Sed post quinque millia passuum cunctantem equo insidere jussit. Quum etiam post duas mansiones equo fatigatus esset Ovinius carpento impositus est. Hoc quoque brevi respuit se professus tot laboribus imparem. Tunc eum militibus commendatum ad villas abire jussit hac arte commone factum quid esset tanta illa imperii dignitas.

Ovinius Camillus, d'une ancienne famille sénatoriale, homme très-délicat, aspirait à l'empire. On le rapporta à Alexandre Sévère. Ayant fait venir Ovinius dans son palais, l'empereur le remercia de vouloir bien se charger du soin de gouverner la république. Bientôt il vint dans le sénat avec lui, et déclara devant tout le monde qu'il l'associait à sa dignité. Quelque temps après, comme il devait voyager, il voulut qu'Ovinius partît avec lui. Comme lui-même allait à pied par les endroits les plus escarpés des montagnes, il invita Ovinius à la même fatigue. Mais après avoir parcouru cinq milles, il le fit monter à cheval, *quoiqu'il hésitât*. Mais après deux journées de marche, Ovinius, fatigué du cheval, fut placé sur un chariot. Il le refusa bientôt, avouant qu'il ne pouvait supporter tant de fatigues. Alors Sévère, l'ayant confié à des soldats, le fit conduire à sa maison de campagne, lui ayant ainsi appris ce que c'était que cette si grande dignité d'empereur.

Deuxième partie.

REVUE RÉTROSPECTIVE.

CONCOURS GÉNÉRAL DE 1845.

I. DISCOURS LATIN.

Matière.

Cicero Marco filio suo Athenis litteris studenti.

Filium suum, vicesimum annum vix agentem, sed jam virtute et industria bellica notum, nec cujusdam in vitium impetus immunem, Cicero Athenas miserat, ut artium liberalium et philosophiæ studio juvenis ardorem, et animum in Cæsaris causam inclinatiorem refrenaret. Ibi magna liberalitate domum illi constituerat, libertinis Montano et Marciano superintendentibus, ita ut posset cum locupletissimis adolescentibus eadem studia sequentibus contendere, seu omni vitæ jucunditate et sumptibus, seu præceptorum numero et peritissimorum, inter quo Cratippus, tunc academicorum princeps, quasi paternam auctoritatem exercebat, nec inutilem; Marcus enim pravis exemplis et imprimis Gorgiæ cuidam rhetori, potius intemperantiæ quam declamandi magistro, nimium obsecutus erat. Mox autem a philosopho ad meliora revocatus, magnam sui exspectationem faciebat; quod Trebonius, Lentulus, et omnes amici Athenas invisentes, patri de filio referebant.

Cicero juveni epistolam scribere fingitur, in qua non, ut in libro *de Officiis*, virtutem ex professo docet, sed quædam consilia ætati, ingenio, et tempori apta, ut patrem, et litteratum, et talem decet, impertitur.

Gratos et optatos qui de vita in melius mutata rumores afferuntur; præstet et enitatur ut in dies magis magisque hæc nascens duplicetur opinio.

Amotum bene Gorgiam, mali exemplum; Cratippum solum audiat et sequatur.

Juventutem vanam luxuique et libidinibus deditam non imitetur, nec ideo asper.

Dulces et virtuti non adversas delicias esse, scilicet in morum elegantia, artium cultu, et præsertim in litterarum et philosophiæ studio; hoc solum in miseris reipublicæ temporibus, forsan et in æternum inclinata fortuna, bono viro solamen esse; et si dii melius, spem et ad agendum fortitudinem in scientiæ penetralibus veluti reservatam.

Nullum in terris locum ejusmodi culturæ et præparationi Athenis aptiorem esse.

Locos igitur tot excellentium virorum memoria celebres, et quod magnificum in artium monumentis adhuc reliqui est, invisat et contempletur; sic omnis pulchritudinis exemplaria altius in se recepturum, quæ postea et per totam vitam foveat.

PREMIER PRIX DES NOUVEAUX.

(PRIX D'HONNEUR.)

CHASSANG (Alexis-Antoine).

Collége royal de Charlemagne.

Professeur : M. BERGER.

Institution de M. FAVARD.

Bene habet, fili, et mehercule quam optime habet, quod te valere audio, non corpore magis quam mente. Equidem, absit verbo invidia (præsertim quum hæc, quæ dicam, per te jam nulla sunt, et loquor verbo tenus), confitebor non fuisse me aliquantisper curæ et sollicitudinis, etiam doloris expertem, qui te prætextatum admodum, remoto custode, tanquam abruptis gravissimis catenis exsultare, et primam statim libertatem impotenti, quantus est, ætatis fervore præripere, ac deterius amplexari intelligebam. Certe sperabam propediem, levissimo momento, cessuram hanc imprudentiæ tuæ lasciviam : hanc enim spem, ut mihi, quum natura tua ingenioque, tum promptissimo ad audiendas admonitiones animo, et pio patris respectu, injeceras, sic eventu mutatisque in melius et inversis moribus, non ita multo post repræsentavisti. Ergo me non falsum habuit tui æstimatio, non paterna caritas : ab ingenti tristitia me retraxerunt Trebonius, Lentulus, ceterique amici, qui Athenas inviserunt, quos, tam grati nuntii auctores, haud scio an propter bona verba jam vehementius diligam. Quid enim in hac continenti ac perpetua vitæ meæ importunitate potest esse acceptius atque antiquius; quid ad levandas miserias temporum et acerbitates aptius, quam si filius, quem unice diligam, quem a teneris omni virtutum atque humanitatis supellectile instruere ac munire instituerim, bonus audiat? Quid optatius, quam si, morum sanctitate magistra, fortem ac strenuum civem patriæ adornare potuerim? Jam quid deerit mihi, si in dies ipsam hanc, quam de te opinionem fecisti, magis magisque in dies augere atque amplificare enitaris? Scilicet id impertieris amantissimo patri, id famæ tuæ, quæ, si steteris, integra erit; si minus, pessima : nam ratum habeas necesse est, segnius fore ac turpius paratam virtutem socordia remisisse, quam per imprudentiam omnino non paravisse.

Perge igitur, mi Cicero, virtutem amplecti, virtuti adhærere : cujus etsi ardua est et angusta via, ingressos nunquam pœnituit, progressos semper juvat. Ea si quid asperi habet aut incommodi, jam vicisti ac superavisti : illud modo superest, ut in incœpto perstare velis, et ad carpendos fructus erigaris. Quid tibi officere potest, si quidem ipse ultro quæ te in deterius derivare queant, amoveris, quæ in meliorem et puriorem agendi formulam allicere, manibus submiseris. Utrumque tibi optime consultum est, et quod prava atque incesta vitii delinimenta projecisti, et quod secura virtutis incitamenta tibi asseruisti. Facessant ergo, ut Gorgias iste, omnes ii pietatis eversores, castitatis exstinctores, intestabiles viri, cum jactatoria lingua, pessimis exemplis, moribus scena et pulpito dignissimis; qui de humanitate disserunt, superbi; de frugalitate, luxuriosi; de comitate, truces; de liberalitate, avari; de continentia, libidinosi; de labore, inertes; de fortitudine, timidi et mulierculis segniores. Cratippus est, quem audias, quem secteris, quem colas, et quatenus in te erit, imiteris oportet, verum philosophum, verum sapientem, venerabilem justitiæ ædituum. Hunc tibi propone, quem diligas, amicum, cujus similitudinem referas, magistrum; hujus demum secta ad virtutem animis aculeos facesque addet. Ceterum non parvi momenti ad hoc, quod petis, exempla futura sunt : nam paucissimi quidem satis valent, qui sponte sua bonam vitam amplectantur. Memineris fortasse præclara illa et frequenter usurpata Hesiodi carmina, tres hominum partes discernentis : primam et optimam eorum, qui ipsi sibi in capessenda sapientia consulant; inferiorem, quanquam commendabilem quoque, si quis egregie monita bene ceperit, et virtutem dehinc edoctus pro parte virili sequatur; extremos denique et viles, qui neque sua sponte, neque per adhortationem meliorum emergant ad saniora vitæ instituta.

Quid plura? Qui in exemplis moror, non possum non prætextatas istas, quæ dicuntur, amicitias breviter cursimque attingere : nam vereor ut adversus eas cujusque adolescentuli pestes satis aut cautus sis aut defensus. Quales Romæ sint, quales Athenis, egregio nimirum studiorum obtentu, otientur, expertus ego nimio plus novi. Quam leves! quam vani! quam ardentes ad inania, quam in seriis frigidi! quam magnarum artium incuriosi! Sperne, precor, ac despice, mi Cicero, delicatos istos ac mundi muliebris studiosos, quos rideat ac fastidiat prudentissimus quisque, etiamsi assidue pexos, imberbes aut bene barbatos videat; plerique, medius fidius, magna nomina ostentant, eximiæ famæ heredes, verum (quod etiam cumulat agendi deformitatem) ignavi cessatores : quasi vero majorum gloria ignobilitatem posterorum non premat. Mitte istis suos, quoniam tanti est, calamistros, mitte lascivientem cultum, mitte comessationes. Quæ omnia nonnisi ad luxuriam pravasque libidines irritamenta sunt. Non quod te asperum esse velim atque habitu atrocem, ut quidam, plus æquo intenta severitate, vasti videntur ac subrustici : at neque ipse, etiam si minus præcaverim monendo, modum excesseris, qui illud proverbii loco vulgatum teneas « ne quid nimis, » et certum esse scias in rebus temperamentum, quo apte sibi constent, certosque fines, quos si quis non attigerit, si quis transgressus erit, juxta errare dicitur.

Falsi sunt, enimvero falsi, qui virtutem tetram et horridam in torvo ac sinistro supercilio pendere calumniantur : virtus nihil boni hominibus invidet, nihil quod honestum sit, abdicat aut repudiat : etiam relaxationem animorum atque recreationem capit, imo provocat. Quis nescit esse delicias quasdam dulces ac jucundas, easdemque adeo non virtuti inimicas, ut contra adjutrices ejus ac procreatrices esse videantur? Certe tu, quæ sint, me docente, apprime novisti, præsertim φιλόμουσος ὢν καὶ φιλόκαλος. Haud magis mehercule felicitati, quam morum sanctitati consuluit, qui prudentem ac salubrem morum elegantiam exercuit, nedum sordidam et impexam austeritatem. Quid si artes excoluerit, artes inquam, quibus vita et decorata est et fortunata? Artes ingenium alunt, mentem extollunt : nihil est quod non in melius flectant ac convertant; neque scio an optimæ sint virtutis magistræ, litteris scilicet finitimæ. In hoc te versari artium, litterarum philosophiæque contubernio, ut volui, ut lætor! Nempe quo tempore admodum præsentiora sunt et feliciora hæc studia, quam in hoc potissimum discrimine quod instat, quod subimus? Quam prodest, in hac maligna et tristi vitæ nostræ luce, umbratiles illas nonnunquam repetere disciplinas, et otium opportunum inter acerbissima negotia usurpare! Aut quod aliud prorsus superest solamen bono civi et patriæ amanti, in miseris bisce patriæ temporibus, etiam inclinata in æternum fractaque populi romani fortuna, quam confugere procul ab immani civilium tempestatum tumultu in sublimes ac placidas domos, et, ut Lucretius ait, « templa serena », unde calamitosos rerum casus ac detonantes infra procellas vir sapiens despicere queat, si minus tutus, saltem securus? Ceterum dii omen prohibeant et averruncent! jam in stante (quod utinam expedire possit bonorum constantia, superorum adminiculum), in prævalente republica, quum tanta compages nonnisi sapientia quadam singulari in unum coalescere potest, nonne e sacris demum scientiæ penetralibus emersuros intelligis, qui spes Romanorum asserant, et invictam agendi fortitudinem reipublicæ commodent!

Quæ quum providerem, mi Cicero, et ipse olim Athenas veni, et ut ipse venires, curavi : nam repetendam altius ab origine fecundam bonorum materiem, æquum censebam. Hæc est ludicrarum artium prima et genuina usque patria, litterarum parens, quæ postea e materno umbilico detractæ, in Romæ hospitium sese contulerunt. Quis igitur locus potuit esse alendæ isti culturæ aptior, quis ingenuis studiis suscitandis commodior, quam ex quo, tanquam uno fonte, in omnes circumcirca terras litteræ propagatæ sunt, et felix doctrinarum proventus in totius orbis universitatem redundavit? Aut qui, recessus gratia famæque jacentis sinu ab armis adhuc (faxint dii ut semper!) tutus ac protectus est? Verum hæc omitto, quæ, ut me sollicitent, tibi non curæ esse expediet. Fruere modo hoc civitatis domicilio, quæ tam amplum olim, tam magnificum poetarum, oratorum, philosophorum partum exsolvit! Recordare istic cecinisse Æschylum, Sophoclem, Euripidem, Pindarum ; istic tonuisse Periclem, Æschinem, Demosthenem ; istic sublimia dedisse sapientiæ oracula et multos alios, et in primis Socratem, cujus nobis adeo præcepta per manus tradidere Xenophon et Plato ille, Plato, non sentiendi modo, sed et dicendi auctor ac magister præstantissimus.

Tot tamque excellentium virorum memoria ac veluti consessu,

non potes quin affleris. Satis erit si religiosa mente recordationem eorum invocaris, si religiosis oculis vestigia, quotquot superent, relegeris atque servaveris! Neque te parum docebuut, opinor, academici saltus, neque segnius movebunt egregia monumenta, signaque et memores veteris gloriæ reliquiæ. Sic tibi, omnia hæc variæ pulchritudinis exemplaria intuenti, in iisque assidue defixo, nescio quo pulchritudinis sensu, nec opinanti, mens imbuetur, in quam, velut in fidele ac sincerum speculum, omnes eximiæ imagines repercussæ pervenient. Quas ubi altius impressas penitusque hærentes animo collegeris, sors erit immensa, copiosa, quæ in sequentem vitam prominebit, quamque semper lucro licebit apponere. Ergo agedum, mi Cicero, hæc ab Athenarum domicilio mutueris; hanc mihi, quum redibis (si quando non ad te potius ego proficiscar), hospitii tanti tesseram reportes. Vale.

DEUXIÈME PRIX DES NOUVEAUX.

DOTTAIN (Marie-François).

Collége royal de Bourbon.

Professeur : M. Nisard.

Institution de M. Bellaguet.

Si mihi filium dii immortales dedissent nullius bonæ rei studiosum nec cujusquam nisi vitii amantem, profecto verba in surdas aures lapsura non perderem; quum autem te, Marce fili, quanquam juvenili impetu et ingenito isti ætati tuæ ardore nimium raperis, patris tamen consiliis semper obsequentem, necnon virtute aliqua et etiam, quod utinam in reipublicæ bonum convertas, nonnulla industria bellica conspicuum agnoverim, te tui ita admonitum velim, ut nihil unquam quod patre, quod civitate, quod ipso te sit indignum, admittas. Qua in re nihil ego prorsus proficere queam, nisi tu patris consilia, benigna docilique mente, accipias. Igitur ex quo die me reipublicæ servatorem, me patriæ patrem senatus unanima voce salutavit, nulla res profecto, fili, majorem mihi voluptatem attulit, nulla dulciori lætitiæ sensu pectus meum pertentavit, quam ille exoptatus nec adeo inopinus de vita tua in melius mutata allatus modo nuntius. Scilicet, Marce fili, quum mihi frequentissime Trebonius, Lentulus, et quotquot ex amicis nostris Athenas nuper inviserunt, gratissimos de te rumores afferrent, tunc mihi videbar jam omnem impensæ in tuam institutionem operæ, omnem laborum meorum fructum suscepisse, qui filium genuerim, futurum senectutis meæ præsidium, et civem reipublicæ comparaverim, cujus præcipua in civitatem opera, seu manu, seu ingenio, nunquam desideranda foret. Præsta igitur quantum erit in te, et enitere, fili, ut, increscentibus in dies virtutibus tuis, duplicetur quoque illa nascens et patri dulcissima de te opinio ; id conare vehementer ut magnam tui civibus nostris exspectationem facias, teque tuo, non patrio nomine, commendes : quod si mihi concedant ut te paternæ virtutis æmulatorem, et patrimonio laudis meæ, quam nonnullam fore confido, dignum præbeas, nihil jam reliqui erit quod exoptem.

Erit enim aliquando dies, Marce fili, quum senties quanta nobis patribus erga filios caritas sit, quam læti simus et exsultantes, si filios boni et grati animi habuerimus, vere virtutum et laudis heredes; quanta autem sollicitudine paternus angatur animus, ubi natum omni bona arte, omni liberali disciplina educatum, jam adultum, in libidines sese efferentem videmus; utinam nunquam experiaris! Quod si me in talem dolorem dii creavissent, quid mihi rempublicam in præcipiti stantem, et jam propemodum ruentem, firmasse; quid civibus domos, templa, vitam, omnia denique e perditissimorum hominum manibus ac veluti ex ipsis lethi faucibus erepta, restituisse prosit, si, dum publicæ saluti consulo, domesticis doloribus et intestino luctu excrucier; si filium patris immemorem, civem mala omnia reipublicæ aliquando machinaturum, in universorum perniciem foveam? At Hercule, aliter dii rem se habere voluerunt; qui te in deterius jam inclinantem ad meliora revocaverunt. Amotus enim Gorgias et quicumque tibi malorum consiliorum auctores erant. Agedum ergo, fili, omnes istos animi tui corruptores et hunc præsertim rhetorem, qui melius intemperantiæ quam declamandi magister dicatur, e commercio tuo conspectuque amove. Eripe te ex istius schola, omnium vitiorum officina; quidquid ex eorum consuetudine sumpsisti protinus exue : ne patiare eos, si quid est in te ingenii, hebetare, si quis in virtutem impetus, cohibere: ipsum ego te rei judicem constituo : habes hinc

Gorgiam mali, illinc Cratippum, boni exemplum : utrum potius sequi ducas, pronuntia. At, fili carissime, si vel minimum attendas, nonne te pudeat istis hominibus admodum inservire, quos adeo non imitari, ut iis contra exemplo tuo et continua atque manifesta virtutum omnium exercitatione, pudorem suorum flagitiorum injicere debeas? Illis enim reipsa inservis, tu liberum animum ingenuumque sortitus; nequaquam enim possum credere te ultro in vitium, nullis consiliis seductum, declinasse; at profecto, si sanguis es meus, Cratippo soli adhærebis ; eum philosophiæ magistrum, eum morum præceptorem audies, cum vitæ ducem, et quasi mei vicarium alterumque patrem, sequeris.

Quod enim me tibi frequentissime, Marce fili, in nostris apud Tusculanum agrum disputationibus memini dicere de isto Herculis bivio, id nunc tibi faciendum est. Diu perpende quam viam sis initurus : aut potius bonam statim ingredere. Noli igitur eos imitari qui vanam ac luxuriæ ac libidinibus deditam juventutem absumunt ; sed melius ipse tibi consule. Scio enim multa esse quæ Athenis degentem a recta via dissuadeant. Scio juvenum magnum numerum esse, quorum is demum labor est patrimonium disperdere, ea demum cura quærere quomodo labenti et fluenti in dies patrimonio subveniant. His tu neque oblectationum sociis, nec præsertim morum præceptoribus, vitæque magistris utere. Ruis enim in perniciem minime dubiam ; quidquid est apud te egregiæ indolis, facis irritum : quid, quod eæ ipsæ dotes, quas tibi natura in bonum usum convertendas benigne impertita est, perniciosæ tibi fient : et, quantum prodesse debuerant, tantum nocebunt : ita ut hinc mali ventura sit accessio, unde remedium esse oportuerat. Ne igitur, precor, carissime fili, ne in hoc rudi virtutum omnium tirocinio, quod nunc ponis, deficias ; sed quo major erit in te vitiorum impetus, eo fortior evadas, eo ardentiori contentione obnitare, ut, omni aditu intercluso, vitio sis totus impervius. Patiare ergo ceteros animum flagitiis, corpora libidinibus obnoxia tradere ; tu vero memor animum tibi esse divinæ animæ partem et æthereos haustus trahentem, corpus autem destinatum animo famulum, age ut M. Tullii filium, ut Cratippi, egregii viri, discipulum decet. Non quod ego omnem tibi oblectationis viam intercludam, et hunc juvenilem ardorem, hunc ignem vehementius flagrantem ita sedare velim ut exstinguam : at contra te, voluptatibus et deliciis, quibus juvenis bene institutus et informatus exsultat, uti maxime cupio ;

sed quemadmodum viam ingressus, abscisis utrinque in præcipitem locum lateribus periculosam, si vis hoc evitare, non ideo ruis in illud, sed medium tenes ; ita est inter dissolutum et strictum aliquis modus, inter mollem et asperum media quædam ratio quæ virtus dicitur, quam si sequeris, et tibi et ceteris bene commodeque facis. Cole igitur istum juventutis tuæ florem ; nunquam pater officiet ; cole voluptatum omnium ac deliciarum usum, quas tibi Athenis affluere lætor, addito tamen aliquo philosophiæ et comitatis atque elegantiæ temperamento.

Quod si tibi aliquid majus animo proponere vis, ad quod adipiscendum enitare, sunt dulces nec virtutibus adversæ deliciæ, quas quidem haud scio an in virtutum ipsarum numerum jure adscribere possimus. Ut enim pars nostri melior est animus ille divinus et immortalis, sic eæ voluptates virtutibus proximæ sunt, quæ ad animum spectant. Scilicet, Marce fili, eam morum elegantiam quam modo tibi prædicabam, tibi utile simul ac laudabile erit retinere ; artes autem colere et litteras philosophiamque amplecti ne dedigneris. Utinam esses usu expertus, ut ego sum, quid sit in litteris et omnibus liberalibus artibus jucundi, magni, egregii ! non iisses præceps quo te improba quorumdam consilia et exempla transversum egerunt ; habuisses in his studiis malarum voluptatum, malarum cupiditatum frenum salutare. Præclarum hunc igitur totius philosophiæ amorem a patre tuo accipe. Quid enim tibi relinquam quo magis lætari possis, nisi earum artium studium quæ oculos animosque delectant, earum litterarum quæ mentes erigunt, illius demum philosophiæ, quam veluti de cœlo lapsam veneramur. Hanc vitæ ducem sequere ; hæc, si quid est in me ingenii, dedit : quidquid honorum, quidquid laudis apud me fuit, et est hodie, id litterarum et philosophiæ beneficium est, quæ ut in prosperis rebus oblectationem, ita in adversa fortuna solatium afferunt. Eas igitur maxime colere memento : præsertim hisce temporibus, quum, labante omni ex parte republica, et discordiis inter cives flagrantibus, inclinat mirum in modum urbis nostræ fortuna. Quod si (utinam me falsum vatem melior eventus arguat !) dii ita romanam hanc civitatem et divinum hoc Capitolium tueri recusant, ut, felicissimis auspiciis in perpetuum terrarum imperium urbs condita, ultro spem æterni dominatus projiciat et prona in ruinam præcipitet, quid tibi, pessumdata republica, quid, amissa libertate, superesse queat, nisi prius solamen aliquod malorum tibi comparaveris, nisi portum quemdam muniveris, in quo, tempestatum fluctibus jactato, a maris æstu et assultu requiescere tibi tandem securo liceat? Habebis enim inde præsentium calamitatum non modicum levamen, et etiam spem aliquam et ad agendum fortitudinem in his augustissimis philosophiæ penetralibus veluti reservatam; unde, si quando respublica ex hoc temporum nostrorum tumultu respiraverit, vis aliqua et ad consilia fortiter capessenda et res publicas diligenter administrandas major constantia atque audacia succurret.

Civilia igitur vere studia es amplexus : civile opus agis ; quod quum mihi tibique propositum esse voluerim, nullum usquam ejusmodi culturæ ac reparationi aptiorem Athenis locum esse arbitratus sum : quanquam enim illas nostras disputationes maxime desidero, in quibus tenerum adhuc et mollen animum tuum omnibus facilioris philosophiæ præceptis informare gaudebam, quanquam maxime cupio te mihi assidere et iisdem focis, iisdem penatibus frui, tamen quum hic ego publicis muneribus et officiis distinerer; tu vero Romæ non satis abundanten rerum omnium, quas philosophiæ studioso suppetere necesse est, supellectilem invenires, misi te Athenas, urbem rhetorum frequentia peritissimorum celebrem, artibus omni tempore florentissimam; in qua præcipue, si est usquam in ulla urbe, harum rerum quas Romæ requirimus, maxima tibi copia suppeditatur. Ibi, quanta potui liberalitate, domum tibi constituendam curavi, omni splendido apparatu egregiam; ita ut cum locupletissimis adolescentibus, eadem studia sequentibus, vel omni vitæ jucunditate, vel præceptorum numero posses contendere. Quum ibi igitur tum quæ ad commode beateque vivendum, tum quæ ad animum bene informandum conferant, in promptu habeas, nihil est quod amplius expetas. Dum enim Cratippi sermonibus ades, dum academicorum præceptis innutriris, alia quoque tibi ex ipsa urbe, ex ipso illo Atticæ solo adjumenta succurrunt. Vivis enim in hac urbe, quæ cives egregios omni genere tulit : vivis in ea regione quæ, ne plures enumerem, sexcenti enim obvii sunt, Miltiadem, Themistoclem, Æschylum, Sophoclem, Euripidem, Solonem, Demosthenem præsertim meum, duces, poetas, oratores excellentissimos edidit. Horum quasi in cœtu versaris; eorum statuas habes ante oculos : versus in theatro audis, opera in Lyceo perlegis. Quid ille etiam quotidianus Ægæi ac Salaminiaci maris conspectus, veteres Græcorum triumphos etiamnum velut immurmurantis! Nonne tibi talia animum ingenti litterarum ac philosophiæ studio incendunt? Nonne vehementi patriæ amore pectus tuum commovetur, quum tam magnifica exemplaria oculis tuis proposita singulis diebus habeas? At ego, nisi me aliquis error decipiat, profecto, si Athenis degerem, non possem non mihi fingere quemdam adesse mihi illorum virorum comitatum, qui me usquequaque vadentem sequeretur, cujus veluti consuetudine frui, ac sermonibus misceri viderer. Ipse enim olim adolescens, Rhodum et Athenas invisi, præclara illa litterarum et philosophiæ incunabula, æternamque omnis elegantiæ sedem. Illis in locis commoratus sum; ibi ingenium animumque informavi; ibi vita mea primum institui cœpit : illinc eam constantiam, qua semper ad hanc diem vixi, retinui.

Igitur tu, Marce fili, patrem imitare : locos istos tot eximiorum virorum memoria insignes quotidie lustra et perlustra; quid fecerint assidue mente tua volve; eorum ad exemplum, quantum poteris, vitæ tuæ rationem compone. Instituas tibi perpetuam operum illorum, quæ plurima Athenis habes, commentationem. Interea quidquid magnifici in artium monumentis vis ætatis integrum reliquit, invise et contemplare. Quum enim nunc ad meliores sensus revocatus, omni adeo vitii labe carere incipias, et ad virtutem, a qua nunquam deflectere debueras, rursus convertaris, nil tibi superest, si vis patri amantissimo placere, nisi ut philosophiam arctissime amplectaris; in ea vitæ nostræ omnem sitam esse felicitatem recordare. Quod si feceris, et omnium rerum quotquot præclara sunt exemplaria Athenis tibi occurrentia altius in te receperis, magna mihi spes est, o fili, te nunquam non fore omni amore meo, omni civium nostrorum favore dignissimum. Quidquid enim ab his annis eris assecutus, in posterum servabis : quæ tua nunc erit vivendi ratio, hæc per totam ætatem manebit. Igitur effice te reipublicæ administrandæ et tractandis negotiis habilem, effice te omnium virtutum capacem, patri non imparem, romani civis nomine dignissimum.

II. DISCOURS FRANÇAIS.

Matière.

La nouvelle de la prise de Rome par Alaric (410) avait répandu dans tout l'empire la crainte et la douleur. L'émotion fut d'autant plus vive, qu'on ne s'était pas sérieusement alarmé de l'approche des barbares ; pour toutes les imaginations, Rome était encore la ville éternelle. Cependant elle était tombée ; d'affreuses dévastations l'avaient désolée. Malgré l'ordre d'Alaric, qui avait promis sécurité aux chrétiens, et protection à tous ceux qui se réfugieraient dans les églises, des violences impies, des massacres sans nombre avaient souillé le sanctuaire. Un désastre si impie et si terrible troubla profondément les âmes. La douleur, plus forte que la foi, arracha aux chrétiens des plaintes et des murmures contre la justice divine; les païens, ceux même qui n'avaient dû leur salut qu'au titre de chrétien, un moment invoqué, attribuaient la défaite à l'expulsion des dieux, protecteurs de la patrie, et s'emportaient en récriminations contre le culte nouveau; la querelle des deux religions se ranima et s'aigrit au milieu du deuil de l'empire.

Plus voisine de l'Italie, l'Afrique recueillit la première les fugitifs, et fut plus vivement agitée. Saint Augustin, prêchant alors devant le peuple d'Hippone, l'entretenait fréquemment de cette grande catastrophe ; dans ses livres, comme dans ses sermons, dans ses lettres à ses amis, il ne peut en détacher sa pensée. Tantôt ses souvenirs de Rome, ses sentiments de patriotisme, d'homme éclairé et ami des arts, s'échappent en lamentations; tantôt, dans le langage de la plus ardente charité, il demande aux fidèles secours et hospitalité pour les Romains échappés au désastre, et qui viennent chercher un refuge sur les rivages de l'Afrique; le plus souvent et tour à tour réprimant les murmures des chrétiens, confondant les accusations des païens et l'impuissance de leurs idoles, rappelant les uns et les autres au sentiment de leurs fautes, il les ramène à la patience et à la soumission, en élevant leurs pensées vers la divine providence, toujours juste dans ses rigueurs comme dans ses bontés.

Tels sont les principaux motifs du discours qu'on mettra dans la bouche de saint Augustin.

PREMIER PRIX DES NOUVEAUX.

CREPET (Eugène).

Collége royal de Charlemagne.

Professeur : M. CABOCHE.
Institution de M. BARBET-MASSIN.

SAINT AUGUSTIN AU PEUPLE D'HIPPONE.

Chrétiens, ce sera un jour de lugubre mémoire, et suivi d'un long deuil dans l'imagination des hommes, que celui où cette terrible nouvelle s'est répandue par tout l'univers : Rome a été prise et saccagée par les barbares! Tous les peuples se sont tus d'abord, frappés de stupeur et d'effroi ; ils refusaient de croire que la ville éternelle eût terminé sitôt les destinées qu'elle s'était promises ; et lorsqu'enfin ils ne purent plus douter de la vérité, pleurant la ruine d'une cité dont le salut était le gage du leur, et qu'une longue habitude d'obéissance et d'admiration leur faisait regarder comme une véritable patrie, ils s'écrièrent d'une voix unanime : « Comment donc est tombée cette reine du monde? Comment donc a-t-elle pu périr? » — Oui, chrétiens, Rome n'est plus : ni cette ombre de puissance qu'elle conservait encore, ni ces grands souvenirs qui semblaient suffire pour la protéger, n'ont pu la défendre contre des hordes de barbares, qui connaissaient à peine son nom. Elles sont entrées sans combat dans cette ville, qui naguère dispersait des armées immenses dans l'univers soumis à ses lois : les dépouilles du monde ont passé dans les mains de ces nouveaux venus. Tout a péri dans une même ruine; les chefs-d'œuvre des arts et des lettres ont été anéantis avec les monuments de la vanité et de l'impiété des hommes. Le fer et la flamme ont porté partout le carnage et l'incendie; le sanctuaire même, malgré la défense du chef de ces barbares, a été souillé par des vengeances impies et des meurtres sans nombre. Et maintenant, Rome, abandonnée également par ses habitants et par ses vainqueurs, semble condamnée désormais à la solitude et à la désolation de ces villes impies que Dieu châtie dans sa colère : triste objet d'horreur et de pitié! Mais ce n'est pas assez d'une stérile compassion pour des malheurs qui nous touchent surtout peut-être parce qu'ils nous font craindre pour nous-mêmes; il y a une autre pitié, qui ne s'exprime pas seulement par des gémissements et des lamentations ; généreuse et vigilante, elle s'empresse d'abord de soulager les douleurs qui ont fait couler ses larmes; vertu toute chrétienne, descendue du ciel avec le Dieu qui voulut mourir pour le salut du monde. Jamais une plus belle occasion ne lui fut offerte; jamais elle n'eut à secourir de plus grandes infortunes. Déjà vous avez vu aborder sur ces rivages un grand nombre de Romains échappés au fer des barbares. N'est-ce pas un spectacle bien touchant et bien propre à nous faire réfléchir sur l'inconstance des destinées humaines et sur les desseins merveilleux de la Providence, que la vue de ces descendants des plus illustres familles de Rome, qui viennent demander une patrie aux fils de ces Carthaginois dont leurs pères ont détruit autrefois la ville? Qui eût jamais prédit qu'un jour la terre d'Afrique serait le plus sûr asile offert aux Romains chassés d'Italie? Mais je me reproche d'avoir rappelé ici de vieilles haines que le temps seul a dû anéantir. Faites taire tout sentiment contraire à l'esprit de concorde et de charité que votre religion vous commande. Tous les hommes ne sont-ils pas vos frères, et ceux-ci n'ont-ils pas à votre compassion les droits sacrés du malheur? Donnez-leur donc cette hospitalité qu'ils implorent au nom d'un Dieu commun, protecteur des suppliants; partagez avec eux votre richesse ou votre pauvreté; faites-vous, suivant la parole de l'Écriture sainte, des trésors que la rouille ne ronge point; mettez-vous sous la protection des infortunés, toute-puissante auprès du Seigneur.

Mais je crains qu'en remplissant tous les devoirs de la charité, vous ne vous laissiez aller à de coupables murmures contre la Providence, qui, dans ces malheureux qu'elle vous confie, semble vous offrir une image des épreuves qui vous attendent peut-être. Gardez que l'émotion profonde que vous avez ressentie, et les frayeurs qui vous agitent, ne fassent chanceler la foi dans vos âmes. Ne cherchez pas à sonder les desseins impénétrables de la Providence, qui ne vous seront révélés que dans les temps marqués par sa sagesse; ne dites pas : « O mon Dieu, pourquoi m'avez-vous abandonné ? » mais confiez-vous à cette bonté divine dont les voies sont inconnues aux hommes, et qui sauve quelquefois ceux qu'elle semblait décidée à laisser périr. Ne prêtez pas non plus l'oreille aux plaintes sacriléges des païens; ils vont partout accusant les adorateurs du vrai Dieu, publiant les louanges de leurs idoles, dont la chute, selon eux, est la seule cause des maux qui affligent l'empire : « Ce sont nos dieux, s'écrient-ils, qui ont jadis donné à Rome la domination du monde, et qui aujourd'hui vengent leurs honneurs méprisés et leur culte aboli par ces châtiments terribles. » Calomniateurs perfides, qui rejettent sur les chrétiens tout le poids de leurs crimes, et qui s'efforcent d'ébranler dans nos âmes la foi déjà affaiblie, hélas! par le spectacle de nos malheurs! ingrats qui blasphèment maintenant le nom qu'ils ont invoqué, quand ce nom seul pouvait leur sauver la vie! Que n'imploraient-ils alors le secours de ces dieux puissants qui n'ont pu se protéger eux-mêmes, puisque leurs temples, vains restes d'un culte insensé, ont été renversés par les barbares, tandis que les églises chrétiennes restent seules debout sur ces débris ?

Les païens ne comprendront-ils jamais le sens de cette révolution extraordinaire à laquelle ils assistent? C'est pourtant là un de ces grands enseignements que la sagesse éternelle donne aux hommes à de rares intervalles. Nous sommes dans un temps de changements inouïs et soudains, qui renouvelleront la face du monde ; reconnaissons ici une main plus forte que celle des hommes, une volonté supérieure à tous leurs desseins. L'empire romain embrassait le monde entier ; son éternité semblait assurée; il avait dompté tous ses ennemis et ne savait plus où en trouver de nouveaux. Mais Dieu l'a condamné, il périra. Il se détruit d'abord lui-même par une lente et perpétuelle décadence, et, lorsque sa ruine est assez préparée, voici qu'apparaissent tout à coup, au milieu de l'esclavage de tous les peuples connus, des nations ignorées jusque-là du reste du monde. D'où viennent donc ces hôtes terribles dont la vue seule glace d'effroi ? Qui est allé les chercher au fond de leurs solitudes pour les introduire dans un univers inconnu ? N'en doutez pas, chrétiens, c'est Dieu lui-même qui les a pris comme par la main et qui leur a montré la route. En vain l'empire romain rassemble-t-il toutes ses forces pour résister à ces hordes de barbares ; rien ne saurait le sauver : l'arrêt est prononcé ; tous les obstacles qui pourraient en retarder l'exécution s'écartent comme par miracle. Les barbares se précipitent par le chemin qui leur est ouvert ; du premier pas, ils entrent dans Rome. Comprenez-vous maintenant quels sont les desseins de Dieu en frappant de si grands coups ? En même temps qu'il châtie l'orgueil de cette ville superbe, enivrée du sang des martyrs et follement obstinée dans ses erreurs impies, il veut donner aux autres villes un terrible avertissement. Heureux ceux qui sauront en profiter et prévenir les vengeances divines par un prompt retour à la vertu et à la religion !

Est-ce donc à dire, chrétiens, que nous n'avons pas mérité par nos propres fautes les malheurs que la Providence nous envoie ? Eh ! qui de nous serait assez audacieux pour se croire sans tache devant le juge souverain des consciences ? Ce serait insulter à la justice divine qui exerce sur nous ses rigueurs. Croyons bien plutôt que nous les avons provoquées, trop heureux de pouvoir offrir à Dieu, dès cette vie, une assez grande expiation de nos fautes pour jouir dans l'autre de tous les dons de sa miséricorde infinie. Ne rejetons donc pas sur les païens l'anathème qu'ils voudraient faire peser sur nos têtes, mais humilions-nous avec eux sous la main toute-puissante qui nous frappe; essayons de la fléchir par la patience et la soumission, et, réunis par de communs malheurs, présentons au ciel apaisé le spectacle si doux d'un peuple longtemps divisé par la haine et par la rivalité, mais réconcilié désormais par la charité et l'amour.

Et maintenant, chrétiens et païens, je vous en conjure tous ensemble, puisque je ne veux plus voir en vous qu'un seul et même peuple, élevez vos pensées vers le ciel, et, d'un commun accord, bénissez le nom du Seigneur. Détournez vos regards du spectacle affligeant que vous offre cette terre, et, quel que soit le sort qui vous attend, pleins de confiance dans la divine Providence, toujours juste dans ses rigueurs comme dans ses bontés, tournez vos yeux vers cette patrie céleste qui ne trompera pas vos espérances. C'est là cette cité éternelle où seront admis, pour y jouir d'un bonheur sans fin comme sans mesure, ceux qui, par un pieux repentir et par une sainte résignation aux épreuves de cette vie, auront effacé leurs fautes et consacré leurs vertus.

DEUXIÈME PRIX DES NOUVEAUX.

DUCOS (Louis-François-Eugène). — Interne.

Collége royal de Louis-le-Grand.

SAINT AUGUSTIN AU PEUPLE D'HIPPONE.

Mes frères, c'est surtout dans ces temps de trouble et de désolation, où les misères et les souffrances de l'Eglise semblent justifier le doute et prêter des armes à l'incrédulité, que Dieu a besoin d'emprunter la voix de ses ministres, pour rappeler le souvenir de sa justice et de sa miséricorde éternelle, et raffermir la foi dans tous les cœurs. Jamais, mes frères, depuis les persécutions des derniers siècles, la mission des apôtres de Jésus-Christ n'exigea plus de zèle et de persévérance. Alors, ils avaient à combattre l'erreur et l'impiété florissantes, assises sur le trône des Césars, et à renverser les idoles honorées de tout un peuple; héritiers de leurs dangers, nous avons à soutenir d'autres luttes dans le sein même de l'Église, et à combattre l'esprit d'erreur qui s'est emparé de ses enfants. Non, mes frères, jamais, depuis le jour où je fus appelé à donner des soins à ce troupeau, je n'ai senti plus vivement la nécessité de faire briller aux yeux de tous la justice divine, de rendre à la vérité l'éclat que le mensonge cherche vainement à obscurcir, et de faire parler la voix de Dieu plus haut que ces clameurs impuissantes dont le poursuivent l'impiété et l'idolâtrie.

Oui, mes frères, Dieu est juste ; dans ses rigueurs comme dans ses bontés, sa justice et sa miséricorde défient toutes les accusations de la malignité et de l'ingratitude. La même main qui châtie et qui frappe, récompense et ressuscite. L'œil de Dieu est éternellement fixé sur les hommes : ni leurs vertus, ni leurs crimes ne lui échappent. Le souvenir des bonnes actions ou des fautes amoncelle sur nous la tempête ou amasse les bénédictions. Oui, la puissance de Dieu ne cesse de se manifester à la terre par des châtiments ou par des bienfaits.

Je sais, mes frères, que le spectacle des calamités présentes, séparé du sentiment des fautes qui les ont amenées, c'est-à-dire, des vices longtemps florissants, de l'impiété impunie, en dérobant aux yeux l'équité de la punition, n'en laissent paraître que la rigueur. Je sais aussi combien ce spectacle peut ébranler les esprits, si on le regarde avec des yeux et un cœur purement humains. Comme vous, j'ai senti mon âme se serrer de tristesse à la vue des fugitifs de Rome promenant sur nos rivages leur deuil et leur misère. Comme vous, j'ai été ému d'un sentiment de douleur profonde, quand j'ai songé à cette ville éternelle, naguère la reine des cités, aujourd'hui déchue de son ancienne splendeur, et abaissée dans la poussière. Rome ! à ce nom, que d'intérêts humains se réveilleraient dans nos cœurs pour les déchirer, si la religion, cette consolatrice de toutes les peines, n'apportait sur nos blessures un baume bienfaisant ! que de souvenirs amers le deuil de la patrie, la ruine de cette capitale du monde, ranimeraient dans un cœur vraiment romain, si la foi ne nous soutenait quand le malheur nous abat, si l'exemple même de Jésus-Christ ne nous enseignait la résignation ! Nous pouvons, mes frères, comme le divin Sauveur, pleurer et gémir sur nos infortunes, pourvu que ces gémissements et ce pleur ne dégénèrent point en accusations contre la justice et la bonté divine. Oui, il est permis à des hommes de gémir sur les souffrances de l'humanité, à des citoyens de pleurer sur les ruines de leur patrie; mais notre devoir de chrétiens, c'est de lever les yeux au ciel, de prier et d'espérer!

En vain vous entendez autour de vous l'impie, s'appuyant de ces fléaux passagers qui désolent l'Église, demander arrogamment pourquoi la justice de Dieu frappe ses propres enfants, pourquoi sa puissance les abandonne à leurs ennemis. Ouvrez les yeux, chrétiens aveugles! Déchirez ce voile dont vos passions, votre ignorance, votre témérité, obscurcissent votre vue! Sachez distinguer le châtiment légitime et nécessaire de la colère sans mesure et sans frein! Rentrez en vous-mêmes; interrogez votre conscience: si elle ne vous reproche aucune faute; si vous pouvez, sans rougir, descendre dans ses replis les plus cachés; si vous ne trouvez qu'un témoignage auguste d'innocence et de vertu, alors, accusez la justice divine; demandez compte à Dieu de cette indifférence pour les choses humaines ou de cet acharnement aveugle. Mais si tous vos efforts ne peuvent étouffer le cri de votre conscience et ses justes reproches d'impiété et de désordres; si malgré vous elle vous contraint à rougir, humiliez votre orgueil, et reconnaissez un Dieu souverainement bon et juste: adorez celui qui punit et qui récompense avec une parfaite équité.

Étrange contradiction de l'erreur! Ces chrétiens, qui se glorifient presque d'abandonner un Dieu qu'ils accusent de les trahir, qui refusent de croire à la puissance et à la protection de Jésus-Christ, se joignent aux idolâtres, et courent embrasser les autels de Quirinus et de Jupiter. Ont-ils donc oublié le miracle de cette religion qui, prêchée par douze pêcheurs, pauvres et ignorants, a renversé du trône impérial et du Capitole le paganisme et les faux dieux? ont-ils oublié cette voix sortie de ces mêmes temples, où ils courent implorer un inutile secours: « Un Dieu plus puissant nous chasse! » Et c'est ce Dieu tout-puissant qu'ils veulent renverser des autels où il s'est placé par sa propre force et sans aucun secours humain! Mais pourquoi rappeler le souvenir du passé, quand un exemple récent suffit pour les convaincre de folie et d'inconséquence? A-t-il abandonné ses enfants, ce Dieu, dont le nom seul, un instant invoqué, leur a procuré le salut? Ce Dieu n'habite-t-il plus dans nos temples? ne descend-il plus sur l'autel à la voix du prêtre? ne donne-t-il plus son sang et son corps pour nourrir tous les hommes ? Ah! c'est vous que l'on peut accuser justement de le trahir, vous qui reconnaissez et invoquez sa puissance dans le danger, mais ne profitez de ses bienfaits que pour les tourner contre lui-même, et encourez ainsi le reproche également honteux d'erreur et d'ingratitude!

Dieu, qui étend une protection si évidente sur chaque particulier, n'a donc pas cessé de veiller un instant sur l'assemblée générale des fidèles, sur l'Église tout entière. Et ici, un objet plus grand s'offre à ma pensée : c'est Dieu qui arme les conquérants barbares, c'est Dieu dont l'esprit leur souffle à son gré la colère ou la miséricorde, c'est lui dont la main les conduit. Et j'en ai pour preuve ces massacres mêmes commis dans Rome, et que les ennemis de mon Dieu lui opposent : il les a permis, malgré la volonté du chef barbare, pour punir selon sa justice. S'il est permis à une intelligence humaine de sonder les décrets éternels de la Providence, sans doute ce Dieu des vengeances légitimes, ce Dieu jaloux de sa gloire et de sa grandeur, a suscité contre Rome ce débordement de la barbarie, pour y laver les souillures que les crimes de ses empereurs lui avaient imprimées. Sans doute il a voulu purifier cette nouvelle Babylone, et l'absoudre par le malheur, avant d'en faire la ville de Jésus-Christ. Mais les vengeances du ciel sont toujours tempérées par une miséricorde infinie. Dieu amène les barbares aux sources de la civilisation pour les y régénérer; son ascendant invincible pousse ces idolâtres et ces hérétiques vers les eaux du baptême et de la vérité : après avoir fait de ces hordes barbares les instruments de sa justice, il veut que vous soyez les interprètes de sa clémence et de sa bonté. Que dis-je ? l'intérêt même de l'Église n'a pas été oublié par ce Dieu qui la châtie : il n'hésite pas à nous frapper dans notre orgueil pour nous montrer le néant des biens de la terre. S'il a abaissé cette ville superbe, à qui des oracles menteurs avaient promis une gloire éternelle, c'est pour nous montrer que la cité de Dieu est la seule impérissable. S'il a renversé et détruit les monuments des lettres et des arts, c'est pour nous prouver qu'il n'y a que la parole de Dieu qui ne passe point. Enfin, s'il nous a enlevé une patrie périssable sur la terre, c'est pour nous faire songer à celle qu'il nous réserve dans les cieux!

Voyez, chrétiens, combien la religion, au milieu des tempêtes qui l'assiègent, est encore forte et puissante! Contemplez ce bonheur éternel qu'elle vous promet après un court pèlerinage dans cette vallée de larmes! Élevez avec elle vos cœurs, et apprenez à dominer la fortune! Soumettez-vous à la nécessité qu'elle impose de croire et d'être heureux : soyez chrétiens! Fidèles à cette loi divine, recevez avec une ardente charité vos frères malheureux; mais, loin de vous aigrir par leurs souffrances, adoucissez leurs maux par des consolations. Ramenez-les, par vos paroles, et plus encore par vos exemples, à la patience et à la soumission. Un secret pressentiment m'avertit d'insister sur ces conseils : qui sait si cette secousse profonde qui a ébranlé l'Italie n'atteindra pas jusqu'à nous; si vous n'aurez plus seulement à soutenir l'aspect du malheur de vos frères, mais encore à vous fortifier contre vos propres infortunes, et si la nécessité ne vous réduira pas à pratiquer pour vous-mêmes ces vertus dont vous donnez l'exemple? Veuille le Dieu tout-puissant que j'implore, détourner cette funeste prévision! mais, dans l'attente de l'adversité, vous ne sauriez trop prémunir vos cœurs contre le désespoir, votre raison contre le doute, votre foi contre l'impiété. Non, mes frères, ne cessez jamais de croire à la protection du Seigneur. C'est dans cette croyance que les peuples comme les particuliers trouvent toujours, au milieu des pertes les plus sensibles, des douleurs les plus mortelles, une force assurée, une douce consolation, et une paix intérieure qui est le véritable bonheur sur la terre, et comme le signe avant-coureur de l'éternelle félicité.

Troisième partie.

CONCOURS UNIVERSITAIRES.

1. CONCOURS POUR L'ÉCOLE NORMALE.

TEXTES.

I. *Version latine.*

Sententia est vox universalis quæ etiam citra complexum causæ possit esse laudabilis, interim ad rem tantum relata, interim ad personam. Duæ autem sunt opiniones, aliorum sententias solas penè spectantium, aliorum omnino damnantium ; quorum mihi neutrum admodum placet. Densitas earum obstat invicem, ut in satis omnibus fructibusque arborum nihil ad justam magnitudinem adolescere potest, quod loco, in quem crescat, caret; nec pictura, in qua nihil circumlitum est, eminet. Facit res eadem concisam quoque orationem. Subsistit enim omnis sententia, ideoque post eam utique aliud est initium; unde soluta fere oratio non membris sed frustis collata, structura caret, quum illa rotunda et undique circumcisa insistere invicem nequeant. Præter hoc etiam color ipse dicendi quamlibet claris multis tamen ac variis conspergitur maculis. Porro ut afferant lumen clavus et purpuræ in loco insertæ, ita certe neminem deceat, intertexta pluribus notis vestis.

Huic quibusdam contrarium est studium, qui fugiunt ac reformidant omnem hanc in dicendo voluptatem, nihil probantes, nisi planum et humile et sine conatu. Ita dum timent ne aliquando cadant, semper jacent. Ego vero hæc lumina orationis velut oculos quosdam eloquentiæ esse credo. Sed neque oculos esse toto corpore velim, ne cætera membra officium suum perdant, et, si necesse est veterum illum horrorem dicendi malim, quam istam novam licentiam. Sed patet media quædam via, sicut in cultu victuque accessit aliquis citra reprehensionem nitor. Quare, sicut possumus, adjiciamus virtutibus. Prius tamen sit vitiis carere, ne, dum volumus meliores esse veteribus, simus tantum dissimiles.

QUINTILIEN.

II. VERS LATINS.

Anno U. C. quingentesimo quinquagesimo secundo, victo Annibale, imminente macedonico bello, cum multa prodigia visa nuntiataque essent, decrevere pontifices ut virgines ter novena per urbem euntes carmen canerent. Id. a P. Lic. Tegula conditum.

Di consentes, Dique patriæ indigetes, septem colles qui vobis placuerunt cœlo ab alto despicite clementes pacatique. Nulla enim urbs majestatem vestram impensius colit et veneratur; Roma nunquam rebus elata secundis Deos oblita est odisse vires plus quam humana molientes, ipsamque, quod Diis minorem se gerit, imperare. Horruit tamen decemvir, dum libros inspicit, quos olim Tarquinio Cumæa vates dederat. Cur cœlum flammis ardet minantibus? Cur auditæ in templis non humanæ voces horrificant animos, naturaque in fetus alienos errat, cœlestis iræ nuntia? Vos Romam, vestrum opus, Gallis Pyrrhoque eripuistis, vos Annibalis arma manibus excussistis. Nunc quoque favete eum Aquilas, quæ vicerunt apud Zamam, Sulpicius adversus perjurum Carthaginis socium parat inferre. Dira hæc omnia quibus attoniti trepidamus Macedonas terreant. Annis seniorum deficientibus quietem date, juvenum animis spem et robur virgineisque moti precibus imperium, secundum vestras opes, maximum felices bonique sospitate.

III. THÈME GREC.

Les enfants ont déjà de leur âme l'imagination et la mémoire, c'est-à-dire, ce que les vieillards n'ont plus; et ils en tirent un merveilleux usage pour leurs petits jeux et pour tous leurs amusements; c'est par elles qu'ils répètent ce qu'ils ont entendu dire; qu'ils contrefont ce qu'ils ont vu faire; qu'ils sont de tous métiers, soit qu'ils s'occupent, en effet, à mille petits ouvrages, soit qu'ils imitent les divers artisans par le mouvement et par le geste; qu'ils se trouvent à un grand festin et y font bonne chère; qu'ils se transportent dans des palais et dans des lieux enchantés; que, bien que seuls, ils se voient un riche équipage et un grand cortége; qu'ils conduisent des armées, livrent bataille et jouissent de la victoire; qu'ils parlent aux rois et aux plus grands princes; qu'ils sont rois eux-mêmes, ont des sujets, possèdent des trésors qu'ils peuvent faire de feuilles d'arbre ou de grains de sable, et, ce qu'ils ignorent dans la suite de leur vie, savent à cet âge être les arbitres de leur fortune et les maîtres de leur propre félicité.

IV. DISCOURS LATIN.

Certaverant judicio cum Oropiis Athenienses, Sicyoniis disceptantibus; victi Athenienses, quinquaginta talentis æstimata. Talem igitur mulctam deprecaturi Romam superveniunt legati ab Atheniensibus, Carneades academicus, Diogenes stoïcus, Critolaüs peripateticus, quibus, quum senatus non daretur, occasio suasit ut græcam doctrinam et eloquentiam Romanis ostenderent, ipsi romanæ civitatis mores et instituta propius inspicerent, spatio temporis interjecto, epistolam Atheniensibus in hunc ferme modum Diogenes scripsit.

Etsi nihil de legatione, esse tamen quod ad eos scribat.

Se Romam, ut pote dominorum sedem, tristes adiisse : nunc lætos in græca veluti provincia versari.

Nec jam de paupertate Curii, de simplicitate Fabricii cogitent, quæ ab ipsis eorum posteris rideantur : regum ut potestatem ita sumptus æmulantur Cornelii, Æmilii, Marcii, Sulpicii, Metelli.

Hi sunt per quos Græcia ferum victorem capit. Hi Livium foverunt Homeri interpretem : hi Terentium mirabantur, redivivum Menandrum. Hi Pacuvium tuentur, qui Sophoclem ad romanas aures deducit.

Restat ut hoc novitium solum fruge socratica inseramus. Cui rei assiduam, nec infelicem operam damus juvenibus æque ac senibus accepti, nisi quum Carneades matutina oratione justitiam laudat, vespertina deprimit.

Nihil ne eum movent græci rhetores ante hunc annum sextum Roma expulsi? Nec audit jam irascentem mox sæviturum M. Catonem. Vel qui sit M. Cato ignorat.

Quem si ætas tandem vicerit, Roma nostra est idem accidet græcæ sapientiæ, quod Phidiæ nostri Minervæ, quæ pars prædæ Romam invecta, nunc in æde Fortunæ, fausto domicilio, excepta reverentia et amore sui tenet Romanorum animos.

V. DISCOURS FRANÇAIS.

BOILEAU A M. DE MONTAUSIER.

Au nombre des ennemis que Boileau s'attira par ses satires, on peut compter le célèbre duc de Montausier. Boileau ne s'était permis aucune attaque contre ce seigneur plein d'honneur et de droiture, universellement vénéré par la généreuse liberté de ses sentiments et la rare intégrité de ses mœurs. Mais le duc de Montausier, Mécène dévoué de Chapelain et de Cotin, étroitement uni par son mariage et par tous les souvenirs de sa jeunesse à la société de l'hôtel de Rambouillet, n'avait pas vu sans dépit et sans douleur les coups portés par le jeune satirique à des réputations qui lui étaient chères. D'ailleurs une piété sévère et un peu ombrageuse, une excessive rigueur de principes sur le maintien des bienséances, lui donnait, contre le genre de la satire, des préjugés auxquels il se livrait de bonne foi. Ainsi s'explique le tort qu'eut cet homme grave de s'associer aux plaintes et aux intrigues d'une impuissante coterie contre le poëte de la raison et du bon sens. Quand Boileau demande, en 1674, privilége pour son *Art poétique* qu'il venait d'achever, il rencontre des difficultés inattendues, contre lesquelles il eut besoin de recourir au crédit de ses protecteurs. C'était M. de Montausier qui les lui suscitait, de concert avec Pélisson et quelques poëtes mécontents.

Boileau avait pris soin de répondre aux accusations parties du salon de M. de Montausier, dans son Discours sur la satire, publié en 1661, où il prouve aux plus scrupuleux qu'on peut, sans blesser l'état ni la conscience, trouver de méchants vers, et éclairer le public sur les sottises des auteurs. Par sa neuvième satire, qui vit le jour la même année, il s'était hautement défendu de toute intention malveillante contre la personne de ceux dont il avait censuré les écrits, et s'était particulièrement expliqué sur le compte de Chapelain, qui était l'écrivain que M. de Montausier souffrait le plus de voir attaqué. Boileau souhaitait sincèrement de se faire rendre justice par le duc et de gagner ses bonnes grâces; c'était un suffrage illustre à conquérir, une conversion glorieuse à faire, et, en même temps, il y avait, dans cette situation hostile du plus grave et du plus libre des hommes de cœur vis-à-vis du plus franc et du plus sensé des poëtes, un contraste choquant à faire cesser. N'était-il pas singulier que lui, Boileau, le censeur incorruptible de tous les travers, l'écrivain solide et sincère, le courageux champion du vrai, eût précisément pour détracteur et pour adversaire un Montausier. L'intérêt de sa réputation et sa naturelle sympathie pour un caractère de cette trempe l'emporta sur le souvenir des propos amers et des mauvais procédés qu'il avait eus à essuyer. Deux ans après la publication de l'*Art poétique*, qu'aucune menée n'avait pu entraver, il fit lui-même les premiers pas. La mauvaise humeur du duc ne tint pas contre ce vœu flatteur que le poëte exprime à la fin de son Épître à Racine :

> Et plût au ciel encor, pour couronner l'ouvrage,
> Que Montausier voulût leur donner son suffrage.

Ces vers amenèrent une entrevue qui aboutit à une réconciliation complète.

On suppose qu'en 1674, au moment où il venait d'apprendre les obstacles apportés par M. de Montausier à la publication de son *Art poétique*, Boileau écrivit au duc pour se plaindre à lui de l'injustice de ce procédé, et pour essayer de le ramener à une opinion plus saine sur les droits de la satire, et à des sentiments plus bienveillants à son égard. Quelque vivacité qu'on donne à la défense de Boileau dans une cause si juste et qui le touchait de si près, on n'oubliera pas qu'il s'adresse à un homme d'une noble naissance et d'un grand nom, dont il honorait et respectait plus que tout autre la solidité du mérite et d'éclatantes vertus.

VI. DISSERTATION FRANÇAISE.

DU TEMPS.

On expliquera avec précision ce que c'est que le temps; on dira comment l'idée du temps est venue dans notre esprit.

On démontrera ensuite que toute durée, quelque longue qu'elle soit, est nécessairement conçue pour nous comme ayant été précédée et devant être suivie d'une autre durée.

De cette nécessité à laquelle notre esprit est soumis, est-il légitime de conclure l'existence du temps infini? Le temps infini existe-t-il? Est-il possible qu'il existe? L'éternité, qui certainement existe, puisqu'elle est un des attributs de Dieu, suppose-t-elle l'existence du temps infini, et n'est-elle autre chose qu'une durée sans commencement ni fin?

Si l'on rejette l'existence du temps infini, est-il possible de se rendre compte, après cela, de cette loi de notre raison qui nous oblige à concevoir toute durée comme nécessairement comprise dans une autre?

II. AGRÉGATION DE GRAMMAIRE.

Textes.

I. VERSION LATINE.

Considera quæ sint, quæ hominem in perniciem hominis instigent: invenies spem, invidiam, odium, metum, contemptum. Ex omnibus istis, adeo levissimum est contemptus, ut multi in illo remedii causa delituerint. Quem quis contemnit, calcat sine dubio, sed transit. Nemo homini contempto pertinaciter, nemo diligenter nocet. Etiam in acie jacens præteritur; cum stante pugnatur. Spem improborum vitabis, si nihil habueris quod cupiditatem alienam et improbam irritet, si nihil insigne possederis : concupiscuntur enim insignia, etiamsi parum nota sunt. Sic vero invidiam effugies, si te non ingesseris oculis, si non bona tua jactaveris, si scieris in sinu gaudere. Odium autem ex offensa sic vitabis, neminem lacessendo gratuito; a quo te sensus communis tuebitur; fuit enim hoc multis periculosum : quidam odium habuerunt nec inimicum. Illud ne timearis, præstabit tibi et fortunæ mediocritas, et ingenii lenitas; quum te esse homines scient, quem offendere sine periculo possint. Reconciliatio tua et facilis sit, et certa. Timeri autem tam domi molestum est quam foris; tam a servis quam a liberis : nulli non ad nocendum satis virium est. Adjice nunc, quod, qui timetur, timet; nemo potuit terribilis esse secure. Contemptus superest; cujus modum in sua potestate habet, qui illum sibi adjunxit, qui contemnitur quia voluit, non quia debuit. Hujus incommodum artes bonæ discutiunt : nihil tamen æque proderit, quam quiescere, et minimum cum aliis loqui, plurimum secum. Est quædam dulcedo sermonis, quæ irrepit et blanditur, et non aliter quam ebrietas et amor secreta producit. Qui rem non tacuerit, non tacebit auctorem.

II. THÈME LATIN.

Socrate s'était chargé du soin pénible d'instruire les hommes et de les conduire à la vertu par la vérité. Comme il ne devait ni annoncer ses projets de réforme, ni en précipiter l'exécution, il ne composa point d'ouvrages; il n'affecta point de réunir, à des heures marquées, ses auditeurs auprès de lui, mais, dans les places et les promenades publiques, dans les sociétés choisies, parmi le peuple, il profitait de la moindre occasion pour éclairer sur leurs vrais intérêts les magistrats, l'artisan, le laboureur, tous ses frères en un mot; car c'est sous ce point de vue qu'il envisageait tous les hommes. Il les attirait par les charmes de sa conversation, quelquefois en s'associant à leurs plaisirs sans participer à leurs excès. Son premier soin était de démêler leur caractère; il les aidait par ses questions à mettre au jour leurs idées, et les forçait par ses réponses à les rejeter. Des définitions plus exactes dissipaient par degré les fausses lumières qu'on leur avait données dans une première éducation; et des doutes adroitement exposés redoublaient leur inquiétude et leur curiosité; car son grand art fut toujours de les amener au point où ils ne pouvaient supporter ni leur ignorance ni leurs faiblesses. Plusieurs ne purent soutenir cette épreuve; et rougissant de leur état, sans avoir la force d'en sortir, ils abandonnèrent Socrate, qui ne s'empressa pas de les rappeler. Les autres apprirent par leur humiliation à se méfier d'eux-mêmes, et, dès cet instant, il cessa de tendre des pièges à leur vanité. Il ne leur parlait point avec la rigidité d'un censeur, ni avec la hauteur d'un sophiste : c'était le langage de la raison et de l'amitié dans la bouche de la vertu.

III. VERSION GRECQUE.

Ἔμαθεν ὁ σοφὸς ἀλογεῖν ἐπιταγμάτων ὅσα οἱ ψυχῆς παρανομώτατοι ἄρχοντες ἐπιτάττουσι, διὰ ζῆλον καὶ πόθον ἐλευθερίας, ἧς τὸ αὐτοκελευςτὸν καὶ ἐθελουργὸν κλῆρος ἴδιος παρά τινι ποιητῇ ἐπαινεῖται·

Τίς ἐστι δοῦλος, τοῦ θανεῖν ἄφροντις ὤν ;

ὑπέλαβε γὰρ ὅτι οὐδὲν οὕτω δουλοῦσθαι πέφυκε διανοίαν, ὡς τὸ ἐπὶ θανάτῳ δέος, ἕνεκα τοῦ πρὸς τὸ ζῆν ἱμέρου. Χρὴ δὲ λελογίσθαι ὅτι οὐχ ὁ τοῦ θανεῖν μόνον ἄφροντις ἀδούλωτος, ἀλλὰ καὶ ὁ τοῦ πένεσθαι, καὶ ἀδοξεῖν, καὶ ἀλγεῖν, καὶ τῶν ἄλλων ὅσα οἱ πολλοὶ κακὰ νομίζουσι, κακοὶ τῶν πραγμάτων ὄντες αὐτοὶ κριταί, οἵτινες ἐκ τῶν χρειῶν δοκιμάζουσι τὸν δοῦλον, εἰς τὰς ὑπηρεσίας ἀφορῶντες, δέον εἰς τὸ ἀδούλωτον ἦθος. Ὁ μὲν γὰρ ἀπὸ ταπεινοῦ καὶ δουλοπρεποῦς φρονήματος ταπεινοῖς καὶ δουλοπρεπέσι παρὰ γνώμην ἐγχειρῶν τὴν ἑαυτοῦ δοῦλος ὄντως· ὁ δὲ πρὸς τὸν παρόντα καιρὸν ἁρμοζόμενος τὰ οἰκεῖα ἑκουσίως ἅμα καὶ τλητικῶς ἐγκαρτερῶν τοῖς ἀπὸ τύχης καὶ μηδὲν καινὸν ἀπ' ἀνθρώπων εἶναι νομίζων, ἀλλ' ἐξητακὼς ἐπιμελῶς, ὅτι τὰ μὲν θεῖα αἰωνίῳ τάξει καὶ εὐδαιμονίᾳ τετίμηται, τὰ δὲ θνητὰ πάντα, σάλῳ καὶ κλύδωνι πραγμάτων διαφερόμενα, πρὸς ἀνίσους ῥοπὰς ταλαντεύει. καὶ γενναίως ὑπομένων τὰ συμπίπτοντα, φιλόσοφος εὐθύς τε καὶ ἐλεύθερος. Ὅθεν οὐδὲ παντὶ τῷ προστάττοντι ὑπακούσεται, κἂν αἰκίας καὶ βασάνους ἐπανατείνηται· νεανιευόμενος δὲ ἀντικηρύξει·

<blockquote>
Πίμπρα, κάταιθε σάρκας, ἐμπλήσητί μου
Πίνων κέλαινον αἷμα· πρόσθε γὰρ κάτω
Γῆς εἴσιν ἄστρα, γῆ τ' ἄνω εἰς οὐρανόν,
Πρὶν ἐξ ἐμοῦ σοι θῶπ' ἀπαντῆσαι λόγον.
</blockquote>

IV. THÈME GREC.

Ce que les anciens ont fait avec l'éloquence est prodigieux : mais cette éloquence ne consistait pas seulement en beaux discours bien arrangés, et jamais elle n'eut plus d'effet que quand l'orateur parlait le moins. Ce qu'on disait le plus vivement ne s'exprimait pas par des mots, mais par des signes ; on ne le disait pas, on le montrait. Thrasybule et Tarquin coupant des têtes de pavots, Alexandre appliquant son sceau sur la bouche de son favori, Diogène marchant devant Zénon, ne parlaient-ils pas mieux que s'ils avaient fait de longs discours ? Quel circuit de paroles eût aussi bien rendu les mêmes idées ? Darius, engagé dans la Scythie avec son armée, reçoit de la part du roi des Scythes un oiseau, une grenouille, une souris et cinq flèches. L'ambassadeur remet son présent et s'en retourne sans rien dire. De nos jours, cet homme eût passé pour fou. Cette terrible harangue fut entendue, et Darius n'eut plus grande hâte que de regagner son pays comme il put. Substituez une lettre à ces signes, plus elle sera menaçante et moins elle effrayera : ce ne sera qu'une fanfaronnade dont Darius n'eût fait que rire.

V. VERS.

Legati mexicani ad Montezumam reduces, narrant quales ipsis Hispani apparuerint

Vidimus advenas illos, homines ne an deos dicam, quos littoribus nostris advectos imperio tuo minitari fama percrebuerat.

Veniunt e longinquis oris, quos sol noster orientibus radiis illustrat. Domos habitant fluitantes, quibus aspirat omnis ventus, fluctus omnis famulatur. Totum iis corpus metallo rutilanti splendet : quasi terram tangere dedignentur, scandunt super grande quoddam animal et portentosum, cujus ardent oculi, vox instar tubæ sonat, pedes exsultant. Primo ambo corpora unum esse putavimus : mox autem vidimus unum desilire, stare seorsum, tum mulcere alterum manu, rursus ascendere, in cursum incitare, agere in gyros, subitoque reprimere.

Eorum religio quæ sit, incertum : duos arboris ramos, nudatos foliis, in transversum alligant, et figunt solo. Hos flexis genibus venerantur, et summos dextræ digitos, sæpissime fronti, pectori atque humeris applicant.

Fulmineos ignes videntur cœlo subripuisse, aut a summo numine accepisse. Dum nos ducis ante pedes, dona tua poneremus, repente fragor horrendus intonuit, et territi procubuimus. Postquam pavor reliquit, ossa suspeximus. Causa prodigii latebat : stabat coram dux superbus, arridens, porrigensque manum : et ingens fumus ad radios solis albescens, e littore recedebat.

III. AGRÉGATION DES CLASSES SUPÉRIEURES DES LETTRES.

DISSERTATION LATINE.

Quid de illa Platonis sententia : Tota philosophorum vita mortis commentatio est.

DISSERTATION FRANÇAISE.

Y a-t-il, dans la vie des peuples, des époques plus particulièrement favorables à l'essor de la poésie lyrique.

VERS LATINS.

Varronis ad Atticum epistola.

Varro bibliothecæ publicæ, cui eum præfecerat Cæsar, ab Octavio redditus, villam suam Tusculi librosque direptos ab Antonio reminiscitur et studiorum suorum pacem recuperatam lætatur.

THÈME GREC.

Socrate parut dans un temps où l'esprit humain semblait tous les jours s'ouvrir de nouvelles sources de lumières. Deux classes d'hommes se chargeaient du soin de les recueillir ou de les répandre : les philosophes, dont la plupart passaient leur vie à méditer sur la formation de l'univers et sur l'essence des êtres ; les sophistes, qui, à la faveur de quelques notions légères, et d'une éloquence fastueuse, se faisaient un jeu de discourir sur tous les objets de la morale et de la politique, sans en éclaircir aucun. Socrate fréquenta les uns et les autres ; il admira leurs talents et s'instruisit par leurs écarts. A la suite des premiers, il s'aperçut que plus il avançait dans la carrière, plus les ténèbres s'épaississaient autour de lui ; alors, il reconnut que la nature, en nous accordant les connaissances de première nécessité, se fait arracher celles qui sont moins utiles, et nous refuse avec rigueur toutes celles qui ne satisferaient qu'une curiosité inquiète. Ainsi, jugeant de leur importance par le degré d'évidence ou d'obscurité dont elles sont accompagnées, il prit le parti de renoncer à l'étude des premières causes, et de rejeter des théories abstraites, qui ne servent qu'à tourmenter ou à égarer l'esprit. S'il regarda comme inutiles les méditations des philosophes, les sophistes lui parurent d'autant plus dangereux que, soutenant toutes les doctrines sans en adopter aucune, ils introduisaient la licence du doute dans les vérités les plus essentielles au repos des sociétés. De ses recherches infructueuses, il conclut que la seule connaissance nécessaire aux hommes était celle de leurs devoirs, la seule occupation digne du philosophe, celle de les instruire, et soumettant à l'examen de la raison les rapports que nous avons avec les dieux et avec nos semblables, il s'en tint à cette théologie simple, dont les nations avaient tranquillement écouté la voix pendant une longue suite de siècles.

IV. AGRÉGATION DE PHILOSOPHIE.

COMPOSITION DOGMATIQUE.

Le désir et la volonté ne sont-ils que des degrés et des formes diverses d'une seule et même faculté ? Comment, dans cette hypothèse, rendre compte de la liberté et de la responsabilité des actions ?

COMPOSITION HISTORIQUE.

Exposer et apprécier les conséquences métaphysiques et morales de la confusion du désir et de la volonté dans les systèmes de Hobbes, de Spinoza, de Malebranche et de Condillac.

V. AGRÉGATION D'HISTOIRE ET DE GÉOGRAPHIE.

COMPOSITION D'HISTOIRE ANCIENNE.

Présenter l'historique des guerres et des traités des Romains avec la Macédoine, la Grèce, Carthage et l'Orient, depuis l'année 168 jusqu'à l'année 129 av. J.-C. Insister sur la politique du sénat, dans ses rapports avec ces divers pays, d'après le témoignage des historiens originaux.

COMPOSITION D'HISTOIRE MODERNE.

Exposer l'origine, les progrès et la formation de la féodalité en France et en Angleterre.

COMPOSITION DE GÉOGRAPHIE COMPARÉE.

Présenter la nomenclature ancienne et moderne des îles de la Méditerranée, marquer leur position géographique, et indiquer sommairement les changements de domination qu'elles ont subis depuis les temps les plus anciens jusqu'à la fin du dix-huitième siècle.

VI. AGRÉGATION DES SCIENCES PHYSIQUES ET NATURELLES.

COMPOSITION DE PHYSIQUE.

1° Exposer les phénomènes et la théorie mathématique de la diffraction, dans le cas où la lumière rase le bord d'un écran.

2° Exposer les méthodes et décrire les appareils à l'aide desquels on mesure les intensités des courants électriques.

COMPOSITION DE CHIMIE.

1° De l'action exercée par l'ammoniaque sur les acides anhydres et hydratés. — Propriétés générales des sels ammoniaux et des amides.

2° Analyse d'une eau minérale contenant de l'acide hydrosulfurique, des sulfates et chlorures de potassium, sodium, magnesium et calcium.

COMPOSITION D'HISTOIRE NATURELLE.

1° De la reproduction des êtres organisés.

2° Du classement des terrains géologiques. — Considérations qui établissent les différents modes de formation.

REVUE GÉNÉRALE ET COMPARÉE

DES

CONCOURS CLASSIQUES.

OCTOBRE 1846.

DISCOURS

PRONONCÉ

A LA DISTRIBUTION DES PRIX
DU COLLÉGE ROYAL DE SAINT-LOUIS,

LE 13 AOUT 1846,

PAR M. DEMOGEOT,

PROFESSEUR DE RHÉTORIQUE,

Messieurs,

Il y avait à Athènes une belle et touchante coutume. La république élevait elle-même les enfants que la mort héroïque de leurs pères avait laissés sous sa tutelle, et quand ils avaient atteint l'âge viril, elle les amenait au milieu des Grecs assemblés, les couvrait d'une armure complète, et les envoyait avec tous ses vœux prendre leur rang de citoyens. Vous êtes aussi les élèves de la patrie, Messieurs, et la plupart de vous, grâce à Dieu, n'ont acheté cet avantage par aucune perte douloureuse. La France n'est que votre seconde mère, et les leçons qu'elle vous transmet sont un nouveau bienfait de ceux qui vous ont donné la vie. Voici la solennelle assemblée où elle vous remet entre leurs mains. C'est aujourd'hui que plusieurs d'entre vous ont terminé leur éducation première : ils vont commencer à prendre place dans la cité, à s'initier aux luttes de la vie. Qu'ils me permettent de les accompagner de mes vœux, de mes derniers conseils; d'ajouter, si j'ose le dire, la dernière pièce à leur armure.

Parmi les hommes qui suivent avec intérêt la grande question de l'enseignement, il en est peu qui ne rendent justice à l'instruction que vous avez reçue. Les travaux de vos maîtres, vos laborieuses études, sont en général appréciés avec bienveillance. Il n'en est pas de même de votre éducation. Quelques personnes, par une sollicitude honorable alors même qu'elle s'égare, semblent craindre qu'en ne négligeant rien pour enrichir votre intelligence, on ne s'occupe trop peu de former votre cœur. Je me propose de renverser la base sur laquelle repose cette erreur; de retrouver, dans les souvenirs de vos études, les principes qui doivent diriger votre vie; en un mot, de prouver qu'une instruction véritable n'est autre chose qu'une excellente éducation.

Qu'est-ce en effet, Messieurs, que cette éducation dont on semble regretter l'absence? Consiste-t-elle seulement dans la grâce des manières, dans l'urbanité du langage, dans l'exquise élégance d'une société choisie? A Dieu ne plaise que nous l'enfermions dans de si étroites limites. La politesse n'est souvent qu'une parure mensongère, qui dissimule les défauts du cœur, un voile délicat et souple, qui prévient le rude combat des amours-propres, et en adoucit les frottements. Le savoir-vivre n'est par lui-même que la trêve des prétentions rivales; il les réunit sur un terrain neutre, où chacune feint de céder volontairement, pour éviter un combat fatigant et une puérile victoire.

Messieurs, nous ne réduirons pas l'éducation à n'être que la tactique de la vanité, la diplomatie de l'égoïsme, l'utile et charmante hypocrisie des formules de la politesse. Nous ne nous contentons pas du fard des qualités sociales, nous voulons les couleurs naturelles de la santé.

L'éducation doit sans doute s'épanouir au dehors, mais il faut surtout qu'elle jette au dedans de profondes racines. En un mot, elle doit produire, non des apparences, mais des vertus.

L'éducation vraie, solide, sérieuse, est donc une certaine direction de la volonté, ce sont certaines habitudes qui nous portent à agir selon la loi morale, selon l'ordre éternel établi par Dieu même. Mais ces habitudes doivent avoir pour base des convictions, des idées; autrement, elles ne seraient qu'un vain machinisme, indigne d'une âme raisonnable, et destiné à se briser au premier choc des passions. Jusque-là, tout le monde à peu près est d'accord : ici va commencer le dissentiment. Par quels moyens ces opinions morales et religieuses doivent-elles germer dans les jeunes esprits? Quel genre d'enseignement peut les communiquer? Les hommes qui veulent faire de l'éducation une œuvre spéciale et isolée de l'instruction, font deux parts dans le domaine des idées : les unes, à les entendre, doivent diriger la vie; les autres ne sont bonnes qu'à orner l'intelligence ; celles-là sont la règle de l'âme, celles-ci n'en sont que le riche fardeau : d'un côté se trouvent des prescriptions, des préceptes, des axiomes, en un mot, tout le bulletin des lois de la vertu ; de l'autre, la littérature, l'histoire, la science de l'homme et de l'univers ; la volonté a son gouvernement local, où l'esprit n'a rien à voir; et l'esprit, de son côté, gardien infortuné d'une nouvelle toison d'or, possède des trésors de savoir dont il ne doit faire aucun usage personnel.

Je ne connais rien, je l'avoue, de plus contraire à la raison qu'un semblable partage. Dans l'enfance de l'art, les médecins de l'Égypte se partageaient aussi la direction des divers membres du corps : l'un guérissait la tête, tandis que son confrère prodiguait ses soins à la main. J'excuserais plutôt cette méthode : le corps est étendu ; il est naturel à l'ignorance de n'y voir qu'une agrégation de parties juxtaposées, une espèce de fédération, sans aucun lien central; mais, vouloir introduire entre les facultés de l'âme un monstrueux divorce, c'est méconnaître sa céleste nature, c'est briser l'unité qui en fait la noblesse, c'est proclamer la divisibilité de l'intelligence.

Et quels seraient donc, Messieurs, ces sciences, ces arts, qui pourraient s'enseigner à l'esprit, sans exercer sur l'âme aucune influence ? Où prendrions-nous des vérités sans rapport avec la morale ? Quel univers pourrions-nous inventer, qui ne racontât pas la gloire du Créateur ? Quel firmament nouveau, qui n'annonçât point l'ouvrage de ses mains ? Quelle histoire, qui ne montrât le doigt de la Providence et les glorieux exemples de la vertu ? Quelle poésie, quelle éloquence, qui ne fît battre les cœurs au nom de Dieu, du devoir, de l'héroïsme, de la patrie ? Non ; séparer l'éducation de l'instruction, c'est anéantir la vérité elle-même, aussi bien que la pensée humaine qui la conçoit.

Mais, supposons un instant qu'il soit possible de faire ainsi dans l'enseignement sa petite part à la volonté, de lui choisir un certain nombre de notions dont on prétendrait faire la règle exclusive de sa conduite, le code absolu de ses déterminations.

Il est clair que je ne parle pas des principes immuables proclamés par la religion et par la conscience du genre humain, mais seulement des opinions d'une époque, d'un parti, d'une caste, qui voudraient s'imposer comme système d'éducation ; voyez quelles en seraient les conséquences. Votre élève agit suivant vos lois : vos sentences sont ses doctrines, vos préjugés ses axiomes. C'est vous qui pensez pour lui, qui sentez pour lui, qui substituez votre intelligence, votre jugement, votre âme tout entière à la sienne ; vous l'anéantissez morale-

14.

ment; il marche, il parle, il paraît vivre; mais en réalité, c'est vous, vous seul qui vivez en lui. Or, de quel droit les générations qui passent prétendraient-elles se perpétuer dans celles qui leur succèdent, jeter le monde futur au moule de leur esprit, et condamner l'avenir à recommencer éternellement le passé? Non, ce n'est pas un choix arbitraire de règles et de préceptes que nous devons aux générations nouvelles; nous leur devons la science tout entière. Brisez les murs étroits de vos théories, laissez circuler à longs flots le grand air de la vérité. Il y a dans le souffle des vents tel principe vital que vous ne sauriez introduire dans l'atmosphère captive et artificielle de vos serres. Livrez à vos élèves tout ce que vous savez de vrai, de beau, de juste; ouvrez-leur l'univers, laissez parvenir jusqu'à eux l'harmonie qui s'exhale de toutes ses parties; alors, ils seront les élèves de Dieu même, et du temps; ce ministre de Dieu; alors s'accomplira la loi sacrée du progrès, et un jour, courbés sous vos cheveux blancs, vous pourrez redire, avec la joie sublime du vaillant Hector : Nos fils sont plus grands que leur père!

Allons plus loin; jetons les yeux sur les diverses branches qui composent l'enseignement, et voyons l'éducation en jaillir, comme une fleur de sa tige.

Qu'embrasse en effet l'instruction, Messieurs? Je ne parle pas spécialement de celle de nos colléges; j'élargis la question : je ne plaide pas une cause, j'établis une vérité. Tout enseignement destiné à la jeunesse renferme les sciences, les lettres et les arts. Or, est-il une de ces études qui ne soit une haute et puissante prédication?

Prenons, si vous voulez, les sciences mathématiques, qui semblent, au premier coup d'œil, les plus extérieures à l'homme, les plus étrangères à l'éducation morale.

N'est-ce rien faire pour l'âme, Messieurs, que de la mettre en présence de ces vérités immuables, antérieures au temps, et plus durables que lui; vérités impersonnelles, qui ne dépendent point du caprice de l'homme, qui reposent dans une région sereine, au-dessus des tempêtes sociales et des convulsions qui peuvent bouleverser les mondes? Par elles, nous apercevons un côté de cette raison infinie, impérissable, présente à tous les points possibles de l'espace et de la durée : nous la touchons, nous la voyons de nos yeux mortels; il ne nous reste plus qu'à la nommer et à nous écrier avec Fénelon : Quelle est cette raison suprême? N'est-elle pas le Dieu que je cherche?

Sachons-le bien, Messieurs, toutes les sciences diverses ne sont que les arêtes d'une seule pyramide : divisées à la base, elles se réunissent au sommet, et ce sommet touche le ciel. La vérité n'est qu'une large synthèse, un fleuve immense, qui découle du trône de Dieu, et y remonte, après avoir embrassé l'univers dans un de ses replis.

Quand je proclame l'influence bienfaisante des sciences sur l'éducation morale, à Dieu ne plaise que j'entende exclure la plus divine de toutes, celle de la religion. Non, Messieurs; le christianisme est la tradition du genre humain, le testament d'un monde, la couronne que Dieu lui-même a posée sur la sagesse antique. Acceptons donc avec reconnaissance ce céleste enseignement. Mais, à côté de cette voix sacrée, laissons retentir les voix profanes qui l'accompagnent. Leurs intonations semblent diverses, mais elles concourent à la même mélodie : le christianisme est la forme divine de la science, mais la science, à son tour, est la traduction du christianisme, dans le langage de la nature; c'est la prédication de l'univers, c'est l'écho de la parole sainte, qui se répète de monde en monde, jusqu'aux dernières limites de la création.

Si les sciences sont un moyen d'éducation, que dirai-je des lettres et des arts? Ici, nous n'avons pas seulement des rayons plus ou moins divergents, dont les extrémités seules se réunissent au centre : la littérature est le foyer même de la vie morale; il y a dans l'âme de l'artiste une force de soulèvement qui projette au dehors ses conceptions hardies. Les chefs-d'œuvre ne sont, pour ainsi dire, que les palpitations d'un grand cœur. C'est donc dans le sentiment littéraire qu'il faut aller, je ne dis pas former, mais provoquer la vie; c'est là qu'il faut frapper, pour que l'âme rende le son qui lui est propre. Déroulez donc sous les yeux de vos élèves les grandes œuvres du génie. Il y a, dans le spectacle du beau, une exaltation plus puissante que tous les préceptes: l'enthousiasme, comme la flamme, s'allume par le contact. Et soyez sûrs que ces œuvres seront toujours morales, pourvu qu'elles soient vraiment belles. Toute beauté littéraire est une noble pensée.

Quand est-ce qu'un auditoire s'agite avec transport sous le regard, sous le geste d'un orateur? Quand est-ce qu'un théâtre tout entier frémit sous les vers d'un poëte, comme l'océan sous le souffle de Dieu? C'est lorsqu'un sentiment généreux, sympathique, s'est élancé du sein de l'artiste; lorsque, arrachant ses auditeurs aux préoccupations personnelles, il a réveillé dans leurs âmes l'amour inné du bien, du devoir, du dévouement. Oui, Messieurs, même dans une œuvre mauvaise, blâmable par ses tendances et par son résultat général, s'il est quelque chose qui vous élève, qui vous entraîne, soyez certains que ce sentiment, gâté peut-être par un funeste alliage, était originairement louable et bon. L'éloquence est toujours une vérité.

Remarquez ici, Messieurs, le lien intime qui unit la production des beaux ouvrages et celle des nobles actions.

Le bien, le beau, le juste, ne sont qu'une seule et même substance qui repose éternellement dans le sein même de Dieu. La mission de l'homme est d'en faire passer le reflet dans le monde visible, de copier cet idéal divin.

Les uns le saisissent par la pensée, et leur voix, leur main éloquente en retracent l'image : c'est le premier degré de cette traduction sainte, c'est l'œuvre de l'artiste. Les autres, plus grands encore, conçoivent le céleste modèle, et, chefs-d'œuvre vivants, le réalisent en eux-mêmes par leurs propres actions ; ce sont les hommes vertueux, les martyrs, les héros. Le talent et la vertu, le génie et l'héroïsme, ne sont que les degrés divers d'un seul et même développement.

C'est donc une salutaire école que la société de ces poëtes, de ces historiens, de ces orateurs de tous les temps, qui semblent s'être réunis pour instruire votre jeunesse. Quand Cinéas entra dans le sénat de Rome, il crut voir une assemblée de rois. N'éprouvez-vous pas une pareille émotion, Messieurs, quand vous vous sentez environnés de tous ces illustres morts, de ce grand sénat des rois de l'intelligence ? Voyez-les devant vous, ces députés des siècles, ces représentants de chacune des idées par lesquelles l'humanité a vécu. Voici les poëtes de la Grèce, cygnes mélodieux de l'Ionie, ils vous apportent sur leurs ailes légères l'idée pure de l'éternelle beauté ; voilà les orateurs de Rome et d'Athènes, ils viennent allumer dans vos cœurs la flamme sacrée qui fait le citoyen : ils viennent vous apprendre comment il faut combattre l'oppression, défendre la patrie, et, s'il le faut, mourir pour elle. Entendez, plus près de vous, des voix plus chères encore, qui vous parlent le doux langage que vous ont appris vos mères. Leurs enseignements sont aussi plus sublimes. Poëtes, ils entrelacent aux roses de Pæstum la fleur triste et suave qu'ils ont cueillie au pied du Golgotha ; orateurs, ils changent la tribune en un trône du haut duquel ils instruisent les rois; historiens, ils pénètrent plus profondément dans les ressorts cachés qui amènent la grandeur et la chute des empires, et semblent les confidents de la Providence, les prophètes du passé. Puis, ce sont les bardes du Nord, avec la fière indépendance de leurs forêts et la rêverie mélancolique de leurs brumeux climats. Ils sondent les abîmes les plus inconnus du cœur, ils nous révèlent les splendeurs d'un monde que l'œil n'a point vu, et l'austère philosophie se revêt, à leurs accents, de tous les charmes de l'imagination. Voilà, Messieurs, quels sont vos maîtres, voilà les guides qui ont dirigé votre éducation.

Elle a été pure et forte ; elle a fondé votre moralité sur les convictions les plus inébranlables de votre intelligence. Pour nous, revêtus, si j'ose le dire, du sacerdoce de l'instruction publique, nous, qui avons reçu charge d'âmes de la France, nous sommes fiers d'avoir compris cette noble mission, fiers d'avoir au milieu de nous un chef (1) sage et vigilant, qui consacre à l'accomplir une vie déjà si honorée.

Élevé par ses talents et par ses longs services au premier rang d'une Académie, il a cru monter encore en se rendant plus utile. Ses exemples, non moins que ses paroles, nous ont appris à chercher dans l'enseignement quelque chose de plus saint que les satisfactions de l'amour-propre, de plus solide que les apparences du succès. Nous avons vu l'éducation dans la science : sur les bancs de l'écolier, nous avons aperçu l'homme et le citoyen.

Notre tâche est remplie; la vôtre va commencer, Messieurs; vous avez entre les mains l'instrument de toute vertu, votre liberté tout entière, éclairée par la science, exhortée par la religion, animée par le sentiment esthétique, mais enfin indépendante, maîtresse d'elle-même, et sommée par l'âge de choisir. La carrière de la vie s'ouvre devant vous. Vous voici devant ce redoutable passage, où la route se divise pour toujours. D'un côté, le devoir et l'honneur; de l'autre, l'égoïsme et le succès à tout prix. Élèves de la patrie, justifiez l'éducation qu'elle vous donne : choisissez-bien.

(1) M. Poulain de Bossay, ancien recteur de l'Académie d'Orléans, aujourd'hui proviseur du collége royal de Saint-Louis.

Première partie.

ACADÉMIE DE PARIS.

CLASSE DE PHILOSOPHIE.

Collége royal de Henri IV.
Professeur : M. Doyère.

HISTOIRE NATURELLE.

Questions.

I. *Des phénomènes de la respiration chez les animaux et chez les végétaux.*
II. *Description sommaire des organes à l'aide desquels cette fonction s'exerce.*

L'essence de la respiration consiste dans le fait, général chez tous les êtres vivants, de l'échange de certains de leurs principes avec ceux de l'atmosphère. Ces principes sont nécessairement gazeux. L'air renfermant environ 0,79 d'azote ; 0,21 d'oxygène ; 0,004 d'acide carbonique : c'est sur ces corps que doit porter l'échange : il a lieu surtout avec le fluide nourricier, le sang ou la séve, qu'il modifie d'une manière particulière. Examinons d'abord quels sont les phénomènes respiratoires chez les animaux.

Si, prenant un homme comme type, on expérimente en lui faisant respirer une quantité d'air connue et dont les éléments sont bien définis, et si l'on recueille les produits de la respiration, on trouvera qu'ayant avalé 79 parties d'azote et 21 d'oxygène pour chaque volume d'air, il rejette 79 à 80 d'azote, 15 à 16 d'oxygène, 5 à 6 d'acide carbonique, et un peu de vapeur d'eau. Ainsi le résultat définitif, c'est qu'il a rendu de l'acide carbonique à la place de l'oxygène occupant le même volume, eu égard au poids atomique, et de plus de l'azote et de la vapeur d'eau. Des faits de même nature, quoique pouvant varier d'intensité, se présentant dans la respiration des autres animaux, il suffit d'expliquer la respiration de l'homme pour comprendre celle de tous les autres.

Lavoisier, assimilant ce phénomène à celui de la combustion dont il avait découvert le principe, admettait une sorte de produit sécrété par les poumons, et brûlé au contact de l'air : de là, la production de l'eau et de l'acide carbonique. Mais ce produit n'existant pas, une nouvelle théorie parut. Le sang contenait, disait-on, du carbone, qui se combinait à l'oxygène de l'air absorbé dans les poumons, soit dans les poumons mêmes, soit dans le cours de la circulation : l'acide carbonique, résultat de cette combinaison, s'exhalait dans les poumons avec de la vapeur d'eau ; de là, la transformation du sang veineux vicié en sang artériel. En effet, si dans un flacon l'on agite du sang veineux avec de l'oxygène, il prend aussitôt la couleur vermeille du sang artériel. — De nouvelles recherches, laissant subsister tous les faits, ont permis d'en donner une explication plus simple et plus nette, liée aux lois générales de la physique.

Toutes les fois qu'un gaz est en contact avec un liquide, celui-ci en absorbe une certaine quantité, dépendant de la pression extérieure, de la proportion du gaz dans l'enceinte où s'opère le phénomène, et de la nature des deux corps en contact. Si la pression ou la quantité du gaz diminue dans l'enceinte, une partie de celui que renferme le liquide se dégage ; et si celui-ci est en présence d'un autre gaz, ce dernier se substitue au premier dans des proportions dépendant de la nature du mélange des deux gaz dans l'enceinte. Or, dans la respiration se passe un phénomène de même genre. En effet, l'oxygène se trouve en grande quantité dans l'air sans exister dans le sang veineux en même proportion. L'acide carbonique est aussi, d'autre part, en grande quantité dans le sang veineux, qui en absorbe près d'un huitième de son volume, mais en très-petite dans l'air, comme nous l'avons vu plus haut (0,0004). Or, si l'on met ce sang en contact avec l'atmosphère, l'oxygène devra se substituer à l'acide carbonique qui se dégagera. Si une membrane isole le liquide du gaz, en vertu des lois de l'endosmose, le même phénomène devra s'accomplir, mais plus lentement et plus régulièrement. C'est ce qui arrive ici, où le même fait s'opère à travers les parois excessivement minces des vaisseaux capillaires. L'exhalation d'une partie d'azote et celle de la vapeur d'eau sont des faits de même nature. Et l'expérience a prouvé la vérité de cette explication : car M. W. Edwards ayant plongé des grenouilles dans des vases clos remplis d'hydrogène ou d'azote, l'acide carbonique et la vapeur d'eau se sont dégagés comme dans l'oxygène et en même quantité. Ce fait n'est donc qu'un phénomène pur et simple de diffusion.

Cependant la respiration s'accompagne d'un autre fait proportionné à son activité dans les divers êtres, le développement d'une chaleur spéciale qui entretient en eux l'activité vitale et leur permet, en établissant une sorte d'équilibre, de résister aux variations de la température environnante. Ce développement de chaleur, résultat de la respiration, semble se rattacher intimement à la production de l'acide carbonique. En effet, l'on a vérifié que l'homme expirait en 24 heures environ 250 à 300 grammes de carbone brûlé par l'oxygène, ce qui équivaut à 1850 calories, quantité capable d'élever de 20 degrés la température d'un cadavre. D'autre part, plaçant un animal dans une boîte entourée d'eau, on a constaté qu'il développait une quantité de chaleur proportionnelle à la quantité d'acide carbonique émise par lui. Ainsi, le carbone, fourni par les aliments, porté par la nutrition intime dans l'épaisseur de tous les tissus où il se trouve en contact avec l'oxygène du sang artériel, se combinerait avec lui pour former l'acide carbonique qui se dégage ensuite par la respiration. Cette combinaison semble avoir lieu sous l'influence spéciale de l'agent nerveux ; car un animal dont on a coupé la moelle épinière au niveau du trou occipital, quand même on entretient sa vie par la respiration artificielle, ne s'en refroidit pas moins avec la même rapidité qu'un cadavre. — Tel est donc le résultat dernier des phénomènes respiratoires: production de la chaleur animale pour entretenir l'activité vitale.

La respiration nous offre en même temps un phénomène dont le résultat est inverse de celui de la production d'acide carbonique, l'exhalation. L'exhalation, en effet, est une cause active de refroidissement : pour vaporiser 1 kilogramme d'eau, on perd plus de 600 calories, la température du corps humain étant d'environ 37° c. Mais la perte de chaleur produite par l'exhalation est une perte nécessaire; car elle empêche notre chaleur de s'élever presque indéfiniment, en raison du peu de conductibilité de nos tissus, et de devenir ainsi contraire à la vie. Cette perte est proportionnelle à la température du corps de l'animal et au degré de saturation de l'air ambiant; c'est une quantité variable destinée à maintenir l'équilibre de température nécessaire aux phénomènes vitaux. Qu'elle soit pulmonaire ou cutanée, elle rentre également dans la définition que nous avons donnée des phénomènes respiratoires, définition nécessaire si l'on veut étudier la respiration aussi bien dans les animaux inférieurs que chez ceux qui sont plus parfaits.

Reste à examiner par quels organes spéciaux s'accomplissent ces phénomènes, et comment, selon ces organes, qui sont en harmonie avec la perfection du type où on les rencontre, ils s'accomplissent plus ou moins complétement; car les phénomènes respiratoires influent sur l'être tout entier : c'est d'eux que dépend la chaleur, et par la suite l'activité vitale. Or, la chaleur se produisant sous l'influence du système nerveux, suprême manifestation des types animaux, en raison de l'harmonie qui relie tous les appareils organiques les uns aux autres, la perfection de la respiration doit avoir un rapport intime avec celle du système nerveux ; rapport général que l'on peut exprimer par ces mots : la perfection de la respiration croît en raison de la quantité d'action que l'animal doit réaliser.

Chez les animaux inférieurs, dont tous les tissus semblent confondus en un seul, la respiration doit s'opérer à la surface de cette masse commune, d'une manière sans doute vague et imparfaite. Bientôt se montre la peau, enveloppe générale du corps : alors, c'est au travers que s'opère l'échange respiratoire, que le liquide nourricier soit renfermé ou non dans des vaisseaux : cet échange s'opère sous l'eau, et l'animal est aquatique; car la peau, pour servir d'une manière efficace à la respiration, doit être dépourvue d'épiderme ; et placée au contact de l'air, elle se dessécherait rapidement. — Cette respiration cutanée se retrouve également même chez les animaux qui nous offrent des organes respiratoires spéciaux : c'est ainsi que la grenouille, privée de poumons, peut vivre plusieurs mois, en hiver, par la seule respiration cutanée ; mais dès que la température s'élève, et que par suite les fonctions s'activent, cette respiration devient insuffisante et l'animal périt. — Ce fait se retrouve même chez l'homme, chez qui, malgré son épiderme, l'exhalation d'acide carbonique, sans doute corrélative de l'absorption de l'oxygène, est de $\frac{1}{70}$ de celle qui s'opère par les poumons. Mais les autres animaux à poils, à plumes, et surtout à écailles, ne doivent guère présenter cet échange, l'air n'arrivant que peu ou point à la surface de la peau. Et de même chez eux, le fait d'exhalation de vapeur d'eau par la peau, ce fait qui modifie si profondément la production de la chaleur animale, doit être presque nul.

Cependant, la peau devient vasculaire à mesure que l'on remonte l'échelle animale, les vaisseaux se concentrent de plus en plus en certains points qui finissent par saillir en appendices. Ces appendices ou *branchies* sont spécialement destinés à la respiration aquatique, respiration qui s'exerce sur l'air dont le liquide dissout environ $\frac{1}{40}$. C'est donc là une respiration peu active et qui développe une faible quantité de chaleur, et par suite d'activité. — Les branchies, d'abord en houppes filamenteuses, flottant à l'extérieur (annélides dorsibranches), sont formées par la peau amincie où circulent de nombreux capillaires venus du corps : là existe une circulation réelle en raison de la localisation des organes respiratoires. Le sang, envoyé par un cœur aortique dans tout le corps, en revient, devenu veineux, traverser les branchies, où il reprend la nature artérielle et d'où il retourne au corps. Les houppes branchiales peuvent être renfermées dans une cavité spéciale. Mais quand les branchies se fixent ainsi dans une cavité protectrice, elles prennent d'ordinaire une nouvelle forme : elles sont lamelleuses ou pectinées, c'est-à-dire rangées en lames excessivement minces, et attachées par une extrémité à la cavité branchiale. Cette disposition multiplie extraordinairement la surface respiratoire : alors les vaisseaux branchiaux offrent souvent à leur base des bulbes contractées qui activent leur circulation. — L'eau, pour baigner les branchies, sans séjourner dans la cavité, doit ici être mue par un mécanisme spécial : chez les crustacés supérieurs, les branchies étant situées souvent à la base des pattes, leurs cavités se prolongent en un double canal où l'eau, mue par un appendice spécial de l'animal, circule continuellement. Les branchies offrent d'ailleurs ici une particularité qui se retrouve toujours dans les appareils respiratoires, quelle qu'en soit la nature : elles sont munies de cils vibratiles dont le mouvement incessant active la circulation de l'eau. — Les poissons nous offrent des branchies plus parfaites dont la cavité est formée par un os spécial ou *opercule*, et qui sont soutenues par des os particuliers (*arcs branchiaux* et *rayons branchiostéges*) dépendant surtout de l'os hyoïde, qui, chez les vertébrés, se retrouve toujours à l'entrée du canal respiratoire. Ici des muscles spéciaux dirigent l'eau qui entre par la bouche, traverse les branchies et sort par les ouïes, derrière l'opercule.

— Le cœur des poissons est veineux et branchial, sans qu'un bulbe spécial meuve d'ordinaire le sang artériel.

Tel est le mode de respiration des animaux aquatiques. Il est aisé de voir que l'absorption de l'oxygène et la formation de l'acide carbonique doit y être peu active, et que l'exhalation pulmonaire n'existe pas, puisque c'est l'eau qui amène l'air aux branchies. Cependant quelques gros poissons (squales) ont offert à l'observation une température de 20° c. corrélative de l'activité qu'ils doivent développer, sans que, cependant, leur appareil respiratoire diffère notablement de celui des sélaciens voisins.

Les animaux qui respirent l'air en nature, et qui, vivant d'ordinaire plongés dans ce fluide, nous offrent une exhalation cutanée et tout au moins pulmonaire ou trachéenne, nous présentent deux sortes d'organes respiratoires : les *poumons* et les *trachées*.

Lors de la respiration trachéenne, il n'existe pas de circulation proprement dite, mais c'est l'air qui va trouver le liquide nourricier au sein des organes par des conduits nommés trachées, soutenus par des arceaux en spirale, ramifiés en tout sens dans le corps avec une grande régularité, et recevant l'air par des ouvertures appelées *stigmates*. Souvent il y a des réservoirs aériens spéciaux, à l'aide desquels l'animal, plongé dans un fluide délétère, peut vivre encore quelque temps. Les trachées sont propres aux insectes et à certaines arachnides ; le mécanisme de la respiration s'y opère par le mouvement vibratile. — Ce mode de respiration est encore imparfait ; car les fluides nourriciers, ne circulant pas dans des conduits spéciaux, ne peuvent être vivifiés par l'air que bien lentement. Cependant les insectes montrent une grande activité et développent une certaine quantité de chaleur manifestée par des instruments très-délicats : ce qui s'explique parce qu'en raison de leur enveloppe cornée, il n'y a pas chez eux de perte de chaleur par exhalation cutanée.

Le plus parfait appareil respiratoire consiste dans les poumons, replis intérieurs de la peau, constituant, à l'inverse des branchies, une cavité spéciale où se rend le fluide respiré. Les poumons sont d'abord très-imparfaits. Chez les arachnides, on les voit quelquefois concomitants à des trachées ; ou bien, s'ils existent seuls, ils consistent uniquement, comme chez les gastéropodes pulmonés, dans une sorte de sac ou de cellule unique tapissée d'un réseau vasculaire. Les poumons exigent la présence d'un système circulatoire complet et spécial puisqu'ils localisent la respiration. On les rencontre succédant aux branchies chez les batraciens, pouvant exister simultanément comme chez les sirènes. Quelquefois, ils se trouvent encore ici réduits à une simple cellule, dont la nature serait douteuse si elle ne communiquait avec le pharynx par un conduit semblable à celui des vertébrés pulmonés (lepidosiren). Ce conduit est la *trachée-artère* formée d'anneaux cylindriques fibreux entourés d'une membrane spéciale, souvent même de muscles. Elle se partage dans les poumons en *bronches* ramifiées de plus en plus jusqu'aux *cellules pulmonaires*. Ces dernières cellules, division extrême des poumons, sont peu nombreuses encore chez les ophidiens et même chez le reste des reptiles ; aussi ces animaux sont-ils dits à sang froid en raison du peu d'élévation de leur température, qui dépend de la faible activité de leur respiration. Cet effet se rattache aussi à la disposition de leur système circulatoire, où le sang veineux, venant du corps, se mêle dans une même cavité ventriculaire avec le sang artériel vivifié dans les poumons. — Les poumons, chez les reptiles, comme chez les oiseaux et chez les mammifères, sont au nombre de deux, dont l'un est atrophié chez les ophidiens. Le mécanisme de la respiration s'opère ici de deux manières : 1° par une sorte de déglutition chez les reptiles sans côtes mobiles (batraciens, tortues) ; — 2° chez ceux qui ont des *côtes* ou arcs osseux articulés aux vertèbres, et pouvant quelquefois se réunir en avant par l'intermédiaire d'un os impair, le *sternum*, ces côtes, communément mobiles, étant, dans l'état ordinaire, obliques par rapport à la colone vertébrale, se redressent par l'action des muscles intercostaux et autres, de façon à devenir presque perpendiculaires à cette colonne, ce qui augmente évidemment la cavité thoracique où l'air, en vertu de sa force élastique, se précipite à mesure qu'elle se dilate ; puis, les côtes revenant dans leur position première, le thorax rétréci expulse une partie de l'air qu'il renferme et qui a servi à la respiration. — Chez les mammifères et chez l'homme, les cellules pulmonaires sont très-petites : le sternum est constant, la circulation complète ; et, outre l'élévation des côtes, l'abaissement du *diaphragme*, grand muscle plat en voûte, qui sépare le thorax de l'abdomen, concourt à agrandir la cavité thoracique pour l'inspiration ; et son relâchement la resserre en même temps que l'abaissement des côtes pendant l'expiration.

Les oiseaux, obligés de dépenser beaucoup plus de force vive que les mammifères, développent encore plus de chaleur qu'eux, et ont, à cet effet, des cellules pulmonaires infiniment plus petites, même relativement ; et, de plus, l'air se répand dans de vastes cellules creusées dans le tissu cellulaire du corps, et que l'on dit servir aussi à augmenter la surface respiratoire, bien que le tissu cellulaire soit peu vasculaire. — Ils diffèrent des mammifères en ce que leur diaphragme est rudimentaire. Du reste, le mécanisme de la respiration, sauf les modifications corrélatives de ce fait, est le même dans les deux classes.

Passons à l'étude de la respiration végétale et de ses organes ; puis nous verrons les rapports qui existent entre la respiration des deux grandes classes d'êtres vivants. La respiration végétale offre deux ordres de phénomènes, selon qu'elle s'opère par les parties vertes ou par les autres parties, le jour ou la nuit. — Cette fonction est plus active dans les parties vertes, sous l'influence de la lumière, que dans toutes les autres circonstances réunies. Le jour, les parties vertes absorbent l'acide carbonique, dont nous avons vu que l'air renfermait $\frac{4}{1000}$, et rejettent l'oxygène ; la nuit, elles absorbent l'oxygène et rejettent l'acide carbonique. Les autres parties, au contraire, absorbent, le jour, l'oxygène ; la nuit, l'acide carbonique ; rejettent, le jour, l'acide carbonique ; la nuit, l'oxygène. Mais, comme nous venons de le dire, l'exhalation de l'oxygène est beaucoup plus active, en somme, que son absorption, et inversement pour l'acide carbonique : la preuve en est dans la masse de carbone que renferment les plantes. — Ces phénomènes semblent encore des faits de diffusion : l'oxygène, puisé au sein du végétal, dans ses composés organiques, passe jusqu'à la surface respiratoire, où il s'échange contre l'acide carbonique, ou inversement.

La chaleur, et surtout la lumière, exercent, comme je viens de le dire, une grande influence sur ces phénomènes, et cela se conçoit. En effet, les rayons lumineux du spectre ont une action chimique sur certaines substances ; le vert seul échappe à cette loi. Or, les corps verts sont ceux qui absorbent tous les rayons lumineux et ne rejettent que le vert. En raison de cette absorption, il n'est donc pas étonnant que les parties vertes exercent une action chimique assez intense pour absorber la petite quantité d'acide carbonique renfermée dans l'air. C'est ainsi même que l'on voit certains infusoires microscopiques d'une couleur verte bien prononcée (*euglena viridis*), agir sur l'air absolument comme les plantes. Toutefois, cette action n'est pas encore complétement expliquée. — Il y a encore un autre fait produit dans les phénomènes respiratoires : l'absorption de la petite quantité d'ammoniaque que renferme l'air, et qui est destinée à fournir à leurs parties jeunes l'azote dont elles ont besoin.

Ces actions respiratoires modifient, d'une manière encore peu connue, la nature de la séve, qui, *ascendante*, est plus ou moins incolore et peu épaisse, et qui, sous le nom de *latex*, redescend dans des vaisseaux particuliers avec une couleur, une densité, et d'autres propriétés spéciales, si toutefois le latex est bien réellement la séve descendante, comme tout porte à le croire.—En même temps, il y a un léger développement de chaleur, phénomène toujours concomitant à la respiration, et destiné à maintenir l'être vivant dans un certain équilibre propre, par rapport aux circonstances extérieures. Sur toute la surface du végétal, et plus particulièrement aux points où s'exerce la respiration, a lieu l'exhalation d'un peu de vapeur d'eau.

Quels sont les organes respiratoires des plantes ? Les parties vertes, avons-nous dit spécialement ; c'est-à-dire : 1° d'une part, la *couche herbacée* de l'écorce, couche qui ne peut servir à cette fonction que dans les jeunes pousses, car plus tard elle change de couleur ; 2° de l'autre, et surtout, les *feuilles* ou appendices de la tige et des branches. — Les feuilles et la couche herbacée sont les seules parties qui offrent des organes nommés *stomates*, formés de deux lèvres arquées dont la concavité est interne, et qui paraissent livrer passage à l'air à travers l'épiderme qui enveloppe le végétal jusque dans les méats intercellulaires qui sont au-dessous, et où semblent s'opérer les phénomènes respiratoires. Les stomates sont surtout multipliés à la face inférieure des feuilles. Ils semblent en réalité les seuls organes propres de la respiration, car les trachées ou vaisseaux spiraux, à qui l'on avait attribué cet usage, ne servent qu'à conduire la séve au printemps. D'ailleurs les trachées ne se prolongent pas jusqu'aux stomates, et l'air ne peut s'y décomposer sous l'influence des parties vertes.

On peut distinguer deux espèces d'organes respiratoires, de feuilles : les *feuilles aériennes*, pourvues d'épiderme et de stomates, absorbant l'air en nature ; et les *feuilles submergées*, sans épiderme ni stomates, garnies de vastes lacunes, et respirant l'air contenu dans l'eau. On les a quelquefois comparées aux organes de la respiration aquatique des animaux. Mais il n'y a pas dans les feuilles de tissu vasculaire spécial amenant, comme chez ceux-ci, le liquide nourricier au contact de l'air.

Ainsi, les animaux absorbant l'oxygène et rejetant l'acide carbonique, s'ils existaient seuls sur la terre, l'air se chargerait à la longue de masses d'acide carbonique qui changeraient les conditions d'existence des êtres organisés : la vie deviendrait impossible, au moins pour les espèces supérieures, faute d'éléments capables de fournir à la respiration les moyens de développer la chaleur, et par suite l'activité vitale. Mais les végétaux absorbant l'acide carbonique et rejetant l'oxygène, rétablissent l'équilibre à mesure qu'il tend à se troubler. Répandus partout à la surface du globe, ils détruisent immédiatement l'acide carbonique développé, et rejettent un égal volume d'oxygène. Cependant, par suite de cet équilibre mobile qu'établit la respiration, les végétaux peuvent se développer, servir à la nourriture des animaux, et leur fournir des éléments organiques que ceux-ci ne sauraient produire par eux-mêmes, formation sur laquelle la respiration a sans doute une grande influence. C'est ainsi que, grâce à cette haute harmonie, les êtres vivants peuvent subsister à la surface du globe, et trouver les uns dans les autres un secours réciproque; et ce magnifique concours de tous les êtres à leur commune conservation, c'est par les phénomènes respiratoires universellement nécessaires aux êtres vivants, et pour eux-mêmes et pour la vie de tous, qu'il commence et qu'il se perpétue.

II. De la théorie des soulèvements et de l'âge géologique des principales chaînes de montagnes.

Quand l'on étudie les phénomènes géologiques, l'on en trouve beaucoup que les causes actuelles suffisent à expliquer : il en est surtout ainsi des grands dépôts de couches sédimentaires et de tout l'ordre des phénomènes neptuniens, et même de quelques phénomènes plutoniens, de ceux du moins qui se passent sur une petite échelle. Mais il en est d'autres pour lesquels ces causes ne suffisent plus : ainsi, la présence d'animaux marins sur les plus hautes montagnes. On crut longtemps qu'il suffisait de l'attribuer soit à un déluge, soit à une mer beaucoup plus profonde qu'elle ne l'est aujourd'hui. Mais, sans chercher ce qu'aurait pu devenir cette masse énorme d'eau, l'on peut répondre à cette hypothèse par des considérations plus simples. Les flancs des montagnes sont formés de couches fortement inclinées et comme redressées, où les restes d'animaux que l'on rencontre n'ont en aucune façon les rapports de position qu'ils devraient avoir s'ils avaient été déposés sur les couches déjà dans cet état. De plus, ces couches dressées sont de même nature que les terrains voisins, qui se trouvent horizontaux, composés des mêmes roches, offrant les mêmes fossiles, et qui, en raison de leur épaisseur, ont dû mettre un nombre souvent incalculable de siècles à se déposer. Or, si les couches des montagnes avaient été déposées par une mer qui les couvrît, elles devraient nécessairement tendre, à mesure qu'elles s'accumulent, à l'horizontalité. Il y a donc là un fait immense et capital que les causes actuelles, même exagérées, ne peuvent expliquer, surtout dans les vastes proportions qu'il nous offre, étant général pour toutes les montagnes. Tout semble indiquer que les couches, formées horizontales, ont été redressées par une force gigantesque. La théorie du soulèvement peut seule nous offrir une force suffisante, et elle explique d'ailleurs tous les faits. Elle concorde de plus avec l'hypothèse de la fusion ignée primitive de la terre, hypothèse à laquelle tous les faits nous ramènent.

En effet, la terre en se refroidissant doit se contracter, et ce resserrement, exerçant une pression énorme sur la masse fluide intérieure, doit la faire jaillir par tous les points plus faibles de l'écorce terrestre. De là des soulèvements ; et si les couches supérieures ne sont pas assez flexibles, elles devront être brisées. — Cependant M. Élie de Beaumont n'admet pas cette cause de soulèvement, au moins en première ligne. D'après ce savant, des quantités énormes de gaz existent, sous des pressions incalculables, au sein de la masse en fusion ; elles y sont sans cesse en mouvement. Les astres d'ailleurs y déterminent des sortes de marées ; et quand ces gaz rencontrent une couche plus faible, ils tendent à la soulever ou à la briser, en projetant avec eux des volumes considérables de la matière fondue. De là le soulèvement et la rupture des couches. Et si le phénomène s'opère au sein des mers, celles-ci seront soulevées, et inonderont les continents. De là les bouleversements géologiques.

Suivant l'induction tirée de cette cause de révolutions, l'on a été plus loin, et l'on a calculé l'âge relatif des diverses montagnes. En effet : 1° quand des couches soulevées avec une montagne plongent au-dessous des couches amassées au pied, et sont avec elles en *stratification discordante*, il est évident que les couches horizontales sont les plus modernes. Les montagnes qui les offriront soulevées sont donc postérieures aux premières. — 2° Les montagnes dont les couches soulevées ont une même direction parallèle, de mêmes roches, de mêmes fossiles, sont de même âge. — 3° Ceci est plutôt un fait d'induction qu'un fait incontestable et démontré. Les *failles* ou grandes fentes du globe, selon lesquelles marchent les monts d'un même soulèvement, sont dirigées selon un arc de grand cercle terrestre. Après la formation de la faille, la ligne de moindre résistance lui est perpendiculaire ; de façon que s'il s'en forme une nouvelle, il y a probabilité pour qu'elle ait à peu près cette direction.

A l'aide de ces trois principes, de l'étude approfondie de l'ordre de succession des couches, et de celui des fossiles dans leurs rapports avec les couches, l'on a pu estimer l'âge relatif des principales chaînes, et leur assigner un ordre de soulèvement successif. Nous allons indiquer rapidement les principaux systèmes de soulèvements.

D'abord, quand la terre en fusion commença à se consolider à sa surface, il arriva souvent que la croûte externe encore mince fut rompue et refondue dans la masse liquide ; cependant elle s'épaissit peu à peu, et l'eau put s'y précipiter. Le refroidissement continuant lentement, les premiers terrains sédimentaires, les terrains schisteux, se formèrent ; et bientôt apparurent les premiers êtres vivants (Nautiles, Trilobites, etc., etc.), à organisation étrange, et fort éloignée de celle des êtres actuels, bien que formés d'après des types qui peuvent encore subsister. Mais ces terrains ne tardèrent pas à être brisés par le premier soulèvement connu qui eut lieu pendant la formation du vieux grès rouge : c'est le système du Westmoreland qui souleva les couches primitives, et qui est en stratification discordante avec ceux qui vinrent après.

Cependant les îles apparurent, basses et inondées, dans un vaste océan. Là se développèrent d'énormes et nombreux cryptogames, sous l'influence d'une atmosphère chargée d'acide carbonique. Mais un nouveau soulèvement interrompit encore cette période : le système des Ballons des Vosges et des collines du Calvados, qui sépare la formation du calcaire carbonifère de celle du terrain houiller, dont le dépôt fut lent et souvent troublé.

Alors les terrains ammonéens ou secondaires, le refroidissement continuant, se formèrent à leur tour. Le nouveau grès rouge, le calcaire magnésien ou zechstein, et les terrains keupriques (marnes irisées, muschelkalk, grès bigarré), se montrèrent au milieu de nouveaux bouleversements : ceux des troisième et quatrième systèmes, qui sillonnèrent le pays de Galles et celui de Cornouailles ainsi qu'une partie de l'Europe, et firent disparaître par degrés l'étrange génération d'êtres des terrains carbonifères. Ils leur substituèrent des Acotylédones plus parfaits, quelques Monocotylédones, des Cycadées, d'une part ; de l'autre, de nombreux Mollusques et Zoophytes, les Ammonites surtout, auxquels ces terrains ont emprunté l'un de leurs noms, et les Bélemnites. — Bientôt les terrains jurassiques se déposèrent. Les Reptiles commencent à se montrer pendant les formations liasique et oolithique ; et les coulées des volcans granitiques ne s'étendent que jusque-là. — La période jurassique durait déjà depuis de longs siècles, quand les cinquième et sixième systèmes, celui des vallées du Rhin et celui de la Thuringe, élevèrent la longue chaîne qui monte d'Albi jusqu'au delà du Luxembourg : montagnes curieuses, parce que c'est au milieu d'elles que l'on trouve tous les caractères des vallées de plissement. De grands continents étaient déjà sortis des eaux depuis longtemps, quand ces soulèvements eurent lieu.—Un septième, celui du Morvan et de la Côte-d'Or, isole des terrains crétacés, les terrains jurassiques, ces dépôts aux reptiles bizarres et gigantesques, reproduisant souvent les types altérés des mammifères actuels (Plésiosaure, — Ichthyosaure [Phoque], — Ptérodactyle [Chéiroptère], — Géosaure, Sténéosaure, Téléosaure et autres Crocodiliens, — Iguanodon, — Mosasaure, etc., etc.).

Quand paraissent les terrains crétacés sur lesquels repose une partie de la Seine inférieure et du bassin parisien, ces reptiles s'effacent par degrés, et une longue période de tranquillité, à peine troublée par le huitième soulèvement, celui du mont Viso, amasse des dépôts d'une épaisseur énorme (le calcaire grossier parisien a 300 mètres aux collines de Laon). — Mais d'effroyables révolutions terminent la période secondaire : un soulèvement général caractérisé par le neuvième système, celui des Pyrénées actuelles, se propage par l'Europe entière jusque dans l'Asie et jusque dans l'Amérique septentrionale. Les inondations qui accompagnèrent et suivirent ce bouleversement sont indiquées par les dépôts de cailloux roulés qui se trouvent sous l'étage tertiaire inférieur.

L'époque tertiaire qui succède est une longue période de calme, dont les dépôts conservés sont presque tous d'eau douce ou d'estuaires, alternativement occupés par la mer et par l'embouchure de vastes fleuves. Le bassin tertiaire de Paris a surtout été étudié : il offre une épaisseur considérable. A cette époque remontent les débris d'une foule de Pachydermes (Palæotherium, Anoplotherium, Lophiodon, etc.; — Rhinoceros tichorhinus; Elephas primigenius ou Mastodonte, etc.; etc.), et d'autres mammifères (Carnassiers vermiformes; — Felis gigantæus, — Canis gigantæus, — Ursus spelæus, Ursus arctoides, etc.; etc.), d'oiseaux, de mollusques d'eau douce, de nombreux Dicotylédones. — C'est dans ce terrain que se terminent les éruptions basaltiques : alors sont en activité les volcans d'Auvergne. Un léger soulèvement, le dixième, celui de la Corse et de la Sardaigne, n'interrompt pas le calme de la période tertiaire.

Mais elle est terminée par des soulèvements aussi terribles que ceux qui ont marqué la fin de la période secondaire, et les bouleversements se prolongent pendant longues années : c'est aux onzième et douzième systèmes, ceux des Alpes orientales et occidentales, que l'on rapporte les révolutions qui ont amassé les terrains clysmiens, terrains meubles formés de gros fragments roulés et battus, de dépôts caillouteux, de blocs erratiques, etc., où se retrouvent des débris de Baleine, de Dinotherium, cet animal singulier intermédiaire au Lamantin et à l'Éléphant, de Toxodon, ce Rongeur gigantesque, de Megatherium, etc., etc. — C'est sur ces terrains clysmiens que reposent les terrains modernes, qui forment à peine une légère pellicule à la surface du globe. Nul bouleversement général ne semble avoir existé depuis, si ce n'est peut-être la formation de l'immense chaîne des Andes, à laquelle l'on rapporterait le déluge de Moïse.

D'après cette rapide indication, l'on voit que les systèmes de soulèvements correspondent à la fin des périodes ou formations géologiques, et semblent chacun mettre fin à un monde d'êtres animés, pour faire apparaître une nouvelle création qui se rapproche de plus en plus de l'état actuel des choses, à mesure qu'elle est moins éloignée de nous : la détermination de l'âge des divers soulèvements reçoit donc de ce fait concomitant un utile secours et une éclatante confirmation.

BERTHELOT (Marcelin-Pierre-Eugène). — *Institution de* M. Crouzet.

CLASSE DE RHÉTORIQUE.

DISCOURS FRANÇAIS.

Collége royal de Saint-Louis.
Professeurs : MM. Loudière et Demogeot.

RICHELIEU A LOUIS XIII, LA VEILLE DE LA JOURNÉE DES DUPES.

Sire,

Daignez entendre une fois encore celui qui depuis si longtemps dirigeait les affaires de votre royaume. Ce n'est pas une justification que je veux présenter à Votre Majesté; elle serait inutile. Je n'essayerai même pas de faire tête à l'orage : je vois trop bien que ma ruine est certaine; la cour entière a comploté ma perte, et triomphe de ma disgrâce; mes soutiens les plus puissants et les plus sûrs m'ont eux-mêmes abandonné; il ne me reste plus qu'à courber la tête sous les coups qui m'atteignent, à aller finir dans la retraite une vie que j'aurais voulu consacrer tout entière au service de Votre Majesté. Mais avant de quitter les affaires, serviteur fidèle, j'ai voulu rendre compte à mon maître de mon administration.

Il y a six ans, tiré de mon obscurité par la main de la régente votre mère, je fus appelé au conseil. Dès mon entrée aux affaires, je vis les maux de toute espèce qui menaçaient le royaume d'une ruine prochaine; je les vis, j'en recherchai les causes, et je résolus d'y porter remède. Depuis la mort du grand Henri, les finances, entre les mains de ministres avides ou négligents, étaient tombées dans le plus affreux désordre, et depuis longtemps les trésors amassés par votre père, dissipés en folles profusions, étaient allés enrichir les véritables ennemis de la royauté. La France était pleine de troubles : au midi, les protestants semblant renaître de leurs ruines, riches et puissants encore, forts de l'appui de la noblesse et de l'étranger, formaient un État dans l'État, et, fiers de leurs immenses ressources, de leur nombre, de leur impunité, complotaient la ruine du royaume, l'abolition du catholicisme, la division, le morcellement de la France. Dans tout le royaume, à Paris, à la cour même, les seigneurs, donnant la main aux huguenots ou formant entre eux des ligues redoutables, se croyaient revenus au temps de la féodalité, et, proclamant leurs prétentions, intriguaient, se révoltaient, comme si la royauté n'eût été qu'un vain nom. Au milieu de tous ces troubles, pour gouverner le royaume une femme et un prince à peine sorti de l'enfance ; aussi la France d'alors n'était plus la France de Henri IV, forte, puissante par ses richesses et ses alliances, menaçant l'Autriche, et se plaçant contre elle à la tête de l'Europe; nous étions revenus sur nos pas, et, par une politique timide, la France, abandonnant les projets du grand roi, abaissée aux pieds de sa rivale à la face du monde, semblait se reléguer d'elle-même au rang des puissances secondaires. Tel était, Sire, l'état du royaume; état déplorable, mais dont vous étiez innocent, puisque votre jeunesse vous avait condamné à n'avoir de roi que le nom. Voilà les maux qui accablaient la France; y remédier, voilà l'immense travail qui m'était confié, l'unique pensée de mon administration, l'histoire de toute ma politique. Infatigable ouvrier, je me suis mis à l'œuvre : j'ai commencé par raffermir le trône ébranlé jusqu'en sa base; sans m'inquiéter des clameurs qui s'élevaient contre moi, des haines qui s'amoncelaient sur ma tête, j'ai résisté à tous les orages. J'ai lutté sans relâche, et je suis sorti du combat usé par le travail, mais vainqueur; partout j'ai rétabli l'ordre et l'autorité royale, et, grâces à moi, maintenant la couronne du roi de France ne vacille plus sur sa tête, exposée aux attaques des grands et des huguenots. Au dehors, j'ai su rendre au royaume sa dignité et sa prépondérance; et l'Autriche, humiliée à son tour, n'attend que de vous son salut ou sa perte. Toute l'Europe se déclare pour nous, et, vienne la lutte, la France en sortira victorieuse.

 Sire, vous le savez, voilà ce que j'ai fait, à force de travaux et de veilles, à force de fermeté : ces travaux, plus d'une fois vous les avez partagés avec moi; vous savez si, dans tous mes efforts, j'ai eu autre chose en vue que la gloire du roi et l'intérêt de la monarchie! Que pouvais-je espérer de plus que ce que m'avait accordé votre confiance, et, j'ose le dire, votre amitié? Si jusqu'ici j'ai employé tous mes efforts à me maintenir contre mes ennemis, c'est que je voulais encore vous servir, c'est que je sentais qu'il me restait encore beaucoup à faire pour la grandeur de la France. C'est cette idée qui me soutenait au milieu de ces misérables intrigues que je voyais sans cesse s'agiter autour de moi, entraver l'exécution de mes projets les plus utiles, gêner par de ridicules obstacles l'agrandissement de la France. Oui, Sire, ce fut là ma lutte la plus pénible, lutte interminable, de tous les jours, de tous les instants, envenimée par l'orgueil et la jalousie de ces courtisans oisifs et turbulents, flatteurs d'un pouvoir qu'ils cherchent à ébranler en secret, funestes parasites des cours, qui, par leurs cabales si longtemps impuissantes, m'ont donné, pour conserver le droit d'user ma vie à défendre les intérêts du royaume, plus de peine que l'Europe entière. Mon seul crime, ce crime qui va causer ma perte, c'est de n'avoir pas pu servir à la fois le roi et cette cour ombrageuse, de n'avoir pas imité les folles prodigalités de mes devanciers, d'avoir rendu à mon souverain une puissance qui allait lui échapper. Pourquoi ne me reproche-t-on pas aussi de n'avoir pas su concilier les intérêts de la maison d'Autriche et de la maison de Bourbon? Ce reproche serait-il surprenant dans la bouche de ceux qui, poussés par une aveugle jalousie, n'ont pas craint de trahir leur roi, et de faire échouer, par leurs intrigues, les armes françaises en Savoie? Eux, ils savaient servir l'Autriche; moi, je ne sais servir que la France et mon roi. Pour prix de tant de travaux, qu'ai-je recueilli? des haines implacables. Pour tout mon dévouement quelle a été ma récompense? une disgrâce. Au moment où j'allais enfin réaliser des projets qui n'étaient qu'ébauchés, tout m'abandonne : la reine mère, à qui je dois mon élévation et le bonheur de servir Votre Majesté, m'accuse d'ingratitude et se joint à mes ennemis, parce que, placé par les circonstances entre la reconnaissance et l'intérêt de l'État, j'ai sacrifié mes affections à la gloire du roi. Aveuglée par de perfides conseils, elle me croit son ennemi, moi qui l'aime et la révère comme ma bienfaitrice, comme la mère de Votre Majesté; elle a voulu mon renvoi. Pour moi, c'est presque un bienfait de plus. Oui, Sire, depuis longtemps je songeais à vous demander moi-même le repos que ma santé réclame. Je le sens, mon corps, miné par les fatigues, ne pourrait résister longtemps à de nouveaux travaux, et le fardeau d'un royaume est trop pesant pour mes mains défaillantes. Mais, avant de quitter pour jamais la cour et les affaires, permettez-moi, Sire, de vous témoigner ma reconnaissance pour votre généreuse amitié, qui si longtemps m'a défendu contre de puissantes intrigues ; permettez-moi d'espérer que Richelieu, au fond de sa retraite, ne sera pas complétement effacé du souvenir de son royal maître; surtout promettez-moi de songer à l'exécution des glorieux projets qui contiennent les destinées de la France. Ces projets, fruits de mes veilles, qu'importe que je ne les exécute pas? à eux seuls ils suffiront à ma gloire. Une seule pensée me fait regretter de quitter les affaires : c'est encore le bien de l'État. Je crains que dans toute cette jeunesse turbulente, occupée seulement d'intrigues frivoles, et qui cherche à me perdre, Votre Majesté ne trouve pas aisément un homme qui comprenne ses vastes desseins, et l'aide à les réaliser. Depuis longtemps, au milieu de tous ces courtisans, je cherchais un successeur; il me fallait un homme de tête et de cœur; je n'ai vu autour de moi que des noms. Je voulais un ami qui pût recevoir l'héritage de ma politique; partout je n'ai trouvé que des ennemis. Je voulais un homme dévoué au roi et à la monarchie, je n'ai rencontré sur mon passage que des courtisans égoïstes, qui, pour augmenter leur fortune, sont prêts à tout vendre, jusqu'à l'honneur de leur race; que des Français indignes de ce nom, qui aiment mieux perdre leur patrie que de la voir sauvée par un ministre dont ils envient les succès, qui sacrifient sans remords le salut du roi et de l'État à leur haine aveugle contre Richelieu. Ah! Sire, en vous laissant au milieu de ces hommes sans cœur, sans vertu, avides de puissance et de richesses, je tremble pour vous et pour le royaume; car ce sont là vos véritables ennemis, Sire; vous n'en avez pas d'autres. Croyez-moi, croyez le seul homme qui ne vous ait jamais trompé : si vous voulez sauver l'État et votre royale personne, hâtez-vous de réprimer l'audace de ces seigneurs présomptueux qui triomphent déjà, qui croient vous tenir entre leurs mains. Punissez mes ennemis, Sire ; ce sont les ennemis du royaume ; ce sont les vôtres : ou bien, si vous craignez de vous charger d'une sévérité qui coûte à votre générosité, je prends tout sur moi; laissez-moi le soin de défendre, comme par le passé, votre couronne contre tous ses ennemis : je m'en charge!

MARÉCHAL (Louis-Auguste).—*Institution de* M. BARBET.

RICHELIEU A LOUIS XIII.

Sire, on m'a communiqué vos ordres; je vais partir. Mais, avant de quitter pour jamais la cour, je viens vous supplier de m'écouter une dernière fois : bientôt, Sire, vous ne serez plus importuné des discours de Richelieu. Je vais aller chercher dans la retraite la tranquillité et le calme, puisque mes ennemis m'empêchent d'aspirer plus longtemps à la gloire ; je vais, loin des affaires, passer les derniers jours d'une vie désormais inutile, puisque l'envie me refuse le bonheur de la consacrer aux intérêts de la France et du roi. Sire, je sais que je suis haï de tout le monde ici, parce que je vous ai trop aimé ; je sais que je n'ai plus rien à espérer, que mon sort est décidé : depuis quelques jours, je lisais dans les yeux de mes ennemis leur triomphe et mon malheur. Longtemps j'ai résisté à la calomnie ; mais aujourd'hui elle est plus forte que moi, je cède à sa puissance. Et que faire en effet contre tant d'ennemis ? Je ne viens donc pas vous demander justice de mes accusateurs, je ne vous demande pas de me rendre votre faveur; non, Sire, je sais que tout est fini pour moi. Mais j'ai voulu, avant de quitter les affaires, vous rendre compte de mon administration, vous dire ce que j'ai fait pour la France, et ce que j'aurais fait encore, si une rivalité envieuse n'était venue entraver mes desseins.

Vous n'avez pas oublié, Sire, quelle était la malheureuse situation du royaume dans les premiers jours de votre règne. Partout les troubles, la licence ; nulle part l'ordre et la sécurité. Les finances, dilapidées par ceux qui étaient commis à la garde du trésor, étaient dans le plus grand désordre; le peuple, accablé d'impôts, ne pouvait pas suffire à tant de brigandages, et s'épuisait en vain pour assouvir tant de passions. Les huguenots, encore puissants dans le Midi, abattus pour un moment, mais non domptés dans les dernières guerres, et toujours plus terribles après une défaite, commençaient à relever la tête, et effrayaient la cour de leurs insolentes prétentions. Et ce n'étaient pas là de vaines menaces ; car les grands, toujours heureux quand ils peuvent faire servir à l'agrandissement de leur puissance féodale les malheurs de la patrie, avaient pris en main leur cause, et leurs levées de boucliers ne cessaient d'inquiéter la monarchie. Quant au peuple, plongé dans la misère et la servitude, il tournait en vain ses regards vers le trône; en vain il espérait en voir descendre aide et protection contre la tyrannie des grands seigneurs. Impuissante à se garder elle-même, comment la royauté aurait-elle fait pour maintenir en Europe la dignité de la France? Aussi étions-nous descendus au rang des nations secondaires : tous les grands intérêts se traitaient sans notre participation.

Mais, Sire, avec un roi tel que vous, la France devait bientôt sortir de son abaissement. Aussi, dès que la Providence eut fait asseoir dans votre conseil un homme capable de comprendre votre politique, et de mettre à exécution les grands desseins de votre sagesse, la France se releva tout à coup, et l'Europe étonnée la reconnut encore une fois, malgré elle, pour le premier royaume du monde. Les grands, renonçant à leurs prétentions sur les destinées de la France, allèrent, au fond de leurs provinces, exercer leur autorité sur les serfs de leurs domaines. Les huguenots vaincus se trouvèrent heureux qu'on leur accordât la liberté de conscience, et renoncèrent à leur existence comme *corps politique*. Le peuple respira; la sécurité rendit la vie au commerce, à l'agriculture; et la nation tout entière regarda avec des yeux d'amour et de reconnaissance ce trône qui versait tant de biens sur la France.

Sire, vous êtes juste : vous savez, dans les grandes choses que nous avons faites ensemble, si j'ai jamais été conduit par un autre intérêt que celui de l'État. Pourquoi donc l'envie s'est-elle acharnée après moi? Pourquoi, quand j'avais les yeux fixés sur l'Europe, fallait-il sans cesse promener autour de moi un regard de méfiance; et, quand j'avais commencé quelque grande entreprise, trembler qu'une disgrâce imprévue ne m'empêchât de l'achever? Ah! Sire, il fallait moins de génie pour traiter avec l'Angleterre, pour lancer sur l'Allemagne les princes du Nord, et faire mouvoir à mon gré la masse inerte du corps germanique, que pour déjouer ces intrigues perfides et tracassières, ces complots mesquins et mystérieux qui viennent vous surprendre à l'improviste, et vous tuent par la calomnie.

Sire, quand je suis entré au conseil, j'avais promis de vous servir, et de ne servir que vous; j'ai tenu ma parole, et voilà ce qui m'a perdu. Mais je ne m'en repens pas; j'ai fait mon devoir, comme je le ferais encore si j'avais à recommencer. Oui, Sire, vous le savez, vous avez toujours eu en moi un serviteur fidèle et dévoué. Quelle a été ma récompense? la haine de tout ce qui vous entoure. J'ai méprisé toutes ces haines; une seule a pesé douloureusement sur mon cœur, c'est celle de la reine mère. C'était à elle que je devais ma fortune; c'était grâce à sa faveur que j'étais entré au conseil, que j'étais arrivé aux affaires. Je lui devais tout, je lui avais juré une reconnaissance éternelle; aussi, quelle n'a pas été ma douleur quand je me suis vu contraint de la sacrifier à l'intérêt de l'État! Du moins, je puis me rendre ce juste témoignage, que jamais je n'ai éprouvé de ressentiment contre ma bienfaitrice; toujours j'ai conservé pour elle, au fond de mon cœur, le plus pur attachement; car je sais qu'elle ne me hait pas : elle ne peut pas me haïr; elle m'aimait autrefois, et je n'ai rien fait depuis pour mériter sa haine. J'ai été perdu dans son esprit par la calomnie, par les discours de ceux qui ont intérêt à ma ruine. Vous non plus, Sire, non, vous ne me haïssez pas, puisque vous m'avez défendu si longtemps contre les puissantes intrigues de mes ennemis, puisque vous m'avez maintenu malgré toute la cour, malgré votre frère, malgré votre mère même. C'est que vous seul me connaissiez, Sire; c'est que vous seul saviez les services que, sous vos ordres, j'avais rendus à l'État. Ah! Sire, que nos ennemis ne nous ont-ils laissés achever tant de vastes projets si heureusement commencés? Alors je quitterais sans peine le conseil, puisque je ne pourrais plus rien faire pour le bonheur de la France; alors je jouirais sans regret du repos qui est maintenant si utile à ma santé, mais si nuisible à l'État. Sire, je sais qu'il y a dans la cour une foule de jeunes gens qui ne demanderaient pas mieux que de prendre ma place, et qui ne se croient pas incapables de partager les travaux du roi de France. Mais ces hommes, si habiles à conduire une intrigue de cour, à renverser un ministre, à flétrir par la calomnie la vie d'un homme de bien, quelle sera leur contenance en face de la France, en face de l'Europe? Puisse le conseil ne regretter jamais Richelieu! puisse Louis trouver parmi ses courtisans un serviteur aussi dévoué!

Sans doute c'était cette pensée qui vous empêchait de me sacrifier à mes ennemis; car vous, Sire, vous aimez la France. Mais à ceux qui m'accusent, que leur importe? Qu'est-ce pour eux que la patrie, que sa gloire, que sa prospérité, pourvu qu'ils entassent dans leurs familles les honneurs, les richesses; pourvu qu'ils attirent sur eux tous les regards de la cour; pourvu qu'ils ne soient pas effacés par un mérite supérieur? Que leur importe que la maison d'Autriche menace, que les huguenots s'agitent, que les grands se soulèvent, que la France perde encore une fois cette heureuse unité qu'elle a eu tant de peine à conquérir, pourvu que Richelieu sorte du conseil? Non, Sire, l'avenir de la France ne doit pas être sacrifié à de tels hommes. Sans doute la Providence, qui protége ce royaume, nous a fait vivre dans le même temps, afin que nous puissions ensemble préparer sa future grandeur. Sire, obéissons à ses ordres, ne nous séparons pas! Et quant à ceux qui veulent nous désunir, quant à ces ennemis de l'État et du roi, quant à ces pervers qui, plutôt Autrichiens que Français, pleurent la grandeur de leur patrie, qu'ils s'en aillent, qu'ils fuient, qu'ils sortent de la cour, où ils ne font qu'entraver nos projets; et que les intérêts privés de quelques égoïstes ne fassent plus obstacle désormais aux glorieuses destinées de la patrie!

MARCHAND (Charles-Gabriel). — *Institution de* M. Reusse.

CLASSE DE SECONDE.

THÈME LATIN.

Collége royal de Henri IV.
Professeur : M. Theil.

Que je vous estime, mon très-cher ami, de mépriser les petites finesses dont on s'aide pour en imposer! Laissez-les constamment à ceux qui craignent d'être approfondis, qui cherchent à se maintenir par des amitiés ménagées et par des froideurs concertées, et attendent toujours qu'on les prévienne. Il est bon de vous faire une nécessité de plaire par un vrai mérite, au hasard même de déplaire à bien des hommes. Ce n'est pas un grand mal de ne pas réussir avec toutes sortes de gens, ou de les perdre après les avoir attachés. Il faut supporter, mon ami, que l'on se dégoûte de vous, comme on se dégoûte des autres biens. Les hommes ne sont pas touchés longtemps des mêmes choses; mais les choses dont ils se lassent n'en sont pas, de leur aveu, pires. Que cela vous empêche seulement de vous reposer sur vous-même; on ne peut conserver aucun avantage que par les efforts qui l'acquièrent.

Quam te, carissime amice, probo quod miseras illas astutias aspernere quarum ope multi homines fictam personam mentiri solent! Ea tu semper horum esse hominum sinas qui sese introspici penitus nolunt, qui gratiam suam tueri aut per quæsitas de industria amicitias aut per compositas artificiose negligentias conantur, et qui se adiri priores semper ab aliis volunt. Interest ut pro necessario habeas placere hominibus per veram virtutem, vel tuæ apud multos gratiæ periculo. Neque enim ita damnosum est quod gratia minus apud quosdam homines valeas imo, etiam quod partam hanc gratiam amittas. Ferendum est, amice, si tui homines tædeat, æque ac omnium tædet quæ bona sunt. Quippe non iisdem diu rebus moventur homines; ea autem quibus lassantur non eo pejora habenda ipsi profitentur esse. Quare hoc moneat tantum ne tibi ipsi nimium te confidas : nihil enim boni servari potest, nisi per conatus eosdem per quos acquisivimus.

CHÉRON (Paul).—*Institution* Hallays-Dabot et Galeron.

Collège royal de Saint-Louis.

Professeur: M. CROIZET.

BOILEAU A RACINE.

Vous m'avez fort surpris en me mandant l'empressement qu'ont deux des plus grands princes de la terre pour voir des ouvrages que je n'ai pas achevés. En vérité, je tremble qu'ils ne se soient trop facilement laissé prévenir en ma faveur; car, pour vous dire sincèrement ce qui se passe en moi, il y a des moments où je ne suis pas du tout content de ces derniers ouvrages.

Oh! qu'heureux est.... vous savez bien qui je veux dire, qui, raillé, et mettons quelquefois bafoué sur les siens, se maintient toujours parfaitement tranquille, et demeure invinciblement persuadé de l'excellence de son esprit! Il a tantôt apporté à l'Académie un mémoire de très-mauvais goût; et, avant que de le laisser lire, il a commencé par en faire l'éloge: il s'est mis par avance en colère sur ce qu'on y trouverait à redire, déclarant que, quelques critiques qu'on y pût faire, il saurait bien ce qu'il devait penser là-dessus, et qu'il n'en resterait pas moins convaincu qu'il était parfaitement bon. Il a en effet tenu parole; et tout le monde l'ayant généralement désapprouvé, il a querellé tout le monde, il a rougi, et s'est emporté; mais il s'en est allé satisfait de lui-même. Je n'ai point, je l'avoue, cette force d'âme.

Bolœus Racinio suo S.

Mirum certe mihi et inexspectatum nuntiasti, quum duos e præclarissimis orbis terrarum principibus studio visendi perfecta nondum opera quædam mea ardere retulisti. Timor quidem maximus subit animum, ne iidem præjudicata temere opinione faciliores mihi fuerint: ut enim tibi sincere dicam quæ penitus sentiam, interdum mihi novissima illa opera nullo modo probantur.

O felicem illum.... (de quo agatur, scis plane) qui, quum suis operibus risum, interdumque etiam contumelias moveat, usque tamen securus stat et inconcussus, penitusque infixam animo opinionem hanc habet, se excellenti esse ingenio! Qui quidem modo in nostram Academiam mirifice insipidum commentarium quoddam attulit; et, priusquam legendum permitteret, idem illum primum laudibus extulit; ac, in antecessum, iratus est, si qui delicta in eo forsan deprehensuri essent, denuntians, quæcumque notanda viderentur, sciturum sese quid de his putandum esset, nec ideo minus pro certo habiturum, eximium omni ex parte opus esse. Et promissa quidem ille implevit : quum enim ab omnibus fere esset improbatus, increpuit et ipse omnes, erubuitque et ira exarsit ; simul vero sibi ipse probatus abiit. Non autem mihi, fateor equidem, constantia ejus modi est.

CARRÉ (Charles-Marie).—Interne.

———

Magnam mihi movit admirationem ista tua epistola, qua mihi scripseras duos e maximis terrarum orbis principibus non parvo eorum operum, quæ ne perfeci quidem, legendorum studio teneri. Metuo equidem ne facilius præsumptam in se admiserint benignam de me opinionem ; ut enim tibi plane retegam quid in intima mea mente agatur, interdum his recentioribus operibus meis minime sum contentus. Oh! quam felix ille est... (apprime autem nosti quem dicam), qui, quanquam cavillationibus, imo et interdum contumeliis propter opera sua lacessitus, semper tamen et omnino tranquillus, et tenax ejus persuasionis permanet, quam ipse sib iinexpugnabilem de ingenii sui excellentia fecit! Qui quidem in Academiam libellum quemdam prorsus inelegantem nuper attulit, quem prius quam legi pateretur, cœpit laudare ; nec non iram ob id præcepit, quod multi libellum carpturi forent, ac declaravit se, quibuscumque libellum reprehensionibus excituri forent, sciturum bene quid de hoc sibi judicandum esset, ac nihilominus sibi persuasum fore radicitus hunc optimum esse et perfectum. Nec res quidem promissum fefellit ; ac quum omnes eum universe improbassent, et omnes increpuit, et erubuit, et in iram exarsit ; at semetipso contentus discessit. Hoc mihi, fateor equidem, non inest animi robur.

POTREL (Eugène-Adolphe).—*Institution de* M. Hortus.

———

CLASSE DE QUATRIÈME.

VERSION GRECQUE.

Collége royal de Charlemagne.
Professeur, M. Viguier.

Οἶμαι ἀλλ' ἐγὼ μηδὲ Θηβαίους ἀποσχέσθαι γραμμάτων πολεμίων κυρίους γενομένους, ὡς Ἀθηναῖοι Φιλίππου γραμματοφόρους λαβόντες ἐπιστολὴν Ὀλυμπιάδι ἐπιγεγραμμένην κομίζοντας, οὐκ ἔλυσαν, οὐδ' ἀπεκάλυψαν ἀνδρὸς ἀποδήμου πρὸς γυναῖκα φιλοφροσύνην· οὐδέ γε αὖ πάλιν Ἀθηναίους, Ἐπαμινώνδου πρὸς τὴν κατηγορίαν ἀπολογεῖσθαι μὴ θέλοντος, ἀλλ' ἀναστάντος ἐκ τοῦ θεάτρου, καὶ διὰ τῆς ἐκκλησίας εἰς τὸ γυμνάσιον ἀπιόντος, εὐκόλως ἐνεγκεῖν τὴν ὑπεροψίαν καὶ τὸ φρόνημα τοῦ ἀνδρός. Πολλοῦ δ' αὖ ἔτι καὶ Σπαρτιάτας δεῆσαι τὴν Στρατοκλέους ὕβριν ὑπομεῖναι καὶ βωμολοχίαν, πείσαντος μὲν αὐτοὺς εὐαγγέλια θύειν ὡς νενικηκότας· ἐπεὶ δὲ τῆς ἥττης ἀληθῶς ἀπαγγελθείσης ἠγανάκτουν, ἐρωτῶντος τὸν δῆμον τί ἠδίκηται, τρεῖς ἡμέρας δι' αὐτὸν ἡδέως γεγονώς.

PLUTARQUE.

Pour moi, je crois que les Thébains ne se seraient pas abstenus de lire les lettres de leurs ennemis, s'ils s'en étaient emparés, comme les Athéniens qui, ayant fait prisonniers les messagers de Philippe, chargés d'une lettre adressée à Olympias, ne l'ouvrirent point, et ne dévoilèrent pas la tendresse secrète d'un homme, éloigné de sa maison, pour son épouse; mais je ne crois pas non plus que les Athéniens, voyant Épaminondas refuser de se défendre contre une accusation, et, se levant du théâtre, traverser l'assemblée pour se rendre au gymnase, auraient facilement supporté le dédain et l'orgueil de cet homme. Je pense aussi que les Lacédémoniens furent très-éloignés de souffrir l'injure et la bouffonnerie que leur fit Stratoclès, qui leur persuada de faire des sacrifices en actions de grâce de la bonne nouvelle, comme s'ils eussent remporté la victoire, et qui, lorsque la défaite fut bien connue, et que les citoyens témoignèrent leur mécontentement, demanda au peuple quel mal il avait fait en lui procurant trois jours de joie.

RICHARD (Jules).—*Institution de* M. Verdot.

CLASSE DE CINQUIÈME.

I. THÈME LATIN.

I.

C'est sans doute à l'amour que les anciens avaient pour leur patrie, qu'il faut attribuer tant d'actions héroïques que les écrivains nous rapportent. Pour peu qu'on veuille approfondir les choses, il sera aisé de voir que c'est la nature elle-même qui imprime cet amour dans les cœurs, qu'il est commun à tous les peuples, et que tous les hommes applaudissent aux actions qui portent l'empreinte de cette vertu. Pour concevoir toute l'importance de l'amour que tous les hommes apportent en naissant pour la patrie, il suffit de dire que, sans lui, ni les arts quels qu'ils soient, ni la société même, ne pourraient subsister. C'est donc une vérité constante, qu'il n'est pas de vertu qu'il importe plus aux citoyens de pratiquer.

Illi profecto patriæ charitati qua veteres ardebant, tribuenda sunt tot illa tamque præclare gesta quibus referti sunt annales. Si vel minimum res penitus perscrutari volueris, facile patebit tibi hanc charitatem a natura ipsa in animis nostris infixam hærere: quæ cum in omnes gentes conveniat, omnes plausu excipiunt facta quibus virtus illa quasi impressa inest. Ut vero intelligas quanti sit pretii amor ille patriæ in omnium animis innatus, satis est dicere, nisi ille sit, quascunque artes, et ipsam hominum societatem, esse non posse. Constat igitur nullam esse virtutem quam colere civium magis referat.

II.

Horace disait lui-même à son livre d'Épîtres : « Prends garde, tu ne plairas pas toujours ; un temps viendra où, négligé de Rome, relégué dans ses faubourgs, ta vieillesse bégayante enseignera aux petits enfants les éléments du langage. » Cette menace badine s'est accomplie pour le poëte qui se l'adressait. Horace a véritablement le privilége d'apprendre à toutes les générations, non pas précisément à lire, mais à sentir et à penser. Bien loin d'être et dans l'oubli et dans l'exil, il illumine de sa lumière toute intelligence qui vient en ce monde ; et plus ses vers vieillissent, plus le temps les consacre, les rend populaires, et leur donne l'occasion d'apprendre à tous ces premiers éléments du langage et de la pensée.

« Cave, dicebat Horatius ipse suo Epistolarum libro, non semper delectationem habebis ; incidet enim tempus quum, a Romanis despectus, in suburbia relegatus, balbus senex, pueros prima sermonis rudimenta, docebis. » Quem sibi nugatorie prædixerat Horatius, ipsi contigit exitus. Horatio profecto obtigit ut omnes ætates non quidem legendi, sed cogitandi et sentiendi artem doceret. Adeo non in exilio et in oblivione jacet, ut contra animi sui lumine, caliginem qualibet a mente in lucem edita, dispellat : et quo majorem illius carmina adipiscuntur senectutem, eo magis ea commendat et propagat tempus, illisque subministrat occasionem omnes docendi prima ista sermonis et cogitationis rudimenta.

III.

C'est l'abus de nos facultés qui nous rend malheureux et méchants. Nos chagrins, nos soucis, nos peines, nous viennent de nous. Le mal physique ne serait rien sans nos vices, qui l'ont rendu sensible. N'est-ce pas pour nous conserver que la nature nous fait sentir le besoin ? La douleur du corps n'est-elle pas un signe que la machine se dérange, et un avertissement d'y pourvoir ? Quant à la mort, qui est-ce qui voudrait toujours vivre ? La mort est le remède aux maux que vous vous faites ; la nature a voulu que vous ne souffrissiez pas toujours. Combien l'homme vivant dans la simplicité primitive est sujet à peu de maux ! Il est exempt des passions qui tourmentent les autres hommes ; il vit presque sans maladie, et ne prévoit ni ne sent la mort, cette terreur des âmes faibles ou coupables, qui ne s'attachent si fortement au présent que par appréhension des tourments mérités à venir.

Nos miseros improbosque facit animi dotum abusus. Nostræ enim sollicitudines, curæ, molestiæ, a nobis oriuntur. Levissimus est corporis dolor, remotis eis vitiis quæ illum fecerunt nobis gravissimum. Nonne natura, ut nos servet, nobis vitæ necessitates patefacit ? Nonne corporis dolor nobis indicat dissolvi corpus, nosque monet ut huic dissolutioni provideamus ? De morte, quis semper vivere velit ? Mors enim remedio est malis quæ tibi infers. Te non semper pati voluit natura. Quam paucis malis objectus est is homo qui vitam in veterum simplicitate agit ! Vacat enim eis libidinibus quibus ceteri homines laborant; morborum fere expers vivit; nec prospicit, nec sentit mortem, terrorem animorum infirmorum et consciorum, qui tam pertinaciter præsenti tempori inhærent ob id tantum quod in futurum pœnas timeant quas meriti sunt.

II. VERSION LATINE.

Historia alere orationem quodam utili jucundoque succo potest. Verum quum in ejus studio et lectione versamur, meminerimus plerasque ejus virtutes oratori esse vitandas : est enim proxima poesie, et quodam modo carmen solutum; imo scribitur ad narrandum, non ad probandum. Orator ad pugnam præsentem semper armatus paratusque stare debet. Historia vero ad voluptatem legentium, et ad memoriam posteritatis, et ingenii famam componitur, ideo que et verbis liberioribus et omni figurarum genere narrandi tædium evitat. Marcus Tullius et ipse ne Thucydidem quidem aut Xenophontem utiles oratori putat, quanquam illum bellicum canere, et hujus ore musas esse locutas existimet. Attamen, nos, oratores, in narrationibus et in digressionibus, historico nonnunquam nitore utamur, inde eloquentiæ forensi novi lepores profecto addentur.

L'histoire peut nourrir le discours d'un certain suc utile et agréable. Mais lorsque nous nous livrons à son étude et à sa lecture, souvenons-nous que l'orateur doit éviter la plupart de ses qualités : elle est en effet voisine de la poésie, et c'est, en quelque sorte, un poëme libre des lois du vers; bien plus, elle est écrite pour raconter et non pour juger les faits. L'orateur doit toujours se tenir prêt et armé pour combattre sur le moment même. L'histoire, au contraire, est composée pour charmer le lecteur, pour rappeler le passé à la postérité, et louer les hommes de génie; et pour cela, employant des expressions plus libres et des figures de toute sorte, elle évite l'ennui de la narration. Marcus Tullius lui-même dit qu'à son avis, ni même Thucydide, ni Xénophon, ne sont utiles à un orateur, quand bien même il penserait que l'un embouche la trompette guerrière, et que l'autre est l'interprète des muses. Cependant, nous, orateurs, dans les narrations et les digressions, servons-nous quelquefois de l'élégance de l'historien, et c'est de là que viendront s'ajouter certainement de nouvelles grâces à l'éloquence du barreau.

CLASSE DE SIXIÈME.

I. THÈME LATIN.

Collége royal de Charlemagne.

Professeur : M. Buzy.

L'intelligence des langues sert comme d'introduction à toutes les sciences ; par elle, nous parvenons presque sans peine à la connaissance d'une infinité de belles choses qui ont coûté de longs travaux à ceux qui les ont inventées. Par elle, tous les siècles et tous les pays nous sont ouverts. Elle nous rend en quelque sorte contemporains de tous les âges et citoyens de tous les royaumes, et elle nous met en état de nous entretenir encore aujourd'hui avec tout ce que l'antiquité a produit de plus grands hommes, qui semblent avoir vécu et travaillé pour nous. Nous trouvons en eux comme autant de maîtres qu'il nous est permis de consulter en tout temps ; comme autant d'amis qui sont de toutes les heures, dont la conversation, toujours utile et toujours agréable, nous enrichit l'esprit de mille connaissances curieuses, et nous apprend à profiter également des vertus et des vices du genre humain.

Linguarum intelligentia omnibus doctrinis quasi præmunitur. Per eam haud ægre infinitarum ac eximiarum cognitionem attingimus rerum, quæ non, nisi summa elaboratione, inventæ fuerunt ; per eam omnia nobis aperiuntur secula et omnes gentes. Eorum imo qui in ætate qualibet vixerunt æquales nos efficit ; nos comparat ad sermonem nunc etiam conferendum cum iis omnibus viris, quos antiquitas genuit doctissimos ; et qui nobis vixisse ac labori incubuisse videntur. In illis invenimus tanquam tot præceptores, quos in consilium adhibere, quovis tempore, nobis licet ; tanquam tot amicos omnium horarum, quorum sermo, semper utilis et jucundus, ingenium nostrum notitiis permultis ac exquisitis exornat, nosque docet utilitatem ex humani generis virtutibus pariter ac vitiis percipere.

POMEY (Louis). — *Institution de* M. Verdot.

II. VERSION LATINE.

Collége royal de Charlemagne.

Professeur : M. Buzy.

Quintus hic dies est ut correptus sum dolore membrorum omnium, præcipue autem cervicis et crurum. Memini me excerpsisse ex Ciceronis epistolis ea duntaxat quibus inesset aliqua de eloquentia, de philosophia, vel de republica disputatio. Præterea si quid eleganti aut notabili verbo dictum videretur, excerpsi. Quæ in usu meo ad manum erant excerpta, misi tibi : tres libros, duos ad Brutum, unum ad Axium, describi jubebis, si quid rei esse videbitur, et remittes mihi : nam exemplares eorum excerptorum nullos feci. Omnes autem Ciceronis epistolas legendas censeo, mea sententia, vel magis quam omnes ejus orationes. Epistolis Ciceronis nihil est perfectius.

Depuis cinq jours je suis en proie à une douleur qui s'est portée dans tous les membres, mais surtout au cou et aux jambes. Je me souviens d'avoir tiré des lettres de Cicéron les passages seulement où il se trouvait quelque dissertation sur l'éloquence, la philosophie ou la politique. En outre, j'ai choisi tout ce qui me paraissait élégant et remarquable. Tous ces extraits ont été recueillis pour qu'ils fussent à ma disposition, quand je voudrais en faire usage, et je vous les ai envoyés. Vous ferez annoter trois autres livres : deux à Brutus, un à Axius, si toutefois vous y trouvez quelque chose d'utile, et vous me les renverrez. En effet, je n'ai point fait d'exemplaires, et, à mon avis, il faut lire toutes les lettres de Cicéron plus encore que tous ses discours. Car il n'y a rien de plus parfait que les lettres de Cicéron.

POMEY (Louis). — *Institution de* M. Verdot.

Deuxième partie.

REVUE RÉTROSPECTIVE.

CONCOURS GÉNÉRAL DE 1845.

VERS LATINS.

CLASSE DE RHÉTORIQUE.

Matière.

Derelictus a fortuna, sed indomita virtute plenus, reliquerat Julianus Arbelorum campos, ubi memoriam Alexandri veneratus erat; et, equitibus Persarum lacessitus, legiones eas in fœdam difficilemque fugam versas reducebat, a quibus Lutetiæ consalutatus imperator destinata morte regimen orbis mutaverat. Quum autem intempesta nocte, philosophorum libris intentus, multa animo volveret, visa est illi species humana major per silentium adstare. Agnovit ille Genium imperii, quem, quum surgeret ad augustum culmen, antea in Galliis conspexerat; sed quantum ab eo mutatum, qui incertum et quasi retractantem ad spes maximas erexerat! Nunc autem pallidus et squalens, juvenem tristi lumine aliquandiu contemplatus, caput et cornu copiæ, quod manu tenebat, velavit, gementique similis per aulæa tentorii discessit. Hæsit paulisper stupore defixus princeps; omni tamen superior metu, ventura cœlestibus decretis commendavit.

Postero die, Romani circumdantes cruentum ducis cadaver excisam Constantini stirpem flebant, pavitantesque circumspectabant, quem tanto oneri parem invenirent.

PREMIER PRIX DES NOUVEAUX.
(PRIX D'HONNEUR.)
DOTTAIN (Ernest-Marie-François).

Collége royal de Bourbon.
Institution de M. BELLAGUET.

Cæsaris invidiam tacitasque accenderat iras
Caius, at ingenti legionum fretus amore,
Decretam mortem imperio mutaverat orbis.
Mox rapit ad Persas devictis agmina Gallis,
Romæ inimicitias veterumque ultura dolorem.
Hic loca Pellæis quondam illustrata triumphis,
Hic Arbelorum campos miratus et oras
Fortis Alexandri memores, per prœlia, tanti
Æmulus ipse viri, magna virtute ruebat.
Mox tamen accisis fortuna illudere rebus
Cœpit, et averso victoria cedere vultu.
Scilicet afflictas inhonesta clade cohortes
Acer agit Parthus, telisque sequacibus urget.
Dux celeri dat terga fuga: tunc plena morarum
Arva remetitur, siccasque pererrat arenas
Milite cum raro; mœsto dolor insidet ori:
Victus enim ipse fugit; validæ cecidere catervæ.
Nil misero superest nisi virtus nescia vinci,
Atque animus memor usque sui nec casibus impar.

Nox erat, et placido lucebant sidera cœlo:
Castra silent; miles luctuque metuque tenetur.
Interea libris sapientum intentus inhæret
Cæsar, et acceptæ quærit solatia cladis,
Multa putans animo curisque ingentibus æger.
Hinc miser et fractis fugiens exercitus armis
Et pubes devota neci, sævusque recursat
Persarum furor: inde etiam miserabile Crassi
Exitium, tellusque ducum fatale sepulcrum.

Tantos sollicito versabat corde dolores;

Ecce autem species, humano corpore major,
Visa duci ante oculos per noctem umbrasque silentes
Apparere : oculis Cæsar mœrentibus hæret;
Mox Genium imperii notosque agnoscere vultus
Incipit; hic olim juveni, melioribus annis,
Dum faciles fortuna daret sine fine triumphos,
Adfuerat; dubium et primo sub limine regni
Pæne reluctantem summa ad fastigia rerum
Impulerat, donec crudelis vota tyranni
Falleret, et vasta populos ditione teneret.

   Quam dispar rerum facies, diversus et oris
Cernitur hic habitus! pulla nam sordida veste
Apparet Genii facies, juvenemque severo
Lumine conspiciens, demisso pallida vultu,
Velle queri visa est, largosque effundere fletus.
Tunc caput et cornu dextra quod rite tenebat,
Ægre suspirans atro velavit amictu,
Et simul ex oculis aulæa per alta recessit.

   Obstupet aspectu commotus et omine Cæsar,
Cordaque turbantur venturæ conscia mortis.
Sensit enim venisse diem, quo perfida tandem
Desineret claro fortuna favere labori :
Sensit ab Arsacidum campis non esse regressum
Romanis ducibus; sed mens invicta timorem
Non capit, aut sævi terretur imagine fati.
At vultu impavido, fortunæ numine major,
« O superi, exclamat, ne me prohibete cruentas
Romulidum clades, ignominiamque meorum
Ulcisci, et fuso Persarum sanguine pœnas
Sumere! ne fœdis Babylon gaudere tropæis,
Ne toties possit romano sanguine pasci.
Quidquid erit tamen et cœptis quemcumque reservent
Fata meis finem, jam vos ea cura manebit,
O superi, vestro succedant omnia nutu ! »

   Postera lux oriens ostenderat hostibus hostes :
Dum pulchram peteret Cæsar per vulnera mortem,
Occiderat : victæ stant circum hinc inde cohortes,
Magnanimumque ducem et funus miserantur acerbum,
Communique gemunt fletu; dolor omnibus unus.

Jam Constantini nullus de stirpe superstes :
Ultimus heu generis tanti fuit ! Ilicet ingens
Turbat corda pavor : Persæ fugientibus instant:
Quis miseris aderit qui tanta pericula vindex
Arceat, et reliquum servet dux optimus agmen,
Incolumesque domum crudeli ex hoste reducat ?
Quis novus Augustus qui totum temperet orbem,
Par oneri imposito, Caii dignissimus heres ?

DEUXIÈME PRIX DES VÉTÉRANS.

BOUTAN (Jean-Marie-Ernest).

Collége royal de Bourbon.

Institution de M. Bellaguet.

Fata suas habuere vices ! quem Gallia quondam
Vertentem muros felici expalluit ausu,
Nunc fugit, accisis rebus vix ipse superstes!
Destituit fortuna ducem ; sed mascula virtus
Indomitumque viget generoso in pectore robur.
  Romanas celeri circumvolat agmine turmas
Persa furens, quocumque ruit, sese obvius offert
Cæsar ; dux milesque suos a morte reducit.
  Abstulerat lucem bello exiguàmque furori
Nox dederat requiem, tum Cæsar volvere secum
Eventus belli varios casusque suorum.
Tum licet elatam non desperatio mentem
Occupet, ingentes surgunt sub corde dolores.
« Hei ! mihi bellorum socii sociique laboris
Ecce jacent, qui me supero velut orbe revulsum
Italiæque orbisque simul fecere potentem !
Heu ! per quos vivo, pro me moriuntur inulti !
Nec pudet Assyriis dare terga sequentibus ! illas

Quum videam terras, quibus olim persica castra
Victor Alexander tenues ceu dispulit umbras!
Proh patriæ nomen! nobis heu! barbarus hostis
Illudet, Carrhisque novis inventus et alter
Crassus erit! Tantos, Græcorum maxime, luctus
Tu valeas sanare animoque afferre medelam. »

   Dixit : Epictetum simul ima in veste latentem
Extrahit, et tantæ sensim vanescere curæ.
Namque videbat uti famam sprevisse deceret
Rumoresque vagos, sibi dummodo conscia recti
Virtutem mens, spe nulla mercedis, amasset.

   Ecce autem ante oculos visa est adstare per umbram
Corporis humani species, sed major imago
Humana. Dolor ore sedet, volvuntur amaræ
Ex oculis lacrymæ; nigranti corpus amictu
Velatum, sparsæque comæ. Stat lumina torquens
In juvenem; aspectu princeps obmutuit, hæret
Spiritus. Imperii Genius tentoria lustrat!
« Quid superis de me visum est? quid sordida vestis
Significat? Non te talem Lutetia vidit,
Qui quondam incertum tantumque subire timentem
Imperii pondus, mihi tum quoque visus in umbra
Culmen ad Augustum jussisti ascendere gressu
Impavido, facilesque deos et prospera fata
Pollicitus. Mihine an Romæ sunt fata timenda? »

   Miranti Genius similis similisque dolenti
Spectavit juvenem, nec fatis ora resolvit;
Ast ægre gemitus tristi de pectore ducens,
Involvitque toga vultum, lacrymasque recondit,
Cornu quoque involvit signum lætabile pacis.
Nil fatus, subito in tenues evanuit auras.
Augurio Cæsar paulisper territus hæsit;
Ast animi redeunt, ardet nova sumere bella.
Quum ventura dies terris affulserit, arma
Concurrent iterum, Romanus victus adibit
Victores Persas, turmasque lacesset ovantes,
Quæret et hesternæ vincendo oblivia pugnæ.

   Postera lux tandem terris affulsit, et ecce
Agmina pullatis procedunt flentia signis,

Inversisque ad terram hastis exsangue cadaver
Cæsaris in patriam magno mœrore reportant.
Heu! utinam detur patrias attingere sedes,
Et juvenem imperio monstratum reddere Romæ!
Heu! quis relliquias tristes clarique ruinas
Agminis expediet, mediisque e faucibus hostis
Eripiet? Laudem nullus sibi vindicat istam,
Usque adeo durum est heredia sumere tanta!

DEUXIÈME PRIX DES NOUVEAUX.

CAUSSIN DE PERCEVAL (Jean-Marie-Eugène).

Collége Stanislas.

Hic juvenis, serus magni qui Cæsaris heres
Artibus ingenuis famam quæsivit et armis,
Qui byzantiacas tenuit sub legibus arces,
Vincere qui Persas irrumpentisque procellam
Barbariæ, et patriam voluit fulcire labantem
(Majores in luce moras modo fata dedissent!),
Duxerat ardentes ad bella nefanda maniplos.
Infelix! fortem nam tristia fata manebant,
Grandiaque aggressum fortuna inimica fefellit.
Scilicet esuriens, incensis navibus, ipse
Cernebat jejunam aciem casusque suorum,
Immensumque æquor sine fine patebat arenæ.
Attamen intrepidus, nullo superabilis ictu,
Ibat, et exhaustas acies ad magna vocabat;
Ibat, et ipse agros devenerat Arbelorum
Alter queis juvenis Persas felicior olim
Fuderat, et fractos dare terga coegerat hostes.
Cedere nunc fato et gressus revocare necesse est:
Saltem si solito liceat concurrere ferro,
Et tentare manus! Hostis sed mobilis instat,

Romanosque ferit, rursusque repente recedit.
Dux milesque simul tali discrimine rerum,
Victis agminibus juvenis non defuit heros :
Isdem nam meminit sese imperitare catervis,
Queis olim vitam sceptrumque receperat orbis,
Quum lætos justa Gallos ditione teneret.

    Cuncta tamen terris media sub nocte silebant,
Lustrabatque vigil princeps præcepta priorum,
Quærere si tantis posset solatia curis.
At dum perlegeret victi infortunia Cassi,
Multaque sollicito sub pectore volveret, ecce
Visa sub obscurum noctis consurgere forma
Formidanda, ingens, fœdato pallida vultu.
Attonitus siluit juvenis, modo territus hæsit :
Cognita nam species, Geniusque apparuit Urbis
Nuper apud Gallos, fatique arcana resolvit,
Culmen ad Augustum Cæsar quum surgeret inter
Unanimos plausus, magnæ spes ultima gentis.
At nunc qualis adest Genius ! quam degener illo
Qui juvenem quondam dubium obstantemque favori
Corripuit dextra, solioque locavit avito !
Squalidus, incomptosque gerens in vertice crines,
Nunc præfert calido maculatas sanguine vestes,
Atque decus fractum sceptri, fractamque coronam.
Ipse manu Persam late ostentare videtur,
Ad pugnam qui tela parat, qui solus in umbra
Lethale exacuit jaculum, volucremque sagittam.
Paulisper juvenem defixo lumine tristis
Adspectat species ; mox nigro tegmine frontem
Velat, et auratum cornu quod dextra gerebat,
Illacrymansque fugit volucris, ceu fumus, in auras.
Obstupet incertus princeps ; sed protinus instat
Fervidus, ipse animos recipit, vanosque timores
Subjiciens pedibus : « Jactata est alea, dixit,
Pergamus quo fata trahunt ! Tu, maxime rector,
Rexque paterque deum, cœli de vertice cures
Ne victus moriar, Galilæus et iste triumphet !... »

    Quum primum se reddiderat lux crastina terris,
Principis Æneadæ circum miserabile corpus

Flebant ; unus erat mœror, dolor omnibus unus ;
Quærebantque ducem, tanto qui munere dignus,
Parque oneri tanto, patriæ sarcire ruinas
Posset, et everso tandem succurrere sæclo.

CLASSE DE SECONDE.

Matière.

Duodecim annos vix natus Bossuetius, in bibliotheca avunculi sui otiosas feriarum horas legendis veteribus scriptoribus consumere solebat, Homerum, Virgilium, Ciceronem assiduo cultu prosequens. Quadam vero die, ecce in Vetus Testamentum incidit : negligenter primo et digito volitante paginas volventem percellit insolita majestas; magis ac magis legentem urit sacra sitis : tandem, opprimente religione et admiratione, in lacrymas erumpit ; nec prius se ipsum recipere potuit, quam pia prece mentem composuisset. Hinc sane altius in animum ingeniumque juvenis descendit christiana fides ; hinc toto pectore recepti sacri latices in eloquium exundantes; hinc illa divinum sonans lingua, et nativa tamen, qua recentiorum temporum veluti propheta dici meruit.

PREMIER PRIX.
SARCEY (Francisque).

Collége royal de Charlemagne.
Institution de M. Barbet-Massin.

Quum floreret adhuc tenero Bossuetius ævo,
Et vix undecimum ferret natalibus annum,
Non hilares miscere jocos, nec gaudia turbæ
Grata, nec in lusus juveniliter ire solebat ;
Sed, quoties longas solvebat in otia curas
Læta cohors comitum, tum mente severior ille,
Forsan et ingenii sub pectore conscius, ire

In notum conclave fugax et solus amabat;
Atque avido toties jam lecta volumina corde,
Quæ bonus in fida claudebat avunculus arca,
Arripiens, veteres libros volvebat, et ardens
Nobiliora gravem ducebat in otia mentem.
O quoties animum commovit homericus heros,
Quum solus Patroclum deserto in littore fleret
Exstinctum, et vanis suspiria crederet auris,
Aut pede præcipiti fugitivum urgeret anhelus
Hectora, et indomitos satiaret morte furores!
O quoties magnum Tyriæ miseratus amorem,
Haud secus ac quondam pius Augustinus, ob ævum
Fervidior, lacrymas effudit in ore pigendas
Nescius! O quoties et tu quoque, maxime Tulli,
Viribus eloquii rapiebas corda legentis,
Quando tui Verres repetito fulminis ictu
Deturbatus humi palleret, et efferus armis
Linguæ pacificas tremeret Catilina secures!
Hæc tu sola, puer, miratus mente legebas;
Te fugiebat enim quanto sublimius illud
Sese tollat opus, grandi quod carmine narrat,
Quantis relligio firmata refulserit olim
Prodigiis, semperque Dei tutamine freta,
Mundi a principio labens devicerit ævum.
Ah! procul este mihi, fastumque reponite, libri!
Vos omnes hominum spernendam ostenditis artem;
Ille, Deum. Dum grande aliquod Bossuetius olim
Vestigaret opus, squalens crassumque volumen
Forte videt, titulum contemptim spectat: apertas
Inscius ille pigro percurrit lumine chartas,
Et citius digito volitante revolvit: at ecce
Hæsitat attonitus, defixaque lumina servat;
Mens arrecta manet, sensimque severior altæ
Imprimitur fronti gravitas, mentemque recludit.
Nec mora, nec requies; avidaque cupidine raptus,
Scripta vorat, nec se valuit satiare vorando;
Namque immensa sitis magis ac magis urit anhelum.
Ille legebat enim quibus heu! fletibus olim
Mœstus Jessides imo de corde dolorem

Fuderit, et veteris confessus crimina culpæ,
Moverit assiduo deserta palatia planctu.
　Noster at immensum, perculsus mente, dolorem
Protinus in lacrymas effundit, et : « O Deus, inquit,
O Deus ! » et multi lacrymantia pectora sensus
Exagitant, quorum magno sub pondere pressus,
Non aliam proferre potest de gutture vocem.
　Tu quoque, magne puer, regum infortunia quondam
Sacra voce canes, et tu quoque totius orbis
Rectores tumidos grandi sermone monebis,
Humanas supero pendere a numine vires.
Hunc igitur fluvium, qui currens ore profundo,
Volvit inexhaustis undantia flumina ripis,
Incole, et hinc sacrum laticem exhaurire valebis,
Quo viget eloquium fecunda lætius unda.
Profluet inde tibi sublimis copia linguæ,
Quæ, tanquam divina, nihil mortale sonabit,
Nativumque decus proprio retinebit in ore.
Sic te læta novum canet illa Ecclesia Patrem,
Et sic nostra novum te dicent sæcla prophetam.

DEUXIÈME PRIX.

BRICON (Victor).

Collége royal de Charlemagne.

Institution de M. Barbet-Massin.

　Vix puer attigerat bis sex Bossuetius annos,
Et, velut incipiens ingentes stella meatus,
Jam tum signa dabat laudis manifesta futuræ.
Nam, quoties lætos cupide exoptata sodales
Festa dies residem ad risum ludosque vocabat,
Scriptorum ille avido veterum succensus amore,
Attentis oculis, prona cervice, virili
Incumbebat ovans studio, lætusque terebat

Sponte sua longum per mille volumina tempus ;
Et mens, continuo quamvis lassata labore,
Ad placitas curas nondum satiata redibat.
Sic perlegit amans smyrnæi grandia vatis
Carmina, et andini modulamina dulcia cycni.
Te quoque, te quanto, Cicero sublimis, honore
Percoluit, quotiesque tua exemplaria volvit!
Hæc inter, nondum ingenii sibi conscius, horas
Assidue placidas puerili in pace fovebat.
Ecce, die quadam, quùm lætus more labori
Indulgere parat, tempusque apponere lucro,
Ante oculos liber apparet sacrumque volumen,
Quo, dictante Deo, conscripta est orbis origo
Terrarum, et veteris miracula pristina mundi.
Principio, assuetus libros versare profanos,
Ingratum per opus metuit ne tempora perdat :
Attamen insolitum pergit pervolvere librum.
Insinuat sese, et subit admiratio sensim ;
Obstupet attonitus nunc grandi carmine lector,
Pura movet nunc simplicitas ; irrepit ubique
Relligionis amor, penitusque in mente verenda
Imprimitur pietas. Quam nil restinguere possit,
Urget grata sitis volventem, et nulla legendi
Finis adest : ardor vires acquirit eundo.

Mens humana nequit tantis assultibus ægra
Luctari, atque suis succumbit motibus ultro.
Jam mediis riget in studiis Bossuetius ; ecce
In fletum erumpit, lacrymas effundit amaras,
Et silet, immenso quasi fractus corda dolore.
Ut redeat tandem requies dulcissima menti,
Omnipotens humili supplex prece numen adorat,
Atque libens sanctis jam nunc se devovet aris.

Hinc animus sane tanta pietate flagravit,
Et quasi in ingenium cœlo descendit ab alto
Inconcussa Fides, fluxere in pectora sacri
Undarum latices, vehementique amne replerunt
Fulminea eloquio et plus quam mortalia corda.
Hinc clara intonuit divino lingua sonore,
Percussitque homines rapidi torrentis ad instar,

Qui victor, quacumque ruit, claustra omnia rumpit.
Nempe tuum fuit imperium, venerande sacerdos,
Arbitrio sensus hominum mentesque movere.
Ergo non aliter meruisti nomine dici
Maximus, atque sacer per sæcula nostra prophetes.

CLASSE DE TROISIÈME.

Matière.

Antiquæ inter rudera Carthaginis, ipso in monte unde Byrsa oppido et mari late dominabatur, captivus ubi quondam, barbaris circa lectum lugentibus et admirantibus, vita decessisse fertur divus Ludovicus, pietatis suæ monumentum rex noster templum sacrari voluit. Non solum non abnuit cruci locum gens Mahumeti sectarix, sed hujus, quam olim funditus evertere conabatur, religionis mysteria palam et aperto cœlo celebrari sinit. Aspice montem illum christianis vexillis et pompa ferventem; aspice juvenem, turba undique circumfusa, scandentem, et genibus flexis ante aras Christo et regi atavo precantem! Excipiunt plausu et venerantur omnes, nec nostrates discernere queas. Omnibus unam et eamdem patriam, omnibus unius et ejusdem Dei cultum esse diceres. Ea est vere humanitas, id nostræ ætatis proprium decus.

PREMIER PRIX.

POTREL (Eugène-Adolphe).

Collége royal de Saint-Louis.
Institution de M. Hortus.

Hic ubi præclaras pandit Carthago ruinas,
Culminaque assurgunt late dominantia campo;
Unde maris quondam spectabat cærula Byrsa;
Hic ubi captivus vita cessisse triumphans
Rex fertur Lodoix, Afrum mirante corona,
Fletibus et nostris socios miscente dolores,

Surgere rex noster, Lodoici digna propago,
Templa jubet, sibi vivacem per sæcula laudem,
Æternumque decus, fidei monumenta verendæ.
Te quoque sancta movet tantæ pietatis imago,
Impia gens Arabum, Mahumeti signa secuta!
Namque crucem Christi, Gallorum numen, amico
Excipis hospitio terræ, quæ sanguine quondam
Christiadum maduit, sanctumque invita cruorem
Per pia bella bibit; sed nunc mysteria nostræ
Divinæ fidei cœlo celebrantur aperto;
Divinæ fidei, quam tu radicitus olim
Perdere tentabas, vanis conatibus amens!

   Tolle oculos, Carthago, tuos! nova gloria, major
Antiqua, rediit: prisci redduntur honores.
Aspice montem illum pompa insolitoque triumpho
Ferventem, quem sancta Dei vexilla tuentur!
En juvenis princeps, magni spes proxima regni,
Scandit adoratum montem, bene digna parente
Tanto progenies! En Christi numina, flexo
Poplite suppliciter, proavumque precatur ad aras:

   « O pater, o Lodoix, summo de culmine laudis,
Ah! dignare tuos oculis spectare benignis!
Aspice Francigenas, tanto quos mitis amore
Fovisti, unanimo populi pensatus amore.
Despice, sancte pater, cœloque secundus ab alto,
Agmina Gallorum præsta victricia semper!
Antiquos per te liceat renovare triumphos!
Despice, et in nobis per te florebit amica
Relligio, quæ nunc istos tibi reddit honores.
Salve, iterum salve, stirps o præclara potentum
Borbonidum, cordique meo, venerande, tuarum
Injice virtutum felicia semina! Sic tu
Æternamque mihi laudem, Gallisque parabis,
Qui te voce mea, princeps Lodoice, precantur!»

   Excipiunt omnes plausu verbisque benignis,
Atque pie venerantur eum: Gallusque Libysque
Miscentur, nullique licet discernere nostros.
Hanc unam gentem esse putes, his numina dicas
Esse eadem, Christique omnes sacra jura vereri.

Hic nostræ est ætatis honos, hæc gloria nostra;
Hæc sunt exculti felicia munera secli!

DEUXIÈME PRIX.

DUPRÉ (Louis-Ernest).

Collége royal de Bourbon.
Institution de M. Bellaguet.

Inter Elissææ lapsas Carthaginis arces,
Urbs ubi fracta jacet, tristique sepulta ruina;
Haud procul a pelago, summoque in vertice montis,
Unde olim sublime caput Byrsa alta per auras,
Nondum victa, ferens, ponto impendebat et urbi;
Hic divus Lodoix, pietate insignis et armis;
Dum sacra barbaricis inferret bella catervis,
Susciperetque pios pro religione labores;
Exhaustus morbo, ut perhibent, fractusque dolore,
Interiit, longe patriis a sedibus exsul.
Hunc socii flevere sui; mœstissimus hosti
Hostis et ipse dedit lacrymas, et funera flevit.
  Noster ibi Lodoix, pariter metuendus in armis,
Nec pietate minor, postquam Africa littora late
Subdidit, augustum, Christo duce et auspice, templum,
Virtutis monumenta, piæ penetralia pacis,
Extulit, atque Deo sacrari jussit avito.
Non modo non Arabum propriam gens effera terram
Abnuit, et Gallis monumentum insigne salutis
Barbaricas inter permisit ponere gentes;
Hostilis sed quam pessumdare funditus olim
Tentavit, libycisque procul depellere ab oris,
Nunc sinit esse, fidem, sua nunc mysteria coram
Concelebrare sinit, cœloque litare sub ipso.
  Adspicite aerium frondoso culmine montem:

Hic, signo sacrate crucis, vexilla revolvunt
Purpureos agitata sinus ; locus æstuat omnis
Ingenti concursu hominum, fervetque tumultu.
En juvenis scandit procera cacumina montis ;
Plurima quem circum populi manus emicat ardens,
Insequiturque virum ; spes namque is proxima regni,
Vir princeps, rabidi jam per certamina Martis
Spectatus fama insigni multisque tropæis,
Imperii tumidos fastus atque ordinis omnes
Abjiciens pompas, parva stipante caterva,
Venerat, auxilia ut precibus divina vocaret.
   Ut primum intravit, penetraliaque ima subivit,
Ante aras, flexis genibus, manibusque supinis :
« O Deus, exclamat, ne respue vota precantis !
Sit tibi gens semper famulorum accepta tuorum !
Hunc quoque, summe pater, populum ne temne ; subacto
Da fidei monstrare facem, tenebrasque fugare,
Barbaraque æterno perfundere lumine corda.
Tu quoque, magne parens patriæ, Lodoice, supernus
Auxiliare tuis, et semper gallica regna
Protege. » Sic atavo juvenis sanctissima regi
Vota, Deoque simul, profundit pectore ab imo.
Ast illum excipiunt plausus fremitusque secundi ;
Hunc digito monstrant omnes, avidisque pererrant
Luminibus ; minime satiantur corda videndo.
Hic neque enim solum sævis metuendus in armis ;
Parcere sed victis, mansueto pectore, novit
Victor, et imperio populos submittere dulci.
Vix, inter studioque parem atque ardore coronam,
Nostrates possis discernere ; at omnibus unam
Esse putes patriam, cultumque esse omnibus unum.
Barbara sic cultu paulatim corda domantur ;
Atque feras gentes, nequeant quæ cedere bello,
Per tempus cultura docet, fingitque superba
Corda domans. Secli laus est hæc maxima nostri.

Troisième partie.

CONCOURS UNIVERSITAIRES.

I. LICENCE ÈS-LETTRES.

I.

DISSERTATION LATINE.

Utrum verisimile sit Virgilium, antequam Æneida incipiret, carmen incboasse de veteri Romanorum Albanorumque historia, mox abjecisse nominum asperitate deterritum.

DISSERTATION FRANÇAISE.

Expliquer cette pensée de la Bruyère : « Talent, goût, esprit, bon sens, choses différentes, non incompatibles. »

VERS LATINS.

Ovidium amicus per litteras consolatur, relegatum quidem, sed qui Romæ imperantem Tiberium non videat.

THÈME GREC.

Ceux qui mesurent la grandeur des astres, et qui voudraient bien savoir le nombre des étoiles, sont d'autant plus surpris d'admiration qu'ils deviennent plus savants. Autrefois, le soleil leur paraissait grand comme le Péloponèse; ils le trouvent maintenant un million de fois plus grand que la terre. Ils ne comptaient que mille vingt-deux étoiles, personne n'ose plus les compter aujourd'hui. Et cependant il y a bien de l'apparence que plusieurs ne le cèdent point en majesté à ce vaste corps, qui nous paraît ici-bas le plus lumineux et le plus beau. Notre imagination se perd dans ces espaces immenses que nous n'oserions limiter, et que nous craignons de laisser sans bornes. Mais nous voyons du moins combien Dieu est grand dans les cieux, élevé dans leur profondeur, magnifique dans leur éclat, sage et puissant dans leur mouvement réglé.

II.

DISSERTATION LATINE.

Utrum Plinius junior recte fecerit, quum in epistolis suis colligendis nullum servaret temporis ordinem, causatus scilicet se non historiam componere.

DISSERTATION FRANÇAISE.

Expliquer cette pensée de la Bruyère : « Une des marques de la médiocrité de l'esprit est de toujours conter. »

VERS LATINS.

Describetur diversum in satira Horatii et Juvenalis ingenium.

THÈME GREC.

Les sens peuvent donner lieu à la connaissance de la vérité, mais ce n'est point par eux précisément que je la connais. Lorsqu'il me semble que les arbres d'une longue allée, quoiqu'ils soient tous à peu près égaux, se diminuent peu à peu, en sorte que la diminution commence dès le second, et se continue à proportion de l'éloignement ; lorsque je vois uni, poli et continu, ce qu'un microscope me fait voir rude, inégal et séparé ; lorsque je vois courbe à travers l'eau un bâton que je sais d'ailleurs être droit ; quand, emporté dans un bateau par un mouvement égal, je me sens comme immobile avec tout ce qui est dans le bateau, pendant que je vois le reste, qui est pourtant immobile, comme s'enfuyant de moi, ces choses et mille autres de même nature, où les sens ont besoin d'être redressés, me font voir que c'est par quelque autre faculté que je connais ce qui est vrai, et que je le discerne de ce qui est faux.

II. BACCALAURÉAT ÈS-LETTRES.

I.

Cimbri Teutonique, ab extremis Germaniæ profugi, quum terras eorum inundasset mare, novas sedes toto orbe quærebant, inclusique Gallia et Hispania, quum in Italiam remigrarent, misere legatos in castra Silani, inde ad senatum, petentes ut populus romanus aliquid sibi terræ daret, quasi stipendium ; ceterum, ut vellet, manibus atque armis suis uteretur. Sed quas daret terras, mox agrariis legibus ipse dimicaturus ? Repulsi igitur, quod nequiverant precibus, armis parare constituunt. Nec primum quidem impetum barbarorum Silanus, nec secundum Manlius, nec tertium Cæpio sustinere potuerunt : omnes fugati, exuti castris. Actum erat, nisi Marius illi seculo contigisset. Ille quoque, non ausus congredi statim, militem tenuit in castris, donec furor quem pro virtute barbari habent, consenesceret. Tandem, occupatis mira velocitate montium compendiis, prævenit hostem, prioresque Teutonos sub ipsis Alpium radicibus assecutus, in loco quem Aquas Sextias vocant, ingenti prælio oppressit : quo rex Teuto Bochus captus, insigne spectaculum triumphi fuit, ubi ob proceritatem eximiam super trophea sua eminebat.

II.

Narrant demissos quamplurimos a Philippo, Macedonum rege, in metallum antiquum olim destitutum, ut explorarent quæ ubertas ejus esset, qui status, an aliquid futuris reliquisset vetus avaritia, descendisse illos cum multo lumine, et multos duraturo dies; deinde longa via fatigatos, vidisse flumina ingentia; et conceptus aquarum inertium vastos, pares nostris, nec compressos quidem terra supereminente, sed liberæ laxitatis, non sine horrore visos. Hæc libenter legi ; intellexi enim seclum nostrum haud novis vitiis, sed jam antiquitus traditis laborare, nec nostra ætate primum avaritiam, venas terrarum lapidumque rimatam, in tenebris male abdita quæsisse. Illi quoque majores nostri, quos celebramus laudibus, quibus dissimiles querimur nos esse, spe ducti montes ceciderunt, et supra lucrum sub ruina steterunt. Quæ tanta spes fuit? Quæ tanta necessitas hominem ad sidera erectum incurvavit, et defodit, et in fundum telluris intimæ mersit ? Nempe ut erueret aurum non minore periculo quærendum quam possidendum.

III.

Credis ob hoc me, Pastor, divitias fortasse rogare,
    Propter quod vulgus vanaque turba rogat :
Ut fecunda meos consumat gleba ligones,
    Et sonet innumera compede Tuscus ager ;
Ut centum Libycæ surgant ex ordine mensæ,
    Et crepet in nostris aurea lamna toris ;
Nec labris nisi magna meis cristalla terantur,
    Et faciant nigras nostra Falerna nives;
Ut multus Romæ nostro Syrus assere sudet,
    Pulchraque sit culto sella cliente frequens ;
Ut lutulenta linat tyrias mihi mula lacernas,
    Et Numidam ante omnes virga gubernet equam.
Est nihil ex istis : superos ac sidera testor.
    Ergo quid? ut donem ditior esse velim.
Callidus effracta nummos fur auferet arca,

Non reddet sterilis semina jacta seges ;
Debitor usuram pariter, sontemque negabit ;
Mercibus exstructas obruet unda rates ;
Extra fortunam est quidquid donatur amicis,
Quas dederis solas semper habebis opes.

MARTIAL, IX, 23.

ANNONCES DE LIBRAIRIE CLASSIQUE.

On n'admet dans cette Revue que les Annonces concernant la librairie classique. — Prix : 75 cent. la ligne.

FIRMIN DIDOT FRÈRES,
LIBRAIRES DE L'INSTITUT, RUE JACOB, 56.

COURS THÉORIQUE ET PRATIQUE DE LANGUE FRANÇAISE,

Ouvrage rédigé sur un plan entièrement neuf,

PAR M. P. POITEVIN,

Ancien professeur au collége Rollin.

Adopté par le Conseil royal de l'Instruction publique et recommandé pour les Colléges.

GRAMMAIRE DU PREMIER AGE,
Un volume in-12. — Prix : 60 cent.

Dans cet ouvrage, les premiers principes de la Lexicologie et de la Syntaxe sont exposés d'une manière simple, précise et claire ; c'est une grammaire tout à fait appropriée à l'intelligence du premier âge.

Cette édition a subi d'importantes modifications. Quelques définitions, qui se produisaient sous une forme un peu métaphysique peut-être, sont présentées aujourd'hui dans un langage dont la simplicité pourrait sembler par trop naïve dans un autre ouvrage, mais qu'on approuvera, nous n'en doutons pas, dans un livre destiné aux enfants.

2. EXERCICES SUR LA GRAMMAIRE DU PREMIER AGE.

Un volume in-12. — Prix : 1 fr. 25 cent.

Les devoirs sont présentés aux élèves de façon à ce qu'il leur est impossible d'en faire un seul sans se rendre compte de la raison des règles qu'ils ont à appliquer; ils ne peuvent procéder par routine, comme ils le font quand on leur met entre les mains des exercices basés sur la cacographie et la cacologie inventées par Boinvilliers, et adoptées par Lequien et autres.

GRAMMAIRE ÉLÉMENTAIRE,

Un volume in-12. — Prix : 1 fr. 50 cent.

Cet ouvrage comprend un traité complet de Lexicologie et un abrégé de Syntaxe : les règles et les exercices sont placés en regard, et forment comme une double grammaire qui présente une théorie toujours claire, et une suite nombreuse d'applications dont la solution est laissée à l'intelligence des élèves.

Les deux parties dont cet ouvrage se compose se vendent séparément.

GRAMMAIRE ÉLÉMENTAIRE. — *Théorie*............ 90 c.
EXERCICES ou *Application*..................... 90 c.

CORRIGÉ DE LA GRAMMAIRE ÉLÉMENTAIRE,

Un volume in-12. — Prix : 2 fr.

GRAMMAIRE COMPLÈTE,

Un volume in-12. — Prix : 3 fr.

On ne trouve, dans cet ouvrage, ni règles de fantaisie, ni principes en désaccord avec la langue écrite; c'est en s'appuyant sur les œuvres de nos grands écrivains, et sur le sentiment de l'Académie, que l'auteur a écrit ce livre, que non-seulement l'élève peut suivre avec confiance, mais que l'homme de lettres peut consulter avec profit.

Les deux parties dont cet ouvrage se compose se vendent séparément.

GRAMMAIRE COMPLÈTE. — *Théorie*......... 1 fr. 80 c.
EXERCICES ou *Application*............... 1   80

CORRIGÉ DE LA GRAMMAIRE COMPLÈTE,

Un volume in-12. — Prix : 4 fr.

SYNTAXE THÉORIQUE ET PRATIQUE,

Un volume in-12. — Prix : 2 fr. 50 cent.

Ce livre s'adresse particulièrement aux élèves qui ont besoin de compléter leurs premières études grammaticales ; il convient aussi aux gens du monde : c'est une sorte de code où se trouvent, à la suite des principes généraux, toutes les exceptions qui sont autorisées et admises par le bon usage.

CORRIGÉ de la *Syntaxe*, un volume in-12...... 3 fr.

EXERCICES RAISONNÉS sur la *Syntaxe française*, un volume in-12...................... 1 fr. 50 c.

CORRIGÉ des *Exercices raisonnés sur la Syntaxe*. 2 »

TRAITÉS SPÉCIAUX

SERVANT DE COMPLÉMENT

AU COURS THÉORIQUE ET PRATIQUE DE LANGUE FRANÇAISE

DE M. P. POITEVIN.

TRAITÉ D'ANALYSE GRAMMATICALE, 1 vol. in-12.... 1 fr. 50 c.
   CORRIGÉ de l'*Analyse grammaticale*............. 3 »

TRAITÉ D'ANALYSE LOGIQUE, un vol. in-12......... 1 50
   CORRIGÉ de l'*Analyse logique*.................. 2 »

TRAITÉ DES PARTICIPES, un vol. in-12............. 2 »
   CORRIGÉ du *Traité des Participes*............... 2 50

TRAITÉ DE LA CONJUGAISON, un vol. in-12......... 1 50
   CORRIGÉ du *Traité de la Conjugaison*........... 2 »

EXERCICES SUR LA CONJUGAISON DES VERBES...... 1 25
   CORRIGÉ des *Exercices sur la Conjugaison*........ 1 50

COURS COMPLET DE DICTÉES, un vol. in-12......... 2 50
   CORRIGÉ du *Cours complet de Dictées*........... 3 »

OUVRAGES DE M. GALERON,

Agrégé des Classes supérieures et Chef d'Institution, à Paris.

CODE SPÉCIAL

DES ÉTABLISSEMENTS PARTICULIERS D'INSTRUCTION SECONDAIRE.

On a recueilli dans cet ouvrage tout ce qui, dans la volumineuse législation de l'Université, concerne les établissements particuliers, tant laïques qu'ecclésiastiques.

MÉTHODE

D'ANALYSE ET DE COMPOSITION ORATOIRES.

Ce livre, destiné aux jeunes rhétoriciens, a pour but de les initier promptement aux lois de la composition.

NOUVEAU CONCIONES,

CONSIDÉRABLEMENT AUGMENTÉ.

Ce *Conciones* contient beaucoup plus de matières que celui qu'on suit dans les écoles; cependant il est moins volumineux, et le prix n'en est pas plus élevé. Il ne peut être que favorablement accueilli par MM. les professeurs de rhétorique.

ÉPISODES DE LA VIE DE CICÉRON,

EXTRAITS DE SA CORRESPONDANCE, TEXTE LATIN.

Dans cet ouvrage, l'auteur est parvenu à faire connaître les quatre plus grands épisodes de la vie de Cicéron, son exil, son proconsulat en Cilicie, la guerre civile, et sa mort.

Ce livre a été adopté par le Conseil royal pour les classes de seconde et de troisième.

Ces différents ouvrages se trouvent dans toutes les Librairies classiques.

REVUE GÉNÉRALE ET COMPARÉE

DES

CONCOURS CLASSIQUES.

NOVEMBRE 1846.

DISCOURS

PRONONCÉ PAR M. HAUSSARD,

AGRÉGÉ SPÉCIAL D'HISTOIRE,

LE 17 AOÛT 1841,

A LA DISTRIBUTION SOLENNELLE DES PRIX

DU

COLLÉGE ROYAL DE CHARLEMAGNE.

JEUNES ÉLÈVES,

Dans les solennels concours que l'antiquité ouvrait à la poésie et à l'histoire, l'orateur était le héraut public qui criait les noms victorieux : point d'autre discours que l'acclamation universelle de la Grèce. Dans vos premières luttes littéraires, qui simulent de loin, par leur vivacité et leur adresse juvéniles, ces grands combats du génie antique, comme les jeux guerriers des jeunes Lacédémoniens simulaient les grands combats de leurs pères, que nos premiers mots du moins rappellent ceux du crieur public à Olympie ou à Delphes : hier vous avez vaincu tous vos rivaux ; c'était à vous la plus lourde charge de couronnes ! — Et que cette assemblée brillante et chère ; l'illustre savant qui la préside et s'est fait dès longtemps le tuteur de notre collége ; l'honorable représentant de cette grande cité, dont la munificence a relevé et agrandi nos murs ; l'habile inspecteur de l'Académie de Paris, témoin assidu de ces triomphes qu'il vous enseignait naguère ; et ce chef vigilant qui se dévoue avec tant d'ardeur à notre chose publique ; et ces maîtres bien connus de vous, et vos familles et vos condisciples, intéressés et confondus aujourd'hui dans notre gloire commune ; que tous suppléent d'abord l'orateur, comme faisait la Grèce, qui savait si bien juger et applaudir ses enfants et ses vainqueurs.

C'est là l'exorde que vous nous ménagez toujours. Oui, cette année encore, vous n'avez pas fait descendre le nom qui vous appartient dans l'Université, le nom de Charlemagne, difficile à porter. Vous soutenez bien dans la mêlée des colléges le drapeau du grand empereur, qui se fit écolier à trente ans pour enseigner l'Europe, après l'avoir conquise, et, peu content du trône des Césars, travailla pour s'asseoir sur les bancs de l'Académie qu'il avait fondée. Un autre empereur, son égal, qui comptait aussi dans sa gloire la restauration de l'Université, et mettait sur son habit de guerre la palme de l'Institut, donna un jour son nom à tous les colléges, un seul excepté ; et ce fut le vôtre, dont le nom valait le sien ! Gardez-le donc toujours avec le même honneur, ce nom qui vous a été transmis ; vous n'avez pas de plus dangereux adversaires que vos aînés et vous-mêmes : et ce n'est pas de vous surpasser, c'est de vous ressembler qu'il s'agit !

Nous ne craignons pas pour vous cette effusion d'éloges mérités. Vous savez apprécier votre gloire de collége avec autant d'intelligence que de modestie ; et nous n'avons pas besoin de monter derrière le char pour vous dire, en variant les paroles infligées au triomphateur romain : — Non pas que vous êtes hommes, — mais qu'ici vous apprenez seulement à le devenir. Nous ne retardons même un moment le triomphe que pour vous en montrer le prix véritable.

Vos premiers succès sont sérieux comme vos premiers travaux. Ici, vous recevez l'éducation virile de l'esprit ; vous faites le dur apprentissage des lettres et des sciences. L'Université, qui vous recueille sous sa discipline, s'applique à développer en vous les forces réelles du pays, le travail et l'intelligence.

L'Université, pour parler votre langage classique, est le gymnase où vos esprits, comme de jeunes athlètes, tendent toutes leurs facultés, luttent contre tous les rudiments, s'assouplissent et se fortifient par tous les exercices de la pensée. Là, le stade à courir est le cercle des connaissances humaines, réduit sans doute pour votre âge, mais entier : car au bout s'élève, comme la borne glorieuse à tourner, l'arbre encyclopédique de Bacon, étalant ses trois nobles branches, la Poésie, l'Histoire, la Philosophie; branches fraternelles qui boivent la même sève et mêlent leurs sucs ; arbre divin, que vous devez conquérir, et dont il faut attaquer toutes les branches, parce qu'il s'alimente et vit de chacune, parce qu'il figure l'entendement tout entier. Chaque année, la course recommence, et nous vous y suivons tous avec la même anxiété et avec la même faveur, ceux qui tombent vaillamment près de la borne, comme ceux qui en rapportent leurs premiers fruits de mémoire et de raison, leurs premières fleurs d'imagination et de goût. Hors du collége, vous retrouverez le même stade, mais agrandi ; le même arbre, mais moins accessible, et ne courbant plus ses branches à votre portée. Si vous en triomphez même alors, ce sera, n'en doutez point, pour avoir, dès à présent, essayé et mesuré l'espace, touché tous les rameaux inférieurs, et goûté déjà toutes les prémices.

C'est vous dire quelle valeur égale nous attachons à vos succès divers ; quelle est l'affinité naturelle, l'intime solidarité de vos études. La poésie et l'histoire, qui ne se séparent point des langues et des lettres, la philosophie, qui embrasse toutes les sciences, telle est la variété et telle est l'unité classique du programme universitaire. D'autres vous diront mieux que nous la noble part et l'heureuse connexité des sciences, de la philosophie et des lettres dans le développement entier de votre intelligence : qu'il nous suffise en ce moment d'établir l'accord facile et le lien nécessaire de l'histoire avec toutes les parties de votre système d'études.

La première preuve, c'est vous qui la donnez. N'est-ce point d'abord un fait éclatant que l'alliance de vos succès littéraires et de vos succès historiques ? Des trois couronnes que nous voyons ici sur la même tête, il y en a une pour l'histoire ! Ceux d'entre vous que l'histoire compte dans ses premiers rangs ne sont pas pour les lettres des auxiliaires barbares et indisciplinés, qui songent à vaincre de leur côté et s'inquiètent peu de compromettre la bataille : ce sont les mêmes et les meilleurs soldats des lettres, qui changent d'armes autant de fois que d'ennemis, et concertent leurs mouvements et leurs coups pour assurer la victoire générale. Ainsi, dans toutes vos luttes annuelles, l'histoire combat de front, et prend sa part de l'honneur et de la récompense : ainsi elle conquiert son droit de cité classique, et prouve sa légitimité universitaire.

Comment lui contester ces titres authentiques, cette naturalisation brillante que lui décernent ses services de chaque jour, sa coopération active à tous vos travaux ?

Les deux admirables langues d'Athènes et de Rome, vos deux lan-

18.

gues maternelles au collège, l'histoire vous les parle pendant trois années. Elle est grecque et latine comme l'antiquité qu'elle vous raconte. Grecque, elle vous traduit et vous apprend Hérodote, Thucydide, Xénophon, Démosthène, Plutarque et Polybe. Latine, c'est de Salluste, de Tite-Live et de Tacite qu'elle vous entretient ; ce sont les commentaires de César, les Discours et les Lettres de Cicéron qu'elle vous lit. Elle puise pour vous ses leçons dans le plus pur hellénisme et dans la plus belle latinité. Tandis que vous êtes arrêtés aux obstacles de la grammaire, aux pénibles abords des langues anciennes, elle vous ouvre ces beaux textes encore fermés; elle vous donne l'avant-goût de ces livres précieux, encore interdits ; elle prépare ce que vous expliquerez, elle éclaire ce que vous interpréterez.

En même temps, elle devance ou suit pas à pas vos études littéraires. A l'âge même où vous ne pouvez encore écrire, faute de pouvoir penser, elle vous donne sur ses cadres faciles et étendus les premières règles de la composition : elle vous enseigne le choix discret des matériaux, le classement naturel des idées, l'économie simple du récit. Plus tard, et quand vous abordez l'art d'écrire, elle vous met à la plus sévère école de pensée et de style, elle vous impose la méthode, la raison et le charme de ses grands maîtres anciens et modernes, dont la savante discipline s'ajoute pour vous à celle des plus grands parmi les orateurs, les philosophes et les poëtes.

Elle fait plus encore pour votre initiation aux lettres : elle donne de l'aliment et de la force à vos premiers essais poétiques ou oratoires ; elle féconde votre invention, elle étend et multiplie vos idées, elle illumine et colore votre imagination. L'histoire vous offre sa vaste scène, l'univers ; son spectacle infini, l'humanité. Là, sur des plans divers et dans de profondes perspectives, elle relève et dispose avec art toutes les ruines imposantes des religions, des empires, des civilisations passées : à l'orient, les pyramides et les sphinx de la théocratie égyptienne, les temples et les palais fabuleux du despotisme chaldéen ou persan ; et plus haut, les cèdres sacrés de Sion, la maison même de Dieu ; — à l'occident, le beau fronton silencieux et la vivante Agora de la démocratie grecque ; l'immense Colisée et la voie romaine qui part du Forum, et s'en va sillonner le monde ; — plus près de nous, les voluptueuses mosquées arabes et les chastes cathédrales chrétiennes ; les lourds manoirs féodaux, et les élégantes demeures que la Renaissance a sculptées pour les monarchies. Et ce ne sont point d'artificiels décors ni de vides images des temps écoulés : là vivent et habitent de nouveau toutes les générations des grands peuples et des grands hommes ; là s'animent et jouent tous les mobiles contrastes des mœurs, des caractères et des passions qui ont agité l'antiquité, le moyen âge et les temps modernes.

Magnifique matière de poésie et d'éloquence autant que d'histoire ! tissu solide et précieux qui brille dans toutes les littératures, qui revêt et pare tous les genres ; forte substance qui nourrit les meilleurs génies, et fait le fond des chefs-d'œuvre ! Toute la divine essence de la poésie biblique se répand sur nos annales primitives. L'ode, l'épopée et le drame grecs vivent des premiers temps héroïques de la Grèce. Aristophane joue dans ses comédies la guerre du Péloponèse ; Démosthène lance ses harangues contre les armes et la politique de Philippe. Rome a son berceau dans l'Énéide ; elle marche et grandit dans la tragédie de Corneille. Le moyen âge emplit le théâtre de Shakspeare ; et l'un des écrivains renommés de l'Allemagne a gagné une double gloire à se faire l'historien et le poëte de la guerre de trente ans. L'immortel recteur de la jeunesse, Rollin, que l'oracle du XVIII° siècle a mis dans le *Temple du Goût*, consacre à l'histoire deux volumes de son *Traité des Études*. Enfin, le plus éloquent critique de notre temps, le grand-maître qui vous parlait hier, a fait jaillir de l'histoire et de la biographie la nouveauté et la profondeur de ses tableaux et de ses portraits littéraires. L'histoire est si bien l'une des maîtresses de l'éloquence, que Cicéron lui a fait une large place dans son livre de *l'Orateur !* elle est si bien une muse de poésie, que ses sœurs jalouses ont voulu se partager entre elles les livres ou plutôt les chants d'Hérodote !

L'histoire ne tient pas de moins près à la philosophie. Si elle fertilise l'esprit et dote richement l'imagination, elle exerce et développe avec une égale puissance la raison par sa dialectique, l'âme par sa morale. Cicéron l'appelle la *lumière de la vérité*, *l'école de la vie ;* Tacite, *la voix et la conscience du genre humain*. C'est qu'elle n'entasse point les faits et les dates, mais les discute et les pèse avec une sévère exactitude ; c'est qu'elle ne conte pas seulement ou amuse, mais juge et enseigne avec autorité. Éclairer les temps et les lieux obscurs, ou les interpréter par des inductions prudentes et des analogies naturelles ; détruire les erreurs des préjugés populaires ou des passions contemporaines ; pénétrer le fond des entreprises et des événements ; faire la part du génie et de la fortune ; démêler les nœuds compliqués des intérêts et de la politique ; décomposer l'esprit et le mécanisme des institutions : voilà sa logique. Apprécier les choses et les hommes sans haine ni faveur ; tirer du passé de calmes leçons ; sympathiser de sentiment filial avec toutes ces générations qui nous ont précédés ; les admirer pour leur gloire et pour le bien qu'elles ont fait ; les plaindre pour leurs malheurs, leurs faiblesses ou leurs crimes : voilà sa morale.

Elle est ainsi pour vous une double préparation à la philosophie. D'une part, elle aiguise la sagacité de votre jugement, elle mûrit votre intelligence : elle vous enseigne le vrai. De l'autre, elle affermit votre sens moral et religieux au milieu du bruit et de l'éclat du passé, elle ne laisse votre âme étrangère à rien de ce qui touche l'humanité: elle vous enseigne le juste. Les exemples ne nous manqueraient pas. Qui pourrait dénier à l'histoire sa hauteur philosophique? Bossuet l'a élevée jusqu'à la théodicée; Herder jusqu'à l'abstraction métaphysique; et quelques graves penseurs, devenus aujourd'hui hommes d'État, nous ont montré, à la suite d'Aristote et de Montesquieu, tout ce qu'elle enfermait de science politique et sociale. Qui pourrait méconnaître que l'histoire relie tous les temps et tous les hommes, qu'elle éclate partout dans le présent, que ses pieux souvenirs ou ses belles traditions nous font à chaque pas palpiter comme des contemporains, penser et agir comme des continuateurs? Ainsi qu'au temps des croisades et de la prise de Constantinople, voici l'Europe tournée vers l'Orient, où nous avons des concitoyens qui remontent à Périclès et à Épaminondas, des coreligionnaires qui descendent de Constantin Dracosès! En ce moment, parti de nos ports, le vaisseau qui porte la statue de saint Louis cingle vers l'Afrique; l'Afrique, terre romaine autrefois, terre française aujourd'hui! Là nous retrouvons les Romains, leur obstination héroïque, et leur esprit civilisateur. Nous referons leur ouvrage. Au milieu de nos camps s'élève déjà un collège; et, pour vous citer le seul bulletin qui convienne ici, il y a quelques jours, dans une fête classique, pareille à la fête que nous vous donnons, vos nouveaux condisciples, de jeunes Arabes, étaient couronnés par nos généraux !

Nées de la philosophie, qui comprend dans sa généralité tout le domaine de la raison, les sciences seraient-elles seules sans accord, sans confraternité avec l'histoire? L'histoire, long travail de réflexion et d'analyse, science elle-même par sa portée synthétique et par ses résultats précis, procède comme les sciences: elle étudie l'homme à côté des sciences qui étudient la nature. Les services sont mutuels. L'histoire travaille pour les sciences : elle leur prépare en vous des esprits fermes, exacts, positifs; elle vous donne le respect et l'intelligence de leurs œuvres, elle célèbre et grave pour vous sur ses pages tous leurs titres glorieux, toute l'inscription superbe de leur monument. Les sciences travaillent pour l'histoire, et lui rendent avec usure l'appui qu'elles en reçoivent : la cosmographie domine la géographie; la chronologie relève de l'astronomie: aux sciences appartiennent des révélations et des découvertes importantes dans le champ historique. Newton, Cuvier, ne dédaignèrent pas d'appliquer là leur génie. Newton, le créateur d'une géométrie nouvelle et de la physique céleste, s'amusa à effacer de son compas la chronique de Paros et l'ambitieuse antiquité de l'Orient : sa *Chronologie des anciens royaumes corrigée*, glaça d'effroi même notre savant Fréret. Cuvier, l'anatomiste de la création entière, voulut anatomiser l'histoire même, et il fouilla sous le sol les générations antédiluviennes, et il marqua profondément de son scalpel le signe et le caractère des races vivantes.

D'Alembert, le célèbre géomètre encyclopédiste, ne supportait pas l'injurieux préjugé qui déclarait les sciences ennemies des lettres : il voulait bien compléter Newton, mais sans perdre pour cela le droit d'admirer Voltaire ; et le mathématicien publiait, comme protestation littéraire, l'*Éloge de la poésie* après son *Traité de dynamique*, l'*Éloge de l'histoire* après son *Problème de la précession des équinoxes !*

D'Alembert avait raison. L'harmonie, nous dirions presque l'indivisibilité de la philosophie, de l'histoire et de la poésie, c'est là le vrai, et c'est le système de vos études universitaires. Persistez donc à les confondre dans une même activité de travail, et ne les séparez jamais dans vos succès. Poésie, histoire, philosophie, ce sont là (pour emprunter une comparaison à l'un de vos poëtes familiers) les trois rayons purs dont se composera votre esprit : unissez ces trois rayons ; mêlez et forgez-les sans relâche, comme les rudes ouvriers de l'Etna mêlent et forgent en cadence les trois rayons puissants dont ils forment l'arme de Jupiter !

Ainsi, vous serez pourvus et prêts, exercés du moins pour les épreuves et les devoirs plus difficiles qui vous attendent. Ici même, on s'efforce de vous aplanir la société, de vous mettre à l'entrée de toutes les carrières, que vous trouverez un jour obstruées par le talent et par l'émulation. Croissez ici, grandissez pour ces luttes prochaines. Les lettres, les sciences, les arts, l'industrie, le commerce, toutes ces carrières s'entremêlent et s'unissent comme vos travaux au collége, toutes ont le même but : l'honneur et la prospérité du pays. Vos triples études vous y mènent. Un pays comme le nôtre, qui ne sépare jamais ses intérêts des intérêts généraux du monde, a deux passions dominantes, deux tendances nécessaires : le grand et l'utile. Le grand est l'œuvre des lettres et des arts, l'utile naît des sciences. Depuis quarante ans, la France n'a point manqué d'hommes pour cette double tâche : elle a brillé par la guerre et par la politique ; elle a eu comme une seconde renaissance de la pensée, de la poésie et de l'art ; elle a multiplié toutes les forces de l'industrie et tous les trésors du commerce. C'est à vous de suivre et d'avancer dans cette voie. Si vos pères ont beaucoup fait, ils vous ont laissé à faire. Une politique toujours plus belle et plus vaste, parce qu'elle sera plus humaine ; une civilisation toujours plus vraie, parce qu'elle sera plus générale ; l'essor soutenu de la philosophie, de l'histoire et de la poésie ; la richesse sociale incessamment accrue, avec la science pour point d'appui, avec la vapeur et le fer pour leviers : voilà quelle doit être la fin du siècle ; voilà le rôle donné aux jeunes générations. Bâtissons du moins ces espérances sur le siècle et sur vous. Il est bon de placer haut le but, et de solliciter toute la puissance de l'effort : c'est ainsi qu'on s'élève. L'ardeur du bien, la foi du progrès, ne sont jamais stériles : qu'elles vous possèdent, et vous rendrez votre temps meilleur, et vous ne tromperez pas les promesses des couronnes que vous allez recevoir.

Première partie.

CLASSE DE RHÉTORIQUE.

Collége royal de Charlemagne.

Professeurs : MM. BERGER et CABOCHE.

VERS LATINS.

Matière.

Nox erat, et unda insurgens ad cautes Atticas illidebatur, una in toto mari navis parvula, at pericula non refugerat noctis et tempestatis. Imo portu proximo succedere recusans, inter rupes et saxa, deserta in parte littoris, terra potitur. Illa enim ossa Themistoclis clam Atheniensibus in patriam reportat.

Jacet ignoto sepulchro Themistocles in conspectu Salaminis. — Sed victa tempore odia tandem cesserunt. Si quid heros in libertatem peccavit, cives libertate salva non meminere, sed patriæ a barbaris servatæ memores monumento virum publico donaverunt.

Littora nox tenebris involverat Attica, late
Horrendum unda sonans, tristique agitata procella,
Spumoso immanes circumdabat æquore cautes :
Nox erat illa, timet qua navita et abstinet undis,
Nox erat infido qua tutior æquore tellus.
Attamen in mediis apparet fluctibus, atra
Cymba natans, resonisque silens jactatur in undis
Ventorum secura velut, securaque ponti ;
Pro nauta maris esse putes dominumque deumque

Uni, sæva putes metuendaque navibus, Euri
Flabra, favere rati : propiori at cymba recusans
Dira licet mare portendat, succedere portu,
Conscia per rupes et saxa latentia fertur ;
Jamque optata sibi melioraque littora, sola
Occupat, et pontum nulli conspecta reliquit.
   Scilicet ignaram furtiva Themistoclis ossa
In patriam noctu referuntur, et ecce sepulchro
Mandantur tacito pietate recondita sera.
Littora sic igitur, tibi non linquenda, revisis
Infelix dum vita fuit, quum vita recessit
Infelix ! humili requiescent ossa sepulchro ;
Insciaque adspiciet Salamis, quæ viderat ante
Cecropidas sublimem inter, quæ læta triumphos
Concelebravit amans celebrandos omne per ævum.
Rex igitur Xerxes colitur pro numine, victus,
Et victor patrius discedit pulsus ab oris.
Infandum ! Tumidas qui non timuere procellas,
Qui cineres retulere viri, cur littora linquunt?
Forsan justus amor pietasque rubescere cogit;
Hos puduit facti, nec sustinuere fateri.
Ah ! potius clament: « Sunt ista Themistoclis ossa.
« Cernite Cecropidæ, Salamina reponite mentem
« In memorem, salvæ si qua urbis cura supersit;
« Vos, colite hos cineres : sunt ista Themistoclis ossa.
« Scilicet ante viro, per eum rediviva, negarunt
« Mœnia, et urbe procul meritum meliora severi
« Ejecere patres : culpæ non defuit ipsi
« Supplicium, meritis ne debita gratia desit ! »
Sed fugiunt, atque ossa jacent inhonora sepulchro !
   Ast aderit saltem illa dies, qua tempore victa
Jam cedent odia, et venient oblivia culpæ,
Jam non sola viri noscet memor unda sepulchrum,
Insuetoque novi cineri solventur honores,
Surgentque in media monumenta Themistoclis urbe.
                          GAUCHER (Maxime-Abel).

CLASSE DE SECONDE.

VERSION LATINE.

Collége royal de Saint-Louis.

Professeur: M. CROISET.

RÉPONSE DE CONSTANCE AUX PROPOSITIONS HAUTAINES DE SAPOR, 358.

Victor terra marique Constantius, semper Augustus, fratri meo Sapori regi salutem plurimam dico. Sospitati quidem tuæ gratulor, ut futurus, si velis, amicus; cupiditatem vero indeflexam semper fusiusque vagantem vehementer insimulo. Mesopotamiam poscis ut tuam, perindeque Armeniam, et suades integro corpori adimere membra quædam, ut salus ejus deinceps locetur in solido; quod refutandum est potius, quàm ulla consensione firmandum. Accipe igitur veritatem, non obtectam præstigiis, sed perspicuam nullisque minis inanibus perterrendam. Non refutamus pacem, nec repellimus, adsit modo cum decore et honestate, nihil pudori nostro præreptura vel majestati. Est enim absonum et indecens, quum gestarum rerum ordine explicatæ sint aures, quas invidiæ nobis multipliciter incluserunt, quum, deletis tyrannis, totus orbis Romanus nobis obtemperat, ea prodere, quæ contracti in orientales angustias diu servavimus illibata. Cessent autem quæso formidines, quæ nobis intentantur ex more, quum ambigi nequeat, non inertia nos, sed modestia, pugnas interdum excepisse potius quam intulisse, et nostra, quoties lacessimur, fortissimo benevolentiæ spiritu defensare, id experiendo legendoque scientes, in præliis quibusdam raro rem titubasse romanam, in summa vero bellorum nunquam ad deteriora prolapsam.

(AMM. MARCELL., XVII, V, 10.)

Constance, vainqueur sur terre et sur mer, toujours Auguste, présente ses salutations au roi Sapor, son frère. Je te félicite de l'heureux état de ta santé, en homme qui, si tu le veux, deviendra ton ami; mais quant aux écarts de ton incorrigible ambition, je ne saurais trop te les reprocher. Tu revendiques la Mésopotamie comme ta possession, l'Arménie de même; et tu voudrais que je retranchasse quelques membres à un corps entier et complet, afin que désormais son salut fût assuré.... C'est une proposition qu'il faut détruire en la repoussant, et non confirmer en l'acceptant. Reçois donc la vérité, pure de tout artifice, la vérité dans toute sa clarté, et telle que de vaines menaces ne pourront jamais l'effrayer. Nous ne refusons pas la paix, nous ne la repoussons pas, pourvu qu'elle s'offre à nous glorieuse et honorable, et qu'elle ne doive faire tort en rien à notre honneur et à notre dignité. En effet, lorsque la longue suite de nos exploits a ouvert les oreilles que mille jalousies nous avaient fermées, lorsque les tyrans sont détruits et que le monde romain obéit à nos lois, il serait malséant et peu honorable de livrer des possessions que, resserrés dans les étroites limites de l'Orient, nous avons longtemps conservées intactes. Pour ces menaces, qu'on nous jette selon l'habitude pour nous effrayer, faites-y trêve, de grâce, car on ne saurait plus douter que ce n'est pas par lâcheté, mais par modération, que nous avons quelquefois accueilli les attaques plutôt que d'attaquer nous-mêmes; et que, toutes les fois qu'on nous cherche querelle, nous défendons nos possessions par un esprit de clémence tout-puissant. L'expérience et l'histoire ne nous ont-elles pas appris que si, dans quelques rares combats, la fortune de Rome a chancelé, jamais le résultat général des guerres n'a amené pour elle une déchéance complète?

POTREL (Eugène-Adolphe).—*Institution de* M. Hortus.

VERSION GRECQUE.

Collége royal de Charlemagne.

Professeur: M. Rigaud.

Αὕτη μὲν ἡ λίθος, ἣν Εὐριπίδης μὲν Μαγνῆτιν ὠνόμασεν, οὐ μόνον αὐτοὺς τοὺς δακτυλίους ἄγει τοὺς σιδηροῦς, ἀλλὰ καὶ δύναμιν ἐντίθησι τοῖς δακτυλίοις, ὥστε δύνασθαι ταὐτὸν τοῦτο ποιεῖν ὅπερ ἡ λίθος, ἄλλους ἄγειν δακτυλίους. Ὥστ' ἐνίοτε ὁρμαθὸς μακρὸς πάνυ σιδηρίων καὶ δακτυλίων ἐξ ἀλλήλων ἤρτηται· πᾶσι δὲ τούτοις ἐξ ἐκείνης τῆς λίθου ἡ δύναμις ἀνήρτηται. Οὕτω δὲ καὶ ἡ Μοῦσα ἐνθέους μὲν ποιεῖ αὐτή· διὰ δὲ τῶν ἐνθέων τούτων ἄλλων ἐνθουσιαζόντων, ὁρμαθὸς ἐξαρτᾶται. Οἱ μελοποιοὶ οἱ ἀγανοὶ ὡσαύτως, ὥσπερ οἱ κορυβαντιῶντες, οὐκ ἔμφρονες ὄντες ὀρχοῦνται· οὕτω καὶ οἱ μελοποιοὶ οὐκ ἔμφρονες ὄντες τὰ καλὰ μέλη ταῦτα ποιοῦσιν, ἀλλ' ἐπειδὰν ἐμβῶσιν εἰς τὴν ἁρμονίαν καὶ εἰς τὸν ῥυθμόν, βακχεύουσι, καὶ κατεχόμενοι, ὥσπερ αἱ βάκχαι ἀρύτονται ἐκ τῶν ποταμῶν μέλι καὶ γάλα κατεχόμεναι, ἔμφρονες δὲ οὖσαι, οὔ.

Cette pierre, qu'Euripide appelle pierre de Magnésie, ne se contente pas d'attirer les anneaux de fer, elle leur prête même sa vertu, de sorte qu'ils peuvent, aussi bien que la pierre elle-même, attirer d'autres anneaux. Ainsi, quelquefois, on voit un fort long enchaînement de morceaux de fer et d'anneaux suspendus les uns aux autres, mais tous empruntent leur force de cette pierre. De même, c'est la muse elle-même qui inspire les poëtes; mais les premiers inspirés communiquent leur enthousiasme à d'autres, et ils forment une espèce de chaîne. Les poëtes lyriques ressemblent aux Corybantes, qui dansent quand ils sont hors de leur raison. Eux aussi, il faut qu'ils soient hors d'eux-mêmes pour qu'ils fassent ces belles poésies; à peine ont-ils pénétré dans les domaines de l'harmonie et du rhythme, qu'un dieu les inspire et qu'une fureur divine les agite; ainsi les bacchantes inspirées puisent à leurs sources le lait et le miel, mais, revenues à leur raison, elles ne le peuvent plus.

ALAUX (Jules-Émile).

CLASSE DE QUATRIÈME.

VERS LATINS.

Collége royal de Charlemagne.

Professeur, M. Viguier.

Meus nescio quo furore jamdudum impulsus *animus* (*syn.*)
Ardet invisere Parnassi *colles* (*épit.*),
Et Castaliæ rura celebrata *Musis* (*épit.*) :
Cyrrha placet, semperque virens *silva* (*syn.*) : o quantas ego
Tenebras *fugiam* (*syn.*) ! *Aspicio* (*syn.*) orientis *qui surget* (*chang.*)
Luciferi radium cœlo *albere* (*syn.*) paulatim.
Invidia (*syn.*), *fuge* (*syn.*) ! Et procul hinc *abscondas* (*chang.*) te
        profundo inferorum
Musarum amor vincit, Deus vincit : *etiamsi* (*syn.*) si arduum
Iter (*syn.*) sit, *virtus* (*épit.*) non metuit laborem.

    Mens mea, nescio quo jamdudum impulsa furore,
    Dilectos ardet Parnassi invisere colles,
    Ruraque Castaliæ Musis celebrata disertis :
    Cyrrha placet, semperque virens nemus : o ego quantas
    Effugiam tenebras ! Video surgentis eoo
    Luciferi radium paulatim albescere cœlo.
    Livor, abi ! et procul hinc Orci te absconde profundo.
    Vincit amor Musæ, vincit deus : ardua quamvis
    Sit via, non metuit virtus generosa laborem.

                               AZUR (Alfred).

CLASSE DE CINQUIÈME.

THÈME LATIN.

Collége royal de Henri IV.

Professeur : M. LABROUSSE.

Nous sommes loin de méconnaître ce que l'histoire des Grecs nous offre de grand et de sublime. Nous accordons qu'il y avait dans leurs gouvernements beaucoup de choses meilleures que dans les États modernes, mais il faut avouer aussi que bien des choses étaient pires. L'homme partial et superficiel peut seul ne voir que le beau idéal dans l'antiquité : que l'on examine la vie publique des Grecs, que l'on pénètre dans leurs rapports de famille, l'on trouvera chez les populations les plus vantées la corruption la plus profonde et la plus intime. Si leurs gouvernements libres et leur division en petites masses donnaient à la vie plus de mouvement et de variété, d'un autre côté les mêmes causes excitaient des passions sans nombre, et produisaient la confusion et la malveillance.

Multum abest ut quæ recte aut egregie facta nobis tradiderunt Græcorum annales, illa inficias eamus. Potiora multa in civitatibus eorum fuisse profitemur quam in recentioribus, at quoque fateamur pejora multa exstitisse. Solus ille qui rerum summa tantum leviter tangens ab æquo aberrat apud veteres egregia tantum sibi fingere potest. Si quis autem publicam vel privatam Græcorum agendi rationem inspiciat altissime, intus corruptam fuisse celebratissimam quamque gentem illi apparebit. Libera quidem constitutione et in exiguas partes distinctione agitata magis ac varia vita facta fuerat, ex hoc autem ipso innumeræ libidines et corruptela atque malevolentia oriebantur.

CHÉRON (JULES). — *Institution* HALLAYS-DABOT et GALERON.

VERSION LATINE.

Collége royal de Charlemagne.

Professeur : M. CAPPELLE.

Utrum majus habere multum, an satis? Qui multum habet, plus cupit; quod est argumentum nondum illum satis habere. Qui satis habet, consecutus est, quod nunquam divitiis contigit, finem. An has ideo non putas esse divitias, quia propter illas nemo proscriptus est? Quia propter illas nulli venenum filius, nulli uxor impegit? Quia nec habere illas periculosum est, nec operosum disponere? An parum habet qui tantum non eget, non esurit, non sitit? Plus Jupiter non habet. Nunquam parum est, quod satis est : et nunquam multum est, quod satis non est. Post Darium et Indos pauper est Alexander Macedo.

Que doit-on préférer : posséder beaucoup ou assez? Celui qui possède beaucoup désire davantage, ce qui prouve qu'il n'a pas encore assez. Celui qui a assez a acquis ce qui manque toujours aux richesses, un terme à ses désirs. Crois-tu que ce ne sont pas des richesses, parce qu'elles n'ont jamais fait proscrire personne? parce que pour elles jamais un fils, jamais une épouse n'a donné du poison à personne? parce qu'il n'est pas dangereux de les avoir, ni difficile de les régler? Possède-t-il peu, celui qui n'a à souffrir ni du froid, ni de la faim, ni de la soif? Jupiter n'a pas plus. Ce qui suffit n'est jamais peu ; ce qui n'est pas assez, jamais beaucoup. Alexandre de Macédoine est pauvre, même après Darius et les Indes.

BOSCADE (Émile). — *Institution de* M. PETIT.

Quel est le plus riche des deux, celui qui a beaucoup ou celui qui a assez? Celui qui a beaucoup désire plus, ce qui prouve qu'il n'a pas assez. Celui qui a assez a ses désirs satisfaits, ce que n'ont jamais acquis les richesses. Croyez-vous que ce ne sont pas des richesses, parce qu'elles n'ont fait proscrire personne? Est-ce parce que pour elles aucun fils n'a empoisonné son père, aucune femme n'a frappé de mort son mari? Est-ce parce qu'il n'est ni dangereux de les posséder, ni difficile de les administrer? Est-ce qu'il est pauvre l'homme qui n'a que ce qu'il faut pour ne pas souffrir du froid, de la faim, de la soif? Jupiter même n'a pas plus. Ce qui est suffisant n'est jamais peu de chose, et ce qui est insuffisant n'est jamais beaucoup. Alexandre le Macédonien est pauvre, après avoir dépouillé Darius et les Indiens.

PORRET. — *Institution* MASSIN.

CLASSE DE SIXIÈME.

I. THÈME LATIN.

Collége royal de Henri IV.
Professeur : M. Dupont.

La plupart des hommes soupirent après les richesses, comme si les richesses étaient la source du vrai bonheur. Il n'en est cependant pas ainsi, et l'expérience de chaque jour fait assez voir que le bonheur ne s'achète pas au prix de l'or. Il arrive bien souvent que celui qui a passé plusieurs années dans des fatigues continuelles, en se flattant de jouir d'un agréable repos quand il aura amassé de grandes richesses, ne trouve jamais ce repos qui semble s'être éloigné de lui pour toujours : plus il a, plus il veut avoir; et celui à qui la fortune a souri longtemps ne peut se persuader qu'elle lui devienne contraire. Celui-là seul est vraiment heureux qui sait borner ses désirs. Mais que l'on trouve peu de gens qui sentent cette vérité !

Plerique homines divitias sitiunt, quasi veræ felicitatis fons sint divitiæ. Non tamen ita est, et quotidiana experientia non auro emi felicitatem satis indicat. Sæpissime accidit ut qui plures annos duxerit in perpetuis laboribus, sperans se jucunda animi felicitate fruiturum, quando immensas divitias comparaverit, nunquam hanc animi felicitatem inveniat, quæ in perpetuum ab eo remota videtur. Quo plura possidet, eo plura vult habere. Et ille cui diu arrisit fortuna, non sibi suadere potest eam adversam fieri posse. Solus ille vere felix est qui cupiditatibus scit modum imponere. Sed quam paucos reperias qui hanc veritatem sentiant !

DE LORMAYE (Charles-Just-Anatole), *interne.*

Deuxième partie.

REVUE RÉTROSPECTIVE.

CONCOURS GÉNÉRAL DE 1845.

VERSION LATINE.

CLASSE DE RHÉTORIQUE.

Texte.

Est in libris Ciceronis, quos in academicorum patrocinium scripsit, locus quidam, ut mihi videtur, mira urbanitate conditus, ut nonnullis autem, firmitate roboratus. Difficile est ut quemquam non moveat quod ibi dictum est, academico sapienti ab omnibus ceterarum sectarum qui sibi sapientes videntur, secundas partes dari, quum primas sibi quemque vindicare necesse sit. Ex quo probabiliter confici, eum recte primum esse, judicio suo, qui omnium ceterorum judicio sit secundus.

Fac enim, verbi causa, stoicum adesse sapientem; nam contra eos potissimum academicorum exarsit ingenium. Ergo Zeno vel Chrysippus si interrogetur, quis sit sapiens, respondebit eum esse quem ipse descripserit. Contra Epicurus vel quis alius adversariorum negabit, suumque potius peritissimum voluptatum aucupem sapientem esse contendet. Inde ad jurgium : clamat Zeno, et tota illa Porticus tumultuatur hominem natum ad nihil esse aliud quam honestatem; ipsam suo splendore in se animos ducere, nullo prorsus commodo extrinsecus posito et quasi lenocinante mercede : voluptatemque illam Epicuri solis inter se pecoribus esse communem; in quorum societatem et hominem et sapientem trudere nefas esse. Contra ille, convocata de hortulis in auxilium quasi libera turba temulentorum, quærentium tamen quem incomptis unguibus bacchantes asperoque ore discerpant, voluptatis nomen, suavitatem, quietem, teste populo, exaggerans, instat acriter, ut nisi ea beatus nemo esse posse videatur. In horum rixam si academicus incurrerit, utrosque audiet trahentes se ad suas partes. Sed si in illos aut in istos concesserit, ab eis quos deserit, insanus, imperitus, temerariusque clamabitur. Itaque quum et hac et illac aurem diligenter admoverit, interrogatus quid sibi videatur, dubitare se dicet. Roga nunc stoicum quis sit melior : Epicurusne, qui delirare illum clamat, an academicus, qui sibi adhuc de re tanta deliberandum pronuntiat? Nemo dubitat academicum prælatum iri. Rursus te ad illum converte, et quære quem magis amet; Zenonemne, a quo bestia nominatur, an Arcesilam, a quo audit : Tu fortasse verum dicis, sed requiram diligentius. Nonne apertum est totam illam Porticum insanam, academicos autem præ illis modestos cautosque homines videri Epicuro? Ita peræque prope de omnibus sectis copiosissime Cicero jucundissimum legentibus quasi spectaculum præbet. In quo ego nihil adversabor, nec eis ullam auferam gloriam; videatur sane quibuslibet Cicero hic non jocatus, sed inania et ventosa quædam, quod ab ipsorum Græculorum levitate abhorret, sequi et colligere voluisse.

(S. AUGUSTIN, *adv. Academ.*, lib. III.)

PREMIER PRIX DES NOUVEAUX.

SAIGEY (ÉMILE).

Collége royal de Bourbon.

Institution de M. DUPONT.

Il y a, dans les traités de Cicéron écrits pour la défense des académiciens, un endroit qui est, à mon avis, plein d'agrément et de sel, et où beaucoup de personnes trouvent une grande force de raisonnement. Il est difficile de ne pas être frappé de ce passage : Les philosophes de toutes les sectes qui prétendent à la sagesse, dit-il, accordent tous le second rang au sage de l'Académie, chacun devant, de toute nécessité, s'attribuer le premier. D'où l'on peut raisonnablement conclure que celui-là se regarde à bon titre comme le premier, à qui tous les autres donnent la seconde place.

Supposez, par exemple, devant vous un sage stoïcien; car c'est la secte contre laquelle se sont le plus enflammés les académiciens. Voilà donc Zénon ou Chrysippe. Mais Épicure ou quelque autre adversaire des stoïciens le contredira, et soutiendra que le sage est plutôt son ingénieux amateur de plaisirs. De là une querelle : Zénon crie, et avec lui toute la secte du Portique en émoi, que l'homme n'est au monde que pour pratiquer la vertu ; qu'elle attire à elle les esprits par son seul éclat, sans l'appât d'avantages extérieurs ni de récompenses séductrices ; que cette volupté d'Épicure n'est commune que parmi les animaux, et que c'est un crime de pousser l'homme et surtout le sage à la partager avec eux. L'autre, appelant à son aide du fond de ses jardins une troupe d'hommes ivres, qui se prétendent libres, et qui, dans la fureur où les a mis le vin, cherchent quelqu'un à déchirer de leurs ongles incultes et de leurs dents farouches, entasse, en présence de tout ce peuple, les mots de volupté, de délices et de repos, et soutient vivement que hors de là il ne saurait y avoir de bonheur. Qu'au milieu de leur dispute survienne un académicien, chacun le tirera à soi : s'il passe de l'un ou de l'autre côté, ceux qu'il abandonnera crieront au fou, à l'ignorant, à l'insensé. Aussi, après avoir prêté une oreille attentive aux deux partis, quand on lui demandera ce qu'il lui en semble, il dira qu'il est dans le doute. Informez-vous maintenant auprès du stoïcien quel est le plus sage, d'Épicure, qui lui crie qu'il extravague, ou de l'académicien, qui veut encore se consulter dans un débat si important : personne n'en doute, il préférera l'académicien. Tournez-vous ensuite vers Épicure, et demandez-lui lequel il aime mieux, de Zénon, qui l'appelle une brute, ou d'Archésilas, qui lui dit : Vous avez peut-être raison, mais je veux m'en assurer avec plus de soin : n'est-il pas évident que, au sens d'Épicure, tous les gens du Portique sont des fous, et, au contraire, les académiciens, des hommes modérés et prudents ? C'est ainsi à peu près que Cicéron parle avec son abondance ordinaire de toutes les sectes, en mettant sous les yeux du lecteur une espèce de scène très-agréable. Je ne prendrai pas parti dans ce débat, et je ne désignerai aucune philosophie ; libre à ceux qui le veulent de croire que Cicéron ne badine pas dans ce passage, et qu'il a sérieusement recherché et réuni des pensées vides et creuses, que l'on n'attendrait pas même de la légèreté des Grecs.

DEUXIÈME PRIX DES NOUVEAUX.
POUGET (Pierre-Joseph-Adrien).

Collége royal de Saint-Louis.
Institution de M. Reusse.

Il y a, dans les livres que Cicéron a composés pour la défense des académiciens, un passage écrit, selon moi, avec infiniment d'esprit et de finesse ; selon d'autres, au contraire, avec beaucoup de force et de vigueur de raisonnement. En tout cas, il est difficile de ne pas être frappé de cette remarque qu'il y fait : C'est au sage de l'école académique que les partisans de toutes les autres sectes qui s'attribuent la sagesse accordent le second rang ; car, pour le premier, il va sans dire que chacun se l'arroge de droit. D'où il conclut, non sans vraisemblance, que celui-là doit être véritablement le premier à ses yeux, qui aux yeux de chacun des autres est le second.

Supposez, par exemple, dit-il, que vous avez devant vous un sage de l'école stoïque ; car c'est contre celle-là que s'est exercée avec le plus de passion la verve des académiciens. Évidemment, si vous demandez à Zénon ou à Chrysippe quel est le véritable sage, il vous répondra que c'est celui dont il a tracé le portrait. Épicure, au contraire, ou tout autre partisan d'une secte rivale, repoussera cette prétention, et soutiendra que le véritable sage est bien plutôt son disciple, l'homme ingénieux à surprendre sans cesse de nouvelles jouissances à la volupté. Alors une discussion s'engagera : Zénon proclame à grands cris, et avec lui tout le Portique déclare hautement, que l'homme est né uniquement pour la vertu ; que la vertu suffit, par son éclat seul, à attirer à elle tous les cœurs, sans employer l'appât d'aucun avantage extérieur, sans avoir recours, pour ainsi dire, aux séductions d'aucune récompense ; que cette volupté que vante Épicure n'est commune qu'aux animaux entre eux, et que l'on ne peut rabaisser l'homme, le sage, jusqu'à l'assimiler à la condition des brutes. De son côté, Épicure appelle à son aide ses disciples, et fait sortir de ses jardins ces hommes qui ont l'apparence d'une troupe licencieuse de gens ivres, mais qui, dans leur fureur bachique, l'ongle menaçant, le visage enflammé de colère, cherchent une victime à déchirer; il vante outre mesure, en présence du peuple, le nom, la douceur, le calme de la volupté, et s'évertue à prouver que sans elle nul ne peut être heureux. Qu'au milieu de leur discussion se présente un académicien, il se verra pris à partie, et les deux adversaires s'efforceront de le gagner à leur opinion. Mais s'il se range du côté de l'un ou de l'autre, celui qu'il aura condamné s'écriera qu'il n'est qu'un fou, un ignorant, un étourdi. Aussi, après avoir prêté aux deux parties une oreille attentive, quand on lui demandera son avis, il dira qu'il est dans le doute. Demandez maintenant au stoïcien lequel est le plus sage, d'Épicure, qui le proclame un extravagant, ou de l'académicien, qui déclare qu'il a besoin de réfléchir encore, avant de prononcer sur un point si important; nul doute qu'il ne donne la préférence à l'académicien. Passant ensuite à l'épicurien, demandez-lui lequel il aime mieux, de Zénon, qui l'appelle une brute, ou d'Archésilas qui lui dit: Vous avez peut-être raison, mais j'y réfléchirai plus mûrement: n'est-il pas évident qu'Épicure regarde le Portique tout entier comme atteint de folie, et qu'en comparaison les académiciens lui semblent pleins de modération et de réserve? C'est ainsi que Cicéron, passant en revue toutes les sectes, presque toujours avec un égal talent, fait jouir, pour ainsi dire, son lecteur d'un spectacle charmant. Quant à moi, je ne veux rien critiquer dans l'opinion qu'il soutient, ni rien ôter à la gloire des autres: que l'on croie, si l'on veut, que Cicéron n'a pas voulu faire là une simple plaisanterie, mais qu'il s'est plu à chercher et à entasser des phrases vides de sens et pleines de vent, avec une futilité indigne même de l'esprit frivole des Grecs.

CLASSE DE SECONDE.

Texte.

Depone istam spem, posse te summatim degustare ingenia maximorum virorum; tota tibi inspicienda sunt, tota tractanda. Res geritur, et per lineamenta sua ingenii opus nectitur, ex quo nihil subduci sine ruina potest. Nec recuso, quominus singula membra, dummodo in ipso homine, consideres. Non est formosa, cujus crus laudatur aut brachium; sed illa cujus universa facies admirationem partibus singulis abstulit. Si tamen exegeris quasdam singulares sententias, et, ut ita dicam, excerpta exemplaria, non tam mendice tecum agam, sed plena manu fiet. Nec dubito quin multum conferant rudibus adhuc, et extrinsecus auscultantibus. Facilius enim singula insidunt circumscripta et carminis modo inclusa. Ideo pueris et sententias ediscendas damus, et has quas Græci χρείας vocant, quia complecti illas puerilis animus potest, qui plus adhuc non capit certi profectus. Viro captare flosculos turpe est, et fulcire se notissimis ac paucissimis vocibus, et memoria stare. Sibi jam innitatur : dicat ista, non teneat. Turpe est enim seni, aut prospicienti senectutem ex commentario sapere. Omnes itaque istos, nunquam auctores, semper interpretes sub aliena umbra latentes, nihil existimo habere generosi, nunquam ausos aliquando facere quod diu didicerunt. Memoriam in alienis exercuerunt : aliud autem est meminisse, aliud scire. Meminisse est rem commissam memoriæ custodire; at contra scire, est et sua facere quæque, nec ab exemplari pendere, et toties respicere ad magistrum. Adjice nunc, quod isti qui nunquam tutelæ suæ fiunt, primum in ea re sequuntur priores, in qua nemo non a priore descivit : deinde in ea re sequuntur, quæ adhuc quæritur; nunquam autem invenietur, si contenti fuerimus inventis. Præterea qui alium sequitur, nihil invenit, immo nec quærit. — Quid ergo ? Non ibo per priorum vestigia ? — Ego vero utar via vetere, sed, si propiorem planioremque invenero, hanc muniam. Qui ante nos ista moverunt, non domini nostri, sed duces, sunt. Patet omnibus veritas, nondum est occupata; multum ex illa etiam futuris relictum est.

(SÉNÈQUE, lettre XXXIII.)

PREMIER PRIX.
LAGRANGE (Léon-Marius).

Collége royal de Charlemagne.
Institution de M. JAUFFRET.

Laissez-là ce vain espoir; vous pensiez pouvoir goûter du bout des lèvres les productions des grands génies : non, il faut les étudier, les approfondir d'un bout à l'autre. C'est une grande affaire : une œuvre de génie est un plan suivi, dont les lignes s'enchaînent; on n'en peut rien retrancher sans que l'édifice s'écroule. Et je ne m'oppose pas à ce que vous examiniez un à un tous les membres, pourvu que ce soit sur l'homme même. Une belle femme n'est pas celle dont on vante la jambe ou le bras ; c'est celle dans laquelle la beauté de l'ensemble empêche d'admirer les détails. Si pourtant vous voulez des maximes isolées, et pour ainsi dire des exemples de choix, je ne serai pas si chiche avec vous : on saura verser l'or à pleines mains. Je ne doute pas que ces maximes ne soient d'une grande utilité pour des intelligences neuves encore, et qui reçoivent des leçons. L'esprit se pénètre plus aisément des idées dont le sens est restreint et renfermé dans les bornes d'un vers. Aussi fait-on apprendre aux enfants des sentences, et entre autres celles qu'on nomme en grec χρείας, des *chries* ; leur esprit peut les retenir, et il n'est pas capable, à cet âge, de faire des progrès plus marqués. Mais quand on est un homme, il est honteux de chercher de petites fleurs, de s'étayer sur un petit nombre de mots connus de tout le monde, enfin de n'avoir pour soutien que sa mémoire. Il est temps alors de voler de ses propres ailes : qu'on dise de ces mots-là, mais qu'on ne les emprunte pas. Il est honteux, quand on est vieux ou quand on a la vieillesse en perspective, d'avoir sa sagesse dans un recueil de souvenirs. Tous ces gens-là qui ne parlent jamais d'après eux-mêmes, toujours d'après les autres, qui se cachent à l'ombre d'autrui, n'ont, selon moi, aucun noble sentiment, eux qui n'ont jamais osé faire ce qu'ils avaient si longtemps appris. Leur mémoire s'est exercée sur le bien des autres. Or autre chose est se souvenir, autre chose, savoir. Se souvenir, c'est garder ce qu'on a confié à sa mémoire ; savoir, est le contraire : savoir, c'est rendre sien tout ce qu'on rencontre ; ce n'est pas dépendre de tel ou tel exemple, ce n'est pas recourir, à chaque instant, à son maître. Joignez à cela que ceux qui ne savent jamais se reposer sur eux-mêmes, commencent par suivre leurs prédécesseurs là où il n'est personne qui n'abandonne les traces de son prédécesseur : puis ils suivent leurs pas dans une science qu'on cherche encore et qu'on ne trouvera jamais, si l'on se contente de ce que l'on a déjà trouvé. De plus, quand on suit les traces des autres, on ne trouve rien ; que dis-je ? on ne cherche rien. Quoi donc ? Ne prendrai-je pas la route tracée par ceux qui m'ont précédé ? Moi, je prendrai l'ancien chemin ; mais si j'en trouve un plus rapproché et plus uni, je le rendrai praticable. Ceux qui l'ont entrepris avant nous ne sont pas nos maîtres, mais nos guides. La vérité est ouverte à tous : on ne l'a pas encore envahie ; il y reste encore bien des places pour ceux qui viendront.

DEUXIÈME PRIX.

ABOUT (Edmond).

Collége royal de Charlemagne.
Institution de M. Jauffret.

Cessez de croire que vous pourrez prendre une idée sommaire des grands génies : il vous les faut étudier dans leur entier, les lire et les relire dans leur entier. Il y a, dans un livre, une certaine conduite ; un ouvrage de l'esprit se tient par des liens qui lui sont propres : on n'en peut rien ôter, sans que tout s'écroule. Je ne vous empêche pas de considérer chaque membre en particulier ; mais voyez-le à sa place, et sans le détacher du corps. Une belle personne n'est point celle dont on vante la jambe ou le bras, mais celle dont l'ensemble nous ravit d'admiration par la beauté de chaque partie. Toutefois, si vous me parlez de détacher quelques pensées remarquables, quelques échantillons choisis, pour ainsi dire, je serai moins chiche d'éloges, et je vous en donnerai à pleines mains. Je ne doute pas que ces maximes ne soient d'un grand fruit pour des élèves peu avancés, et qui ne font que suivre un cours : ils saisissent plus facilement des traits isolés, et resserrés dans la mesure d'un vers. Voilà pourquoi nous faisons apprendre aux enfants des sentences, et ces maximes usuelles que les Grecs appellent χρεῖαι ; c'est que leur esprit enfantin peut les saisir, lorsqu'il ne pourrait pas encore faire des progrès sérieux dans la science. Mais pour un homme, c'est une honte de courir après des oripeaux, de s'étayer sur quelques maximes que tout le monde connaît, d'avoir toute sa force dans sa mémoire. Qu'il s'appuie enfin sur lui-même : qu'il parle, qu'il ne récite pas. Quelle honte pour un vieillard, ou pour un homme qui voit arriver la vieillesse, d'avoir toute sa sagesse dans ses notes ! Aussi, tous ces gens qui jamais n'inventent, toujours commentent, qui restent cachés à l'ombre des autres, ils n'ont, selon moi, aucune espèce de talent : jamais ils n'ont osé faire une bonne fois ce qu'ils apprennent depuis si longtemps. En étudiant les autres, ils ont exercé leur mémoire; mais autre chose est de se souvenir, autre chose, de savoir. Se souvenir, c'est garder ce qu'on a confié à sa mémoire; savoir, au contraire, c'est s'approprier chaque chose, c'est n'être point suspendu à son modèle, ne point retourner les yeux, à chaque pas, vers son maître. Ajoutez à cela deux observations : d'abord, ces hommes qui ne veulent jamais être leurs maîtres suivent leurs devanciers dans une carrière où toujours chacun s'est écarté de son devancier; ensuite, ils les suivent dans une science qui est encore à chercher, et qu'on ne découvrira jamais, si nous nous contentons de ce qui est découvert. Enfin, celui qui va sur la foi d'autrui ne trouve rien, je dis plus, ne cherche rien. — Quoi! je ne marcherai point sur les traces des anciens? — Pour moi, je suivrai la route battue par les anciens; mais si je découvre un chemin plus court et plus uni, je l'ouvrirai. Ceux qui ont agité ces questions avant nous ne sont pas nos maîtres et seigneurs, mais nos guides. La vérité est accessible à tous; nul, jusqu'ici, n'a pu s'en emparer; il en restera encore beaucoup pour les philosophes à venir.

CLASSE DE TROISIÈME.

Texte.

Baiis viatorem, Neapolim petentem, excipit Pausilypi crypta. Nihil illo carcere longius; nihil illis facibus obscurius, quæ nobis præstant, non ut per tenebras videamus, sed ut ipsas. Ceterum etiam si locus haberet lucem, pulvis auferret, in aperto quoque res gravis et molesta; quid illic, ubi in se volutatur, et, quum sine ullo spiramento sit inclusus, in ipsos, a quibus excitatus est, recidit?

Aliquid tamen mihi illa obscuritas quod cogitarem dedit : sensi quemdam ictum animi, et sine metu mutationem quam insolitæ rei novitas simul ac fœditas fecerat. Non de me nunc tecum loquor, qui multum ab homine tolerabili, nedum a perfecto, absum; sed de illo, in quem jus fortuna perdidit; hujus quoque ferietur animus, mutabitur color. Quædam enim nulla effugere virtus potest ; admonet illam natura mortalitatis suæ. Itaque et vultum adducet ad tristitiam, et inhorrescet ad subita ; et caligabit, si vastam altitudinem in crepidine ejus constitutus despexerit. Non est hic timor, sed naturalis affectio inexpugnabilis rationi. Itaque fortes quidam, et paratissimi fundere suum sanguinem, alienum videre non possunt ; quidam ad vulneris novi, quidam ad veteris et purulenti tractationem inspectionemque succidunt ac linquuntur animo ; alii gladium facilius recipiunt quam vident. Sensi ergo, ut dicebam, quamdam non quidem perturbationem, sed mentionem; rursus ad primum conspectum redditæ lucis, alacritas incogitata rediit et injussa. Illud deinde mecum loqui cœpi, quam inepte quædam magis ac minus timeremus, quum omnium idem finis esset. Quid enim interest, utrum supra aliquem vigiliarium corruat, an mons ? Nihil invenies : erunt tamen qui hanc ruinam magis timeant, quamvis utraque mortifera æque sit. Adeo non effectus, sed efficientia timor spectat !

(SÉNÈQUE, *Lettre* LVII.)

PREMIER PRIX.

LEVASSEUR (Pierre-Émile).

Collége royal de Bourbon.
Institution de M. Boutet.

Le voyageur qui se rend de Baies à Naples passe par la grotte de Pausilippe. Il n'est rien de plus long que cette sombre caverne, rien de plus obscur que les torches qui servent, non pas à voir clair au milieu des ténèbres, mais à voir les ténèbres elles-mêmes. Au reste, quand bien même la lumière du jour pénétrerait en cet endroit, elle serait obscurcie par la poussière, qui, dans un lieu découvert, est déjà désagréable et incommode: qu'est-ce donc là où elle tourbillonne sur elle-même, et où, enfermée sans aucun courant d'air, elle retombe sur ceux qui l'ont soulevée?

Cette obscurité me donna cependant à réfléchir: je ressentis une certaine impression, et, sans éprouver aucune crainte, j'eus un saisissement produit par ce spectacle à la fois nouveau et repoussant. Je ne te parle pas de moi, qui suis bien loin d'être je ne dirai pas parfait, mais même supportable : je parle de l'homme sur lequel la fortune n'a plus aucun pouvoir; celui-là aussi éprouvera quelque émotion et changera de couleur : il n'est pas de courage qui puisse se soustraire à cette impression; c'est la nature qui l'avertit qu'il est d'une condition humaine. La tristesse se peindra sur son visage, il frissonnera à l'aspect d'un objet inattendu : sa vue se troublera, si, placé sur le bord d'un abîme profond, il y plonge ses regards. Ce n'est pas de la crainte, c'est un mouvement naturel que la raison ne saurait réprimer. Il y a des gens courageux, et tout prêts à répandre leur sang, qui ne sauraient voir celui d'un autre; les uns, à la vue d'une blessure récente; d'autres, à l'attouchement et à l'inspection d'une plaie ancienne et pleine de pus, tombent en défaillance et s'évanouissent; certains autres supportent mieux un coup d'épée que la vue de la lame elle-même. Je ressentis donc, disais-je, non pas un trouble violent, mais un saisissement; d'un autre côté, dès que je revis la lumière, sans y penser et sans me commander, je retrouvai la gaieté. Ensuite, je me suis mis à réfléchir combien nous étions insensés de craindre plus ou moins certaines choses dont le résultat est le même. En effet, qu'une guérite ou qu'une montagne tombe sur quelqu'un, quelle différence y a-t-il? vous n'en verrez aucune, et cependant on trouvera des gens qui redouteront davantage la chute de la montagne, quoique les deux amènent également la mort. Tant il est vrai que la crainte regarde moins les effets que ce qui les produit!

DEUXIÈME PRIX.

CHÉRON (Joseph-Paul).

Collége royal de Henri IV.

Institution de MM. Hallays-Dabot et Galeron.

En allant de Baies à Naples, on rencontre la grotte du mont Pausilippe. Rien de plus grand que cette prison, rien de sombre comme ces torches, dont la lueur ne saurait faire distinguer les objets à travers les ténèbres, et qui ne laisse voir que les ténèbres elles-mêmes. Du reste, lors même que la lumière pénétrerait sous ces voûtes, la poussière suffirait pour la voiler. La poussière est déjà une chose très-fâcheuse et très-gênante en plein air ; mais qu'est-ce donc là où elle ne peut que rouler en tourbillonnant sur elle-même ; où, enfermée sans aucune issue, elle retombe sur ceux qui l'ont soulevée ?

Cependant cette obscurité donna matière à mes réflexions : je sentis une impression douloureuse, non pas précisément de la terreur, mais un certain saisissement causé par l'étrange et hideux aspect de ces lieux. Et je ne vous parle pas seulement ici de moi, qui, loin d'être parfait, suis même bien éloigné d'être seulement un homme supportable ; je parle de l'homme sur lequel la fortune n'a plus aucune prise ; cet homme lui-même sentira son cœur se serrer, et changera de couleur : car il est des impressions auxquelles le courage le plus intrépide ne peut se soustraire ; c'est la nature qui lui rappelle son origine mortelle. Ainsi, toute émotion subite fera toujours frissonner et changer de visage l'homme le plus courageux ; sa vue se troublera toujours quand, debout sur le bord d'un abîme, il verra sous ses pieds une immense profondeur. Et ce n'est pas de la peur ; c'est un mouvement naturel que la raison ne saurait maîtriser. On voit des hommes pleins de bravoure, prêts à répandre leur propre sang, qui ne peuvent voir couler celui des autres ; tels ne peuvent regarder ni toucher une blessure récente, tels autres, une plaie ancienne et envenimée, sans défaillir et perdre connaissance ; d'autres reçoivent un coup d'épée plus facilement qu'ils ne regardent une épée en face. Je ressentis donc, non pas une commotion violente, mais un saisissement intérieur. Aussi, lorsque je revis la lumière, je sentis renaître en moi une joie involontaire et irréfléchie. Ensuite, je me pris à songer à la sottise avec laquelle nous redoutons certaines choses plus que certaines autres, quand les résultats sont les mêmes. Qu'importe, par exemple, qu'on soit écrasé par la chute d'une masure ou par celle d'une montagne ? vous ne sauriez y trouver aucune différence ; vous verrez cependant des gens qui redoutent bien plus ce dernier accident, quoique l'autre donne également la mort. Tant il est vrai que la peur considère moins les effets que les causes !

(*La suite des* VERSIONS *au prochain numéro.*)

Troisième partie.

CONCOURS UNIVERSITAIRES.

BACCALAURÉAT ÈS-LETTRES.

I.

Conficitur genus demonstrativum narrandis exponendisque factis, sine ullis argumentationibus, ad animi motus leniter tractandos magis quam ad fidem faciendam accommodate : non enim hic dubia firmantur; sed ea quæ certa, aut pro certis posita sunt, augentur. Et, quoniam in hoc genere dicendi omnis ratio fere ad delectationem auditoris refertur, utendum erit, in oratione, singulorum verborum insignibus, quæ habeant plurimum suavitatis; id est, ut factis verbis, aut vetustis, aut translatis frequenter utamur; in ipsa vero constructione verborum, ut paria paribus et similia similibus sæpe referantur; ut contraria, ut geminata, ut circumscripta numerose, non ad similitudinem versuum, sed ad explendum aurium sensum apto quodam quasi verborum modo. Adhibendaque frequenter etiam illa ornamenta rerum sunt, sive quæ admirabilia et nec opinata, sive quæ significata videbuntur prodigiis et oraculis : omnis enim exspectatio ejus qui audit, et admiratio, et improvisi exitus habent aliquam in audiendo voluptatem.

CICÉRON, de Orat.

II.

Quid stultius est quam in homine aliena laudare? Quid eo dementius qui ea miratur quæ in alium protinus transferri possint? haud faciunt meliorem equum freni aurei. Nemo gloriari nisi suo debet. Familiam innumeram habet ille, habet domum pulchram, multum serit, multum fœnerat : nihil horum in ipso est, circa ipsum hæc omnia sunt. Lauda in ipso quod nec eripi potest nec dari, quod proprium est hominis. Quæris quid sit? Animus, et ratio in animo perfecta. Rationale enim animus est homo: consummatur itaque ejus bonum, si id adimplevit cui nascetur. Quid est autem quod ab illo ratio hæc exigit? Rem facillimam secundum naturam suam vivere. Sed hanc difficillimam facit communis insania. In vitia alter alterum tradimus. Quomodo autem ad salutem revocari possunt quos nemo retinet, populus impellit?

III.

UNUS E GENIIS HOMINUM CUSTODIBUS LOQUITUR.

Qui est imperator divum atque hominum Jupiter,
Is nos per gentes alium alia disparat,
Hominum qui facta, mores pietatem et fidem
Noscamus; ut quemque adjuvet opulentia :
Qui falsas lites falsis testimoniis
Petunt, quique in jure abjurant pecuniam,
Eorum referimus nomina exscripta ad Jovem.
Quotidie ille scit, quis hic quærat malum.
Qui hic litem adipisci postulant perjurio,
Mali res falsas qui impetrant ad judicem :
Iterum ille eam rem judicatam judicat,
Majore mulcta mulctat, quam litem auferunt.
Bonos in aliis tabulis exscriptos habet.
Atque hoc scelesti in animum inducunt suum,
Jovem se placare posse donis, hostiis :
Et operam et sumptum perdunt : id et fit, quia
Nihil ei acceptum est a perjuris supplici.
Facilius, si qui pius est, a dis supplicans,
Quam qui scelestus est, inveniet veniam sibi.
Idcirco moneo vos ego hæc, qui estis boni,
Quique ætatem agitis cum pietate et cum fide,
Retinete porro, post factum ut lætimini.

SÉNÈQUE. — *Prologue du* CABLE.

REVUE GÉNÉRALE ET COMPARÉE

DES

CONCOURS CLASSIQUES.

DÉCEMBRE 1846.

DISCOURS

PRONONCÉ

A LA DISTRIBUTION DES PRIX

DU

COLLÉGE ROYAL DE LOUIS LE GRAND,

LE 13 AOÛT 1845,

PAR M. LEMAIRE,

PROFESSEUR DE RHÉTORIQUE.

Messieurs,

L'Université, depuis un temps vivement attaquée, poursuivie des reproches les plus graves, les plus injurieux, a besoin de se défendre et de se justifier peut-être. Les accusations ont retenti trop haut pour ne pas porter le doute et jeter quelques craintes dans la conscience des familles. Qu'il nous soit donc permis, devant cette assemblée qui les représente à nos yeux, de répondre aux attaques, non point par une apologie, mais par un exposé fidèle de nos doctrines; non point en accusés, mais en hommes jaloux de se maintenir dans l'estime publique, et d'écarter l'ombre même d'un soupçon.

Loin de nous la pensée d'engager un combat, de soutenir une lutte! Ici point de querelle; point de discussions passionnées et irritantes; point de ces récriminations, faciles sans doute, mais toujours sans dignité. Acceptons, s'il le faut, la situation qui nous est faite ; mais acceptons-la pour ajouter encore à notre zèle, pour marcher d'un pas plus ferme dans la voie du bien, pour redoubler d'attention et d'ardeur dans une carrière surveillée de toutes parts, pour montrer enfin que l'Université comprend et pratique ses devoirs.

L'instruction publique, en harmonie avec les lois de l'État, doit répondre à l'esprit du siècle et aux besoins de la société nouvelle. Sans altérer la pureté des principes, elle en modifie les applications sous l'influence souveraine des révolutions et du temps. Un enseignement rétrograde, en opposition avec les changements accomplis, serait une faute, je dis plus, serait une tentative impossible. On ne force pas le siècle à rebrousser son cours ; c'est bien assez de pouvoir modérer son impétuosité, et diriger ses mouvements.

Autre temps, autres mœurs. Jadis la jeunesse, isolée dans l'enceinte des écoles, ou, comme on disait alors, dans le sanctuaire des Muses, loin des bruits du monde et des passions politiques, se livrait sans partage à ses tranquilles études. Mais aussi, pressée dans les entraves d'une étroite contrainte, étrangère aux progrès de la vie publique, elle ne s'éclairait pas aux lumières de l'expérience, et s'égarait dans les illusions de son cœur. Aujourd'hui cette sorte de réclusion morale n'est plus même possible. Le mouvement général de la pensée, l'agitation orageuse des opinions se fait sentir jusqu'aux derniers rangs de la société : les bruits du dehors retentissent au foyer domestique ; et la publicité, qui renverse ou franchit toutes les barrières, ne s'arrête point au seuil des plus paisibles retraites. Ainsi, par une conséquence inévitable, les jeunes gens sont initiés de bonne heure aux secrets du monde ; ils y puisent une expérience précoce, une maturité d'esprit pour ainsi dire anticipée, qui ose bientôt se prendre aux questions les plus hautes et les plus sérieuses. Hélas ! faut-il dépouiller si vite l'ingénuité de l'enfance ? faut-il se hâter de courir au-devant des orages ? Avouons-le, d'ailleurs ; de là naît quelquefois une indépendance chagrine, un dédain superbe des règles, une ardeur impatiente qui rend la tâche du maître plus difficile et plus délicate.

Cette situation nouvelle, Messieurs, cette différence des temps et des choses n'est pas à la merci des volontés humaines. L'Université ne peut rien pour la créer ou la détruire, et il serait également injuste de lui en reporter l'éloge ou le blâme. Il ne lui reste que le soin de diriger, par une sage méthode, ce mouvement des esprits dans les voies de la morale et de l'honneur.

Quand le père de famille, ne pouvant élever lui-même son fils, confie ce soin à des mains étrangères, il doit du moins chercher des garanties, et veiller encore de loin sur un intérêt aussi précieux. Il veut que l'autorité dont il se dépouille soit exercée dans un esprit de prudence et de raison; qu'on laisse son enfant se développer en liberté ; qu'on dirige ses penchants sans les comprimer; qu'on règle sa vivacité sans l'éteindre. Il veut qu'on le prépare aux devoirs de la société; qu'on le prémunisse contre les dangers en l'éclairant ; qu'on le détourne du mal sans le tromper; enfin qu'on agrandisse son âme sans rétrécir son esprit. Mais il veut avant tout que la conscience de son fils soit libre et respectée, et que le maître, n'usurpant jamais sur les droits du père, regarde comme un crime de le chasser du cœur de son enfant.

Tels sont aussi les principes qui président à l'instruction publique.

Et d'abord voyez comme la vie de collége tend à former le caractère. Là, toutes les aspérités s'adoucissent au contact d'une rude égalité : l'orgueil apprend à se contenir, les prétentions à se restreindre, l'emportement à se vaincre, et la jactance à se taire. C'est qu'autour d'eux une attention toujours éveillée, une prompte et délicate susceptibilité imposent à tous le respect de soi-même et des autres. Bien plus, au sein même des jeux veille une liberté jalouse, toujours prête à repousser tout empiètement sur ses droits. Ainsi, Messieurs, dans ces jeunes esprits croît et mûrit, à leur insu même, une expérience hâtive. Qu'ils sentent bien aussi les convenances de la délicatesse et de l'honneur! Comme il faut qu'un écolier montre un visage ouvert et l'air de la franchise! Comme il sait avouer sans détour les fautes qu'il a pu commettre! Mais ne lui demandez pas de trahir les secrets d'un ami ; car ces délations ténébreuses, justement flétries, n'obtiendront de lui que des mépris et des outrages.

Je sais bien qu'on peut reprocher à ces mœurs un air un peu trop brusque, *et même un peu farouche*. Dans nos colléges, la vérité ne prend guère la peine de farder son langage: elle parle hardiment aux princes comme aux bourgeois..... aux princes surtout.... dans leur intérêt et dans le nôtre. Ce n'est pas sur nos bancs que fleurit l'afféterie du beau monde ; et l'orgueil maternel a murmuré plus d'une fois en secret de ne pas trouver dans un fils la fleur des belles manières et les grâces du bon ton. Mères de famille, rassurez-vous : ces jeunes sauvages seront bientôt civilisés, et le monde n'adoucira que trop vite cette rudesse, gardienne des plus précieuses qualités!

Ah! bien plutôt souhaitez-leur la force de résister aux entraînements de l'exemple. Qu'ils n'imitent pas cette jeunesse romaine, dont les auteurs de l'antiquité nous ont transmis, je veux dire raconté les ridicules. « Voyez, dit Cicéron, ces jeunes gens si délicats et si jolis,
« à la chevelure ondoyante, à la barbe élégante et parfumée, qui ne
« travaillent qu'à leur toilette, et sont fiers de promener partout leur
« prétentieuse nullité. » — « Et ces fils de nobles familles! (c'est tou-
« jours un ancien qui parle). Sans respect de leurs noms et de leurs
« titres, consumant des jours déjà mûrs pour le service de la patrie

« dans les agitations d'une oisiveté laborieuse, ils n'ont d'autre ambi-
« tion que de bien conduire un char, de saluer gracieusement avec le
« fouet, et ils ne jurent plus que par les dieux de l'écurie! »

Heureusement, Messieurs, la scène est à Rome, et c'est Juvénal qui parle.

Pour éviter ces écarts, et tous ceux de la jeunesse, il faut se former de bonne heure un jugement sûr et exercé. Or tel est le fruit des fortes études. Qu'on ne s'y trompe pas : la connaissance des langues anciennes n'est pas le but essentiel de l'instruction publique ; elle tend beaucoup plus haut. La littérature antique, fertile en grands modèles, nous offre le développement le plus large et le plus beau de toutes les facultés humaines. Cette source, la plus féconde où le génie moderne ait puisé, répand dans les jeunes intelligences les principes du goût, l'amour du vrai, le sentiment du beau, toutes les ressources d'une raison qui s'agrandit et s'élève. Ainsi l'esprit se fortifie et s'entoure d'une immense puissance ; ainsi, du sein de la foule aux idées mobiles et incertaines, faisant surgir l'homme aux convictions profondes, il lui assure cette supériorité légitime que la naissance et la force ne peuvent plus donner aujourd'hui.

Ne l'oublions pas non plus : le penchant du siècle nous entraîne vers les intérêts matériels. Sans doute notre époque sera glorieuse dans l'histoire par le développement de l'industrie, par les découvertes des sciences, par la merveilleuse activité du génie inventeur. Chaque jour enfante un nouveau prodige : les éléments les plus rebelles, les phénomènes les plus mystérieux sont devenus l'instrument docile des volontés et des impatiences de l'homme. Mais aussi ces merveilles de la matière, ces miracles que l'on touche du doigt, semblent éveiller de toutes parts un instinct d'égoïsme et de calcul. Ah! l'Université fait bien, tout en cédant aux sciences une si large part dans nos études, de conserver encore de la prédilection pour les lettres. Oui, jeunes élèves, demeurez fidèles à ce culte de vos premières années ; restez sensibles à toutes les grandes pensées, aux nobles spéculations de l'intelligence, aux sublimes créations du génie littéraire! Que ce soit votre sauvegarde contre ces vices du jour. La soif du gain dessèche le cœur, c'est un mal de la terre ; les plaisirs purs de l'âme viennent d'en haut, et sont immortels comme elle.

Telle est la puissance de cette éducation, que sans elle la morale est souvent chancelante. Sans doute Dieu a placé dans notre âme la règle du bien et du mal, cette voix intérieure qui nous avertit et nous dirige. Mais combien de préjugés, combien de passions peuvent égarer la conscience, quand la raison ne veille pas sur elle! C'est par de saines études qu'on rend plus vive encore la lumière morale qui luit en nous. « Le noble instinct de l'homme, d'après Cicéron, le premier besoin

« de sa nature, c'est de courir à la recherche, à la découverte de la
« vérité. » Eh bien ! l'enseignement public ouvre largement cette voie.
Les livres de l'antiquité sont comme un trésor de toutes les vertus morales, d'où la jeunesse tire à la fois les préceptes et les exemples. Que
d'actions grandies en quelque sorte par leur éloignement même, que
d'enseignements consacrés par l'admiration des siècles ! Des orateurs
tonnant, au péril de leur vie, contre les oppresseurs et les tyrans ; des
héros, esclaves de leur parole, courant au-devant des supplices ; des
guerriers dont la sage lenteur méprise la gloire pour la mieux conquérir ; des vainqueurs dont la clémence va jusqu'au repentir ; des philosophes prenant, sans pâlir, la coupe fatale des mains d'un bourreau,
qui se détourne et qui pleure !

Ah ! comme ces premières impressions demeurent profondément
gravées dans ces âmes encore neuves ! Comme, au lieu d'une froide
leçon, cette image vivante et animée de toutes les vertus les émeut et les
attire ! Comme cette étude, touchant tour à tour aux sentiments les
plus élevés et les plus purs, apporte aux jeunes gens le germe de la
force, de la constance et de la sagesse !

Ainsi soutenus, ils pourront entrer d'un pas ferme dans la carrière.
Mais qu'ils seront bien plus forts, bien plus sûrs d'eux-mêmes, si l'amitié leur prête ses conseils et son appui ! Jeunes élèves, aujourd'hui
tout vous rit encore. Si quelques légers nuages passent sur votre front,
le moment d'après les emporte, et vos larmes sans amertume se sèchent
au premier souffle. Mais bientôt il vous faudra porter le fardeau de la
vie. Oh ! qu'il sera doux alors, au milieu d'un monde indifférent ou
hostile, de retrouver un ami dont la voix vous encourage, dont la prudence vous guide, dont la tendresse partage vos joies ou vos chagrins !
Et qu'il sera bien plus doux encore pour vous de le soutenir, de le
consoler, et de faire à l'amitié quelque généreux sacrifice ! Malheureux
celui dont l'éducation fut étroite et solitaire, et dont le cœur est resté
vide ! Le voyez-vous s'envelopper d'abord dans la dissimulation et le
mensonge ? Puis bientôt, coupable envers la morale et les lois, dont il
ne sait pas la portée, il descend jusqu'au crime, sans avoir même la
conscience de son abaissement et de son malheur !

Toutefois si l'instruction est le flambeau de la morale, la religion en
est le véritable fondement. C'est un principe que l'Université reconnaît
et professe ; et, quoi qu'on dise, elle s'y montre fidèle. L'éducation religieuse s'appuie sur deux points principaux, le sentiment et le dogme.
Aux aumôniers seuls est réservé le soin d'enseigner la doctrine, de
combattre l'erreur, et d'éclairer les consciences. Cette mission n'est pas
la nôtre, Messieurs ; nous parlons devant des écoliers dont les croyances diffèrent, et la plus grande réserve devient pour nous un devoir
de stricte bienséance. Mais il reste encore une large place à la culture

du sentiment religieux : c'est-à-dire que nous mettons de préférence aux mains de nos élèves tous les livres inspirés par de saintes croyances, toutes ces œuvres émanées du génie puisant aux sources divines. Nous leur faisons comprendre comment, dans *Polyeucte*, Corneille, animé du souffle divin, s'élève au-dessus de lui-même pour la grandeur et la majesté des idées; comment, dans *Athalie*, Racine, versant tous les trésors de l'Écriture, enfante, par une inspiration pieuse, un chef-d'œuvre de l'esprit humain. Ils admirent avec nous Bourdaloue, à la logique sévère et pressante; Fléchier, à la parole imposante et harmonieuse; Massillon, l'interprète du ciel, révélant aux grands tous leurs devoirs, aux hommes toutes leurs faiblesses; et Bossuet, cet immense génie qui semble avoir été créé pour montrer à la terre jusqu'où peut s'élever l'éloquence sur les ailes de la religion.

Bossuet !... il était réservé à notre âge de voir ce grand nom attaqué. Nous, du moins, nous n'aurons pas l'insolence de le défendre; mais nous continuerons d'admirer en lui le dernier Père de l'Église, le flambeau de la foi, le plus éloquent des hommes, le plus sublime des historiens, le défenseur le plus intègre des droits de la religion et du trône.

Après Dieu, jeunes élèves, que la patrie vous soit sacrée ! Elle attend de vous de fidèles citoyens. Dans tous les temps, chez toutes les nations policées, on a compris que l'avenir d'un peuple réside dans l'éducation de la jeunesse. Tous les législateurs y ont songé; et Lycurgue, en vue d'assurer à Sparte des lois immortelles, poussa la rigueur du principe jusqu'à ravir les enfants à la famille, pour les donner à l'État. Il savait qu'un empire doit succomber, s'il laisse l'ambition et la haine travailler librement à lui faire des ennemis. La France a bien entendu cet avertissement de la sagesse antique : l'instruction publique a été constituée. Né de la révolution, sorti des rangs du peuple, le corps enseignant satisfait aux besoins de l'époque, parce qu'il est l'organe intelligent du sentiment national. Si c'est là son crime, il s'en fait gloire ! L'Université, dégagée de toute préoccupation étrangère, suit une méthode large et franche; elle ne s'enferme point dans l'esprit étroit d'une secte; elle n'arrange pas les faits à son système; elle n'altère pas l'histoire au gré des passions; elle ne couve pas la turbulence et le désordre; elle ne sème pas la tempête pour recueillir des débris.

Mais aussi elle n'est pas, comme on l'a dit, un instrument de servitude. Elle enseigne l'obéissance aux lois, qui est le premier des devoirs; le respect du prince et des institutions publiques : elle veut former des citoyens fidèles et dévoués, mais fermes et libres; qui respectent le pouvoir et n'adorent pas les caprices d'un maître; qui sachent ployer sous la main de la justice, et non se courber sous la verge d'une tyrannie quelconque; capables enfin de servir et d'honorer la patrie par un dévouement inaltérable, joint à la plus noble indépendance. C'est là, Messieurs, ce qui fait la force et la gloire de l'Université. Elle n'a point de lâches complaisances; elle ne sait pas flatter les passions pour s'attirer des élèves, et, tout en faisant au dehors parade de ses principes, laisser au dedans honteusement flotter les rênes. Par une sage discipline, elle façonne la jeunesse au frein salutaire des lois; elle lui montre l'art de bien commander un jour, en apprenant d'abord à bien obéir; et ses leçons ont été jugées dignes de monter jusqu'aux marches du trône. Ah! sans doute cette règle austère a fait pousser quelques plaintes, plus d'un cœur maternel en soupire tout bas, quelquefois même tout haut. Mais quand la sévérité n'est pas un caprice, quand elle est juste, éclairée, égale pour tous, on ne se révolte pas contre elle, on l'estime, on la respecte, on s'y soumet avec une conviction docile et réfléchie. C'est une vérité que nous pouvons ici proclamer sans crainte; ces voûtes en sauraient, au besoin, rendre un éclatant témoignage.

Qu'un homme, équitable et ferme, prenne en main les rênes d'un grand établissement, troublé avec le pays par les secousses politiques; que sa constance triomphe de toutes les difficultés, son énergie de tous les obstacles, sa rudesse calculée de toutes les molles complaisances; qu'il fasse tout marcher d'un seul mot, d'un seul geste; mais aussi que sous cette rigueur officielle, sous ces formes d'emprunt, on sente une bienveillance toujours attentive, un soin consciencieux des intérêts de chaque élève, une affection inquiète qui dans le présent veut assurer l'avenir: alors, jeunes gens, vous savez rendre à ce maître une éclatante justice, le chérir, l'entourer de vos hommages, lui vouer une éternelle reconnaissance. Et si, par un coup imprévu, ce chef vénéré, qui prenait à vos succès une part si vive, un intérêt si jaloux, vient à succomber au milieu de ses travaux; si son dernier soupir unit encore le nom de ses fils à celui de ses élèves; s'il est mort en quelque sorte pour vous, comme un soldat sur la brèche: oh! alors vous le pleurerez tous; vous conserverez religieusement sa mémoire au fond de votre cœur, et vous irez sur sa tombe déposer encore les lauriers de vos succès. Heureux du moins, après un tel malheur, le collége qui tombe en des mains également capables! heureux, lorsque dans un nouveau chef il trouve les mêmes lumières, le même dévouement, la même indépendance, et cette volonté sage qui, sachant résister à l'orgueilleuse faiblesse d'innover, met sa gloire à conserver les fruits d'une heureuse expérience! Alors rien n'est perdu de ce précieux héritage; et le collége reste dans toute sa gloire, même quand parmi ses défenseurs quelques-uns, trahis par la fortune, verraient échouer les plus justes espérances.

Tel est l'avantage d'une forte discipline. C'est par là que l'enseignement national, portant ses plus heureux fruits, satisfait aux deux grands besoins de la France, l'ordre et la liberté.

Continuez donc, jeunes élèves, ou plutôt redoublez vos efforts. Voyez l'immense intérêt qui s'attache à vos études ; quel concours s'empresse à ces fêtes de la jeunesse ; comme une protection éclairée veille de toutes parts sur vos travaux. Ici, c'est le pouvoir et la ville tout entière, représentés par un magistrat que son mérite et ses hautes qualités ont porté au premier rang dans la capitale, par un des fonctionnaires les plus éminents de l'Université, par l'élite des familles. Hier, dans une autre enceinte, c'était toute la France ; un ministre du roi, homme au cœur généreux, à la parole ferme et puissante ; tous les corps savants du royaume ; tous les talents, toutes les gloires : enfin au dehors l'opinion publique, la sympathie de tant d'hommes éclairés, l'attention vigilante des grands pouvoirs de l'État. Soyez dignes de cette faveur qui vous entoure. Répondez par votre conduite, par vos lumières, par vos vertus, aux détracteurs de l'enseignement national. Quand le monde s'élance plus que jamais dans les régions de l'intelligence, quand la France a la prétention, bien justifiée, de marcher en tête des autres peuples dans cette carrière de gloire, l'Université ne doit pas rester en arrière, et faire mentir les espérances que conçoit la patrie. Souvenez-vous donc toujours que vous avez pour devise : *Bien penser, bien dire, et bien faire.*

Première partie.

CLASSE DE RHÉTORIQUE.

Collége royal de Charlemagne.

Professeurs : MM. BERGER et CABOCHE.

VERSION LATINE.

Omnia nimia, quum vel in tempestate, vel in corporibus latiora fuerant, in contraria fere convertuntur : ita et nimia libertas et populis et privatis in nimiam servitudinem cadit. Itaque ex hac maxima libertate tyrannus gignitur, et illa injustissima et durissima servitus. Ex hoc enim populo indomito vel potius immani deligitur aliquis plerumque dux contra illos principes afflictos jam et depulsos loco, audax, impurus, consectans proterve bene sæpe de republica meritos, populo gratificans et aliena et sua : cui quia privato sunt oppositi timores dantur imperia et continuantur, præsidiis etiam sepiuntur : postremo a quibus producti sunt existunt eorum ipsorum tyranni : quos si boni oppresserunt, recreatur civitas : sin audaces fit illa factio, genus aliud tyrannorum : eademque oritur etiam ex illo sæpe optimatum præclaro statu, cum ipsos principes aliqua pravitas de via deflexit. Sic tanquam pilam rapiunt inter se reipublicæ, tyranni ab regibus, ab eis autem principes aut populi : a quibus aut factiones aut tyranni. Nec ductius unquam tenetur idem reipublicæ modus.

L'excès dans toute chose, soit dans la beauté du temps, soit dans la santé du corps, conduit le plus souvent à un excès contraire : de même l'excès de la liberté fait tomber les peuples et les particuliers dans une servitude excessive. De cette liberté sans mesure sort un tyran, puis l'esclavage le plus injuste et le plus dur. Car ce peuple insoumis, ou plutôt furieux, se choisit presque toujours un chef contre l'autorité des premiers citoyens, déjà abattue et renversée : c'est un homme audacieux, effronté, poursuivant sans pudeur tous les services rendus à l'État, sacrifiant tout au peuple, les biens d'autrui comme les siens. Mais, simple particulier, il a des craintes à vaincre : alors on lui donne des pouvoirs extraordinaires, on les lui continue, on va jusqu'à l'entourer de satellites ; enfin il devient un tyran, et le tyran de ceux-là même qui l'ont poussé au pouvoir. Bientôt on le tue : si ce sont des gens de bien, la république se relève ; si ce sont des hommes audacieux, ils forment une faction, autre genre de tyrannie. Parfois même de semblables factions naissent de cet admirable gouvernement des principaux citoyens, quand ils se sont laissé entraîner, par quelque passion mauvaise, hors de la bonne voie. Ainsi la république est comme une balle que se disputent les joueurs : les tyrans l'arrachent aux rois ; aux tyrans, les premiers citoyens ou le peuple ; puis viennent les factions ou les tyrans. Un État ne demeure jamais longtemps dans la même forme de gouvernement.

VERSION GRECQUE.

Même collège.

Texte.

Δικαιοσύνης μὲν οὖν καὶ σωφροσύνης, καὶ ὅσα ἄλλα τίμια ψυχαῖς, οὐκ ἔνεστι φέγγος οὐδὲν ἐν τοῖς τῇδε ὁμοιώμασιν· ἀλλὰ δι' ἀμυδρῶν ὀργάνων, μόγις αὐτῶν καὶ ὀλίγοι ἐπὶ τὰς εἰκόνας ἰόντες θεῶνται καὶ τοῦ εἰκασθέντος γένος. Κάλλος δὲ τότε ἦν ἰδεῖν λαμπρόν, ὅτε σὺν εὐδαίμονι χορῷ μακαρίαν ὄψιν τε καὶ θέαν ἑπόμενοι, μετὰ μὲν Διὸς ἡμεῖς, ἄλλοι δὲ μετ' ἄλλου θεοῦ, εἶδόν τε καὶ ἐτελοῦντο τελετῶν ἣν θέμις λέγειν μακαριωτάτην, ἣν ὠργιάζομεν ὁλόκληροι μὲν αὐτοὶ ὄντες, καὶ ἀπαθεῖς κακῶν ὅσα ἡμᾶς ἐν ὑστέρῳ χρόνῳ ὑπέμενεν, ὁλόκληρα δὲ καὶ ἁπλᾶ καὶ ἀτρεμῆ καὶ εὐδαίμονα φάσματα μυούμενοί τε καὶ ἐποπτεύοντες, ἐν αὐγῇ καθαρᾷ καθαροὶ ὄντες καὶ ἀσήμαντοι, τοῦτο δὲ νῦν δὴ σῶμα ὀνομάζομεν, ὀστρέου τρόπον δεδεσμευμένοι.

La justice, la sagesse, et tous les autres types auxquels s'attachent les âmes, ont perdu tout leur éclat dans les pâles imitations de ce monde ; et, avec nos faibles organes, c'est à peine si même un petit nombre peuvent, dans ces copies effacées, admirer quelques traits du modèle primitif. C'était alors qu'il fallait voir leur beauté éclatante, quand au milieu du chœur des bienheureux, à la suite, nous de Jupiter, les autres de quelque autre divinité, nous contemplions cette vue et ce spectacle digne des âmes célestes, et que nous étions initiés à celui de tous les mystères que l'on peut appeler le plus divin ; mystère admirable, dont nous jouissions dans la plénitude de notre être, exempts encore des maux qui nous attendaient par la suite. Ces types, nous les contemplons dans leur intégrité, simples, immuables, et bienheureux : tous les mystères se dévoilent à nos yeux : c'est qu'alors, au milieu d'une lumière pure, nous étions des êtres purs nous-mêmes, et que nous n'étions pas encore marqués de cette empreinte que nous appelons le corps, et où nous sommes emprisonnés, comme l'huître dans sa coquille.

SARCEY.

CLASSE DE SECONDE.

THÈME GREC.

Collége royal de Charlemagne.
Professeur : M. VALTON.

Texte.

Élevez-vous toujours au-dessus de vous-même, et vous verrez la lumière. Faites taire votre imagination, vos passions, et vous entendrez la voix pure de la vérité intérieure, les réponses claires et évidentes de la raison souveraine. Gardez-vous de confondre l'évidence, qui résulte de la comparaison des idées, avec la vivacité des sentiments qui vous touchent et vous ébranlent. Plus nos sentiments sont vifs, plus ils répandent de ténèbres. Plus nos fantômes, ou terribles ou agréables, paraissent avoir de réalité, plus ils sont dangereux et propres à nous séduire. Dissipez-les, ou entrez en défiance. Fuyez, en un mot, tout ce qui vous touche, et courez, et attachez-vous à tout ce qui vous éclaire. Il faut suivre la raison, malgré les caresses, les menaces, les insultes du corps auquel nous sommes unis, malgré l'action des objets qui nous environnent.

Ἀνώτερον μὲν σεαυτοῦ ὑψωσάμενος τὸ φῶς ὄψει, καὶ τὰς φαντασίας τε καὶ τὰ πάθη σιγᾶν κελεύσας τὴν καθαρὰν τοῦ ἔνδον ἀληθοῦς ὄντος φωνὴν ἀκούσῃ καὶ ὧν ἀποκρίνεται διαρρήδην τε καὶ φανερῶς ὁ πάνυ μέγιστος λόγος. Φυλάσσου δὲ τὸ μὴ διακρίνειν τὸ σαφὲς τὸ ἐκ τοῦ τὰ νοούμενα παραβάλλειν γινόμενον ἀπὸ τοῦ τῶν παθῶν ὀξέος τῶν σου ἁπτομένων καὶ σε κινούντων. Ὅσῳ ὀξύτερά ἐστι τὰ ἡμῶν πάθη, τοσούτῳ μᾶλλον τῇ διανοίᾳ ἐπισκοτεῖ· ὅσῳ μᾶλλον δοκεῖ ἀληθῆ εἶναι, ἢ φοβερὰ ἢ χαρίεντα ἡμῶν φαντάσματα, τοσούτῳ ἐπισφαλέστερά τε καὶ πρὸς τὸ ἡμᾶς παράγειν ἱκανώτερά ἐστι· ταῦτα διάλυε, ἢ τούτοις ἀπίστει. Καὶ, ὡς συντόμως εἰπεῖν, φεῦγε πᾶν τό σε κινούμενον, καὶ τῷ φωτίζοντι εὐθυδρομῶν προσάπτου. Τὸν λόγον ἀεὶ διωκτέον, εἰ καί σε φιλοφρονεῖται, καί τί σοι ἀπειλεῖ καί τί σε ὑβρίζει τὸ ἡμῖν συναπτόμενον σῶμα, καὶ περὶ οὐδενὸς ποιουμένων ἃ ἡμῖν περίκειται.

FUSTEL.

CLASSE DE TROISIÈME.

VERS LATINS.

Collége royal de Charlemagne.
Professeur : M. GIRARD.

Matière.

Hélas ! avant ce jour qui perdit ses neveux,
Tous les plaisirs couraient au-devant de ses vœux :
La faim aux animaux ne faisait point la guerre ;
Le blé, pour se donner, sans peine ouvrant la terre,
N'attendait point qu'un bœuf, pressé de l'aiguillon,
Traçât, à pas tardifs, un pénible sillon.
La vigne offrait partout des grappes toujours pleines,
Et des ruisseaux de lait serpentaient dans les plaines.
Mais dès ce jour Adam, déchu de son état,
D'un tribut de douleurs paya son attentat.
Il fallut qu'au travail son corps rendu docile,
Forçât la terre avare à devenir fertile.
Le chardon importun hérissa les guérets ;
Le serpent venimeux rampa dans les forêts ;
La Canicule en feu désola les campagnes :
L'aquilon en fureur gronda sur les montagnes.
Alors, pour se couvrir durant l'âpre saison,
Il fallut aux brebis dérober leur toison.
La peste en même temps, la guerre et la famine,
Des malheureux humains jurèrent la ruine.

BOILEAU, *Épître III.*

Nos prius incauti quam cæca insania patris
Perdidit innocuos, quondam fortuna fovebat.
Undique continuos tribuebat dextra favores
Cœlicolæ : non jam tordebat viscera morsu
Atra fames : duro tellus non saucia rastro

Maturas facilis messes inarata ferebat.
Non tauri insuetos ferro proscindere campos
Discebant : dives per se dabat omnia tellus ;
Atque comas ulmo vitis conjuncta maritæ.
Uvas præbebat, nullo poscente, feraces.
Roscida tunc quercus sudabant mella vetustæ ;
Jam nivei lactis, dulcis jam nectaris ibant
Flumina : tum zephyri mulcebant flamine terras ;
Crescebant subito nati sine semine flores.
Ast iras postquam, spreta pietate, Parentis
Adam commovit ; subito ætas aurea fugit ;
Omnia fugerunt ; dudum transacta valete
Gaudia ! Nil superest : lætos non flamine flores
Aura parit : duram discendunt vomere terram
Agricolæ : tellus tantos ingrata labores
Vix solvit : modica flavescit campus arista :
Telluris gremium spinosis vepribus horret ;
Et natura humilem submittit languida frontem.
Anguis per silvas tumidus proserpere cœpit :
Arentes torret succensa Canicula campos
Atque procul siccis accenditur æstibus aer.
Bacchatur late stridens aquilone procella
Atque greges nitido nudantur vellere, vestes
Ut tribuant, hiemisque avertat lana rigores.
Protinus omne nefas perversum erumpit in ævum ;
Funestaque manu crudelia concutit arma
Sanguineus Mavors ; verumque fidesque recessit ;
Atque loco fraudes subiere : nefandus habendi
Crevit amor : nemo securus ab hospite vixit :
Exploravit homo fecundæ viscera terræ ;
Aurumque effossum fatalis causa malorum.
Jus omnes sanctum prava de mente fugarunt ;
Fraternoque manus fœdarunt sanguine fratres :
Impius exstinctos natus deflere parentes
Destitit ; atque una fœdus junxere nefandum
Bella famesque simul : sævæ contagia pestis
Addita : cessavit pietas et cæde cruentam
Virgo tellurem fugiens Astræa reliquit.

LAURIER (Clément). — *Institution de* M. Barbet-Massin.

THÈME GREC.

Collége royal de Nantes.

Professeur : M. Talbot.

Les sénateurs les plus illustres, à n'en regarder que l'extérieur, différaient peu des paysans, et n'avaient d'éclat et de majesté qu'en public et dans le sénat. Du reste, on les trouvait occupés du labourage et des autres soins de la vie rustique, quand on les allait chercher pour commander aux armées. On voit que ces exemples sont fréquents dans l'histoire romaine. On lit que Curius et Fabricius, ces grands capitaines qui vainquirent Pyrrhus, un roi si riche, n'avaient que de la vaisselle de terre ; et le premier à qui les Samnites en offraient d'or et d'argent, répondit que son plaisir n'était pas d'en avoir, mais de commander à qui en avait. Après avoir triomphé et avoir enrichi la république des dépouilles de ses ennemis, ils n'avaient pas de quoi se faire enterrer.

Οἱ βουλευταὶ οἱ λαμπρότατοι, εἰ μόνον ἔξωθεν αὐτοὺς βλέπεις, ὀλίγον διέφερον τῶν ἀγροίκων, καὶ λαμπρῶς τε καὶ μεγαλοπρεπῶς μόνον εἶχον ἐν τῇ ἀγορᾷ καὶ βουλῇ. Πλὴν κατελαμβάνοντο ἀρῶντες καὶ περὶ τὰ ἄλλα τοῦ ἀγροίκου βίου σπουδάζοντες, ὅτε ἐκαλοῦντο τῆς στρατιᾶς ἄρξοντες. Ἴδοις ἂν ταῦτα τὰ παραδείγματα ὅτι συχνὰ ἦν ἐν τῇ τῶν Ῥωμαίων ἱστορίᾳ. Ἀναγινώσκοις ἂν τὸν Κούριον καὶ τὸν Φαβρίκιον τούτους τοὺς στρατηγούς, νικήσαντας τὸν Πύρρον, ἐκεῖνον βασιλέα οὕτω πλούσιον, ὅτι ἐχρήσαντο κεραμίοις, καὶ ὁ πρότερος, ᾧ οἱ Σαυνῖται ἀργυρώματα καὶ χρυσώματα προσέφερον ἀπεκρίνατο ὅτι μοι ἡδύ ἐστιν οὐκ ἔχειν ταῦτα, ἀλλ' ἐπιτάσσειν τοῖς ἔχουσι.

Μετὰ τὸ νικῆσαι, καὶ ἀπὸ πολεμίων τὴν πόλιν πλουτίσαι, πρὸς τῶν κηδῶν ἔκτισιν οὐκ εὐπόρουν.

BAUDRY.

CLASSE DE QUATRIÈME.

THÈME GREC.

Collège royal de Charlemagne.
Professeur : M. Prieur.

Texte.

On a mis en question si Auguste avait eu véritablement le dessein de se démettre de l'empire, ou s'il avait seulement usé d'un adroit mensonge, par lequel il espérait tromper les Romains. Gardons-nous de nous arrêter à des paroles plus politiques que sincères. Comment ne pas voir que, malgré les troubles dont la république était agitée, rien ne l'aurait empêché, la concorde une fois rétablie, d'exécuter son projet, s'il n'eût pas été retenu par son ambition? Mais à Rome, ville trop aveugle pour distinguer la vérité, pendant que sous Sylla la république prenait des forces, il n'y avait personne qui ne criât à la tyrannie; et pendant que sous Auguste la tyrannie se fortifiait, on ne parlait que de liberté.

Τοῦτο ἐζήτηται πότερον ὁ Αὔγουστος τῆς ἀρχῆς ἀφίστασθαι ἀληθῶς ἐβουλεύσατο, ἢ μόνον ἐχρήσατο δεξιῷ ψεύδει, ᾧ τοὺς Ῥωμαίους ἐξαπατήσειν ἤλπιζε. Φυλασσώμεθα δὲ διατρίβειν ἐπὶ λόγοις πανουργοτέροις ἢ ἀληθεστέροις. Πῶς γὰρ οὐκ ἄν τις ἴδοι ὡς αὐτὸν, εἰ καὶ ἡ πόλις ἐστασίαζεν, οὐδὲν ἂν ἐκώλυσε, τῆς ὁμονοίας γενομένης, τὸ βούλευμα ἐπιτελεῖν, εἰ ὑπὸ τῆς φιλοτιμίας οὐκ ἂν κατέχοιτο; Ἐν δὲ τῇ Ῥώμῃ, πόλει τυφλοτέρᾳ ἢ ὥστε τὸ ἀληθὲς διακρίνειν, ἕως μὲν, ἄρχοντος τοῦ Σύλλα, ἡ πόλις ἐρρωννύετο, τὴν τυραννίδα ἅπαντες ἐμέμφοντο, ἕως δὲ, ἄρχοντος τοῦ Αὐγούστου, ἡ τυραννὶς ηὐξάνετο, περὶ τῆς ἐλευθερίας ἅπας ἦν ὁ λόγος.

BARBET-MASSIN (Jules).—*Institution de* M. Barbet-Massin.

CLASSE DE SIXIÈME.

VERSION LATINE.

Collége royal de Henri IV.
Professeur : M. Dupont.

LUPUS ET ECHINUS.

Male creditur improbis, vel cum amicos se simulant. Lupus esuriens forte in echinum incidit : delicatum sane prædæ genus et quod palato lupi mirifice saperet. At belluam aggredi suis circumseptam spiculis, periculosum opus. Ergo cum dolo tentandum ratus ; sic echinum compellat prior : Quid vereris, o bone ? vel quo hæc pertinent quæ geris arma ? An istè cultus inter amicos decet ? Hæc pone tute. Nemo enim me amicior tibi, tuisque rebus qui magis studeat. — Bene est, reponit alter : hoc gratulor mihi, quod te amicum sim nactus, atque omnes velim lupos habere pariter amicos. At arma nostra ne te sollicitent : dedit hæc natura quibus in hostes uterer. Tu qui amicum te profiteris, metum abjice, nunquam mea arma amicis nocent.

LE LOUP ET LE HÉRISSON.

Il ne faut pas croire aux discours des méchants, lors même qu'ils feignent d'être nos amis. — Un loup, pressé par la faim, rencontra un jour un hérisson. C'était une proie d'une espèce fort délicate, et qui aurait flatté merveilleusement son palais. Mais il fallait attaquer l'animal entouré de ses dards, et l'entreprise était dangereuse. Voyant qu'il fallait avoir recours à la ruse, le loup l'aborde le premier, et lui tient ce langage : « Pourquoi crains-tu, cher ami ? et à quoi servent ces armes que tu portes ? Est-ce qu'une pareille parure est convenable entre amis ? Dépose-les en sûreté, car personne ne t'est plus dévoué et ne s'intéresse plus à tes affaires que moi. » « Tant mieux, reprend le hérisson ; je me félicite de t'avoir pour ami, et je voudrais qu'il en fût de même avec tous les loups. Mais que mes armes ne t'effrayent pas : la nature me les a données pour m'en servir contre mes ennemis ; et comme tu te dis mon ami, tu ne dois avoir aucune crainte, car mes armes ne font jamais de mal à mes amis.

DE LORMAYE (Charles-Juste-Anatole), *interne*.

CLASSE DE SEPTIÈME.

VERSION LATINE.

Collége royal de Charlemagne.

Professeur : M. Combemale.

Sylla cum in congerenda pecunia, per fas et nefas, occuparetur, scripsit Amphictyonibus Delphos, ex re esse, uti ad se mitterentur pecuniæ deo sacræ, se enim, rectius, servaturum; cæterum, si consumpsisset, tantumdem redditurum. Misitque eo Caphin Phocensem, amicum suum, ut singula ponderata acciperet. Hic ubi Delphos pervenit, multis lacrymis coram Amphictyonibus necessitatem istam deploravit; et quibusdam dicentibus auditum fuisse citharæ quæ in sacrario erat, sonum, Syllæ de eo prodigio, sive credens ipse, sive ut religionem illi objiceret, perscripsit. Cui per jocum rescripsit Sylla mirari se Caphin, qui non intelligeret canere non dolentis, sed lætantis esse. Proinde bono animo esset, acciperetque quæ deus hilaris dabat.

Sylla, s'occupant de s'emparer d'un trésor par tous les moyens possibles, écrivit à Delphes, aux Amphictyons, qu'il était utile de lui envoyer les sommes consacrées au dieu, qu'il les conserverait mieux; que, du reste, s'il les dépensait, il les rembourserait. Il envoya Caphis, Phocéen, son ami, pour recevoir ces sommes les unes après les autres. Dès qu'il fut arrivé à Delphes, il déplora avec beaucoup de larmes cette nécessité en présence des Amphictyons; et quelques-uns ayant dit qu'on avait entendu le son de la lyre qui était dans le sanctuaire, il écrivit ce prodige à Sylla, soit qu'il le crût lui-même, soit qu'il voulût lui inspirer du respect. Il lui répondit en riant qu'il s'étonnait de ce que Caphis ne comprenait pas qu'il n'appartenait point de chanter à celui qui se plaint, mais à celui qui se réjouit : que par conséquent il eût bon courage, et qu'il reçût ce que le dieu lui donnait avec joie.

de MAGNY.

Deuxième partie.

REVUE RÉTROSPECTIVE.

SUITE DES VERSIONS.

CLASSE DE QUATRIÈME.

Texte.

Eloquentiæ effictio.

Tunc procedere mihi visa est, inter admirantes deos, femina quædam haud proceri corporis, sed magna vultus majestate decora. Ea velut potens omnium regina, et impellere quo vellet, et unde vellet deducere, et in lacrymas flectere, et in rabiem concitare, et in alios vultus sensusque convertere, tam urbes quam prœliantes exercitus et quælibet agmina valebat populorum. Hæc etiam senatum, rostra, judicia domuisse in gente romulea : Athenis vero curiam, gymnasia theatraque pro arbitrio reflexisse, ac totam funditus Græciam miscuisse ferebatur. Hac vero loquente, qui vultus, vocisque sonus, quantaque excellentia celsitudoque sermonis! Audire operæ pretium etiam superis fuit tantæ inventionis ingenium, tam famosæ ubertatis eloquium, tam capacis memoriæ thesaurum. Qualis disponendi ordo! quam pronuntiandi congruens modulatio! quis impetus in motu! quæ ingenii vis in conceptu! Denique exilis in modicis, in mediocribus facilis, in magnis ardens et incensa, præstabat cunctos disserendo dociles, suadendo parentes, concitando discordes, laudando feroces et exsultantes. Ubi vero publici nominis appellatione commovere animos inceperat, fluctuare, permiscere, ardere, omnia videbantur.

PREMIER PRIX.

BILLACOYS DE BOISMONT (George-Hippolyte).

Collége royal de Louis le Grand.

DESCRIPTION DE L'ÉLOQUENCE.

Alors il me semble voir s'avancer, au milieu des dieux dans l'admiration, une femme d'une taille peu élevée, mais belle par la grandeur et la majesté répandues sur son visage. Cette femme, comme la souveraine maîtresse de toutes choses, pouvait pousser où elle voulait, ramener d'où il lui plaisait, attendrir jusqu'aux larmes, exciter à la fureur les villes aussi bien que les armées en guerre, et tous les rassemblements des peuples. On disait même que, dans la cité de Romulus, elle avait dominé au sénat, sur la tribune aux harangues, et devant les tribunaux ; que, dans Athènes, elle menait à sa guise la curie, les gymnases et les théâtres ; et qu'elle bouleversa entièrement toute la Grèce. Quand elle parlait, frappés de l'expression de son visage, du son de sa voix, de la grandeur et de l'élocution de son langage, les dieux eux-mêmes prêtaient l'attention la plus scrupuleuse à ce génie si inventif, à cette élocution d'une fécondité si remarquable, au trésor d'une si vaste mémoire. Quel ordre dans l'arrangement du discours! quelle harmonie, quel accord dans la prononciation! quelle vivacité dans les mouvements! quelle force de génie dans la conception! Petite dans les petites choses, facile dans les circonstances ordinaires, pleine de feu et d'ardeur dans les grandes, elle rendait tous ses auditeurs dociles, par le raisonnement ; obéissants, par la persuasion ; elle en faisait des ennemis, en les excitant, et des hommes pleins de fierté et d'orgueil, en leur accordant des éloges. Mais une fois qu'elle s'était mis à prononcer un nom populaire, alors tout semblait plein d'agitation, de trouble et d'ardeur.

DEUXIÈME PRIX.

BERTRAND (Marie-Charles-Alfred).

Collége royal de Bourbon.
Institution de M. Blanadet-Darragon.

PEINTURE DE L'ÉLOQUENCE.

Je vois alors une femme s'avancer au milieu des dieux surpris ; sa taille n'est pas élevée, mais une imposante majesté empreinte sur ses traits rehausse sa beauté. Comme une souveraine toute-puissante, elle peut, au gré de son caprice, pousser les esprits dans une voie ou les en détourner, émouvoir la sensibilité, exciter la fureur; elle peut faire changer de face et de dispositions et les États et les armées qui combattent, et toutes les troupes des peuples. A Rome, le sénat, la tribune, le barreau ont été subjugués par elle; à Athènes, la curie, les gymnases, les théâtres ont obéi, dit-on, aux lois de son caprice; elle a jeté un grand trouble dans la Grèce entière. Quand elle parle, quel air, quel accent! quelle perfection, quelle sublimité de langage! Les dieux mêmes ne dédaignent pas d'écouter un esprit aussi inventif, un langage d'une fécondité si reconnue, un trésor d'une si prodigieuse mémoire. Quel ordre dans la disposition! quelle justesse dans l'inflexion de la voix! quelle vivacité dans l'action! quelle énergie de génie dans la conception! Simple enfin dans les sujets de peu d'importance, facile dans ceux qui sont plus relevés, elle est, dans les grands, animée et ardente. Par la dialectique, elle rend tous les hommes dociles; par la persuasion, elle les rend obéissants. L'impulsion qu'elle leur donne sème parmi eux la discorde; les louanges qu'elle leur adresse leur communiquent de l'orgueil et de l'enthousiasme. A peine a-t-elle commencé à remuer les esprits en prononçant le nom de citoyens, que tout semble agité, ébranlé, électrisé.

CLASSE DE CINQUIÈME.

Texte.

1- Fuit Hadriano imperatori natura bonis malisque permixta, sic tamen ut virtutes eminerent, præsertim militares. Si ad civilia respicias et urbana, comis, aditu facilis, sæpe et obvius, interdum popularis auræ captator, et famæ, non citra jactantiam, appetitor, imperatoriæ tamen majestatis assertor vigilantissimus, tanquam timeri mallet quam diligi. In privato, simplex et tenuis et circa corporis cultum civilem non excedens modum, cibo quem fors obtulisset facile contentus, ut quem milites in castris et in stationibus vesci stantem sæpius viderint. Superstitionibus magis et præsagiorum sciscitationi deditus quam sacrorum legitimus observator, occultis magorum artibus plus esse confisus dicitur, pecudes mactans innumeras, adeo ut quoties ab expeditionibus rediret, boves defuturi crederentur. Juris alioqui et æquitatis observans, et publicarum injuriarum vindex acerrimus, sed ad iram promptior quam ad misericordiam : et erant certi quibus asperior in castigando videretur; nisi pro excusatione sit, quod paucorum supplicio et sanguine nefarias multorum cupiditates restingui posse putaverit. Litterarum vero, licet crebro cum philosophis versaretur et grammaticis, incuriosior habebatur, propterea, credo, quod pleraque manu agere solitus, facta quam verba pluris facere didicisset; natura tamen non infacundus, ut qui germanos milites Rheno et pruinis assuetos simplici oratione cohortatus, per æstuosa Syriæ ad usque Medorum confinia traxerit. Sin ad rei militaris studia venerimus, quam fortis quamque non pavidum se ostenderit, satis declarant toties impetiti hostes; nostri etiam milites non semel objectu pectoris a fuga prohibiti et ad pugnam revocati, et hostium dux ejus telo confossus. Quanta vero castrensium negotiorum fuerit scientia, tot munitissimorum oppidorum, tot castellorum oppugnationes, tam multiformi figura compositæ acies. Quanta vigilantia, somni parcitas et exploratæ sæpe noctu stationum vices et vigiliarum; quanta frigoris et solis despicientia, testantur tot superatæ regiones, et ab hyperboreis montibus usque ad ipsius Persidis terminos peragratus orbis. Felicitatis indicium sit pacatus oriens et occidens, et in sedes suas retrusa barbaries.

PREMIER PRIX.
D'HÉLIAND (René).

Collége royal de Henri IV.

Dans le caractère de l'empereur Adrien se trouvaient mélangées des bonnes et des mauvaises qualités; et cependant ses vertus l'emportaient, et surtout ses vertus militaires. Quant à ce qui regarde les citoyens et la ville, il était bienveillant, d'un facile accès, souvent même prévenant; quelquefois il briguait la faveur publique; passionné pour la gloire, non sans vanité, il veillait avec beaucoup de zèle à la majesté impériale, comme s'il eût désiré être craint plutôt qu'aimé. Dans son particulier, il était simple et sans affectation, et il n'était pas plus recherché dans son extérieur que les autres citoyens; il se contentait facilement de la nourriture que le hasard lui fournissait, de sorte que ses soldats le virent souvent, dans les camps ou dans les haltes, prendre ses repas debout. Plus adonné aux superstitions et à la consultation des présages que véritable observateur du culte, on dit qu'il avait beaucoup de confiance dans les arts cachés des mages, et qu'il immolait des victimes innombrables; si bien que toutes les fois qu'il revenait de ses expéditions, on croyait que les bœufs allaient manquer. Du reste, observateur du droit et de l'équité, et très-zélé vengeur des injustices publiques, mais plus disposé à la colère qu'à la pitié ; il y avait des gens à qui il paraissait punir avec trop de sévérité ; mais ce qui l'excusait, c'est qu'il croyait éteindre, par le supplice et par le sang de quelques-uns, les mauvaises passions d'un grand nombre de citoyens. Quoiqu'il eût de fréquents rapports avec les philosophes et les grammairiens, il passait pour peu versé dans les lettres, pour cette raison, ce me semble, que, ayant l'habitude d'agir avec la main, il avait appris à faire plus de cas des actions que des paroles. La nature, du reste, ne l'avait pas laissé sans éloquence ; et il en fit preuve lorsque, avec un simple discours, il transporta à travers la Syrie aux brûlantes chaleurs, jusqu'aux confins de la Médie, les soldats germains habitués au Rhin et à ses frimas. Quant à ses vertus militaires, les ennemis tant de fois attaqués, nos soldats même qu'il a tant de fois, en leur faisant pour ainsi dire de son corps une barrière, empêchés de fuir et ramenés au combat, et le général ennemi percé de son dard, sont autant de preuves de son courage et de son intrépidité. Sa connaissance de l'art de la guerre se découvre facilement dans les siéges de tant de villes si bien fortifiées et de tant de châteaux forts, dans les manières si diverses dont il rangeait ses armées. Sa vigilance est prouvée par le peu de sommeil qu'il prenait, et par le soin avec lequel il visitait souvent pendant la nuit les postes et les sentinelles ; et l'on ne peut douter qu'il ait été insensible au froid et à la chaleur, en voyant qu'il a soumis tant de nations, et parcouru le monde depuis les monts hyperboréens jusqu'aux limites de la Perse. L'Orient et l'Occident pacifiés, et la barbarie renfermée dans le lieu de son séjour, voilà des témoignages de son bonheur.

DEUXIÈME PRIX.
PRUDHOMME (Pierre-François).

Collége royal de Charlemagne.
Institution de M. Cuny.

Le caractère de l'empereur Adrien était mêlé de bien et de mal, de telle sorte cependant que ses vices laissaient briller ses vertus, et surtout ses vertus militaires. Dans ce qui regardait les citoyens et Rome, il était affable, facile à approcher, et souvent même prévenant ; il briguait quelquefois la faveur populaire, il était avide de renommée, et non sans présomption ; il était le défenseur le plus vigilant de son autorité d'empereur, comme s'il eût mieux aimé être craint que chéri. En particulier, il était simple, sans affectation, et ne dépassait pas la mesure ordinaire dans le soin qu'il prenait de son corps : il se contentait facilement pour sa nourriture de ce que le hasard lui offrait, et les soldats le virent souvent manger debout dans les camps et pendant les haltes. Il était plus livré aux superstitions et à l'habitude de consulter les présages, qu'observateur régulier de la religion, et il avait, dit-on, plutôt confiance dans l'art secret des magiciens : il immolait un nombre infini de victimes, de telle sorte que, toutes les fois qu'il revenait d'une expédition, on croyait que les bœufs allaient manquer. Du reste, il observait le bon droit et l'équité, et, vengeur le plus acharné des injustices publiques, il était plus porté à la colère qu'à la pitié : et il y a certaines personnes qui le trouveraient trop sévère dans ses châtiments, s'il n'avait pour excuse d'avoir cru pouvoir, par le supplice et le sang de quelques-uns, éteindre les passions criminelles du grand nombre. Il passait pour négliger les lettres, quoiqu'il fût souvent avec des philosophes et des grammairiens ; et c'est pour cette raison que je crois qu'habitué à agir la plupart du temps par la force, il avait appris à préférer les actions aux paroles : il était cependant naturellement éloquent ; une simple harangue lui suffit pour entraîner dans le pays brûlant de la Syrie, et jusqu'au fond de la Médie, les soldats de Germanie accoutumés au Rhin et au froid. Passons à ses occupations militaires. Que de courage et d'intrépidité il a montré, c'est ce qu'indiquent assez les ennemis tant de fois attaqués, nos soldats même que plus d'une fois, se précipitant la poitrine en avant, il empêcha de fuir et rappela au combat, et un général ennemi percé de la main d'Adrien. Quelle a été son habileté dans ce qui regarde les camps, c'est ce que nous montrent tant de villes très-fortifiées, et tant de châteaux forts assiégés, et des armées rangées de tant de manières différentes. Son habitude de dormir peu, et de reconnaître la nuit le changement des postes et des sentinelles, sont des preuves de sa vigilance : la conquête de tant de nations, et l'univers qu'il a parcouru depuis les monts hyperboréens jusqu'aux confins de la Perse, témoignent de son mépris pour le froid et la chaleur. Les marques de son bonheur sont l'Orient et l'Occident pacifiés, et les barbares qu'il a refoulés dans leurs demeures.

CLASSE DE SIXIÈME.

Texte.

Sunt qui poeticas fabulas et exornandæ orationis præcepta deprimere conantur, et inanem ludicramque esse doctrinam dicunt, neque alio quam ad puerorum animos vana quadam oblectatione demulcendos referri. Poetarum vero fabulæ, quas isti tantopere exagitant et insectantur, non levia quædam et frugis expertia otiosorum hominum commenta sunt. Imo sub iis velut involucris atque integumentis omnis prope sapientia, omnis ingenuo homine digna cognitio continetur. Eratosthenem quemdam fuisse aiunt, qui poeticen ita contemneret, ut Homerum ineptæ loquacitatis magistrum nominaret. At certe Plato et Aristoteles, quorum non paulo major est quam Eratosthenis auctoritas, ita sæpe repetitis ex eo testimoniis utuntur ad confirmanda ea quæ tradunt, ut eum non tantum studiosissime legisse, sed vix unquam de manibus deposuisse videantur. Eloquentiam autem quis nescit a gravissimis auctoribus rerum omnium reginam vocari? Hæc est illa virtus, quæ quamlibet in partem arbitratu suo flectit audientium animos, eosque pulchritudinis suæ splendore obstupefactos, quibusdam velut habenis orationis regit. Hæc illa est quæ consolatur mœrentes, afflictos excitat, jacentes erigit. Hac Cicero fretus Catilinæ furores et nefarie in patriam inita consilia dissipavit ; hac togatus superavit armatos ; hac instructi qui sunt, majus omnibus tyrannis imperium in homines obtinent. Si quidem tyranni possunt corpora constringere, hi vero dominantur in animis. Illi invitis imperant, hi volentibus. Illi et oderunt omnes, et odiosi sunt omnibus; hos in omne hominum genus beneficos perpetua omnium benevolentia comitatur.

PREMIER PRIX.
GERBIDON (Émile-Victor).

Collége royal de Bourbon.
Institution de M. Bellaguet.

Il y a des gens qui cherchent à discréditer les récits des poëtes, et tout ce qui apprend à embellir le discours : « C'est, disent-ils, une science frivole et futile, qui ne sert qu'à offrir à l'esprit des enfants les charmes d'une vaine distraction. » Mais ces récits, objets de tant de censure et de critique de leur part, ne sont pas des fictions vides de sens et stériles, inventées par des gens oisifs; ce sont eux-mêmes qui renferment, cachées pour ainsi dire sous des masques et des voiles, presque toute la sagesse, presque toutes les connaissances dignes d'un homme libre. Il a existé, dit-on, un homme, Ératosthènes, qui méprisait la poésie au point d'appeler Homère un maître de sot bavardage. Mais Platon et Aristote, dont l'autorité est beaucoup plus grande que celle d'Ératosthènes, emploient si souvent des passages d'Homère pour preuve et à l'appui des faits dont ils font mention, qu'ils paraissent non-seulement l'avoir lu avec le plus grand soin, mais encore l'avoir toujours eu entre les mains. Ignore-t-on que les plus grands écrivains ont appelé l'éloquence la souveraine de toutes choses? N'est-ce pas cette science qui tourne à son gré d'un côté ou d'un autre l'esprit de ses auditeurs, les étonne par sa beauté et son éclat, et les gouverne comme avec les rênes du discours? N'est-ce pas elle qui console les gens tristes, ranime les gens abattus, relève ceux qui sont découragés? N'est-ce pas avec son aide que Cicéron détruisit la conspiration de Catilina et les projets criminels que cet homme formait contre sa patrie? N'est-ce pas avec elle que, revêtu de sa toge, il vainquit des hommes armés? Ceux qui la possèdent ont sur les hommes plus de puissance que tous les tyrans. En effet, ceux-ci ne sont maîtres que du corps, tandis que les autres règnent sur les esprits. Les premiers commandent aux hommes qui ne les supportent qu'à regret; les seconds, de leur propre consentement. Les uns haïssent tout le monde, et sont eux-mêmes odieux à tous; les autres répandent leurs bienfaits sur tous les hommes, et sont l'objet de leur affection.

Troisième partie.

VARIÉTÉS.

Une cérémonie touchante a eu lieu au collége royal Henri IV, en présence du Ministre de l'Instruction publique et d'une assemblée nombreuse.

On a inauguré le buste de Casimir Delavigne, ancien élève de ce collége.

Toute l'Université a voulu assister à cette fête de famille, où l'on rendait un hommage si bien mérité au poëte illustre et modeste, dont le nom survivra entre tous les grands noms de notre époque.

Les élèves se sont formés en carré autour du piédestal : le Ministre et tout le cortége se sont placés en face du buste; et M. de Wailly, proviseur du collége, a pris la parole, et a prononcé un discours que nous sommes heureux de reproduire :

« ÉLÈVES DU COLLÉGE ROYAL HENRI IV,

« Il y aura bientôt quarante ans, dans l'enceinte de cette maison, qui portait alors le nom de son impérial fondateur (car un heureux privilége l'a successivement placée sous le patronage des deux noms les plus populaires de notre histoire, Henri IV et Napoléon), siégeait comme vous, sur les bancs de nos classes, un écolier doux, modeste et laborieux : quelques années plus tard, l'écolier était un grand poëte.

« Chéri de ses camarades pour la touchante aménité de son caractère, de ses maîtres pour les dons précoces d'une brillante imagination, le jeune Casimir combattait, Messieurs, et triomphait, comme vous, pour l'honneur de notre cher collége, à côté du Ministre qui vient aujourd'hui rendre hommage à sa mémoire, et qui, lui aussi, promettait dès lors de devenir un jour ce qu'il est à présent, une des gloires de cette maison.

« Il y a là pour vous, jeunes élèves, un haut et sérieux enseignement. Non que cet exemple doive vous séduire, et vous entraîner aux illusions de la vie aventureuse du poëte, qui renferme des joies bien vives et de bien amères déceptions, mais il vous apprendra, quelle que soit la carrière où la patrie vous appelle, ce que chacun peut faire pour soi dans ce monde par le travail, la persévérance, la volonté..

« N'attendez pas, Messieurs, que je vous retrace le tableau de la vie littéraire de Casimir Delavigne, de cette existence trop courte, hélas! et pourtant si bien remplie. Au moment où la tombe s'est refermée sur son cercueil, cette tâche a été remplie par des voix plus éloquentes que la mienne : d'abord par un de nos anciens condisciples, qui, dans cette circonstance, avait l'insigne honneur de représenter le deuil royal, M. le comte de Montalivet, et qui s'acquitta de cette douloureuse mission avec le talent de l'orateur et le cœur d'un ami; ensuite par un poëte illustre, qui, au nom de l'Académie française, sut trouver des paroles élevées, impartiales et touchantes, pour apprécier son glorieux émule d'une façon digne de tous deux. Enfin son successeur à l'Institut, le sévère historien de Port-Royal, le confident intime des souffrances de Joseph Delorme, a prononcé son éloge avec un bonheur d'expressions et une finesse d'aperçus qui nous défendraient d'entrer en lutte avec lui, quand même le temps et le lieu nous permettraient de l'essayer.

« Bornons-nous à rappeler brièvement qu'après Corneille et Racine, maîtres immortels et à jamais inimitables, Casimir a encore pu se faire applaudir comme eux sur la double scène tragique et comique, à côté de leurs éternels chefs-d'œuvre, pour lesquels il professa toujours l'admiration la plus passionnée, le respect le plus profond, le culte le plus pur. N'oublions pas que, dans un autre genre, après avoir, encore enfant, noblement chanté les splendeurs de l'Empire, plus tard il eut des larmes éloquentes pour ses héroïques revers; et qu'enfin, au plus fort de nos tempêtes politiques, quand l'horizon commençait à peine à s'éclaircir, le premier il salua le retour de nos glorieuses couleurs trop longtemps éclipsées, et que dans un chant populaire, désormais impérissable comme les grands événements dont il consacre le souvenir, il avait appelé si poétiquement l'arc-en-ciel de la liberté : mais proclamons surtout que, dans cette suite brillante d'ouvrages qui lui ont valu l'admiration de ses contemporains, il n'existe pas une page que puissent désavouer les exigences les plus sévères et du goût et de la morale. Enfin, s'il m'était permis d'apporter ici mon témoignage personnel, grâce à une douce et longue intimité dont j'étais heureux et dont je suis fier, je pourrais vous dire, jeunes élèves, que, dans la retraite laborieuse où l'ont tenu si étroitement renfermé son amour si consciencieux de l'art, la simplicité modeste de ses goûts et sa tendre prédilection pour la vie de famille, Casimir fut toujours doux et bon pour tous, affectueux et bienveillant pour la jeunesse qui venait réclamer ses conseils, sans fiel contre ses rivaux, qui poursuivaient et trouvaient la renommée par d'autres voies que la sienne ; et que vis-à-vis d'une haute protection, je dirai presque d'une amitié royale qui datait d'une autre époque, il sut allier le dévouement le plus sincère, l'attachement le plus vrai, la reconnaissance la plus respectueuse, à cette indépendance de caractère, à cette dignité de l'homme de lettres, dont il offrait en tout point le simple et touchant modèle.

« Tout à l'heure, Monsieur le Ministre, nos élèves vont venir, dans un pieux recueillement, défiler sous vos yeux, devant l'image de leur illustre condisciple, dont un grand artiste a si noblement reproduit les traits. Au nom du grand, du moyen et du petit collége, au nom des externes, qui ont bien aussi le droit d'être représentés dans cette fête de famille, quatre de nos meilleurs écoliers suspendront à ce piédestal chacun une couronne, symbole et tribut de leur profonde admiration.

« Mais, avant de terminer, permettez-moi de retarder un moment encore l'impatience si légitime que l'on a de vous entendre; permettez-moi de vous demander une faveur : autorisez-nous à lever les punitions légères qui ont été encourues depuis une semaine; vous ne pardonnerez qu'à des fautes d'étourderie ou d'inadvertance, dont l'impunité ne coûtera rien, ni au bon ordre, ni à la règle. D'ailleurs, un jour comme celui-ci ne doit laisser dans tous les cœurs que de doux souvenirs, et, suivant l'expression du poëte dont nous glorifions aujourd'hui la mémoire, votre front doit porter grâce. »

Après ce discours, M. le Ministre de l'Instruction publique a pris la parole; nous regrettons de ne pouvoir donner ici sa chaleureuse improvisation ; elle a constamment excité l'émotion, et de justes applaudissements l'ont accueillie.

L'élève Babled a lu ensuite cette pièce de vers latins :

A CASIMIR DELAVIGNE.

Jam patrii sileant cantus, jam plectra quiescant
Gallica! carminibus decet ire in verba latinis !
Ecquis enim tam certus adest, tam pectore fidens,
Ut dum spirantem vivo de marmore vultum
Quisque recognoscit, dum vatem auditque videtque
Aut audire putat, male cauto gestiat ausu
Et conferre manum, et paribus concurrere telis !

Ecce igitur nostro semper sociata dolori
Musa, latina sonat, nec erit præpostera, vati

Quandoquidem placuit firmo jam pollice nostram
Sollicitare lyram, et fidibus tentare latinis
Nascenti ingenio patriæ præludia Musæ.

Tu vates, templis cœlestibus addite, nostros
Respice conatus, da non indigna referre!
Omnipotens numen digito velut indice, vates
Signat, et æthereis purum sub cordibus ignem
Cœlitus accendit, subito qui prosilit ortu.
Ille fuit vere cœlesti percitus œstro!
Nempe libros inter, viridi maturior ævo,
Liberiore frui tractu, juvenilibus alis
Ardet, et angusti fines prærumpere mundi.
Mundus erat nostra illa domus: sibi conscia necnon
Hic mens emicuit, rabida dum mente tyrannus
Affectaret ovans solium, duplicique nepotum
Funere, sacrilegos jam tandem absolveret auras.
Qualis deinde fuit! vera quam vividus arte!
Seu proprios senibus viva sub imagine mores
Pingeret, aut trepidi ad mortem spectacula regis:
Sive Sophocleo connixum grande cothurno
Ingenium veteres felici attingeret ala.
Haud melius pictor calamo medicante colores
Ordinat, et telæ sensus vitamque virilem
Apponit, verisque accensa affectibus ora.

Mox igitur patuit jussis Academia portis
Admirata decus tantum: titulisque poetæ,
Hospitis egregii! sibi partos auxit honores.

Hoc vivax tamen ingenium, nec civica virtus,
Nec patriæ præclarus amor producere vitam
Evaluit, tristique moras innectere fato
Hei mihi! cum patriæ prisca infortunia nostræ
Fleret inexpletum, et civilia voce cieret
Corda, resurgentemque animis accenderet iram
Heu periit! Virides et inexorabilis annos
Parca tulit subito, nostroque invidit amori.
Tum tota ingemuit communi Gallia luctu,
Tanto orbata viro, pullato Academia vultu
Flevit inexhaustum: mœsti quoque flevimus et nos,
Noster erat nempe: et dotali hanc munere sedem
In propriæ laudis consortia lauta vocarat.

Scilicet unanimo semper sub corde recursat
Tantus honos gentis, noster geminatur et una
Ex longo collectus amor, juveniliaque alte
Pectora succendit, stimulisque haud mollibus urget.
Non omnis tamen interiit: sed fama superstes

Asserit egregios vitæ immortalis honores.
Jam superest etiam dilecti nominis hæres
Quem vix gymnasii subeuntem limina, nostro
Lætamur spectare sinu, sociumque vocare,
Ut patrem patres nostros (nec jam sine fletu!),
Nunc etiam meminisse juvat, semperque juvabit.
O utinam patrium redivivo semine surgat
Ingenium, famamque novis successibus ornet
Usque novis, patria puer informatus in umbra !
Signet honore domum nostram, paribusque triumphis
Exspectata ferat diuturni oblivia luctus !

BABLED, élève de philosophie.

M. Antony Deschamps a lu, dit-on, des vers français pleins de noblesse et d'élégance : nous aurions été heureux de les publier ; mais nous n'avons pu nous les procurer.

Le directeur de cette Revue, qui a vécu pendant un grand nombre d'années dans l'intimité de l'illustre poëte; auquel l'Université vient de rendre ce pieux hommage, croit pouvoir, comme ancien professeur et comme ami, s'associer à cette solennelle manifestation, en donnant quelques vers faits en 1845, et qui aujourd'hui sont encore de circonstance et d'à-propos.

HOMMAGE A CASIMIR DELAVIGNE.

Respicere exemplar vitæ, morumque jubebo
Doctum imitatorem, et veras hinc ducere voces.
HORAT.

Le chantre aimé qui de la France
Soupira les vives douleurs,
Et sut ranimer l'espérance
Morte au fond des plus nobles cœurs...
Il s'est endormi dans sa gloire,
Et du cygne mélodieux
Les derniers accents de victoire
N'ont eu d'écho que dans les cieux.

Vrai citoyen, ardent poëte,
Sublime esprit et vaste cœur,
Dans nos temps d'ardeur inquiète,
Où chacun a ses jours d'erreur,
Ferme dans sa vertu première,
Et toujours libre au sein des cours,
Il sut accomplir sa carrière
Sans changer de culte ou d'amours.

Avec autant d'idolâtrie,
Avec la même sainteté,
Qui jamais chérit la patrie?
Quel autre aima la liberté?
Il chanta leur double conquête,
Puis se dit, en homme de bien :
« Pourrais-je être mieux que poëte?
« Puis-je être plus que citoyen ? »

Une douce et pure morale,
De ses écrits harmonieux,
Pour enchanter les cœurs s'exhale
Comme un parfum délicieux :
Pour lui, jamais la poésie
Ne fut un jeu stérile et vain
Où se complut la fantaisie ;
C'est le cœur qui fit l'écrivain.

On sent toujours, lorsque sa lyre
Module de tristes concerts,
Qu'en secret son âme soupire,
Et qu'elle a passé dans ses vers :
Aussi, quand le monde remue
Contre le faible aux pas des forts,
Il tressaille, et son âme émue
S'épanche en sublimes accords.

Vétérans de la grande armée,
Qu'un jour la victoire a trahis,
Il a fait votre renommée
Immense, et sainte pour vos fils :
Grâce à lui, l'éclat dont rayonne
La France aux champs de Marengo,
N'est pas terni sous la couronne
Du noir cyprès de Waterloo.

O Grèce ! à tes fils qui sommeillent
Engourdis dans un long repos,
Il parle... et ses accents réveillent
Un nouveau peuple de héros !
Espère.... il a su les convaincre
Qu'en tout temps on peut s'affranchir ;
Qu'on est libre quand on sait vaincre,
Et libre, quand on sait mourir.

Polonais, nos vieux frères d'armes,
Vers vous si l'on eût su courir
A son appel, combien de larmes,
Que de sang on eût pu tarir !
Pour vous son amitié fidèle
Doit survivre au dernier adieu...
Écoutez... Son âme immortelle
De vous s'entretient avec Dieu.

Quelle plus éclatante gloire
Que celle du barde inspiré
Qui dans ses chants traduit l'histoire
D'un grand peuple régénéré ?

Son nom, en passant d'âge en âge,
Grandit toujours plus respecté,
Et ses vers sont un héritage
Acquis à la postérité.

Enfants du siècle qu'il décore,
Hâtons-nous ! à son souvenir
Offrons un tribut qui l'honore,
Et que lui payerait l'avenir.
Chacun applaudira... L'envie,
Qui calomnia ses vertus
Et peut-être abrégea sa vie,
L'admire... depuis qu'il n'est plus.

Il a laissé veuve la scène
Dont il fut la gloire et l'orgueil,
Et nul encore à Melpomène
N'a ravi ses voiles de deuil ;
Thalie elle-même soupire,
Car nul ne lui rend aujourd'hui
L'esprit charmant, le fin sourire,
La raison qui brillaient en lui.

Qui de la muse familière
Connut mieux le langage et l'art ?
Et quel autre, depuis Molière,
Eût créé Danville et Bonard ?
Aux vains sophismes de la presse
Opposant son autorité,
Qui dit mieux le vide que laisse
Un jour de popularité ?

Avec une égale harmonie,
Quel autre poëte, en ses vers,
Pouvait nous rendre d'Athalie
La pompe et les divins concerts ;
Et, ressuscitant la merveille
Du noble Cid Campéador,
Au plus beau laurier de Corneille
Cueillir un de ses rameaux d'or ?

Vieux de gloire et jeune d'années,
Il est mort.... mais sans accomplir
Les éclatantes destinées
Que lui promettait l'avenir...
Puisse son âme au ciel ravie,
Hélas ! n'avoir pas emporté
L'antique et chaste poésie,
Dans sa prompte immortalité !

PROSPER POITEVIN.

REVUE GÉNÉRALE ET COMPARÉE

DES

CONCOURS CLASSIQUES.

JANVIER 1847.

DISCOURS

PRONONCÉ

A LA DISTRIBUTION DES PRIX

DU

COLLÉGE ROYAL DE LOUIS LE GRAND,

LE 18 AOÛT 1840,

PAR M. VÉRIEN,

PROFESSEUR AGRÉGÉ DE SIXIÈME.

MESSIEURS,

« Quand Montaigne disait, il y a trois siècles: *Le but de notre étude, c'est de devenir meilleurs et plus sages*, il énonçait une de ces vérités évidentes, incontestables, qui, sans avoir besoin de l'autorité des moralistes, règnent dans tous les lieux, dans tous les âges, et qui frappent tous les esprits comme la lumière frappe tous les yeux. Or, si jamais l'éloge de l'étude a pu paraître une chose surabondante, c'est dans un tel jour et devant un tel auditoire, où, quelque force de raison qu'emploie l'orateur, quelque passion qu'il prête à son langage, il est surpassé par la conviction et la sensibilité de ceux qui l'écoutent : c'est devant cette jeunesse ardente au travail, dont la persévérance est aujourd'hui payée de tant de joies; devant ces familles, si glorieuses de l'honneur que les succès classiques vont répandre sur leur nom;

devant ces maîtres qui se sont voués au culte et à la propagation de la science, et qui me dispensent ainsi d'exalter la divinité dont ils sont les ministres; enfin, devant ces hommes éminents, dont l'un représente l'école où se forment les maîtres futurs de la jeunesse, et l'autre me semble personnifier en lui les sciences exactes, qui viennent tous deux rendre un éclatant hommage à l'éducation, et qui, en honorant cette solennité de leur présence, ne s'honorent pas moins eux-mêmes par ce témoignage de sympathie et de sollicitude.

« Que de motifs pour choisir un autre sujet! Cependant, Messieurs, pourquoi ne me serait-il pas permis d'arrêter un moment vos pensées sur le bienfait de l'instruction, d'analyser les éléments dont il se compose, si mon but est de vous rendre ce bienfait plus précieux? L'âme qui jouit d'une grande félicité n'est pas toujours si profondément absorbée par ce sentiment, qu'elle n'aime encore à se rendre compte de son bonheur, à en considérer successivement toutes les parties, à le multiplier, pour ainsi dire, en le décomposant. Et, puisque mes paroles s'adressent surtout à cet âge qui reçoit les impressions les plus promptes, mais les plus superficielles et les plus fugitives, peut-être ne sera-t-il pas sans fruit pour les jeunes gens de fixer plus avant ces impressions dans leurs esprits, de les mettre au point de vue d'où ils pourront mieux examiner et comprendre les avantages de la culture intellectuelle et morale, de leur montrer ce qu'elle produit pour eux dans leur présent, ce qu'elle renferme pour l'avenir.

« Grâces soient rendues à la nature! A peine a-t-elle procédé au premier développement de l'homme, et assuré dans cette fragile créature les principes de la vie, qu'elle lui inspire un immense désir d'apprendre et de connaître. La vérité est partout, dit-elle : cherche, étends chaque jour tes conquêtes dans son domaine : tout ce que tu découvriras t'appartient. Et docile à ces inspirations, ce jeune roi qui vient d'être mis en possession de son intelligence, est impatient d'essayer ce nouveau pouvoir. Où trouvera cette passion un plus noble objet, cette avide curiosité une satisfaction plus charmante que l'étude des écrivains, nos législateurs et nos modèles? Je ne fais d'ailleurs acception d'aucune littérature. Loin de moi, sans doute, l'idée ambitieuse, l'idée impie d'élever notre langue au niveau de ces deux sœurs antiques dont elle est sortie, quand elle leur doit encore ce respect que commandent les choses qui ont soutenu l'examen des siècles, et que l'admiration des hommes a rendues saintes et immortelles. Il n'entre pas dans mon sujet de proclamer leur incontestable supériorité. Mais les grands écrivains, à quelque littérature qu'ils appartiennent, se ressemblent tous, j'ose le dire, par leur génie et par leur influence, car ils sont tous grands aux mêmes conditions. La logique qui préside à leurs conceptions, qui établit dans leurs idées cet ordre exact et lumineux, dans leur style ces harmonieux rapports, non moins intéressants quelquefois, pour parler avec Buffon, que les vérités mêmes qui forment le fond du sujet, voilà le caractère commun qui les constitue éternellement nos maîtres. Le développement de la raison, stimulée par le plaisir délicat de surprendre les secrets de leur art, perfectionnée par l'exercice même qu'ils lui imposent, voilà leur action sur les jeunes esprits, je me trompe, Messieurs, sur tous les âges.

« Ainsi dirigée, l'intelligence acquiert cette rectitude de jugement nécessaire à l'homme pour mieux apprendre ses devoirs. Mais c'est ici qu'éclate surtout la force de l'instruction, en ce qu'elle ne saurait former la raison sans former en même temps les cœurs. En effet, les œuvres des écrivains sont d'autant plus parfaites, les pages empreintes de leur génie sont d'autant plus saisissantes, qu'elles retracent des exemples de vertus, ou donnent à l'humanité de sublimes enseignements. Alors, ou le lecteur serait, par une monstrueuse exception, indifférent aux belles choses, ou bien, en se familiarisant avec elles par les chefs-d'œuvre où elles sont déposées, en pratiquant les grandes âmes des meilleurs temps, il s'exalte, il s'épure à leur contact, il sent germer en lui de généreuses résolutions. Je vais plus loin : il n'est pas jusqu'à cette perfection du style qui ne produise également son effet moral. Comme toutes les parties du style se tiennent et se correspondent par un merveilleux accord, et découlent les unes des autres, ainsi seront liées toutes les parties de votre conduite, ainsi doivent-elles avoir leur suite et leurs proportions. Le naturel, la justesse, l'élévation du langage passent dans le caractère de quiconque a su les étudier et les saisir ; ces qualités se fondent en lui, elles composent un type harmonieux, auquel il rapporte toutes ses actions et ses pensées. Admirable convenance dans les effets de l'exemple et de la parole ! Influence qui se perpétue jusque sur l'avenir ! Oui, ces impressions de vertu et d'éloquence sont toujours présentes, toujours fécondes ; la saine littérature dont les jeunes gens sont nourris entre profondément en eux ; leur âme retient comme un continuel écho de ces nobles actions et de ces sublimes pensées qui parlent dans les livres.

« Pardonnez-moi, Messieurs, de ne point aborder les détails de cette question. J'avais hâte d'arriver à cette partie de l'éducation qui ne rend pas seulement l'homme meilleur et plus sage, mais qui prépare le citoyen.

« L'étude, toute salutaire qu'elle est, a pourtant son écueil. Elle possède tant de séduction, elle remplit ceux qui l'aiment d'une volupté si entière, qu'il serait à craindre qu'elle ne vînt à les absorber dans la suite, à les isoler, par la contemplation, du reste de l'humanité, à leur faire oublier qu'ils sont membres de la grande famille. Il fallait éviter cet écueil ; il fallait, en répondant au vœu de la nature, qui mit au cœur de l'homme le besoin de s'instruire, lui rappeler qu'il s'instruit surtout pour vivre avec ses semblables. Or, quelle institution atteint mieux cette double fin, que ces asiles communs de la jeunesse, où elle grandit au sein de la méditation, et mêle en quelque sorte à l'apprentissage de la science celui de la société?

« Hors de ces tranquilles demeures, il semble que l'enfant habite une sphère trop agitée et trop vaste pour lui. De quelque solitude qu'on l'environne, il entend le bruit du monde. Quelque soin que l'on prenne d'ajuster à sa taille les objets qui l'entourent, pauvre pygmée transporté au pays des géants, il rencontre partout des proportions qui font rougir sa petitesse, et devant lesquelles, avec sa personne, s'effacent quelquefois, hélas! ses vertus et ses vices. Heureux quand il n'a que les faiblesses de son âge, quand l'instinct de l'imitation, animé par des louanges imprudentes, ne le sollicite pas à se modeler sur les habitudes d'un âge trop différent du sien, et à donner à ses petites actions un caractère de gravité et de prudence anticipées. Mais, dans l'éducation publique, il sent que chacun est à la hauteur des devoirs qu'elle impose, que chacun y tient son rang; et l'égalité lui fait chérir cette première société, dont le monde ne sera que la continuation. D'ailleurs, les défauts qui tendraient à rompre cette égalité, ceux que les hommes toléreraient le moins, un jour, n'y sont point autorisés par une dangereuse indifférence. Ils n'y trouvent ni ténèbres, ni lieu de franchise. Ceux qui l'entourent en étant immédiatement les victimes, les dénoncent et les traduisent sans pitié devant leur tribunal.

« Cependant la conviction qu'aucune de ses fautes n'échappera à la censure et à la juridiction de ses égaux, mais aussi qu'aucun de ses mérites ne sera perdu, puis cette continuelle comparaison qu'il fait de lui-même à ses rivaux, l'espoir d'atteindre les uns, de dépasser les autres, excitent et nourrissent en lui l'émulation : l'émulation, cette sainte flamme des études, ces ailes de feu qui ravissent les âmes et qui les emportent aux grandes choses; l'émulation, la plus triomphante puissance de ce siècle, où tout est mis au concours, où chacun est fils de ses œuvres. Et je n'entends pas cette émulation étroite, personnelle, qui rapporte à un seul individu tous ses efforts, qui concentre en un seul individu le fruit de ses travaux, la joie de ses succès. Non, grâce à cette communauté, disons mieux, à cette fraternité des études, le jeune homme apprend à s'oublier, à sortir de lui-même, pour tourner ses pensées vers la famille. L'esprit public s'éveille dans son sein, le patriotisme a parlé, le citoyen commence. Déjà les intérêts de la patrie sont les siens, les ennemis de la patrie sont ses ennemis; déjà il sait lui faire hommage des victoires qu'il a remportées sous ses auspices; ou, s'il ne peut s'asseoir à la place du triomphateur, il suit le char au Capitole, et l'escorte de ses acclamations.

« Pourquoi faut-il que les vertus les plus généreuses soient aussi celles où il est le plus facile et le plus périlleux de sortir du milieu salutaire, hors duquel elles cessent d'être des vertus ! C'est toi-même que j'atteste, noble principe de l'émulation. Combien d'imaginations ardentes n'entraînerais-tu pas, par d'ambitieuses chimères, hors du juste et de l'honnête, sans la discipline des jeunes années, qui s'imprime au fond des consciences, et qui contient les désirs et les actions dans les bornes légitimes? La vie est un long devoir. Le joug de la règle est imposé aux plus hautes fortunes comme aux plus humbles conditions. L'habitude, Messieurs, de sages tempéraments, et l'heureuse frivolité de votre âge, vous rendent ce joug insensible. Celui que porte l'enfant le prépare à celui que portera l'homme. Et qui oserait s'élever contre la règle, en voyant s'y conformer d'abord ceux qui en sont les auteurs ou les organes !

> . . . . *quum viderit ipsum*
> *Auctorem parere sibi.*

« Ainsi, Messieurs, autour de vous, tous les exemples aboutissent à l'ordre, tout vous l'enseigne ou vous l'inspire ; tous vos mouvements sont concertés pour l'ordre, qui seul maintient les sociétés humaines, comme il conserve le majestueux ensemble de l'univers. Voyez dans les institutions qui gouvernent votre enfance une image de celles qui vous gouverneront au sortir des écoles. Que ces principes vous préservent des tentations de l'esprit novateur ; et, si quelques insensés prétendent, à leur début dans le monde, s'ériger en réformateurs des royaumes, plaignez-les, et félicitez-vous d'avoir appris par l'éducation à respecter les lois de votre pays.

« Mais quittons ces tableaux austères. Que les dernières impressions qui vous resteront de ce discours ne s'adressent qu'à vos cœurs. Voici un sentiment qui vivifie tous les autres sentiments, une vertu qui renferme tant d'autres vertus, l'amitié, qui n'est pas le moins précieux résultat de cette commune instruction. C'est elle qui vous soutiendra dans la vie ; c'est elle qui prête déjà son charme à vos études, qui les anime de sa chaleur, qui les colore de son reflet. Heureux moment que celui où l'âme encore pure, parce qu'elle est moins éloignée de son origine, ne mêle pas à cette passion les vues et les intérêts du siècle, et recherche l'amitié pour elle-même ! Saisissez ce moment, car il passe vite et sans retour. Adoptez vos amis ; ne vous effrayez pas, s'ils balancent dans votre affection ceux que vous a donnés la nature. Ceux-ci ne vous accuseront pas, ils se souviennent de leur enfance ; ils savent combien cette passion est délicate, indépendante, jalouse de son droit d'élection. Certes, rien de plus profond que leur tendresse pour vous, de plus infatigable que leurs soins, de plus désintéressé que leurs bienfaits. Cependant, jusqu'à cet âge mûr où la distance paraît s'effacer entre vous et les auteurs de vos jours, ce titre même, la protection qu'ils vous doivent et qui les constitue vos juges, l'auguste caractère dont le Créateur a empreint leurs personnes, retiennent par le respect les confidences et les épanchements de l'amitié. Vous n'approchez d'eux qu'avec une pieuse reconnaissance et une sorte de tremblement. Ils sont trop près de la Divinité. Vous ne pouvez les chérir, sans leur élever en même temps un autel dans votre cœur. C'est seulement dans l'éducation publique, dans ce règne de l'égalité, que la sympathie fonde les amitiés complètes, éternelles. Oui, Messieurs, celui à qui l'on confie ses joies, ses douleurs, son âme tout entière, avec qui l'on aime à marcher dans la vie, qui tient à vous par une chaîne que ni les événements ni la distance ne peuvent rompre, qui vous donne la main d'un bout du monde à l'autre, c'est parmi vos compagnons que vous le trouverez, c'est là que se rapprochent spontanément ceux que le ciel a faits pour penser ensemble.

« Ce jour qui va retentir de tant d'allégresse, entendra aussi quelques plaintes. Des amis se diront adieu pour la première fois. Après le repos, les uns viendront poursuivre leurs études inachevées; les autres seront appelés dans une carrière nouvelle, où ils retrouveront plus tard ces compagnons dont leur destinée les sépare aujourd'hui. O vous, que les muses réclament encore pour quelque temps, ne jetez point un regard d'envie sur la liberté, sur le monde! N'anticipez point par vos désirs l'instant où ces régions inconnues vous seront ouvertes. Et vous, qui bientôt allez dans une vie plus mâle et plus sérieuse commencer l'application des principes dont fut nourri votre jeune âge, posez un but honorable à vos facultés, ne dissipez point votre intelligence en des œuvres frivoles et stériles. Partez, et que de favorables présages vous accompagnent! partez, sous les auspices de la journée d'hier: car Louis le Grand a soutenu sa vieille renommée; Louis le Grand n'a rien perdu de lui-même; ni le chef n'a manqué à ses soldats, ni les soldats au chef, qu'ils ont tant de fois couronné de leur gloire. Peut-être quelques-uns, trahis par la fortune, ou plutôt oppressés par le souvenir de leurs palmes précédentes, n'ont pas obtenu toutes celles qu'ils espéraient, mais notre part ne laisse pas d'être belle. Qu'un seul de nos rivaux nous soit supérieur de quelques couronnes: notre nom a retenti plus souvent dans cette solennelle proclamation; et ce Prix d'Honneur qui semble inféodé parmi nous, ce prix, qui jette tant de poids dans la balance, nous permet encore d'élever un trophée en face du triomphateur. »

Première partie.

CLASSE DE RHÉTORIQUE.

HISTOIRE.

Collége royal de Henri IV.

Professeur : M. Yanoski.

On ne peut rien dire de certain sur l'origine des maires du palais. Cette dignité, qui paraît tout à coup au vi^e siècle, et qui prend, dans le cours du viie, de si rapides développements, semble n'avoir eu dans le principe aucun caractère politique. Soit qu'on la fasse remonter jusqu'au temps où les Francs erraient encore dans les forêts de la Germanie, soit qu'on rapporte son origine à une époque moins reculée, on peut conjecturer que le maire du palais n'était primitivement qu'un serviteur favori du roi, le chef de ses esclaves, l'administrateur de ses biens, et son nom indique assez que ses attributions étaient purement domestiques.

Tant que la guerre fut l'état habituel des Francs, et que leurs rois ne cessèrent point de les conduire aux combats, la puissance des maires du palais eut peu de chances de se développer, et demeura sans doute restreinte dans ces étroites limites. Aussi, pendant longtemps il n'est point fait mention des maires du palais. Mais quand le désordre et l'agitation de la conquête furent calmés, que les conquérants se furent établis sur le sol, que le roi, choisissant une résidence fixe, eut fait succéder une vie plus paisible à cette vie belliqueuse et inquiète qu'il avait menée jusque-là, on conçoit que le maire du palais se trouva dans des conditions plus favorables. Jaloux de se voir respecté comme les empereurs dont la puissance avait laissé des traces dans la Gaule, le roi attire autour de lui un grand nombre de leudes, et s'efforce, sous l'influence des idées romaines qui flattent son amour-propre, d'organiser une cour sur le modèle de la cour impériale. Dès ce moment, le palais du roi devient le centre de la nation, tout ce qui s'y fait acquiert une plus grande importance. Celle du maire du palais s'accroît d'autant. Confident du roi, qui l'a choisi par égard pour ses talents ou ses qualités extérieures, et qui subit son ascendant, il gagne sa confiance, le remplace dans ses devoirs de souverain, rend la justice aux leudes qui l'entourent, et ses attributions prennent ainsi un caractère civil et s'étendent hors du palais.

Telle avait dû être la marche de la puissance des maires, lorsqu'on les voit paraître pour la première fois en 575, à la mort de Sigebert. Dès cette époque, leur autorité n'a plus le caractère d'une simple charge domestique, elle prend même un caractère politique : c'est de la tutelle du jeune Childebert et de l'exercice du pouvoir souverain qu'il s'agit. Chrodinus refuse cette tâche, parce que, dit-il, il ne veut pas avoir à sévir contre les leudes qui sont ses parents, et c'est son élève Gogon qui en est investi.

Ce fait en révèle implicitement plusieurs autres, qui nous donnent le secret de la puissance que les maires du palais vont acquérir. On voit d'abord que, dès cette époque, la royauté avait à lutter contre les leudes. Ses tentatives pour faire revivre l'administration impériale, pour établir des impôts, l'influence accordée aux Romains, qui étaient les dociles ministres et même les instigateurs de ces projets, tout cela ne pouvait plaire aux Francs. Possesseurs de terres qu'ils devaient, soit à la première occupation du territoire conquis, soit à la munificence du roi, leur situation nouvelle l'emporta sur les anciennes obligations du leude et de l'antrustion envers son chef. Ils se tournèrent dès ce moment contre la royauté, et n'eurent plus d'autre objet que d'arrêter ses empiétements et de rendre impossible l'exécution de ses desseins ambitieux. On voit en second lieu que dès lors les leudes, à la faveur d'une minorité, élisent eux-mêmes le maire du palais, dont la nomination avait toujours appartenu au roi, et qu'ils le choisissent parmi eux afin de s'en faire un appui contre la royauté. Il devient leur représentant, l'instrument de leur résistance ; une nouvelle époque commence pour lui, et son rôle prend tout à coup une haute importance. Un double intérêt l'engageait à se faire le chef et le défenseur d'une aristocratie puissante à laquelle il appartenait, contre une royauté qui allait s'affaiblissant chaque jour.

Sa position à côté du roi lui donnait une immense influence toutes les fois que le pouvoir tomba aux mains d'un prince trop jeune et trop faible de caractère et d'esprit pour gouverner, comme cela se rencontra souvent dans ces temps de désordre où la race de Mérovée, décimée par les crimes et dégénérée, se partageait encore la domination des Francs. Ainsi, en Austrasie, tout favorisait les maires du palais. Trouvaient-ils en Neustrie et en Bourgogne les mêmes éléments de puissance ? Ici, l'aristocratie, mélangée de Francs et de Romains, n'est pas compacte comme en Austrasie. Les maires du palais ne peuvent fonder sur elle les mêmes espérances. En Bourgogne, ils rencontrèrent de plus un obstacle dans une dignité rivale, le patriciat, qui était en possession du commandement militaire, et qui s'était mis à la tête des leudes. Ils furent donc forcément ralliés à la royauté, qui s'y défendait avec succès et qui semblait devoir y triompher.

On voit que deux principes contraires, la royauté et l'aristocratie, dominaient, l'un en Neustrie, l'autre en Austrasie. Leur lutte reçut une nouvelle opiniâtreté de la différence profonde qui existait entre ces deux pays. La Neustrie, et avec elle la Bourgogne qui suivit en général ses destinées, avaient presque subi totalement l'influence des idées romaines; l'Austrasie, sans cesse en contact avec les populations transrhénanes, conserva bien mieux le caractère germanique et la vigueur des mœurs barbares. Les écrivains de cette époque ont si bien senti cette différence, qu'ils ont appelé l'une *Francia Romana*, et l'autre *Francia Teutonica*. On peut donc dire avec vérité que ce fut la lutte des influences germaine et romaine qui se produisit sous la forme d'une lutte acharnée entre la royauté et l'aristocratie, mouvement politique et national à la tête duquel les maires du palais se trouvèrent placés et auquel ils durent leur force. Leur histoire suivit donc les mêmes vicissitudes que celle de la royauté et de l'aristocratie.

La royauté semble d'abord triompher : Gondovald abattu, les complots des leudes déjoués, le traité d'Andelot conclu entre Gontran et Childebert, étaient autant de victoires pour la royauté. Après la mort de Gontran, Brunehaut la défendit avec une énergie et une habileté singulières. Cette femme, pleine des idées romaines, paraissait destinée à les faire prévaloir, si cela eût été possible. Elle engagea avec les leudes une lutte terrible et fit massacrer leur maire Wintrio. Chassée par eux, elle trouva un asile en Bourgogne, et, soutenue par le maire Protadius, sa créature, persécuta les leudes bourguignons, entraîna Théodoric, son petit-fils, contre ceux d'Austrasie, et se vit sur le point de réaliser cette monarchie qu'elle avait rêvé d'établir sur le modèle de l'empire romain. Les leudes sentirent le danger; dans les trois royaumes ils s'unissent par une ligue formidable; Brunehaut et sa race sont exterminées. Ce fut la première grande victoire des leudes : ils la consacrèrent par l'établissement d'un maire du palais dans chaque royaume, et par la *constitution perpétuelle*, qu'ils arrachèrent au faible Clotaire II. Dans cette ordonnance, on reconnaît l'intervention du clergé; c'est qu'en effet les évêques triomphaient avec les leudes : l'élément aristocratique l'emportait déjà dans la société religieuse comme dans la société civile.

Les Austrasiens se lassèrent d'obéir au roi de Neustrie. Clotaire II leur donna pour roi son fils Dagobert, sous la tutelle de Pépin, maire du palais, et d'Arnolph, évêque de Metz. Cette famille tenait le premier rang dans l'aristocratie austrasienne, et ses vastes domaines dans le pays de Liége et de Juliers et dans le pays Messin lui donnaient une grande influence.

Pendant que les grands s'applaudissaient de leur victoire, Dagobert, succédant à Clotaire, releva la royauté. Il transporta sa résidence en Neustrie, s'entoura d'une cour pompeuse, dépouilla les anciens leudes pour en former de nouveaux plus dévoués à la royauté, et songea même à faire périr Pépin. Les grands d'Austrasie furent consternés : ils se firent battre par les Wénèdes, et les auraient laissés pénétrer jusqu'au cœur de la monarchie franque, si Dagobert n'eût cédé comme son père, et ne leur eût donné pour roi son fils Sigebert, sous le maire Adalgèse.

Cette grandeur de la royauté ne tenait qu'à un homme, et quand Dagobert fut mort, l'aristocratie reprit le dessus. Le gouvernement des maires fut rétabli partout, Pépin en Austrasie, Alga en Neustrie. Dès ce moment, les Mérovingiens ne furent plus rois que de nom; les maires se sentirent même si puissants, qu'ils crurent qu'ils pouvaient faire évanouir ce fantôme. Mais il n'était pas encore temps, et Grimoald paya de sa vie son audace.

En 650, toute la monarchie fut réunie dans les mains d'un seul maire, Erkinoald. C'était le maire de Neustrie : en effet, ce pays exerçait encore dans la Gaule une sorte de suprématie; mais déjà l'Austrasie ne pouvait plus supporter cette prépondérance, qu'elle n'avait tolérée qu'impatiemment, alors même qu'elle était justifiée par la majesté royale. Elle s'indigna des prétentions du maire Ébroïn, et exigea un maire, un roi, un gouvernement particulier. Forcé de céder, Ébroïn n'en défendit pas moins la cause de la Neustrie et de la royauté avec une habileté qui le rendait digne de reprendre le rôle de Brunehaut. Il proscrivit impitoyablement les leudes et les évêques, et plaça sur le trône un troisième fils de Clovis II, sans consulter les grands. Les Austrasiens frémirent de tant d'audace, accueillirent les leudes neustriens et bourguignons, et formèrent une ligue formidable, dont les chefs étaient Wulfoald et Léger, évêque d'Autun. Ébroïn succomba d'abord à cette conjuration universelle. Mais tandis que ses ennemis se flattaient de l'avoir vaincu et de ramener la royauté à l'ancienne égalité germanique, il sortit de sa prison de Luxeuil plus terrible qu'auparavant; frappa l'aristocratie avec une nouvelle audace, vainquit les Austrasiens qui s'étaient donné pour maires Martin et Pépin, petits-fils de Pépin le Vieux et d'Arnolf, et fit assassiner Martin. L'Austrasie allait bientôt lui être soumise, lorsqu'il périt, comme Brunehaut, au moment d'assurer son triomphe: la royauté tomba frappée du même coup; et cette fois ce fut sans retour.

La bataille de Testry décida la longue querelle de l'Austrasie et de la Neustrie. Il y eut alors comme une seconde invasion de Germains. Pépin d'Héristal entra dans la Gaule, comme autrefois Clovis, au milieu des leudes austrasiens, parmi lesquels le long exercice du pouvoir royal avait donné à sa famille une supériorité marquée. Les chefs de cette famille, que leur mérite et leurs immenses domaines avaient désignés au choix des leudes, étaient en possession de la mairie comme d'une sorte d'héritage. La reconnaissance des leudes les y maintint, et ils gouvernèrent en véritables rois, tandis que les descendants de Clovis, relégués dans l'ombre des couvents, portaient encore un titre dont ils n'osaient les dépouiller. On conservait un certain respect pour cette vieille souche des Mérovingiens: bien que l'hérédité du trône n'eût jamais été reconnue en principe par les Francs, cependant l'élection, lorsqu'elle avait eu lieu, n'était jamais sortie de cette famille, qui avait à leurs yeux quelque chose de sacré.

Il était inévitable que le titre passât un jour à ceux qui exerçaient le pouvoir; mais pour cela, ils avaient besoin d'une sorte de consécration: l'Église seule pouvait la leur donner.

C'est par la Germanie que se fit le rapprochement de l'Église et des maires du palais. L'Église était avide de conquêtes, et voulait convertir la Germanie à la religion chrétienne. Les maires étaient sans cesse inquiétés par les populations germaines, et voulaient, en les domptant, assurer enfin les frontières de la monarchie. Déjà ils avaient dirigé de nombreuses expéditions contre elles, mais sans réussir à en triompher. Déjà aussi des missionnaires étaient entrés en Germanie, mais ils n'avaient pu pénétrer bien avant ; c'étaient saint Colomban, saint Gal et les missionnnaires irlandais, dont la langue était différente de celle des peuples dont ils entreprenaient la conversion, et qui d'ailleurs avaient trouvé peu d'appui dans l'évêque de Rome, alarmé de leurs doctrines trop libres. Les missionnaires anglo-saxons reprirent cette tâche avec plus de succès ; outre que leur idiome était celui des populations germaines, ils étaient les enfants chéris du saint-siége, qui résolut de les seconder de tout son pouvoir. Il n'y pouvait mieux réussir qu'en sollicitant pour eux la protection des Austrasiens. Les relations de l'évêque de Rome avec les Francs furent renouées après un siècle d'interruption : Pépin accueillit avec empressement sa proposition, et aida de tous ses efforts les missionnaires à pénétrer dans ces pays sauvages que la croix devait conquérir mieux que ses armes.

Son fils Charles imita cet exemple, et acquit de nouveaux titres à la reconnaissance du saint-siége en sauvant la chrétienté de l'invasion musulmane. Sa grande victoire de Poitiers mit le sceau à la puissance des maires du palais, et l'éleva au-dessus de toutes les jalousies, de toutes les protestations. Tout tremblait devant Charles Martel, et il exerça en Gaule le pouvoir le plus absolu. Qui eût osé se mesurer avec le vainqueur des Sarrasins, le protecteur de l'Église, le sauveur de la chrétienté ?

Des relations plus étroites s'établirent entre l'évêque de Rome et le maire du palais, et les amenèrent à se faire mutuellement confidence de leurs ambitions personnelles. La dépendance de l'empereur d'Orient pesait depuis longtemps à l'évêque de Rome, et les Lombards le tenaient dans une crainte continuelle ; les Francs pouvaient seuls lui prêter un appui efficace. De son côté, le maire du palais, après avoir monté tous les degrés du trône, voulait enfin s'y asseoir, et n'osait le faire sans la consécration de l'Église. La révolution que l'un et l'autre songeaient à accomplir était de même nature : à Rome comme en Gaule, c'était un pouvoir délégué qui tentait de se substituer au pouvoir suprême.

Il ne fut pas difficile de s'accorder : des négociations entamées par Grégoire III et Charles Martel furent continuées par leurs successeurs, et Zacharie ayant déclaré que celui-là devait porter le titre de roi qui exerçait la puissance royale, Pépin le Bref osa mettre la main sur la couronne. Mais il prit toutes les précautions possibles pour assurer à jamais la victoire des maires du palais ; il établit la cérémonie du sacre et de la sainte ampoule pour lui et ses successeurs ; non content d'avoir été sacré par saint Boniface, l'apôtre de la Germanie, il voulut l'être encore par le pape lui-même ; enfin il fit jurer aux Francs de ne jamais élire un roi *qui fût sorti des reins d'un autre homme*.

Ici finit l'histoire des maires du palais. Si on la suit depuis leur origine jusqu'au terme de leur existence, on les voit s'élever du sein de fonctions obscures, grandir sous la protection de la royauté, puis l'abandonner, la combattre, la terrasser enfin d'une main puissante et victorieuse, la relever à leur profit, et consacrer en même temps le triomphe de l'aristocratie, de la Germanie et de l'Église.

CLASSE DE SECONDE.

VERSION GRECQUE.

Collége royal de Charlemagne.
Professeur : M. RIGAULT.

Texte.

Πᾶσαν ψυχὴν ἄνουν τε καὶ σὺν νῷ σώματος ἐκπεσοῦσαν, εἱμαρμένον ἐστὶ τῷ μεταξὺ γῆς καὶ σελήνης χωρίῳ πλανηθῆναι τινὰ χρόνον· πολλὰς μὲν ἀδίκους καὶ ἀκολάστους ἐξωθεῖ καὶ ἀποκυματίζει γλιχομένας ἤδη τῆς σελήνης· αἱ δὲ ἄνω γενόμεναι, καὶ βεβαίως ἱδρυθεῖσαι, πρῶτον μὲν ὥσπερ οἱ νικηφόροι περιίασιν ἀναδούμενοι στεφάνοις πτερῶν εὐσταθείας λεγομένοις, ὅτι τῆς ψυχῆς τὸ ἄλογον καὶ τὸ παθητικὸν, εὐήνιον ἐπιεικῶς τῷ λόγῳ καὶ κεκοσμημένον ἐν τῷ βίῳ παρέσχοντο· δεύτερον ἀκτῖνι τὴν ὄψιν ἐοικυίαι, πυρὶ δὲ τὴν ψυχὴν ἄνω κουφιζομένην, ὥσπερ ἐνταῦθα, τῷ περὶ τὴν σελήνην αἰθέρι, καὶ τόνον ἀφ' αὑτοῦ καὶ δύναμιν, οἷον τὰ στομούμενα βαφὴν ἴσχουσι· τὸ γὰρ ἀραιὸν ἔτι καὶ διακεχυμένον ῥώννυται, καὶ γίνεται σταθερὸν καὶ διαυγές, ὥστε ὑπὸ τῆς τυχούσης ἀναθυμιάσεως τρέφεσθαι· καὶ καλῶς Ἡράκλειτος εἶπεν ὅτι αἱ ψυχαὶ ὀσμῶνται καθ' ᾅδην.

(PLUTARQUE.)

Chaque âme, qu'elle soit douée ou privée d'intelligence, dès qu'elle s'est échappée d'un corps, doit, d'après l'arrêt du destin, errer pendant un certain temps à travers les espaces qui séparent la lune de la terre. Un grand nombre, celles qui sont tombées dans l'injustice et le déréglement, et qui veulent néanmoins s'approcher de la lune, s'agitent, repoussées de ce séjour désiré. Mais celles qui ont atteint les régions supérieures et y reposent sur un appui solide, ressemblent aux vainqueurs : d'abord on les voit portant des couronnes, appelées couronnes d'immortalité, parce qu'elles ont su assujettir à la raison et façonner, sur la terre, ce qu'il y avait en elles de déraisonnable et de trop emporté; puis leur aspect devient semblable à un rayon lumineux, leur substance à une flamme; et, devenues plus légères à mesure qu'elles s'élèvent dans l'air voisin de la lune, elles y prennent vigueur et fermeté: ainsi la trempe donne au fer plus de consistance. Car, ce qu'il y avait encore en elles de faible et de trop dilaté se fortifie, s'affermit, devient transparent, et les évaporations de la terre sont leur aliment. Ainsi Héraclite a très-bien dit que les âmes respirent les odeurs jusque dans les Enfers.

BEAUVALLET (HECTOR). — *Institution de* M. VERDOT.

CLASSE DE TROISIÈME.

VERSION GRECQUE.

Collége royal de Charlemagne.
Professeur : M. BÉTOLAUD.

Texte.

Οὐ τὸ τὰ γινόμενα λέγειν, τοῦτο ποιητοῦ ἔργον ἐστὶν, ἀλλ' οἷα ἂν γένοιτο, καὶ τὰ δυνατὰ, κατὰ τὸ εἰκὸς, ἢ τὸ ἀναγκαῖον. Ὁ γὰρ ἱστορικὸς καὶ ὁ ποιητὴς, οὐ τῷ ἢ ἔμμετρα λέγειν, ἢ ἄμετρα διαφέρουσιν· εἴη γὰρ ἂν τὰ Ἡροδότου εἰς μέτρα τιθέναι, καὶ οὐδὲν ἧττον ἂν εἴη ἱστορία τις μετὰ μέτρου, ἢ ἄνευ μέτρων. Ἀλλὰ τούτῳ διαφέρει, τῷ τὸν μὲν τὰ γενόμενα λέγειν, τὸν δὲ οἷα ἂν γένοιτο. Διὸ καὶ φιλοσοφώτερον καὶ σπουδαιότερον ποίησις ἱστορίας ἐστίν. Ἡ μὲν γὰρ ποίησις μᾶλλον τὸ καθόλου, ἡ δ' ἱστορία τὰ καθ' ἕκαστον λέγειν. Ἔστι δὲ καθόλου μὲν, τῷ ποίῳ τὰ ποῖ' ἄττα συμβαίνει λέγειν ἢ πράττειν, κατὰ τὸ εἰκὸς, ἢ τὸ ἀναγκαῖον, οὗ στοχάζεται ἡ ποίησις ὀνόματα ἐπιτιθεμένη· τὰ δὲ καθ' ἕκαστον, τί Ἀλκιβιάδης ἔπραξεν, ἢ τί ἔπαθεν;

(ARISTOTE, *Poétique.*)

Le propre de la poésie, ce n'est pas de raconter ce qui arrive, mais de dire ce qui aurait dû arriver; ce n'est pas (comme il est naturel) d'indiquer ce qui se peut faire, c'est de montrer ce qui se doit faire. En effet, ce qui constitue la différence d'un historien et d'un poëte, ce n'est pas que l'un écrive en prose et l'autre en vers; car on aurait beau mettre en vers l'histoire d'Hérodote, ce n'en serait pas moins une histoire, qu'elle fût en vers ou en prose. Ce qui constitue cette différence, c'est que l'un raconte ce qui est arrivé, tandis que l'autre dit ce qui aurait dû arriver. Aussi la poésie est-elle plus philosophique et plus intéressante que l'histoire; car la poésie, c'est plutôt une histoire prise au point de vue général, et l'histoire, un récit pris au point de vue particulier. Or, l'histoire, prise au point de vue général, n'est pas tant un récit de ce que quelqu'un a pu dire ou faire, qu'un avertissement de la manière dont il aurait dû agir; et c'est à ce but que tend la poésie en citant des noms. Quant à l'histoire, prise au point de vue particulier, c'est comme qui dirait un récit de ce que peut avoir fait ou souffert Alcibiade.

GILLES (CHARLES). — *Institution de* M. VERDOT.

THÈME LATIN.

Collége royal de Nantes.
Professeur : M. TALBOT.

On a remarqué que toutes les langues ont eu de certains temps où elles ont principalement fleuri, et que leur élégance a presque toujours été jointe à la grandeur de l'empire. Pourquoi la française n'aurait-elle pas son siècle illustre, et pourquoi en chercherait-on d'autre que celui de Louis le Grand, sous qui la France jouit d'une félicité accomplie? Notre langue est une de celles qui approchent le plus de l'idée d'une langue parfaite; elle possède par excellence la clarté et la netteté qui sont les principales beautés du discours, selon Aristote, puisqu'on ne parle que pour se faire entendre. Elle est douce, elle est significative, elle est sonore, elle est éloquente, elle est nombreuse. C'est désormais une langue de réflexion et d'étude, c'est une langue raisonnée qui n'est pas moins ennemie de la superfluité que de la sécheresse, surtout chaste jusqu'au scrupule, et d'une délicatesse de goût presque infinie.

CHARPENTIER, *De l'excellence de la langue française.*

Animadversum est omnes sermones quibusdam temporibus præsertim floruisse, et, quum majus esset imperium, tum quoque elegantiores fuisse. Cur igitur gallico sermoni non id esset clarum sæculum, et cur aliud ac Ludovici Magni quæreretur, quo regnante summa felicitate Gallia fruita est. Noster sermo inter hos eminet qui propius ad hunc qui perfectus dicitur accedunt. Peculiari quodam jure habet perspicuitatem et nitorem quibus, ut Aristotelis verba usurpem, maxime ornatur oratio; quoniam solummodo loquimur ut intelligamur. Quippe qui est suavis, ad res accommodatus, sonorus, facundus, numerosus. Posthac consideratis et studiosis hominibus congruit. Hic quoque sermo est rationalis; qui non minus à superfluitate quam ab exilitate abhorret; præsertim religiose castus est, et fere infinita sagacitate judicii.

A. BUAUD.

CLASSE DE QUATRIÈME.

VERSION LATINE.

Collége royal de Charlemagne.

Professeur : M. Viguier.

NUNTIUS.

Prædicta postquam fata, et infandum genus
Deprendit, ac se scelere convictum OEdipus.
Damnavit ipse; regiam infestus petens,
Invisa propero tecta penetravit gradu,
Qualis per arva libycus insanit leo,
Fulvam minaci fronte concutiens jubam.
Vultus furore torvus, atque oculi truces;
Gemitus, et altum murmur; et gelidus fluit
Sudor per artus; spumat, et volvit minas,
Ac mersus alte magnus exundat dolor.
Secum ipse sævus grande nescio quid parat,
Suisque fatis simile. « Quid pœnas moror ? »
Ait, « hoc scelestum pectus aut ferro petat,
Aut fervido aliquis igne vel saxo domet :
Quæ tigris, aut quæ sæva visceribus meis
Incurret ales? Ipse tu scelerum capax,
Sacer Cithæron, vel feras in me tuis
Emitte silvis, mitte vel rabidos canes;
Nunc redde Agaven. Anime, quid mortem times ?
Mors innocentem sola fortunæ eripit. »

(Sénèque, *OEdipe.*)

LE MESSAGER.

A peine a-t-il appris le sort qu'on lui avait prédit, et sa malheureuse naissance, que, convaincu de son crime, OEdipe se condamne lui-même; menaçant, il gagne le palais; il entre dans ce séjour odieux à pas précipités. Tel le lion de Libye, furieux, dans la plaine, de son front menaçant secoue sa fauve crinière. Dans sa fureur, son visage est terrible, son regard farouche ; il soupire, il gémit; une sueur froide découle de ses membres ; il écume, il menace, et sa douleur cachée se donne un libre cours. Plein de rage, il prépare en lui-même quelque chose de grand, quelque chose qui réponde à son destin. « Pourquoi tarder à me punir ? dit-il ; que le fer se plonge dans ce cœur criminel, qu'un feu ardent le consume, qu'un rocher l'écrase. Quel tigre, quel oiseau cruel viendra fondre sur mes entrailles? Et toi, fertile en crimes, toi, mont sacré du Cythéron, du sein de tes forêts envoie contre moi des bêtes féroces, envoie des chiens furieux, rends, rends-moi une autre Agavé. Mon âme, pourquoi craindre la mort? La mort seule peut arracher un innocent à la fortune. »

AZUR. — *Institution de* M. BARBET-MASSIN.

CLASSE DE CINQUIÈME.

VERSION GRECQUE.

Collége royal de Charlemagne.
Professeur: M. CAPPELLE.

Ἀντιόχου μὲν τοῦ βασιλέως μετὰ πολλῆς δυνάμεως ἥκοντος εἰς τὴν Ἑλλάδα καὶ πάντων ἐκπεπληγμένων τὰ πλήθη καὶ τοὺς ὁπλισμοὺς, Τίτος Κόϊντος λόγον εἶπε τοιοῦτον πρὸς τοὺς Ἀχαιούς· ἔφη γὰρ ἐν Χαλκίδι παρὰ τῷ ξένῳ δειπνῶν θαυμάζειν τὸ τῶν κρεῶν πλῆθος· εἰπεῖν δὲ τὸν ξένον ὅτι ταῦτα πάντα χοίρειά ἐστιν, ἡδύσμασι καὶ σκευασίαις διαφέροντα· μὴ τοίνυν μηδὲ ὑμεῖς ἔφη, θαυμάζετε τὴν βασιλικὴν δύναμιν λογχοφόρους καὶ καταφράκτους καὶ πεζεταίρους καὶ ἀφιπποτοξότας ἀκούοντες· πάντες γάρ εἰσιν οὗτοι Σύροι ὁπλαρίοις ἀλλήλων διαφέροντες.

Lorsque le roi Antiochus s'approchait de la Grèce avec des forces considérables, et que tout le monde était épouvanté de la multitude de ses troupes et de leurs armures, Titus Quintus adressa ces paroles aux Achéens : « A Chalcis, dit-il, en mangeant chez mon hôte, j'étais étonné de la multitude des viandes. Elles sont toutes de porc, me dit mon hôte, et ne diffèrent que par l'assaisonnement et par l'apprêt. Mais vous non plus, ajouta-t-il, ne vous étonnez donc pas des forces du roi en entendant parler de lanciers, de cuirassiers, de fantassins d'élite et de cavaliers armés de traits : car ce sont tous des Syriens, qui ne diffèrent les uns des autres que par l'armure. »

POIRET. — *Institution de* M. BARBET-MASSIN.

CLASSE DE SIXIÈME.

THÈME LATIN.

Collége royal de Henri IV.
Professeur : M. Dupont.

Si nous avons parmi les modernes un homme que l'on puisse comparer à César, c'est surtout Henri IV. On remarque entre eux beaucoup de traits de ressemblance et de points de comparaison. Tous deux avaient reçu de la nature une âme élevée et sensible, un génie profond et de grands talents pour la guerre. Tous deux pardonnèrent à leurs ennemis, dont ils finirent par être les victimes. Tous deux connaissaient le grand art de s'attacher les hommes, art le plus nécessaire de tous à quiconque commande ou veut commander. Tous deux avaient une autorité prodigieuse. Tous deux étaient persuadés qu'il ne faut laisser faire aux autres que ce que nous ne pouvons faire. Tous deux enfin ont su régner et ont régné trop peu.

Si quis inter recentiores viros Cæsari possit comparari, is est sine dubio Henricus quartus. In utroque vero reperies quasi eadem præclare gesta et quasi eamdem morum communitatem. Ambo excelsum humanumque animum, summum ingenium et præclarissimas ad bellum dotes fuerant sortiti. Ambo suis inimicis a quibus tandem fuerunt oppressi, pepercere. Ambo sibi hominum animos devinciendi summam et omnium utilissimam artem cuicumque regnanti vel regnum cupienti, possidebant. Ambo incredibilem potestatem exercebant. Ambo persuasum habebant id solum ab aliis faciendum esse quidquid non facere possumus. Imperio fuerunt idonei, sed tamen tantisper regnaverunt ambo.

JUGLET de LORMAYE (Anatole), interne.

THÈME LATIN.

Collége royal de Charlemagne.
Professeur : M. Buzy.

Les dignités, et les marques de respect qui y sont attachées, peuvent avoir de quoi flatter agréablement l'ambition et la vanité de l'homme, mais elles ne lui procurent pas par elles-mêmes une véritable gloire ni une solide grandeur, parce qu'elles lui sont étrangères, parce qu'elles ne sont pas toujours la preuve et la récompense du mérite, qu'elles n'ajoutent rien aux bonnes qualités, ni du corps ni de l'esprit, qu'elles ne remédient à aucun de ses défauts; que souvent, au contraire, elles ne servent qu'à les multiplier et à les rendre plus remarquables en les rendant publics et en les exposant à un plus grand jour. Ceux qui jugent sainement des choses, sans se laisser éblouir par un vain éclat, ont toujours regardé les dignités comme un poids dont ils se trouvaient plutôt chargés qu'honorés, et plus elles étaient élevées, plus ce poids leur a paru pesant et terrible.

Honores et cultus ad illos affectus hominis ambitioni vanitatique suavissime blandiri possunt. Non vero illi veram laudem solidamque magnitudinem afferunt, quia ab illo sunt alieni, nec semper virtuti specimen et præmium accedunt, atque eximiis animi aut corporis nihil addunt, et nullo modo vitia coercent, quæ contra per illos numero sæpe augentur, et magis provulgata magisque in lucem prolata, clariora tantum fiunt. Qui de rebus recte judicant, nec vano splendore cæcantur, honores semper pondus existimaverunt quo potius onerati quam honorati essent. Et quo ampliores erant, eo tetrius et terribilius hoc pondus existimaverunt.

POMEY (Louis). — *Institution de* M. Verdot.

VERSION LATINE.

Même collége.
Professeur : M. Buzy.

Respublica res est populi, quum bene ac juste geritur, sive ab uno rege, sive a paucis optimatibus, sive ab universo populo. Quum vero injustus est rex, quem tyrannum voco, aut injusti optimates, quorum consensus factio est, aut injustus ipse populus, cui nomen usitatum nullum reperio, nisi ut etiam ipsum tyrannum appellem, non jam vitiosa est, sed omnino nulla respublica; quoniam non est res populi, cum tyrannus factiove capessat: nec ipse populus jam populus est, si sit injustus, quoniam non est multitudo juris consensu, et utilitatis communitate sociata.

La république est la chose du peuple, lorsqu'elle est gouvernée avec sagesse et justice, soit par un roi, soit par quelques-uns des principaux citoyens, soit par le peuple tout entier. Mais lorsqu'elle est injustement administrée, soit par un roi que j'appelle tyran, ou par les principaux citoyens, dont la réunion forme une faction, ou par le peuple lui-même, auquel je ne trouve aucun nom consacré par l'usage, à moins que je ne le nomme encore tyran, la république n'est plus seulement altérée, mais entièrement nulle; parce qu'elle n'est plus la chose du peuple lorsqu'un tyran ou une faction s'est emparée du pouvoir : et le peuple lui-même n'est plus peuple, s'il est injuste, parce que ce n'est pas une multitude liée par l'uniformité des droits et la communauté des intérêts.
POMEY (Louis). — *Institution de* M. Verdot.

THÈME LATIN.

Même collége.
Professeur : M. Talbert.

Texte.

Zénon était né à Cittie, une des villes de l'île de Chypre. Un jour qu'il revenait de Phénicie, où il était allé chercher de la pourpre, il fit naufrage et n'échappa à la mort qu'avec beaucoup de peine. Il se rendit à Athènes ; là il entra chez un libraire et se mit à lire un livre de Xénophon sur les philosophes ; il y prit tant de plaisir que cela lui fit oublier sa perte. Il demanda au libraire où demeuraient ces sortes de gens dont parlait Xénophon. Cratès passa par hasard, le libraire le montra du bout du doigt, et dit à Zénon : « Si vous suivez cet homme-ci, vous le saurez. » Zénon suivit Cratès, et commença dès lors à être le chef de la secte des philosophes nommés stoïciens.

Zeno, Citii, in una ex insulæ Cypri urbibus natus erat. Quadam die, quum ex Phœnice, quo, ut emeret purpuram, iverat, rediret, naufragium passus est, neque mortem nisi difficillime effugit. Athenas petiit, ibique, librariam tabernam ingressus, Xenophontis librum de philosophis legere quum cœpisset, adeo delectatus fuit, ut se damnum accepisse oblitus fuerit. Librarium interrogavit ubi habitarent isti homines de quibus Xenophon mentionem faciebat. Crates forte ea iter fecit, librariusque eum extremo digito indicans, Zenoni dixit : « Hunc hominem si fueris secutus, id sciveris. Cratem Zeno secutus est, et ex eo ipso die, philosophorum, qui stoici appellantur, coryphæus esse cœpit.

DUGIT.

THÈME LATIN.

Même collége.

Professeur : M. TALBERT.

Qui ignore que Dieu, dont la providence a réglé toutes choses avec un ordre si admirable, et préparé leur nourriture même aux animaux, n'aurait pas voulu laisser les hommes créés à son image en proie à la faim et à l'indigence, tandis qu'il répandait à pleines mains tous ses dons sur un petit nombre d'heureux, s'il n'avait prétendu que l'abondance des uns suppléât à la nécessité des autres ? Qui ignore que tous les biens appartenaient originairement à tous les hommes en commun, mais que, pour mettre des bornes à la cupidité et éviter les dissensions, le commun consentement des peuples établit que les plus sages seraient aussi les plus opulents, et que ce qu'ils auraient de trop ne serait que l'héritage de leur frère, confié à leurs soins et à leur équité?

Quem fugit non futurum fuisse ut Deus, cujus providentia omnia summo ordine summaque admirabilitate disposuit, ferisque etiam alimenta paravit, sineret homines ad suam formam fictos, fame et indigentia laborare, dum contra plena manu paucis felicibus bona largiretur, nisi voluisset alios omnibus rebus redundantes aliis indigentibus opitulari. Quem fugit omnia bona olim fuisse omnium hominum communia; sed ne ex aviditate inexhausta orirentur dissensiones, populos omnes unanimo consensu decrevisse ut sapientissimus quisque esset quoque opulentissimus, et id quod supervacuum haberet, esset hæreditas cæterorum quam, ob æquitatem, curandam acceperant.

DUGIT.

Deuxième partie.

REVUE RÉTROSPECTIVE.

CONCOURS D'AGRÉGATION DE 1845.

VERS LATINS.

Matière.

Horatius Albium Tibullum præmatura morte raptum deflet.

Ergo agitur, nec me lacrymis conscripta parentis
Credere cunctantem deludit epistola : noster
Albius interiit, versu quem nuper amico
Nil ego tale timens quam commoda tempora vitæ
Nobis efficiant Epicuri effata docebam !
Nunc jacet heu ! fato juvenis præreptus acerbo,
Nec gelidum refovere valent materna cadaver
Oscula, non luctus Nemesis nostræve querelæ.
Ergo quidquid habet formosum et amabile mundus
Ostendunt homini, non donant fata, sed instat
Aspera sors adimens quem prodigit ipsa favorem.
Nequicquam, o juvenis, tibi quæ fortuna benigno
Munere largitur, divinæ mentis acumen
Prædiaque et formam dederat fidosque sodales !
Aspirans facili nequicquam sponte labori
Te vatem faciebat amor, patriamque camœnam
Carmine ditabas, calido quod protulit æstu
Mimnermus Ceusque senex et græca vetustas ;
Quum tenebris adoperta caput mors vatibus instat,
Illos nulla Venus nullusque tuetur Apollo !
Sed miserum, qualem decerpit pollice florem
Agricola, et medio neglectum projicit horto,
Impia mors doctæ florentem laude juventæ
Demetit, et dulces abrumpit ferrea cantus.

Sæpe tuos, Albi, multa quum nocte libellos
Detritos manibus rursus rursusque legebam,
Immaturæ equidem præsagia tristia mortis
Per medios risus veluti obrepisse notavi;
Sæpius ingemui carmen quum tale viderem:
« Flebis in arsuro positum me, Delia, lecto. »
Sed nondum suprema tibi jam rebar adesse
Tempora, nec rapidi procedere funeris horam:
Non hodie dubitare licet; te ferreus urget
Somnus, et æterna clauduntur lumina nocte,
Et nos, quos tua mors dilecto fraudat amico,
Flemus inexpletum, gemitusque ciemus inanes.

Sed quid vana queror? Tibi jam sonat hora, Tibulle,
Qua florere comes sinceræ gloria laudis
Incipit, et pleno tollit se fama volatu.
O mater juvenesque, pios abstergite fletus,
Sparge rosis tumulum, Nemesis formosa, recentem,
Desine inornatos proscindere, Delia, crines;
Huc Venus et ridens adsit cum matre Cupido,
Huc adsint, lasciva cohors, Veneresque Jocique,
Frustra etenim rapitur properata morte Tibullus,
Quem ventura manet præclarum in tempora nomen!

E. T. 26 août 1845.

CONCOURS DE SECONDE, 1845.

Bossuet, à douze ans, trouve dans la bibliothèque de son oncle le Nouveau-Testament; il reste dans une sorte d'extase, adresse une prière à Dieu : tel fut le commencement de la vocation de Bossuet.

Bis sex attigerat vixdum Bossuetius annos,
Jamque avido studii præreptus amore, legebat,
Otia si qua forent, libros quoscumque tenebat
Bibliotheca patris; vel avunculus alta nepotem,
Doctrinæ reserans fontes, penetralia puro

Lumine musarumque pio perfusa docebat,
Talis erat requies, animum recreare solebat
Talibus exercens studiis; consumere tempus
Noverat haud aliter, nec se juvenilibus unquam
Tradiderat ludis; matura mente putares
Esse virum quoties veterum lustrare videres
Scriptorum libros, Homerum, Latiique poetas,
Nasonisque leves numeros, præclara Maronis
Carmina; sermonesque modis numeroque carentes,
Vel Ciceronis opus, Taciti vel scripta legendo
Mirari cultuque pio monumenta vereri
Temporis antiqui, cujus vestigia servat
Quod nunc tempus adest: at vero forte parentis
Dum legeret libros legis præcepta prioris,
Hebræos ritus, et scripta ferentia sancti
Jussa Dei patuere oculis: neglexit; at inde
Ignave volvens digito volitante volumen,
Majestate nova subito percellitur; igni
Insolito flagrans animum satiare videndo
Non valet: incenso pectus comburitur æstu.
Ardet sacra sitis, minuit non tempus at auget.
Ast oppressit eum toto sub pondere tandem
Relligio, stupuit mirans, et pectore ab imo
Emisit gemitus lacrymasque profudit, et ipse
Non animi potuit sensus revocare, priusquam
Voce pia ardentis superasset pectoris æstus.
Talia verba tulit numenque precatus amicum est :
« O Deus omnipotens a quo dejectus in orbem
« Has habito sedes, facito ut tibi pectus amore
« Ardeat et flagrans, oculi dum luce fruuntur
« Et mea currit adhuc serpens per pectora vita,
« Fac me jussa pium semper servare parentis,
« Testamenta velut moriens quæ tradidit: ipsi
« Da nato, alme parens, cœli cognoscere sedem,
« Ardua cum vitæ peregrinus vicerit audax,
« Te monstrante viam vitii scelerisque recessus :
« Tum fac ut immunis currat cœlestes ad arces. »
Altius ingenium juvenis descendit, et imam
Mentem sancta fides Christi præceptaque corde

Capta pio fecere virum tam voce potentem,
Et sacri latices sermonibus alta dedere
Verba quibus clari Bossueti scripta replentur.
Hinc ea divinum resonans nativaque lingua
Qua micuit magnus, meruitque propheta recentis
Ætatis dici et princeps sermone vocari.

GRANJEAN (Charles).

LA FILLE DE JEPHTÉ.

Les Israélites étaient en guerre avec les Ammonites, déjà vainqueurs dans plusieurs combats. Jephté, qui commandait l'armée d'Israël, fit vœu au Seigneur, s'il remportait la victoire, d'immoler la première personne de sa maison qui viendrait à sa rencontre, quand il reviendrait triomphant. Ce fut sa fille qui s'offrit la première à ses regards. Mais celle-ci accepta avec soumission son arrêt, et demanda pour seule grâce à son père, qu'il lui fût permis d'aller pleurer pendant deux mois sur la montagne. Au temps marqué, elle vint présenter sa tête au couteau de son père, et tomba, victime innocente et résignée.

Interea lætam volitat præsaga per urbem
Fama, triumphantem muris accedere Jephten ;
Ecce puellarum chorus olli incedit eunti
Obvius, et resonant solemnia tympana circum.
Ipsa præest sociis victoris nata puellis
Unica; nempe fuit proles non altera Jephti :
Qno vesana ruis, miserandi nata parentis,
Quosve paras patri sævos mactanda dolores !
Ut videt ille suam sibi natam occurrere patris
Improvisa subit funestum pectora votum :
Ecce suas lacerat vestes, scinditque capillos
Atque trahit longam gemebunda voce querelam.
Attonitis stupuere animis, et nata, paterno
Acta dolore, simul festinat nescia : At ille
Avertens oculos, adstantem cernere non vult,
Respectatque alter si forte occurrere possit
Non ita dilectus. Sed nata : « Quis ille repente
« Te dolor invasit ? Cur a me lumina retro

« Avertis, genitor? numquid committere culpæ
« In patrem potui, pœnas meruisse paternas,
« Atque movere tuos ignota ob crimina fletus?
« Si quid ego forsan peccavi : nescia flentem,
« Sit mihi pœna satis patrem dolor ille videre. »
At pater : « Alme Deus, quæ vota invisa sacratis
« Suscepi precibus! quæ me dementia cepit!
« Accidit heu! quanto pretio victoria patri
« Empta! Utinam ferro cecidissem victor in hostes,
« Cepissetque meam voto pro sanguine vitam
« Ipse Deus! mihi non hodie mactare juberet
« Quidquid jam superest carum, nostrique cruorem
« Fundere! Nata, precor, miserando ignosce parenti,
« Innocuam qui te crudeli morte trucidat
« Invitus : tua colla pares obtendere ferro,
« Nam me infelicem tenet irrevocabile votum :
« Scilicet insanus promisi ad numinis aras
« Hostia ut ille foret Domino, quicumque meorum
« Obvius exiret mihi tecti limine primus,
« Si patriæ fugerent hostes, victorque redirem,
« Et victor redeo, tuque obvia prima salutas!
« At tu, magne Deus, me non persolvere votum
« Tale sines; patris tantus dolor ille movebit
« Corda tui, nec sola mihi solatia, morte
« Horrenda, eripies, cogesque occidere natam.
« Ah! potius moriar, subjectaque victima, cultro
« Ipse caput tendam, patrio quam sanguine natæ
« Dextram commaculem. Funestæ numinis aræ!
« O dolor æternus! mihi tristis palma triumphi! »
Et dicens iterat gemitus. Et turba fremebat,
Et bellatores flebant, comitesque puellæ
Et natas pressere suas ad corda parentes.

Sola immota manet lacrymantis filia Jephtis,
Atque amplexa patrem, firma sic voce profatur :
« O dilecte pater, nimio jam parce dolori ;
« Desine, nata precor, sic votum horrere sacratum,
« Nempe ego jussa Dei vereor, facilisque facessam.
« Est tua, vita mei propriumque reposcere donum

« Fas tibi, si cupias : gladio mea colla paterno,
« Ut quondam Isaacus, parens, nec territa tendam ;
« Neve manus fœdare tuas te sanguine natæ,
« Quod me sacrifices, credas : non dextra parentis,
« Dextra Dei me percutiet. Nec linquere vitam
« Tam crudele, mea quoniam tu morte, salutem
« Emisti patriæ. En adsum : victore parente
« Non indigna cadam : sit numinis acta voluntas
« Jam dedisce patrem, voti memor atque triumphi,
« Auctorique Deo grates persolve fidelis.
« At tibi si gratum fuerit, quod jussa libenter
« Exsequar, unum oro : possim devota dolori
« Ter geminos menses invisere devia montis
« Ah ! plorare brevis liceat felicia vitæ
« Tempora, succisum florem plorare juventæ ;
« Desertumque patris tectum, comitesque relictas ;
« Ut doleam immatura, gravi quod morte perempta
« Sint ignota mihi, sociis jam parta puellis,
« Gaudia conjugii ; proprios nec cernere natos.
« Permissum fuerit, patriæ tutamina nostræ
« Annue, care pater, precor et jam desine fletus. »

Annuit optatis genitor. Per devia montis
Ivit nata, duos et menses hostia flevit.
Temporis exacto descendit limite ; patris
Ipsa libens trepidi ferro sua colla tetendit,
Accepitque simul votivam interrita mortem.

***, élève de troisième. — *Institution de* M. Verdot.

SUR LA MORT D'UN PROFESSEUR.

O tu, qui nimio studiorum incensus amore,
Discipulos pariter voce exemploque docebas :
Prodigus heu ! vitæ, o venerande magister, honores
Accipe quos pendit meritos tibi grata juventus ;
Tristiaque æterni sint hi monumenta doloris.

Sed quid ego hæc? non te mors possidet impia totum :
Vivis adhuc, nostro vivis sub pectore; nomen
Vivet in æternum et nobis nulla eximet ætas.
Ferali tumulum spargentes flore quotannis
Dilectamque umbram grata ter voce vocantes,
Ibimus, et cineri justos solvemus honores.
Sit tibi terra levis, tibi molliter ossa quiescant.

***, *élève de troisième.*

O toi, qui plein d'ardeur à former la jeunesse,
Sacrifias tes jours pour suivre ta tendresse :
Toi qui sus réunir l'exemple à tes leçons,
Dont la mort fait couler les pleurs que nous versons,
Reçois, maître chéri, notre funèbre hommage ;
Qu'il soit de nos douleurs l'éternel témoignage :
Tu t'en es montré digne; et jamais, non jamais
   Nous n'oublierons ta perte et tes bienfaits.
C'est en vain que la mort nous ravit ta présence,
Tu vivras dans nos cœurs pleins de reconnaissance.
Le tombeau n'enferma que tes restes mortels,
Des souvenirs si chers doivent être éternels.
Tous couvrant chaque année et de fleurs et de larmes,
Cette tombe, à nos yeux toujours pleine de charmes,
Nous viendrons, t'adressant la voix que tu connus,
T'offrir avec respect les vœux qui te sont dus.
Que la terre pour toi devenant plus légère,
Embrasse mollement ton urne funéraire.

***, *élève de seconde.*

Troisième partie.

VARIÉTÉS.

M. Leverrier et sa planète sont célébrés, fêtés, chantés de toute part. Les honneurs pleuvent sur lui, et sa gloire est tout à fait à la mode. Dans ce concert d'hommages, les poëtes, on le pense bien, n'ont pas été les derniers à se faire entendre. Voici, sur ce sujet, quelques vers latins qui nous ont paru très-remarquables. L'auteur, M. Bélime, est à la fois un poëte et un savant. Il a publié d'excellents mémoires sur les sciences mathématiques, et des Éloges de Pascal et de Leibnitz qui ont été couronnés. La belle découverte de M. Leverrier ne pouvait être appréciée par un juge plus compétent. M. Bélime est du petit nombre des écrivains qui ont le privilége de louer l'illustre académicien en pleine connaissance de cause.

HOMMAGE À M. LEVERRIER,
Membre de l'Académie des sciences.

Urano, doctis armata scientia scriptis,
Tentabat frustra notas imponere leges!
Involvens motus obscura nocte, rebellis
Doctrinam sterilem ridere planeta videtur.
« Nunc animis opus, o socii! nunc pellite curas;
(Exclamat juvenis divino percitus œstro!)
« Fas mihi inæqualis causas cognoscere motus,
« Et magni magis atque magis doctrina triumphat
« Neutoni! jam nunc errantia sidera cœlis
« Immota victrix gravitas sub lege tenebit! »
   Sic loquitur juvenis. Vitreis non ille tuborum
Nititur auxiliis. Virtus præstantior ipso est
Ingenio: Proh! quanta oculis miracula pandit!
   Extremo latitans in mundi limite sidus
Immensum emergit tenebris, calamoque refulget.
Nec mora, nec requies. Prævisi nuntius astri
Ad solem exquirit quæ sit distantia; cœlo
Signat iter, signatque locum (mirabile dictu!),
Mensuram, pondus, longum determinat orbem.
Moles tanta levi calamo parere videtur!
Sideris ignoti varios præsentia motus

Explicat Urani, cœlisque renascitur ordo.
O decus æternum patriæ, tua fama manebit;
Et novus inscriptum nomen sub fronte planeta,
Stellarum mirante choro, per sæcula volvet!

Voici une imitation française de ces vers :

La science, suivant Uranus dans les nues,
Tentait de l'asservir à des règles connues !
Mais, rebelle aux savants dont l'effort s'égarait,
L'astre mystérieux gardait bien son secret.
Un jeune homme, animé de la flamme divine,
S'est écrié : « Courage, amis ; moi, je devine ;
« De cet astre inégal j'ai découvert la loi ;
« C'est encore un hommage à Newton notre roi !
« Tous ces mondes errants ont désormais leur place !
« La gravitation a reconquis l'espace ! »
Il dit, et sans aider son œil insuffisant
Du secours limité d'un cristal impuissant,
Il jette au firmament le regard du génie ;
Et dans les profondeurs d'une nuit infinie
Il indique, il découvre, il montre à tous les yeux,
Un astre que sa plume alluma dans les cieux !
Plus de doute ; à cet astre, éclos de sa pensée,
Il assigne une place, une route tracée !
Il en décrit le cours dans un cercle étendu !
A sa plume légère un monde est suspendu !
Et de l'astre ignoré la présence nouvelle
Nous explique Uranus dont la loi se révèle.
O toi qui rétablis l'ordonnance des cieux,
Grave au front de ton astre un nom si précieux,
Et que, resplendissant des feux dont tu m'inondes,
Il traverse à jamais les âges et les mondes !

(*Extrait de la* Presse.)

FIN DU PREMIER VOLUME.

REVUE GÉNÉRALE ET COMPARÉE DES CONCOURS CLASSIQUES.

ANNONCES
DE
LIBRAIRIE CLASSIQUE.

On n'admet dans cette Revue que les Annonces concernant la librairie classique. — Prix : 75 cent. la ligne.

FIRMIN DIDOT FRÈRES,
LIBRAIRES DE L'INSTITUT, RUE JACOB, 56.

COURS THÉORIQUE ET PRATIQUE
DE LANGUE FRANÇAISE,

Ouvrage rédigé sur un plan entièrement neuf,

PAR M. P. POITEVIN,

Ancien professeur au collége Rollin.

Adopté par le Conseil royal de l'Instruction publique et recommandé pour les Colléges.

GRAMMAIRE DU PREMIER AGE,
Un volume in-12. — Prix : 60 cent.

Dans cet ouvrage, les premiers principes de la Lexicologie et de la Syntaxe sont exposés d'une manière simple, précise et claire ; c'est une grammaire tout à fait appropriée à l'intelligence du premier âge.

Cette édition a subi d'importantes modifications. Quelques définitions, qui se produisaient sous une forme un peu métaphysique peut-être, sont présentées aujourd'hui dans un langage dont la simplicité pourrait sembler par trop naïve dans un autre ouvrage, mais qu'on approuvera, nous n'en doutons pas, dans un livre destiné aux enfants.

2. EXERCICES SUR LA GRAMMAIRE DU PREMIER AGE.

Un volume in-12. — Prix : 1 fr. 25 cent.

Les devoirs sont présentés aux élèves de façon à ce qu'il leur est impossible d'en faire un seul sans se rendre compte de la raison des règles qu'ils ont à appliquer ; ils ne peuvent procéder par routine, comme ils le font quand on leur met entre les mains des exercices basés sur la cacographie et la cacologie inventées par Boinvilliers, et adoptées par Lequien et autres.

GRAMMAIRE ÉLÉMENTAIRE,

Un volume in-12. — Prix : 1 fr. 50 cent.

Cet ouvrage comprend un traité complet de Lexicologie et un abrégé de Syntaxe : les règles et les exercices sont placés en regard, et forment comme une double grammaire qui présente une théorie toujours claire, et une suite nombreuse d'applications dont la solution est laissée à l'intelligence des élèves.

Les deux parties dont cet ouvrage se compose se vendent séparément.

GRAMMAIRE ÉLÉMENTAIRE. — *Théorie* .... 90 c.
EXERCICES ou *Application* .... 90 c.

CORRIGÉ DE LA GRAMMAIRE ÉLÉMENTAIRE,

Un volume in-12. — Prix : 2 fr.

GRAMMAIRE COMPLÈTE,

Un volume in-12. — Prix : 3 fr.

On ne trouve, dans cet ouvrage, ni règles de fantaisie, ni principes en désaccord avec la langue écrite ; c'est en s'appuyant sur les œuvres de nos grands écrivains, et sur le sentiment de l'Académie, que l'auteur a écrit ce livre, que non-seulement l'élève peut suivre avec confiance, mais que l'homme de lettres peut consulter avec profit.

Les deux parties dont cet ouvrage se compose se vendent séparément.

GRAMMAIRE COMPLÈTE. — *Théorie* .... 1 fr. 80 c.
EXERCICES ou *Application* 1   80

CORRIGÉ DE LA GRAMMAIRE COMPLÈTE,

Un volume in-12. — Prix : 4 fr.

SYNTAXE THÉORIQUE ET PRATIQUE.

Un volume in-12. — Prix : 2 fr. 50 cent.

Ce livre s'adresse particulièrement aux élèves qui ont besoin de compléter leurs premières études grammaticales ; il convient aussi aux gens du monde : c'est une sorte de code où se trouvent, à la suite des principes généraux, toutes les exceptions qui sont autorisées et admises par le bon usage.

Corrigé de la *Syntaxe*, un volume in-12...... 3 fr.

Exercices raisonnés sur la *Syntaxe française*.
Un volume in-12........................ 1 fr. 50 c.

Corrigé des *Exercices raisonnés sur la Syntaxe*. 2   »

TRAITÉS SPÉCIAUX

SERVANT DE COMPLÉMENT

AU COURS THÉORIQUE ET PRATIQUE DE LANGUE FRANÇAISE
DE M. P. POITEVIN.

Traité d'analyse grammaticale, 1 vol. in-12.... 1 fr. 50 c.
   Corrigé de l'*Analyse grammaticale*............ 3   »

Traité d'analyse logique, un vol. in-12......... 1   50
   Corrigé de l'*Analyse logique*.................. 2   »

Traité des Participes, un vol. in-12............ 2   »
   Corrigé du *Traité des Participes*.............. 2   50

Traité de la Conjugaison, un vol. in-12........ 1   50
   Corrigé du *Traité de la Conjugaison*........... 2   »

Exercices sur la conjugaison des verbes...... 1   25
   Corrigé des *Exercices sur la Conjugaison*....... 1   50

Cours complet de dictées, un vol. in-12...... 2   50
   Corrigé du *Cours complet de Dictées*............ 3   »

OUVRAGES DE M. GALERON,

Agrégé des Classes supérieures et Chef d'Institution, à Paris.

CODE SPÉCIAL

DES ÉTABLISSEMENTS PARTICULIERS D'INSTRUCTION SECONDAIRE.

On a recueilli dans cet ouvrage tout ce qui, dans la volumineuse législation de l'Université, concerne les établissements particuliers, tant laïcs qu'ecclésiastiques.

MÉTHODE

D'ANALYSE ET DE COMPOSITION ORATOIRES.

Ce livre, destiné aux jeunes rhétoriciens, a pour but de les initier promptement aux lois de la composition.

NOUVEAU CONCIONES,

CONSIDÉRABLEMENT AUGMENTÉ.

Ce *Conciones* contient beaucoup plus de matières que celui qu'on suit dans les écoles ; cependant il est moins volumineux, et le prix n'en est pas plus élevé. Il ne peut être que favorablement accueilli par MM. les professeurs de rhétorique.

ÉPISODES DE LA VIE DE CICÉRON,

EXTRAITS DE SA CORRESPONDANCE, TEXTE LATIN.

Dans cet ouvrage, l'auteur est parvenu à faire connaître les quatre plus grands épisodes de la vie de Cicéron, son exil, son proconsulat en Cilicie, la guerre civile, et sa mort.

Ce livre a été adopté par le Conseil royal pour les classes de seconde et de troisième.

Ces différents ouvrages se trouvent dans toutes les Librairies classiques.

CLASSIQUES LATINS,

TEXTE REVU ET NOTES PAR M. DUBNER,

Avec Arguments, Sommaires et Notes en français.

GRAMMAIRE latine de Lhomond, 1 vol. in-12, cart. .... 80 c.

PROSODIE latine, ou Méthode pour apprendre les principes de la quantité et de la poésie latine; par l'abbé Le Chevalier. Édition enrichie d'un tableau synoptique de la quantité des syllabes latines. 1 vol. in-12, cartonné. 50 c.

EPITOME historiæ sacræ, ad usum tironum linguæ latinæ, auctore C.-F. Lhomond, avec dictionnaire. 1 vol. in-18, cartonné................ 50 c.

DE VIRIS illustribus urbis Romæ, à Romulo ad Augustum. Auctore C.-F. Lhomond, nova editio, cui accessit dictionarium. 1 vol. in-18, cart.. 65 c.

NARRATIONES EXCERPTÆ e Q. Curtio, Livio, Sallustio, Tacito. Texte revu sur les meilleures éditions et sur les manuscrits de la bibliothèque royale, avec notes, sommaires et arguments, par Fr. Dübner. Cartonné. ... 1 fr. 80 c.

SELECTÆ E PROFANIS SCRIPTORIBUS HISTORIÆ, quibus admixta sunt varia honeste vivendi præcepta, etc., nova editio. 1 vol. in-18, cartonné.

CICÉRON. De OFFICIIS libri tres. Texte revu, avec introduction, sommaire et notes en français, par MM. F. Dubner et Em. Lefranc. 1 vol. in-18, cart. 1 fr.

—— Orationes in CATILINAM quatuor, in senatu habitæ. Texte revu, avec introduct., sommaire et notes en franç., par M. F. Dubner. 1 vol. in-18.. 40 c.

—— Orationes in VERREM de Signis. .... 40 c.

—— —— —— de Suppliciis, avec introduction, sommaires et notes en français, par M. F. Dubner............................... 40 c.

—— TUSCULANARUM disputationum libri quinque. Les Tusculanes de Cicéron, en cinq livres, avec argument, sommaires et notes en français, par MM. F. Dubner et Em. Lefranc. 1 vol. in-18, cartonné...... 1 fr. 50 c.

SOMNIUM SCIPIONIS, texte revu, avec arguments et notes en français par M. Fr. Dübner. 1 vol. in-18...................... 20 c.

CORNELIUS NEPOS. Vitæ excellentium imperatorum. Texte revu, avec notice, arguments, notes en français et les principaux fragments des ouvrages perdus, par Fr. Dübner.

Q. CURCE. De rebus gestis Alexandri Magni libri qui supersunt octo. Texte revu, avec notices en français, par Fr. Dübner.

PLINE. PANÉGYRIQUE de l'empereur Trajan; texte revu par M. F. Dubner, avec notice, sommaires et notes en français, par M. Em. Lefranc. 1 vol. in-18, cartonné.. 90 c.

TÉRENCE. L'ANDRIENNE. Texte revu, avec notes en français, et suivi d'un Appendice sur le dénoûment et d'une liste des formes anciennes qui se trouvent dans cette pièce, par MM. F. Dubner et Em. Lefranc. 1 vol. in-18. 75 c.

TACITI opera quæ supersunt. Ex accuratissimis editionibus criticis repetiit, concisa adnotatione, procemio de grammatica tacitea et nomenclatore geographico explicavit F. Dubner. 1 vol. grand in-12, cartonné... 2 fr. 80 c.

On vend séparément cartonné :

—Les ANNALES. 1 vol. grand in-12...................... 1 fr. 80 c.
— Les HISTOIRES. 1 vol. gr. in-12...................... 1 fr. 25 c.

TACITE. *(Les Notes sont en latin.)*

ANNALIUM liber I, cum brevi annotatione explicuit Dubner...... 60 c.
DE MORIBUS Germaniæ, cum brevi explicatione explicuit Dubner.. 30 c.
AGRICOLÆ Vita, cum brevi explicatione explicuit Dubner......... 30 c.

FORMAT IN-12. ## CLASSIQUES GRECS, FORMAT IN-12.
REVUS PAR M. DUBNER.

Avec Arguments, Sommaires et Notes en français, par MM. Dubner, Lefranc, Léon Renier et Miller, de la Bibliothèque royale.

BABRIUS. Fables de Babrius, *texte grec*, avec notice, sommaires et notes en français, par *F. Dubner*.. v.. 30 c.
—— Les mêmes, *texte grec*, publiées par M. *Boissonade*, 2ᵉ édition, novis curis expolita; *édition adoptée pour les colléges, par décision du 18 février* 1845... 75 c.
—— Brevis explicatio fabularum Babrii, ad secundam ed. *Boissonadi*, ed. *Dubner*. 1 fr. 25 c. Ces deux ouvrages réunis...................s...... 1 fr. 75 c.

S. BASILE (LE GRAND). Discours aux jeunes gens, sur l'utilité qu'ils peuvent retirer de la lecture des livres païens, *texte grec* revu, avec notice, sommaires et notes en français, par M. *F. Dubner*..................... 50 c.

S. CHRYSOSTOME (ST-JEAN). Homélie sur la disgrâce d'Eutrope, *texte revu*, avec arguments, sommaires et notes en français, par M. *F. Dubner*. 40 c. Discours de Flavien à Théodose, en faveur des habitants d'Antioche, *texte revu*, avec arguments, sommaires et notes en français, par *F. Dubner*. 40 c.

DÉMOSTHÈNE. Discours. 1ʳᵉ, 2ᵉ et 3ᵉ Olynthienne, *texte grec*, avec argument, sommaires et notes en français, par un professeur de l'Université, revu par M. *F. Dubner*.. 70 c.
—— Les mêmes, séparées, chacune..................................... 25 c.
Philippiques (les quatre), *texte grec*, soigneusement revu, avec notes en français et sommaires, par M. *F. Dubner*. 1 vol. in-12......................... 1 fr.
—— Chaque Philippique séparément.. 30 c.
Discours pour la Couronne, *texte grec*, édition nouvelle, revue, avec notes en français, par M. *de Bussy*.................................... 1 fr. 10 c.

ESCHINE. Discours contre Ctésiphon (ou sur la Couronne), *texte grec*, avec notice, argument, analyse et notes en français, par M. *Em. Lefranc*. 1 fr. 25 c.

ÉSOPE. Fables, choix et texte classique, avec notes en français, et lexique, par M. *Fr. Dübner*. 1 vol. in-12, cart..................... 1 fr. 40 c.

EURIPIDE. Hécube, *texte grec*, avec notice, argument et notes en français. Nouvelle édition, revue par M. *F. Dubner*........................ 90 c.
Iphigénie en Aulide, *texte grec*, avec notice, argument et notes en français, par M. *Em. Le franc*.. 1 fr.

HOMÈRE. Iliade, chant 1ᵉʳ, avec argument et notes en français, par M. *F. Dubner*... 30 c.
—— chant II, III, IV, avec argument et notes en français, par M. *F. Dubner*. 20 c.
—— chant VI, avec argument et notes en français, par M. *F. Dubner*.. 20 c.
—— chant XXIV, avec argument et notes en français, par M. *F. Dubner*. »

ISOCRATE. Panégyrique (Éloge d'Athènes), *texte grec*, revu, avec notes en français et sommaires, par M. *F. Dubner*............................ 70 c.
Archidamus, *texte grec*, avec notice, argument, sommaires et notes en français, par *E. Lefranc*.. 60 c.

LUCIEN. Dialogues des Morts, *texte grec*, avec arguments, notes en français, suivis d'un Vocabulaire très-complet, par M. *F. Dubner*. 1 v. cart.. 1 fr. 25 c.
Le Songe ou le Coq, *texte grec*, avec notice, arguments et notes en français, par M. *Em. Lefranc*. 1 vol................................... 50 c.

Éloge de Démosthène, *texte grec*, revu, avec notes en français, par M. Léon Renier. 1 vol. Prix... 65 c.
PLATON. Alcibiade premier, ou Dialogue sur la nature humaine, *texte grec*, avec notice, argument et notes en français, par M. *Em. Lefranc*..... 80 c.
Apologie de Socrate, *texte grec*, avec notices, sommaires et notes en français, par M. *Em. Lefranc*.. 80 c.
PLUTARQUE. Vie d'Alexandre, *texte grec*, avec notice, sommaires et notes par M. *Lefranc*. 1 fr.. 10 c.
Vie de Caius Marius, *texte revu*, avec notice, sommaires et notes en français, par MM. *Dubner* et *E. Lefranc*........................... 1 fr.
Vie de Jules César, *texte grec*, avec sommaires et notes en français, par M. *E. Miller*, de la Bibliothèque du roi.............................. 1 fr.
Vie de Pompée, *texte grec*, revu, avec argument, sommaires et notes en français, par M. *F. Dubner*...................................... 1 fr. 25 c.
Vie de Sylla, *texte grec*, avec notice, sommaires, arguments et notes en français, par M. *E. Lefranc*.. 1 fr.
SOPHOCLE. OEdipe roi, *texte grec*, avec un examen critique de la pièce, un argument pour chaque acte, et des notes explicatives du texte, par un professeur de l'Université, le tout revu par M. *F. Dubner*........... 1 fr.
OEdipe à Colone, *texte grec*, revu par M. *F. Dubner*, avec sommaires et notes en français, par M. *Lemoine*...................................... 1 fr.
Philoctète, *texte grec*, revu, avec argument général et notes en français, par M. *F. Dubner*, Prix.. 1 fr 10 c.
THÉOCRITE. Première idylle. Thyrsis, ou le Chant, *texte grec*, revu, avec argument, notice, sommaire et notes en français, par MM. *F. Dubner* et *Em. Lefranc*.. 30 c.
XÉNOPHON. Cyropédie, *texte grec*, revu, avec notice, sommaires et notes en français, par MM. *F. Dubner* et *Em. Lefranc*.
Livre Premier. 70 c. | Livre Second. 70 c.
Entretiens mémorables de Socrate, ou Mémoires de Socrate, *texte grec*, avec notice, argument et notes en français, par M. *Em. Lefranc*. 4 v. Prix. 2 fr. 40 c.

On vend séparément.

Livre Premier. 60 c. — Livre Deuxième. 60 c. — Livre Troisième. 60 c. Livre Quatrième. 60 c.

ENCYCLOPÉDIE MODERNE,

DICTIONNAIRE ABRÉGÉ DES SCIENCES, DES LETTRES, DES ARTS, DE L'INDUSTRIE, DE L'AGRICULTURE ET DU COMMERCE.

Nouvelle édition entièrement refondue et augmentée de près du double, publiée par MM. DIDOT FRÈRES,

Sous la direction de M. LÉON RENIER.

Tome I, accompagné de 12 gravures. — Prix : 3 fr. 60 cent.

L'ouvrage entier formera 25 volumes, accompagnés de 350 à 360 gravures (ou 300 livraisons à 30 cent.). Il ne coûtera que 90 fr.

Il sera terminé en trois années.

Chaque livraison surpassant le nombre de 300, sera donnée *gratis*.

DEZOBRY, E. MAGDELEINE ET C*ᴵᴱ*, LIBRAIRES-ÉDITEURS,
A Paris, rue des Maçons-Sorbonne, n° 1.

ROME
AU SIÈCLE D'AUGUSTE,

OU

VOYAGE D'UN GAULOIS A ROME

A L'ÉPOQUE DU RÈGNE D'AUGUSTE
ET PENDANT UNE PARTIE DU RÈGNE DE TIBÈRE,

PAR CH. DEZOBRY,

Nouvelle Édition, revue, corrigée et augmentée,

Ornée d'un grand plan et de vues de Rome antique, restaurés et dessinés par MM. V. Baltard, Duban, Hittorff, Léveil, Viollet-Leduc, etc., etc., architectes du gouvernement.

4 beaux volumes in-8°.

L'ouvrage se publie à la fois en livraisons et en volumes.

Les tomes I et II, sont en vente; ils forment les livraisons 1 à 8.
Prix du volume.................................. 7 fr. 50 c.

Prix de la livraison, brochée avec couverture imprimée et faisant environ un quart de volume............................... 2 fr.

Il y aura 15 livraisons. — La publication sera terminée en octobre ou novembre de la présente année (1846).

L'ouvrage de M. Dezobry a été, sur le rapport de M. Villemain, autorisé par le Conseil royal de l'Université, pour être donné en prix et placé dans les bibliothèques des collèges.

HISTOIRE DE FRANCE, depuis l'origine de la nation JUSQU'AU RÈGNE DE LOUIS-PHILIPPE Iᵉʳ; par M. G. OZANEAUX, officier de la Légion d'honneur, inspecteur-général de l'Université. 2 beaux vol. in-8° de près de 600 pages chacun. Prix, broché... 14 fr. » c.

HISTOIRE GÉNÉRALE DU MOYEN AGE, par MM. E. RUELLE, professeur d'histoire au collége royal Henri IV, et Alph. HUILLARD-BRÉHOLLES. 2 très-forts vol. in-8°. Prix, broché........................ 12 fr. » c.

EXAMEN CRITIQUE DES HISTORIENS ANCIENS DE LA VIE ET DU RÈGNE D'AUGUSTE (mémoire couronné par l'Académie des inscriptions et belles-lettres); par M. A. E. EGGER, professeur suppléant à la faculté des lettres de Paris, maître de conférences à l'école Normale. 1 beau vol. in-8°. Prix, broché.. 7 fr. 50 c.

PRÉCIS
DE
GÉOGRAPHIE HISTORIQUE UNIVERSELLE,

Comprenant toutes les définitions générales nécessaires à l'intelligence de la géographie ; une histoire résumée de la Géographie, d'après Malte-Brun et Gosselin ; la Géographie physique des cinq parties du monde ; un résumé historique des principales révolutions dont le monde a été le théâtre depuis les temps les plus reculés jusqu'à nos jours ; la description détaillée de tous les États de quelque importance dans les temps anciens, au moyen âge et dans les temps modernes,

Par Charles BARBERET et Alfred MAGIN,
Professeurs d'histoire et de géographie aux colléges Louis-le-Grand et Rollin, à Paris.

Ouvrage adopté par le Conseil royal de l'Université pour l'usage des classes d'histoire dans les colléges de l'Université.

2 vol. in-8. d'environ 1200 pages. — Prix : 10 fr.

COURS COMPLET DE GÉOGRAPHIE HISTORIQUE à l'usage des colléges et autres établissements d'instruction publique, extrait du *Précis de géographie historique universelle*, adopté par l'Université pour l'usages des classes d'histoire, et renfermant *toutes les réponses aux questions du programme* prescrit par le Conseil royal de l'Université ; par M. Ch. BARBERET, professeur d'histoire et de géographie au collège royal Louis-le-Grand, et Alfred MAGIN, recteur de l'académie de Nancy. 6 vol. in-12. Prix br............ 7 fr. 50 c.

Ce cours, ouvrage de deux hommes de savoir et d'expérience, peut être suivi avec fruit dans toutes les maisons d'éducation et appliqué à toutes les méthodes d'enseignement historique ; car il renferme ce qui est absolument nécessaire pour comprendre et étudier avec fruit l'histoire des peuples, qui ont joué un rôle important, à toutes les époques de l'histoire. Après un précis historique de toutes les révolutions dont le monde a été le théâtre, depuis les temps les plus reculés jusqu'à nos jours, il donne des notions exactes et détaillées sur l'étendue, les limites, les divisions politiques et les villes importantes des différents États aux grandes époques de l'Histoire.

C'est là un avantage que MM. les professeurs apprécient d'autant mieux, qu'on ne le trouve dans aucune autre publication du même genre. Il a contribué à décider sur-le-champ le succès du livre de MM. Barberet et Magin. Ce succès a été si général, que pour rendre notre cours de géographie d'une utilité encore plus pratique, nous publions pour chaque partie un atlas dressé par M. Barberet, et gravé sur acier par nos plus habiles artistes.

Chaque volume se vend séparément, savoir :

GÉOGRAPHIE ANCIENNE, première partie, cours de sixième. 1 vol. in-12. Prix, broché... 1 fr. » c.
GÉOGRAPHIE ANCIENNE, deuxième partie, cours de cinquième. 1 vol. in-12. Prix, broché... 1 fr. » c.
GÉOGRAPHIE ROMAINE, cours de quatrième. 1 vol. in-12. Prix, broché. .... 1 fr. » c.
GÉOGRAPHIE DU MOYEN AGE, cours de troisième. 1 vol. in-12. Prix, broché. .... 1 fr. » c.

GÉOGRAPHIE MODERNE, cours de seconde. 1 très-fort vol. in-12. Prix, broché.. 2 fr. 50 c.

GÉOGRAPHIE DE LA FRANCE, cours de rhétorique. 1 vol. in-12. Prix, broché... 1 fr. » c.

ATLAS pour chaque cours. Grand in-8°. Prix de chaque, cartonné. 2 fr. 25 c.

ABRÉGÉ DE GÉOGRAPHIE MODERNE, comprenant, dans un ordre rationnel et méthodique : 1° les premières notions de la *Sphère*, la division naturelle du globe et l'explication des termes employés en géographie, les divisions générales, les noms particuliers de l'Océan et les mers intérieures, la population générale du globe, les races diverses, les religions; 2° la description physique et politique des cinq parties du monde (Europe, Asie, Afrique, Amérique, Océanie), dans lesquelles les détails sont sagement distribués selon leur importance respective; 3° une Géographie particulière de la France formant à elle seule un petit ouvrage à part, et comprenant : 1° la position astronomique, les bornes, l'étendue et la superficie, l'aspect général, les golfes et baies, les îles, caps, bassins, montagnes, la description particulière des bassins, les lacs et étangs; 2° les notions historiques, le gouvernement, la population, les divisions politiques de la France avant 1789, les divisions actuelles; 3° les richesses, l'industrie, le commerce, les voies de communication; 4° la description particulière des départements; 5° les possessions de la France en Afrique, en Amérique, en Asie et dans l'Océanie. — Enfin, deux tables alphabétiques fort détaillées qui, au moyen de quelques signes de convention, forment en quelque sorte deux petits dictionnaires géographiques, l'un du monde entier, l'autre de la France; par MM. ALF. MAGIN, recteur de l'Académie de Nancy, et CH. BARBERET, professeur d'histoire et de géographie au collége royal Louis-le-Grand, 1 vol. in-18. Prix, cart. » 80

Ouvrage autorisé par l'Université.

Cet ouvrage conçu sur un plan nouveau sous plusieurs rapports pour le fond et pour la forme est le fruit du travail consciencieux de deux hommes spéciaux, qui apportent à ce travail une étude approfondie de la matière et une longue habitude de l'enseignement. Ils se sont attachés à être partout clairs et exacts, avant tout, et à éviter les fautes grossières dont fourmillent, surtout pour l'Asie, l'Afrique et l'Amérique, la plupart des géographies élémentaires.

ATLAS ÉLÉMENTAIRE DE GÉOGRAPHIE MODERNE, par M. BARBERET. 8 cartes gravées sur acier et coloriées, sur quart de Jésus : Signes conventionnels pour la géographie et l'hydrographie, mappemonde, Europe, Asie, Afrique, Amérique, Océanie, France. 1 vol. grand in-8°. Prix, cart..... 2 25

Ouvrage autorisé par l'Université.

Cet atlas, dressé pour l'abrégé de géographie moderne du même auteur dont il est le complément indispensable, offre dans des cartes rigoureusement exactes et exécutées avec le plus grand soin tous les détails de géographie physique et politique reproduits dans le livre. Tous les détails inutiles ont été sacrifiés pour rendre l'étude de la géographie plus facile. Le coloris, en général si défectueux dans la plupart des atlas élémentaires, a été fait avec le plus grand soin sous la direction de l'auteur. Par une disposition aussi simple qu'ingénieuse, une couleur spéciale a été affectée à chaque pays et appliquée à toutes les possessions de ce pays dans les différentes parties du monde; en sorte qu'il suffit de jeter un coup d'œil sur l'atlas pour savoir de suite quelles sont les possessions de la France, de la Russie, de l'Angleterre, etc., etc., dans les différentes parties du monde.

DICTIONNAIRE (NOUVEAU) FRANÇAIS-LATIN, où se trouvent : 1° la définition des mots français, leur sens propre et figuré, et leurs acceptions diverses, rendues en latin par de nombreux exemples choisis avec soin et vérifiées sur les originaux; 2° un Vocabulaire des noms propres d'hommes, de peuples, de contrées, de villes, etc., tant anciens que modernes; 3° l'explication du calendrier, des chiffres, des monnaies, des poids et des mesures de longueur ou de capacité en usage chez les Grecs et les Romains, avec des tables où l'on a calculé le rapport de ces différentes valeurs avec l'ancien et le nouveau système métrique français; 4° la traduction de chaque mot français en langue grecque, anglaise et allemande; par M. Alfred DE WAILLY, conseiller de l'Université, proviseur du collége royal Henri IV. 1 vol. gr. in-8°. Prix, cart. en toile.................................... 7 50

Ouvrage autorisé par l'Université.

NOUVEAU DICTIONNAIRE LATIN-FRANÇAIS, composé sur un plan *méthodique* et *raisonné*, comprenant tous les mots des différents âges de la langue latine, avec l'indication précise de leurs divers sens propres et figurés, classés pour la première fois dans un ordre logique et justifiés par de nombreux exemples; contenant en outre : 1° des *articles de syntaxe* ou les différentes constructions des mots sont discutées et établies d'après l'autorité des meilleurs grammairiens, travail entièrement neuf; 2° la *synonymie d'après Gardin Dumesnil*, revue et complétée; 3° *un appendice* où se trouvent expliqués tous les noms propres de la fable, de la géographie et de l'histoire; par M. Alfred DE WAILLY, conseiller de l'Université, proviseur du collége royal Henri IV. *Nouvelle édition entièrement refondue, augmentée de plus d'un tiers.* 1 vol. grand in-8° à 3 col. de près de 1,100 pages environ. Prix, cart. en toile................................... 7 50

Ouvrage autorisé et recommandé par l'Université.

GRADUS AD PARNASSUM ou nouveau Dictionnaire de versification et de poésies latine, précédé d'un traité de versification latine, suivi des règles de la poésie grecque et de quelque notions sur la versification française, etc.; par M. Alfred DE WAILLY. 1 vol. grand in-8°. Prix, cart........... 7 50 (Nouvelle édition revue avec beaucoup de soin.)

Ouvrage autorisé et recommmandé spécialement par l'Université.

LIBRAIRIE CENTRALE, CATHOLIQUE ET CLASSIQUE
DE JACQUES LECOFFRE ET CIE,
Rue du Vieux-Colombier, 29; ci-devant rue du Pot de Fer St-Sulpice, 8.

COURS THÉORIQUE ET PRATIQUE, ANALYTIQUE ET SYNTHÉTIQUE
DE LA LANGUE GRECQUE
COMPARÉE AVEC LA LANGUE LATINE,
PAR M. HENRI CONGNET,
CHANOINE TITULAIRE DE SOISSONS, DOCTEUR ÈS LETTRES, MEMBRE DE LA SOCIÉTÉ ROYALE ASIATIQUE DE PARIS, ETC.

Nota. — Tous les ouvrages annoncés ci-dessous sont en VENTE. — D'autres publications du même auteur sont *sous presse*; lorsqu'elles auront paru, nos correspondants en seront avertis par un prospectus spécial.

COURS ÉLÉMENTAIRE (CLASSES DE 7e, 6e ET 5e).

I. OUVRAGES GÉNÉRAUX, PROPRES A TOUTES LES CLASSES.

† **GRAMMAIRE DE LA LANGUE GRECQUE**, comparée perpétuellement avec la langue latine, *et disposée à la fois en vue du thème et de la version*; rédigée d'après les meilleurs grammairiens allemands, Buttmann, Matthiæ, Rost et Kühner. *Troisième édition, revue et corrigée*; par M. Henri Congnet. 1 vol. in-8 de 300 pages, cartonné. . . . . 3 fr. 25 c.

Ce livre est remarquable par la clarté de sa rédaction et l'excellence de sa méthode. Il résume les travaux les plus récents des hellénistes allemands, et est par là le complément naturel de toutes les grammaires grecques. L'auteur ayant eu constamment en vue le thème et la *version*, les élèves trouveront dans cet ouvrage toutes les ressources désirables pour traduire facilement du grec en français et du français en grec.

La doctrine de la syntaxe est simple, mais complète; complète, mais toujours exacte; les règles y sont énoncées avec une grande précision et lucidité; les exemples tirés des auteurs sont accompagnés d'une indication précise de la source, afin que le professeur puisse s'assurer par lui-même, et du passage et de la règle à laquelle il donne lieu. N'oublions pas de dire que M. Congnet a eu l'heureuse idée de ne citer généralement que des *prosateurs* choisis parmi les écrivains du bon siècle de la littérature grecque, et de bannir, avec plus de sévérité que ses devanciers, ces auteurs sans autorité qui figurent si mal dans un ouvrage où l'autorité doit être aussi incontestable qu'incontestée.

Dès la première édition de sa grammaire, en 1838, M. Henri Congnet avait établi une *comparaison perpétuelle* entre la langue grecque et la langue latine. Cette idée, qui est excellente, *quand elle reste dans les bornes du vrai*, a été développée davantage dans cette *troisième édition*, où l'on trouve d'ailleurs de fréquents renvois aux grammaires de Lhomond et à celles de MM. Dutrey et Burnouf.

MM. les professeurs remarqueront encore quelques améliorations : plusieurs règles de syntaxe ont été simplifiées; quelques lacunes comblées; des points de grammaire plus difficiles à saisir ont été approfondis, tandis que des choses moins essentielles ont été retranchées. En un mot, l'auteur a tenu compte des critiques, et espère les avoir satisfaites.

† **PIEUX HELLÉNISTE** (le) sanctifiant la journée par la prière, *grec-latin;* par M. Henri Congnet. *Deuxième édition, encadrée.* Grand in-32 de 300 pages. Paris, 1845. . . . . 2 fr.

Ce joli petit volume, qui contient, *en grec* et en latin, les prières du matin et du soir, l'ordinaire de la messe, les vêpres et les complies du dimanche, les messes et les litanies de saint Louis de Gonzague et de saint Stanislas Kostka, les touchantes prières de Nersès, patriarche des Arméniens, une méthode pour s'approcher avec fruit des sacrements de Pénitence et d'Eucharistie, etc., etc., semble destiné à devenir le manuel favori des jeunes étudiants. On y trouve en même temps tout ce qui peut nourrir la piété et initier à la connaissance de la langue grecque. L'élève, en faisant ses exercices de piété, se familiarisera infailliblement avec le sens exact et précis de plusieurs milliers de mots, racines ou dérivés; — avec les principales inflexions des verbes réguliers ou irréguliers; — avec les règles les plus importantes de la syntaxe. Les traductions anciennes ont été revues et corrigées avec soin. Un grand nombre de morceaux paraissent ici pour la première fois. Cette seconde édition, *augmentée de 150 pages*, est revêtue de l'approbation de NN. SS. les Évêques de Soissons et de Beauvais.

Nous avons baissé le prix de ce charmant volume, pour en faciliter l'acquisition à tous les étudiants.

† **LEXIQUE ÉLÉMENTAIRE GREC-FRANÇAIS**, contenant tous les mots et *toutes les formes* des ouvrages suivants : 1° *Enchiridion* de ceux qui commencent le grec ; 2° *Joseph, Ruth, Tobie*, et les extraits bibliques ; 3° *Ulysse*, poëme, ou les 3,000 racines de P. Giraudeau ; 4° *Ésope*, 44 fables ; 5° *Élien*, morceaux choisis ; 6° Fables de Babrius ; 7° *Lucien*, Dialogues des morts et des dieux ; 8° *Xénophon*, Cyropédie, livre Ier ; accompagné de renvois perpétuels à la grammaire grecque H. C., et à celle de M. Burnouf ; par M. Henri Congnet. *Édition entièrement revue, corrigée et considérablement augmentée*. 1 fort volume in-12 de plus de 300 pages, cartonné.   2 fr.

Cette édition du *Lexique élémentaire* de M. Henri Congnet est faite avec un soin tout particulier. On y trouve, dans leur ordre alphabétique, toutes les formes des verbes, telles qu'elles se rencontrent dans le texte des auteurs, *indiqués sur le titre;* ce qui est fort utile aux commençants, pour qui, dans le grec surtout, tout est mystère et obscurité. Mais ce secours ne favorise pas la négligence naturelle des écoliers, qui sont toujours obligés de se reporter à l'article complet, c'est-à-dire au présent de l'indicatif du verbe même. Là seulement, sous le titre de *Temps divers*, ils trouveront l'analyse qu'ils cherchent. Cette disposition offre un grand avantage, celui de forcer l'élève à relire souvent les mêmes articles, avec tous leurs développements ; ce qui les grave nécessairement dans la mémoire.

† **MANUEL DES VERBES IRRÉGULIERS**, défectifs et difficiles de la langue grecque, avec des exercices sur les formes communes et sur les dialectes des verbes grecs ; par M. Henri Congnet. *Seconde édition, revue, corrigée et augmentée de* SIMPLES ÉLÉMENTS *de grammaire grecque comparée avec la langue latine*. 1846. 1 vol. in-18 de 300 pages.   2 fr. 25 c.

Un certain nombre de colléges royaux et communaux ont adopté ce livre, et s'en servent avec beaucoup de fruit.

II. CLASSE DE SEPTIÈME, ou première année de grec.

(Il y a des établissements qui ne commencent le grec qu'en sixième. Dans ce cas, on verra en sixième ce que nous désignons pour la septième.)

† **ENCHIRIDION** de ceux qui **COMMENCENT** le grec, pour servir de premier *texte d'explication* pendant et à mesure que les élèves apprennent les SIMPLES ÉLÉMENTS DE GRAMMAIRE GRECQUE ; ouvrage contenant : 1° Une méthode *positive* pour enseigner, *d'une manière facile*, les premiers principes. 2° Un texte grec pour l'explication et un petit cours de versions : prières usuelles ; — sentences d'Isocrate ; — mythologie de l'Athénien Apollodore ; — anecdotes et fables. 3° La traduction entièrement littérale de la portion de grec que les maîtres doivent expliquer aux élèves, le tout avec des renvois à la grammaire de M. Congnet et à celle de M. Burnouf ; par M. Henri Congnet. *Quatrième édition, très-augmentée*. 1 vol. in-12 de 112 pages. Paris, 1846.

Cet opuscule a été généralement goûté des maîtres et des élèves. Cette *quatrième édition* est beaucoup plus satisfaisante encore que les trois précédentes. La première partie contient les prières grecques usuelles. La deuxième partie est toute nouvelle, et se compose, d'après le vœu de MM. les Professeurs, de morceaux extraits d'auteurs grecs profanes, Isocrate, Apollodore, Plutarque, etc. Avec ce charmant petit livre, on apprend non-seulement sans dégoût, sans ennui, mais même avec beaucoup d'agrément, quoique d'une manière solide, les premiers éléments du grec, y compris les verbes en μι, les prépositions et quelques règles de syntaxe.

— Le même ouvrage, cartonné en un seul volume, avec les EXERCICES SUR L'ENCHIRIDION.

On peut sans doute adopter, pour les commençants, l'Enchiridion tout seul, puisque tous les mots de l'Enchiridion se trouvent dans le *Lexique élémentaire* du même auteur. Mais alors on retombe dans la méthode vague et ennuyeuse qui est trop généralement suivie. Si l'on veut obtenir des progrès rapides et solides en même temps, il ne faut pas séparer l'EXCHIRIDION DES EXERCICES sur l'Enchiridion qui en sont le *complément indispensable.*

† **EXERCICES SUR L'ENCHIRIDION**, contenant : 1° la nomenclature analytique ; 2° la nomenclature synthétique ; 3° les *petits thèmes* et autres matières de devoirs ; par M. Henri Congnet. 1 vol. in-12 de 144 pages.

— Le même ouvrage, *cartonné en un seul volume*, avec l'Enchiridion.

Les *exercices* sur l'Enchiridion ont résolu un grand problème, celui d'enseigner solidement sans que ni les maîtres ni les élèves prennent d'autre peine que celle d'être fidèles à revenir souvent sur les explications précédentes. *La besogne du professeur est toute faite.* Celle de l'élève est devenue très facile. Dans la nomenclature analytique chaque mot est suivi de la traduction en français et *en latin*. Les *dérivés* français qui se trouvent à la suite de chaque article servent merveilleusement à faire retenir le sens du mot grec.

Dans beaucoup d'établissements on n'ose pas encore donner des *thèmes grecs*. On verra, dans les Exercices, combien il est facile d'en faire faire utilement à des élèves qui commencent.

† **SIMPLES ÉLÉMENTS** de la grammaire grecque, à l'usage des septièmes ; par M. Henri Congnet. *Nouvelle édition.* 1 vol. in-18 de 102 pages. 80 c.

Les commençants ont besoin d'une grammaire grecque toute petite, rédigée avec clarté et méthode, dégagée des exceptions et de tout appareil scientifique. Les *Simples éléments* atteignent ce but. Ils sont partagés en un certain nombre de *leçons fort courtes*, qui correspondent chacune a un numéro *du texte grec* de l'Enchiridion. C'est la première fois qu'on présente, pour la classe grecque élémentaire, un plan si bien coordonné.

NOTA. L'*Enchiridion*, les *Exercices* et les *Simples Éléments*, trois ouvrages rédigés tout exprès pour les commençants, sont d'une admirable simplicité de conception et de rédaction. Nous avons entendu dire à bien des professeurs : « Que n'avons-nous eu, quand nous étions « sur les bancs, des livres ainsi rédigés ! nous aurions versé moins de larmes et nos progrès « eussent été plus rapides ! » — Nous prions MM. les professeurs de septième de lire attentivement ces trois opuscules ; nous avons la conviction qu'ils y trouveront ce qu'ils cherchent en vain depuis longtemps.

L'adoption de ces petits volumes pour la classe élémentaire n'engage à rien pour les années suivantes. MM. les professeurs seront toujours libres d'adopter, pour les classes suivantes, la méthode, les grammaires et autres livres qu'ils jugeront à propos, et qu'ils croiront les meilleurs.

III. CLASSE DE SIXIÈME, OU DEUXIÈME ANNÉE DE GREC.

† **JOSEPH, RUTH, TOBIE**, et autres extraits bibliques, suivis de 45 FABLES d'ÉSOPE, de Morceaux choisis d'ÉLIEN et autres auteurs, et des FABLES choisies de BABRIUS, avec des exercices grammaticaux et des renvois perpétuels à la 3ᵉ édition de la grammaire Henri Congnet et à celle de M. Burnouf. *Troisième édition, soigneusement revue et augmentée* ; par Henri Congnet. 1 vol. in-12, cart. 1 fr. 30 c.

— Le même ouvrage, avec *lexique grec-français*. cart. 3 fr. 25 c.

Cet ouvrage, qui a été trouvé si utile, si agréable lors de son apparition, est devenu à sa seconde édition une excellente *chrestomathie* bien graduée, bien complète et toujours très-intéressante. Dans cette *troisième édition* on a fait disparaître les hébraïsmes des morceaux tirés de la Bible. Par le choix et la variété des matières, ce livre remplace avantageusement tous les auteurs qu'on avait coutume de mettre entre les mains des élèves de sixième. Mais ce qui vaut encore mieux, c'est le parti que M. Henri Congnet a tiré de tous ces morceaux pour commencer à faire *lire et étudier*, d'une manière suivie et raisonnée, la grammaire grecque complète, et entrer dans le génie de cette belle langue. Chaque chapitre correspond à plusieurs numéros de la grammaire complète *qu'on lit a chaque classe ;* on fait ensuite l'application des préceptes sur tout le texte grec expliqué. Quelles ressources pour un maître intelligent et zélé ! On voit que M. Henri Congnet a une longue expérience et un grand amour de la jeunesse, à l'instruction de laquelle il a consacré toute sa vie. — Le succès de ce livre va toujours croissant.

— Le même ouvrage, *grec-français* en regard, avec de nombreuses notes explicatives au bas des pages, à l'usage des professeurs. 1 vol. in-12. 4 fr.

Cette traduction a été faite avec grand soin et est d'une fidélité remarquable.

— Le même ouvrage *traduction latine* littérale, *entièrement conforme* au texte grec de la troisième édition de *Joseph*. 1 vol. in-32. 1 fr.

† **COURS DE THÈMES GRECS** élémentaires, accompagné de divers autres exercices sur la 1ʳᵉ partie de la grammaire ; le tout adapté à la grammaire de

M. Henri Congnet et à celle de M. Burnouf ; précédé des *prolégomènes sur l'emploi du thème grec dans les classes élémentaires* ; et d'un essai sur l'enseignement facile des premiers éléments de la langue grecque par le moyen de l'Enchiridion ; par M. Henri Congnet. 1 vol. in-12, cart. 2 fr. 50 c.

— Le corrigé du même ouvrage, français-grec en regard. 1 vol. in-12. 5 fr.

Les morceaux renfermés dans ce volume sont en grande partie, d'après le vœu du vénérable Rollin, des *thèmes d'imitation*, les seuls à peu près qui soient à la portée des élèves de la classe à laquelle ils sont destinés. Après avoir étudié le grec pendant quelque temps, un bon élève de sixième ou de septième se sent capable de faire avec plaisir des thèmes grecs, sans y mêler d'autres fautes que celles que son jeune âge lui fait faire dans ses thèmes latins. De nombreuses expériences rendent incontestable cette assertion, qui peut paraître étrange aux professeurs qui ont bien de la peine, en quatrième, à obtenir des thèmes grecs supportables.

† **NOMENCLATURE**, ou Analyse de tous les mots qui se trouvent dans *Joseph* et *Ruth* ; par M. Henri Congnet. 1 vol. in-12. 80 c.

Ce travail, tout élémentaire en apparence, est basé sur les recherches les plus exactes. M. Congnet n'y a inséré aucune forme qu'il ne l'ait trouvée auparavant dans un auteur grec. Cette nomenclature tient lieu de dictionnaire *grec-français*, lorsque les commençants traduisent l'auteur grec ; et sert de dictionnaire *français-grec*, lorsqu'ils font les thèmes d'imitation, à mesure qu'ils ont expliqué un chapitre de Joseph.

Ce petit volume dispense MM. les professeurs du travail pénible des rédactions d'analyse, et les met à même d'employer leur temps d'une manière plus agréable et plus utile. (*Voir la préface de la Nomenclature.*)

IV. CLASSE DE CINQUIÈME, OU TROISIÈME ANNÉE DE GREC.

Les ouvrages pour cette classe sont en préparation.

V. OUVRAGES GRECS DIVERS.

† **MARIE** honorée dans les classes, ou Mois de Marie, *grec-latin*, extrait des Pères de l'Eglise grecque ; par M. Henri Congnet. *Troisième édition*. 1 vol. in-18. 1 fr. 75 c.

Sa Sainteté Grégoire XVI a daigné agréer l'hommage de cet ouvrage, et en a fait témoigner sa satisfaction à l'auteur par le cardinal Lambruschini. — Les cardinaux Matthei, de Gregorio, Pacca, ont aussi adressé à l'auteur leurs félicitations pour ce beau travail. — Le Mois de Marie, *grec-latin*, est revêtu de l'approbation des Archevêques et Évêques de Paris, de Besançon, de Toulouse, de Bordeaux, de Reims, de Soissons, de Saint-Flour, de Verdun, du Mans, de Bayeux, de Luçon, de Bayonne, de Beauvais, etc.

† **GRAMMAIRE GRECQUE** élémentaire, avec questionnaire ; par Henri Congnet. 1 vol. in-8, cartonné. 2 fr.

Il reste encore quelques exemplaires de cette édition et de ce format.

VI. OUVRAGES SUR L'ENSEIGNEMENT ET L'ÉDUCATION.

† **LIVRE** (le) **DES JEUNES PROFESSEURS**, contenant : 1° La méthode de Tanneguy Lefèvre pour commencer les humanités. 2° Des extraits de Montaigne sur le pédantisme et l'institution des enfants. 3° L'instruction de Judde aux professeurs. 4° Une instruction sur l'obéissance des maîtres à leur supérieur. 5° Les huit vertus d'un bon maître. 6° Un traité des punitions, suivi de maximes sur la responsabilité des maîtres. 7° Un règlement pour les maîtres. 8° Des pensées détachées sur l'enseignement et l'éducation. *seconde édition, très-augmentée* ; par M. Henri Congnet. 1 vol. in-32 de 432 pages. 1 fr. 25 c.

Voici ce qu'écrivait un supérieur de séminaire, après avoir lu le Livre des Jeunes Professeurs : » *Non magnus, verum aureolus et ad verbum ediscendus libellus*. Puisse ce livre enrichir la mémoire de tout jeune professeur ! Que de peines il épargnerait aux supérieurs et aux pauvres écoliers ! O jeunes maîtres pleins de bonne volonté, mais sans expérience encore, prenez, lisez, méditez, croyez. Que ce livre soit vraiment le vôtre ; le vôtre de tous les jours, de tous les instants. « Nocturnâ versate manu, versate diurnâ....... Ne initaris prudentiæ tuæ....... Consilium à sapiente perquire. »

Il est de l'intérêt des supérieurs que ce livre soit entre les mains de chaque professeur. C'est un joli cadeau à faire au maître qui entre dans une maison d'éducation. Dans beaucoup de séminaires, on s'en sert au commencement de chaque année, à la lecture spirituelle des professeurs. (*Voir la préface de la deuxième édition.*)

(16)

† **LE MAITRE D'ÉTUDES** instruit de ses devoirs et de ses droits; à l'usage des colléges royaux et communaux, et de tous les établissements d'instruction publique; par Henri Congnet. 1 vol. in-32 de 352 pages.   1 fr.

Cet ouvrage est le pendant et le complément du Livre des Jeunes Professeurs. Voici ce qu'il contient : Chapitre Ier. Importance des maîtres d'études. — Qualités qu'ils doivent avoir. — Leurs défauts ordinaires. — Chapitre II. Législation universitaire concernant les devoirs et les droits des maîtres d'études. — Usages en vigueur dans les maisons universitaires. — Des maîtres répétiteurs. — Règlement pour les maîtres d'études d'un collége royal de Paris en 1831. — Chapitre III. Des moyens de former les maîtres d'études. Extrait textuel du livre VII du Traité des Études de Rollin, sur *le gouvernement intérieur du collége* (c'est un traité prescrit par le Conseil royal pour l'examen des candidats). — Chapitre IV. Examens particuliers pour tous les jours de la semaine, à l'usage des maîtres d'études. — Quelques pensées détachées. — PROGRAMME DE QUESTIONS sur les principes d'éducation, pour servir de matière à l'examen prescrit par la délibération du Conseil royal, en date du 5 janvier 1845, à l'usage des candidats aux fonctions de maîtres d'études. — Ordonnance du roi du 6 décembre 1845, concernant les maîtres d'études, et rendue sur le rapport de M. de Salvandy, ministre de l'instruction publique.

Comme on le voit, ce volume est le *vade mecum* indispensable de tous les maîtres d'études, et de tous ceux qui sont chargés de surveiller et de diriger la jeunesse.

—

AVIS. — Quelques volumes annoncés sur notre précédent Catalogue, comme le *Lhomond-Congnet*, et le volume du Cours de *Thèmes sur la syntaxe*, paraîtront certainement. Les occupations de M. Henri Congnet, et les soins consciencieux qu'il a dû apporter à la réimpression de plusieurs de ses ouvrages qui étaint épuisés depuis dix-huit mois, ont été la cause unique du retard qu'il a mis à publier ces deux ouvrages qui nous sont si souvent demandés.

Cette Revue paraît le 25 de chaque mois, par cahiers de quatre à cinq feuilles, formant dans l'année, deux volumes de plus de trois cents pages.

PRIX DE L'ABONNEMENT :

Pour Paris. — Par an.................... 12 fr.
Pour la Province..................... 15 fr.

La première livraison, qui contient le Concours général, se vend séparément.................... 2 fr. 50 c.

Paris. — Typographie de Firmin Didot frères, rue Jacob, 56.

www.ingramcontent.com/pod-product-compliance
Lightning Source LLC
Chambersburg PA
CBHW070441170426
43201CB00010B/1175